वाल्मीकि की पर्यावरण चेतना-3

वाल्मीकि की पर्यावरण चेतना-3

जीव-जन्तु

महेन्द्र प्रताप सिंह

वाणी प्रकाशन

वाणी प्रकाशन

4695, 21-ए, दरियागंज, नयी दिल्ली 110 002

फ़ोन : +91 11 23273167 फ़ैक्स : +91 11 23275710

शाखाएँ

अशोक राजपथ, पटना 800 004, बिहार

कॉफ़ी हाउस कैम्पस, महात्मा गांधी मार्ग, इलाहाबाद 211 001, उत्तर प्रदेश

महात्मा गांधी अन्तरराष्ट्रीय हिन्दी विश्वविद्यालय, वर्धा 442 001, महाराष्ट्र

सुल्तानिया रोड, मोतिया पार्क, भोपाल 462 001, मध्य प्रदेश

www.vaniprakashan.com
marketing@vaniprakashan.in
sales@vaniprakashan.in

In Association with

ESTD.-1986

Ayodhya Shodh Sansthan

presents

VALMIKI KI PARYAVARAN CHETNA-3
JEEV-JANTU
by Mahendra Pratap Singh

ISBN : 978-93-89915-81-5
Social Studies

प्रथम संस्करण 2020

मूल्य : ₹595

सिटी प्रेस, दिल्ली-110 095 में मुद्रित

वाणी प्रकाशन का लोगो मक़बूल फ़िदा हुसेन की कूची से

भूमिका

वर्ष–2000 में मेरी कृति 'मानस में प्रकृति विषयक सन्दर्भ' अयोध्या शोध संस्थान के अनुदान से प्रकाशित हुई थी। इस कृति में रामचरितमानस में वर्णित जीव–जन्तुओं एवं वनस्पतियों का सामान्य परिचय देते हुए पर्यावरणीय दृष्टि से रामचरितमानस के अन्य महत्त्वपूर्ण पर्यावरणीय सन्दर्भों का उल्लेख किया गया था। इसी के अगले क्रम में वाल्मीकि रामायण का पर्यावरणीय दृष्टि से अध्ययन करने का विचार मन में आया। इसी की पहली कड़ी में वाल्मीकि रामायण में वर्णित वनस्पतियों का अध्ययन किया गया जो इस श्रृंखला के प्रथम भाग के रूप में प्रकाशित हुआ। इस कड़ी का दूसरा भाग जीव जन्तुओं से सम्बन्धित है, जो इस कृति के रूप में आपके सामने है।

इस कृति में वाल्मीकि रामायण में वर्णित जीव–जन्तुओं का वर्णन किया गया है। इसका आधार गीताप्रेस से दो खण्डों में प्रकाशित वाल्मीकि रामायण है। इस कृति में गीताप्रेस से प्रकाशित वाल्मीकि रामायण में लिखे गये संस्कृत नाम को आधार बनाया गया है। गीताप्रेस से प्रकाशित वाल्मीकि रामायण में जीव–जन्तुओं के नाम का जो हिन्दी अनुवाद किया गया है, कहीं कहीं पर वह संस्कृत विद्वानों एवं अन्य संस्कृत ग्रन्थों में उल्लिखित नाम से मेल नहीं खाता। पक्षियों के नामों में यह कठिनाई अधिक आयी है। पक्षियों के संस्कृत नाम से सही हिन्दी एवं वैज्ञानिक नाम ज्ञात करने के लिए मुख्य रूप से श्री के. एन. दवे की कृति Birds in Sanskrit Literature का सहारा लिया गया है। अन्य जीव जन्तुओं के संस्कृत नाम से हिन्दी नाम ज्ञात करने के लिए अनेक प्रमुख संस्कृत ग्रन्थों का सहारा लिया गया है।

कृति दो अध्यायों में विभाजित है। प्रथम अध्याय में ऋषि वाल्मीकि की पर्यावरण के प्रति संवेदना को रेखांकित किया गया है। द्वितीय अध्याय में वाल्मीकि रामायण में उल्लिखित 92 जीव–जन्तुओं का वर्णन किया गया है। इसमें उनके वैज्ञानिक नाम एवं उनके बारे में सामान्य जानकारी दी गयी है। इसमें पक्षियों को एक साथ रखा गया है तथा अन्य समान जीवों को एक साथ रखने का प्रयास किया गया है। वाल्मीकि रामायण में उल्लिखित कतिपय जीव जैसे शरभ अब इस धरती पर नहीं है। शरभ का उल्लेख वाल्मीकि रामायण के अतिरिक्त अन्य संस्कृत ग्रन्थों में भी है। इसका उल्लेख संक्षेप में यथास्थान कर दिया गया है।

इस कृति के सृजन में अनेक विशिष्ट एवं बहुआयामी व्यक्तित्वों का विशेष योगदान रहा है। मैं श्रीमती अनीता मेश्राम, अध्यक्ष, अयोध्या शोध संस्थान तथा डॉ. योगेन्द्र प्रताप सिंह, निदेशक, अयोध्या शोध संस्थान का विशेष रूप से आभारी हूँ जिनके मार्गदर्शन से इस कृति का सृजन सम्भव हुआ। प्रारम्भ से अन्त तक श्री अविनाश कुमार जी का लगातार महत्त्वपूर्ण

सहयोग मिलता रहा, जिसके बिना यह कृति सामने न आ पाती, मैं उनके प्रति हार्दिक कृतज्ञता व्यक्त करता हूँ। मेरे अनन्य सहयोगी श्री राधे कृष्ण दूबे जी ने इस कृति हेतु बहुत परिश्रम किया। अनेक संस्कृत नामों के हिन्दी एवं वैज्ञानिक नामों की खोज में उन्होंने उल्लेखनीय योगदान दिया जिसके लिए मैं उनका ऋणी हूँ। अन्त में मैं प्रूफरीडिंग के लिए पत्नी श्रीमती आशा सिंह एवं उन सभी महानुभावों के प्रति आभार व्यक्त करता हूँ जिनका सहयोग इस कृति के प्रकाशन में प्राप्त हुआ।

—महेन्द्र प्रताप सिंह

अनुक्रम

अध्याय–1

महर्षि वाल्मीकि की संवेदना

महर्षि वाल्मीकि को विश्व का आदिकवि होने का गौरव प्राप्त है। भारत की पुण्यभूमि पर इस महाकवि ने साहित्य को लयबद्ध कर उसे रागात्मक अभिव्यक्ति प्रदान की। देववाणी संस्कृत में विश्व की प्रथम कविता का 'श्लोक' के रूप में आविर्भाव हुआ। स्वयं वाल्मीकि एवं अन्य मनीषि उनके इस अद्‌भुत कृतित्व से चकित थे। साहित्य में छन्दबद्ध रूप से हृदय के मनोभाव को प्रगट करने की विधा सामने आयी, जो बाद में पूरे विश्व में भावाभिव्यक्ति का सशक्त माध्यम बनी। वस्तुतः छन्दबद्ध कविता ही संगीत की जननी है। इस प्रकार साहित्य एवं संगीत जगत सदैव आदिकवि वाल्मीकि का ऋणी रहेगा।

मन में स्वाभाविक रूप से यह प्रश्न उठता है कि आदिकवि वाल्मीकि के मुख से धरती की यह प्रथम कविता कैसे प्रस्फुटित हुई? वस्तुतः हृदय से निकली भावों की सरस धारा ही कविता का मूल है। राग सभी जीवों को प्रिय है। पशु पक्षी भी अपनी भाषा में गाते हैं। कोयल की राग में बच्चे राग मिलाया ही करते हैं। तोता एवं मैना पर मानव समाज सदैव मुग्ध रहा है। पक्षियों का कलरव, भौरों का गुंजार, झरनों की झरझर, नदियों का कल–कल एवं अन्य अनेक रूपों में हम प्रकृति के संगीत का आनन्द उठाते आये हैं। हम प्रायः अनेक पशु–पक्षियों एवं वन्यजीवों को संगीत का आनन्द उठाते देखा करते हैं। बीन पर नाचते सर्प वन्यजीवों के संगीत प्रेम का एक प्रमुख उदाहरण है। संगीतकार या विद्वान ही नहीं, अनपढ़ व्यक्ति भी प्रायः गुनगुनाता रहता है। जब कोई विद्वान हृदय की अनुभूतियों को शब्दों में ढालता है तब कविता आकार लेती है। लयबद्ध रागात्मक गद्य ही कविता या पद्य है।

यदि हम गहराई से विचार करें तो पाते हैं कि श्रेष्ठ साहित्य के मूल में कहीं–न–कहीं पीड़ा छिपी होती है। यह पीड़ा नितान्त वैयक्तिक भी हो सकती है किन्तु श्रेष्ठ व्यक्ति समाज की दुर्दशा को देखकर या आसपास के वातावरण, पर्यावरण अथवा किसी अन्य जीव की पीड़ा से एकाकार होकर व्यथित हो उठता है। सम्वेदना साहित्य का मूल है। सम्वेदनहीन विचारक श्रेष्ठ साहित्यकार नहीं हो सकता। साहित्यकार भी समाज का अंग है। वातावरण एवं समाज की पीड़ा से अपने को अलग करके वह प्राणहीन हो जाता है। समाज की पीड़ा से जूझते समय उसकी आँखों से निकले आँसू ही श्रेष्ठ कविता का सृजन करते हैं। ऐसे सृजन में अन्तःकरण को बेधने की क्षमता होती है तथा ऐसा कृतित्व देश काल की सीमा को चीरते हुए अमर हो जाता है।

हमारी प्रचीन संस्कृति मूलतः अरण्य संस्कृति रही है। प्राचीन काल में हमारे पूर्वज ऋषि–मुनि घनघोर जंगलों में रहकर अपने ज्ञान के आलोक से समस्त विश्व को आलोकित

करते थे। वन ही उनका सहज परिवार था। वे वृक्षों एवं वन्यजीवों के बीच प्रकृति की गोद में अपना मानसिक एवं आध्यात्मिक विकास कर संसार का पथ प्रदर्शन किया करते थे। धरती के बड़े से बड़े सम्राट भी ऐसे महर्षियों के सम्मुख नतमस्तक हो उनसे प्रेरणा ग्रहण कर अपने को धन्य समझते थे तथा जीवन को सन्मार्ग की ओर ले जाते थे।

यह संस्कृति और संस्कारों का ही प्रभाव था कि एक छोटे से पक्षी की पीड़ा से व्यथित होने पर महर्षि वाल्मीकि के मुख से अकस्मात दुनियाँ की पहली कविता निकल पड़ी। यह जीवों के प्रति उनके प्रगाढ़ प्रेम, आत्मीयता एवं संवेदना का द्योतक है। इससे हमारे ऋषियों के वनों एवं वन्यजीवों के प्रति मनोभाव परिलक्षित होते हैं। वे वनों एवं वन्यजीवों की सुरक्षा ही नहीं करते थे बल्कि उसे परिवार के सदस्य के रूप में मानते थे। यही कारण है कि बहेलिए द्वारा क्रौंच पक्षी के घायल होने पर ऋषि वाल्मीकि व्यथित हो उठे तथा उनके अन्तकरण से कविता की रसधार निकल पड़ी।

वाल्मीकि रामायण के प्रथम सर्ग में इसका वर्णन निम्न प्रकार है–

स शिष्यहस्तादादाय वल्कलं नियतेन्द्रियः।
विचचार ह पश्यंस्तत् सर्वतो विपुलं वनम्।। (1/2/8)

शिष्य के हाथ से वल्कल लेकर वे जितेन्द्रिय मुनि वहाँ के विशाल वन की शोभा देखते हुए सब ओर विचरने लगे।

तस्याभ्याशे तु मिथुनं चरन्तमनपायिनम्।
ददर्श भगवांस्तत्र क्रौंचयोश्चरुनिः स्वनम्।। (1/2/9)

उनके साथ ही क्रौंच पक्षियों का एक जोड़ा, जो कभी एक–दूसरे से अलग नहीं होता था, विचर रहा था। वे दोनों पक्षी बड़ी मधुर बोली बोलते थे। भगवान् वाल्मीकि ने पक्षियों के उस जोड़े को वहाँ देखा।

तस्मात् तु मिथुनादेकं पुमांसं पापनिश्चयः।
जघान वैरनिलयो निषादस्तस्य पश्यतः।। (1/2/10)

उसी समय पापपूर्ण विचार रखने वाले एक निषाद ने, जो समस्त जन्तुओं का अकारण बैरी था, वहाँ आकर पक्षियों के उस जोड़ों में से एक–नर पक्षी को मुनि के देखते–देखते बाण से मार डाला।

तं शोणितपरीताङ्गग चेष्टमानं महीतले।
भार्या तु निहतं दृष्ट्वा रुराव करूणां गिरम्।। (1/2/11)

वह पक्षी ख़ून से लथपथ होकर पृथ्वी पर गिर पड़ा और पंख फड़फड़ाता हुआ तड़पने लगा। अपने पति की हत्या हुई देख उसकी भार्या क्रौंची करुणाजनक स्वर में चीत्कार कर उठी।

वियुक्ता पतिना तेन द्विजेन सहचारिणा।
ताम्रशीर्षेण मत्तेन पत्त्रिणा सहितेन वै।। (1/2/12)

उत्तम पंखों से युक्त वह पक्षी सदा अपनी भार्या के साथ–साथ विचरता था। उसके मस्तक का रंग ताँबे के समान लाल था और वह काम से मतवाला हो गया था। ऐसे पति से वियुक्त होकर क्रौंची बड़े दुख से रो रही थी।

तथाविधं द्विजं दृष्ट्वा निषादेन निपातितम्।
ऋषेर्धर्मात्मनस्तस्य कारुण्यं समपद्यत।। (1/2/13)

निषाद ने जिसे मार गिराया था, उस नर पक्षी की वह दुर्दशा देख उन धर्मात्मा ऋषि को बड़ी दया आयी।

ततः करुणवेदित्वादधर्मोऽयमिति द्विजः।
निशाम्य रुदतीं क्रौंचीमिदं वचनमब्रवीत्।। (1/2/14)

स्वभावतः करुणा का अनुभव करने वाले ब्रहार्षि ने यह अधर्म हुआ है। ऐसा निश्चय करके रोती हुयी क्रौंची की ओर देखते हुए निषाद से इस प्रकार कहा–

मा निषाद प्रतिष्ठां त्वमगमः शाश्वतीः समाः।
यत् क्रौंचमिथुनादेकमवधीः काममोहितम्।। (1/2/15)

निषाद! तुझे नित्य–निरन्तर– कभी भी शान्ति न मिले; क्योंकि तूने इस क्रौंच के जोड़े में से एक की, जो काम से मोहित हो रहा था, बिना किसी अपराध के ही हत्या कर डाली'।

तस्येत्थं ब्रुवतश्चिन्ता बभूव हृदि वीक्षतः।
शोकार्तेनास्य शकुनेः किमिदं व्याहृतं मया।।(1/2/16)

ऐसा कहकर जब उन्होंने इस पर विचार किया, तब उनके मन में यह चिन्ता हुई कि 'अहो! इस पक्षी के शोक से पीड़ित होकर मैंने यह क्या कह डाला'।।

चिन्तयन् स महाप्राज्ञश्चकार मतिमान्मतिम्।
शिष्यं चैवाब्रवीद् वाक्यमिदं स मुनिपुङ्गवः।। (1/2/17)

यही सोचते हुए महाज्ञानी और परम बुद्धिमान मुनिवर वाल्मीकि एक निश्चय पर पहुँच गये और अपने शिष्य से इस प्रकार बोले–

पादबद्धोऽक्षरसमस्तन्त्रीलयसमन्वितः।
शोकार्तस्य प्रवृत्तो मे श्लोको भवतु नान्यथा।। (1/2/18)

तात! शोक से पीड़ित हुए मेरे मुख से जो वाक्य निकल पड़ा है, वह चार चरणों में आबद्ध है। इसके प्रत्येक चरण में बराबर–बराबर (यानी आठ–आठ) अक्षर हैं तथा इसे वीणा के लय पर गाया भी जा सकता है, अतः मेरा यह वचन श्लोकरूप (अर्थात् श्लोक नामक छन्द में आबद्ध काव्यरूप या यशःस्वरूप) होना चाहिए, अन्यथा नहीं''।

शिष्यस्तु तस्य ब्रुवतो मुनेर्वाक्यमनुत्तमम्।
प्रतिजग्राह संतुष्टस्तस्य तुष्टोऽभवन्मुनिः।। (1/2/19)

मुनि की यह उत्तम बात सुनकर उनके शिष्य भरद्वाज को बड़ी प्रसन्नता हुई और उसने उनका समर्थन करते हुए कहा–'हाँ, आपका यह वाक्य श्लोकरूप ही होना चाहिए।'

शिष्य के इस कथन से मुनि को विशेष सन्तोष हुआ।

समाक्षरैश्चतुर्भिर्यः पादैर्गीतो महर्षिणा।
सोऽनुव्याहरणाद् भूयः शोकः श्लोकत्वमागतः।। (1/2/40)

हमारे गुरुदेव महर्षि ने क्रौंच पक्षी के दुःख से दुःखी होकर जिस समान अक्षरोंवाले चार चरणों से युक्त वाक्य का गान किया था, वह था तो उनके हृदय का शोक; किन्तु उनकी वाणी द्वारा उच्चारित होकर श्लोक रूप हो गया'।

यह घटना वन्यजीवों के प्रति आत्मीयता की पराकाष्ठा है। प्राचीनकाल में समाज को दिशा देने वाले ऋषि मुनियों का अनुकरणीय पर्यावरण प्रेम ही स्वस्थ एवं विकसित समाज की आधारशिला था। प्रकृति से दूर होकर एकांगी विकास किये जाने का कुपरिणाम आज पूरा समाज झेल रहा है। समग्र विकास हेतु वाल्मीकि जी की यह आत्मीयता ही हमें सही मार्ग पर ले जा सकती है। इस प्रकार धरती की प्रथम कविता में छिपे मनोभाव आज भी पूर्णतः प्रासंगिक है।

पर्यावरण शिक्षा के औपचारिक केन्द्र न होते हुए भी प्राचीन मनीषि पर्यावरण संरक्षण के प्रति पर्याप्त सजग थे। वे प्रकृति के सभी अवयवों को अपने परिवार का अंग मानते थे इसलिए उस समय पर्यावरण शिक्षा की कोई आवश्यता भी नहीं थी। समाज में किसी को यह शिक्षा देने की आवश्यकता नहीं होती कि वह अपनी पत्नी, बच्चों एवं परिवार का ध्यान रखे। अपनी चल और अचल सम्पत्ति की रक्षा के प्रति सभी स्वाभाविक रूप से सजग होते हैं। कोई किसी को सिखाता नहीं कि वह अपने परिवार की रक्षा और सम्पत्ति की देखभाल करे, फिर भी परिवार और सम्पत्ति की रक्षा मानव सदा से करता आया है और आज भी कर रहा है। धीरे–धीरे एकांगी भौतिक विकास के साथ मानव की सोच संकुचित होती गयी। हम सभी भलीभाँति जानते हैं कि अगर शुद्ध वायु न मिले तो हमारा जीवन सम्भव नहीं है। शुद्ध जल के अभाव में सारे भौतिक विकास के बावजूद हमारा तड़प–तड़पकर मर जाना निश्चित है फिर भी हम लगातार वनों को समाप्त एवं जल स्रोतों को प्रदूषित करते जा रहे हैं। पेड़ों के कटने एवं नदियों को प्रदूषित होते देख हम यह अनुभव ही नहीं कर पाते कि हमारे परिवार का कोई सदस्य पीड़ा पा रहा है। यह अत्यन्त शोचनीय है कि पर्यावरण प्रदूषण को सहते एवं उसके कुपरिणामों को समझते हुए भी हम लगातार इसकी अनदेखी कर रहे हैं। पर्यावरण संरक्षण के प्रति यह संवेदनहीनता ही वर्तमान सभ्यता को विनाश के कगार पर ले जा रही है। समाज को इस उदासीनता के प्रति विद्रोह कर 'करो या मरो' के भाव से पर्यावरण संरक्षण के प्रति समर्पित होना ही पड़ेगा, तभी उसके अस्तित्व की रक्षा हो सकेगी।

ऋषि वाल्मीकि जैसी पर्यावरण चेतना अन्यत्र दुर्लभ है। रामायण में अनेक प्रेरक प्रसंग हैं जो प्रकृति के प्रति हमारी संकीर्ण भौतिकवादी विचारधारा को बदलकर हमें सही मार्ग पर ले जाने में सक्षम हैं। उनके अनुशीलन एवं अनुसरण से हम प्रदूषण के संकट से उबरकर अपने अस्तित्व की सुरक्षा कर सकते हैं।

जब हम अपने किसी मित्र, सम्बन्धी या सुहृद से मिलते हैं तो सभी का हालचाल पूछते हैं। किसी से मिलकर हम उसके बच्चों, परिवार आदि की ही कुशल पूछते हैं। हम सबने कभी सोचा ही नहीं कि किसी की हाल चाल पूछते समय उस क्षेत्र के वनों, नदियों, तालाबों या वन्यजीवों का समाचार जानने की चेष्टा करें। ऐसा इसलिए है कि अब हम वनों, नदियों, तालाबों या वन्यजीवों को परिवार का अंग मानते ही नहीं। पहले ऐसा नहीं था। उस समय लोग एक–दूसरे का समाचार पूछते समय वनों, बागों, जलस्रोतों आदि की भी कुशलता जानना चाहते थे। इसका कारण यह था कि उस समय लोग प्रकृति के विभिन्न अवयवों को परिवार की सीमा के अन्तर्गत ही मानते थे। इस सम्बन्ध में एक उदाहरण चित्रकूट में राम भरत मिलन के समय मिलता है। श्री राम अपने दुखी भाई भरत से पूछते हैं कि उनके दुखी होने का क्या कारण है? क्या उनके राज्य में वन क्षेत्र सुरक्षित हैं? अर्थात् वन क्षेत्रों के सुरक्षित न रहने पर पहले लोग दुखी एवं व्याकुल हो जाया करते थे। उक्त उदाहरण निम्न प्रकार है–

कच्चिन्नागवनं गुप्तं कच्चित् ते सन्ति धेनुकाः।
कच्चिन्न गणिकाऽऽनां कुंजराणां च तृप्यसि।। (2/100/50)

जहाँ हाथी उत्पन्न होते हैं, वे जंगल तुम्हारे द्वारा सुरक्षित हैं न? तुम्हारे पास दूध देने वाली गौएँ तो अधिक संख्या में हैं न? (अथवा हाथियों को फँसाने वाली हथिनियों की तो तुम्हारे पास कमी नहीं है?) तुम्हें हथिनियों, घोड़ों और हाथियों के संग्रह से कभी तृप्ति तो नहीं होती?

लगातार बढ़ रहा पर्यावरण प्रदूषण और उसके कारण आसन्न धरती के संकट के प्रति पर्याप्त चेतना का अभाव अत्यन्त दुःखद एवं आत्मघाती है। समाज को अपने पुरातन से सीख लेकर अपने अपने परिवार की सीमा बढ़ानी होगी। जिस दिन से हम वनस्पतियों, वन्यजीवों, नदियों एवं प्रकृति के अन्य अवयवों को अपने परिवार का अंग समझने लगेंगे, पर्यावरण प्रदूषण उस दिन से दूर होने लगेगा।

पेड़—पौधे एवं वन्यजीव प्रेम की भाषा समझते हैं। प्राचीन काल में ऋषि—मुनि वनों में अनेक वन्यजीवों के बीच बड़ी आत्मीयता से रहते थे। पारिवारिक सदस्य की भाँति वे उन वन्यजीवों की देखभाल करते थे। ऐसा करने से उन्हें न तो कोई वित्तीय लाभ था न ही इसके पीछे उनकी कोई भौतिक आकांक्षा थी। वस्तुतः वनों एवं वन्यजीवों के प्रति प्रेम हमारे ऋषियों की स्वाभाविक वृत्ति थी। आश्रम में ऋषियों का साथ पाकर वन्यजीव प्रसन्न होते थे एवं उनके वियोग में पीड़ित हो जाते थे। ऋषि—मुनियों के आश्रम से निकलने पर वहाँ रहने वाले जीव—जन्तु उनके पीछे ऐसे चलने लगते थे जैसे किसी व्यक्ति के घर से निकलने पर उसके बच्चे पीछे—पीछे चलने लगते हैं। इस सम्बन्ध में ऋषि विश्मामित्र का उदाहरण उल्लेखनीय है—

इत्युक्त्वा मुनिशार्दूलः कौशिकः स तपोधनः।

उत्तरां दिशमुद्दिश्य प्रस्थातुमुपचक्रमे।। (1/31/16)

ऐसा कहकर तपस्या के धनी मुनिश्रेष्ठ कौशिक ने उत्तर दिशा की ओर प्रस्थान आरम्भ किया।

तं व्रजन्तं मुनिवरमन्वगादनुसारिणाम्।
शकटीशतमात्रं तु प्रयाणे ब्रह्मवादिनाम्।। (1/31/17)

उस समय प्रस्थान के समय यात्रा करते हुए मुनिवर विश्वामित्र के पीछे उनके साथ जाने वाले ब्रह्मवादी महर्षियों की सौ गाड़ियाँ चलीं।

मृगपक्षिगणाश्चैव सिद्धाश्रमनिवासिनः।
अनुजग्मुर्महात्मानं विश्वामित्रं तपोधनम्।। 18

सिद्धाश्रम में निवास करने वाले मृग और पक्षी भी तपोधन विश्वामित्र के पीछे—पीछे जाने लगे।

निवर्तयामास ततः सर्षिसंघः स पक्षिणः।
ते गत्वा दूरमध्वानं लम्बमाने दिवाकरे।। 19
वासं चक्रुर्मुनिगणाः शोणाकूले समाहिताः।
तेस्तं गते दिनकरे स्नात्वा हुतहुताशनाः।। 20

कुछ दूर जाने पर ऋषिमण्डली सहित विश्वामित्र ने उन पशु–पक्षियों को लौटा दिया। फिर दूर तक का मार्ग तै कर लेने के बाद जब सूर्य अस्ताचल को जाने लगे, तब उन ऋषियों ने पूर्ण सावधान रहकर शोणभद्र के तट पर पड़ाव डाला। जब सूर्यदेव अस्त हो गये, तब स्नान करके उन सबने अग्निहोत्र का कार्य पूर्ण किया।

आज इसी वृत्ति के विकास की आवश्यकता है। बच्चों एवं अन्य परिजनों का किसी पारिवारिक सदस्य के पीछे लग लेना आत्मीयता का प्रतीक है। वियोग की पीड़ा मानव की भाँति वन्यजीवों को भी सताती है। सृष्टि का सर्वोत्तम जीव होने के कारण मानव का यह उत्तरदायित्व है कि वह सृष्टि के सभी अवयवों की रक्षा करते हुए उनसे भावनात्मक सम्बन्ध बनाये रखे।

जब हमारे किसी सम्बन्धी का अन्त होता है तब हम फूट–फूटकर रोते हैं किन्तु किसी वृक्ष के कटने पर हमारे अन्तःकरण में कोई संवेदना जागृत नहीं होती। वह वृक्ष, जो प्राणवायु प्रदाता है तथा प्रत्यक्ष एवं अप्रत्यक्ष रूप से जिसका मानव समाज पर असीम उपकार है, उसके कटने पर हम कोई प्रतिक्रिया व्यक्त न कर उदासीन बने रहते हैं। कई बार तो छोटी–छोटी लालच वश वनों का क्रूरता से विनाश कर डालते हैं। जब कोई व्यक्ति हमारा छोटा–सा भी कार्य करता है तब हम उसे धन्यवाद देकर कृतज्ञता ज्ञापित करना नहीं भूलते किन्तु जो वृक्ष हमें जीवन भर प्राणवायु एवं अन्य महत्त्वपूर्ण उपहार देता रहता है तथा मरने (काटे जाने) के बाद भी कीमती प्रकाष्ठ दे जाता है, उसकी उपेक्षा अमानवीयता की पराकाष्ठा है। सम्भवतः वृक्षों का कटना हम मौत मानते ही नहीं। जिस दिन से समाज वृक्षों के कटान को अपने किसी परिजन की मृत्यु जैसा अनुभव करने लगेगा, वृक्षों के प्रति सम्वेदना स्वतः जाग्रत हो जायेगी।

अध्याय-2

वाल्मीकि रामायण में वर्णित जीव-जन्तु

1. अजगर

Indian Python

वाल्मीकि रामायण में इसके लिए व्याल, अहि एवं महाही शब्द का प्रयोग किया गया है। इसका वैज्ञानिक नाम 'Python molurus' है। यह भारी शरीर वाला विष रहित सर्प है। यह समुद्र तल से 2000 मीटर की ऊँचाई तक पूरे देश में पाया जाता है। यह शुष्क क्षेत्र, पर्णपाती वन, नम क्षेत्र आदि में अधिक रहता है। यह शीत रक्त का है तथा जाड़े में यह सुप्तावस्था में रहता है। इसके शरीर पर गहरे भूरे तथा पीले धब्बे पाये जाते हैं जिसके कारण यह अपनी पृष्ठभूमि में स्वयं को ढाल लेता है। अन्य सर्पों की भाँति यह एक वर्ष में 5 से 6 बार केंचुली बदलता है।

यह विषरहित होने के बावजूद ख़तरनाक होता है। इसका प्रमुख आहार मेढक, चूहे, खरगोश, लंगूर, चीतल, चिंकारा आदि हैं। यह अपने शिकार के चारों ओर लिपटकर उसका दम घोंट देता है। यह अच्छा तैराक है तथा शिकार की प्रतीक्षा में यह मुँह बाहर निकाले बैठा रहता है।

मादा अजगर ग्रीष्म ऋतु में अण्डे देती है। जन्म के समय बच्चे 60 सेमी लम्बे होते हैं। 5 वर्ष की आयु में बच्चे लगभग 3.35 मी लम्बे हो जाते हैं।

वाल्मीकि रामायण में इसका उल्लेख निम्नानुसार आया है–

व्यालैर्मृगैराचरितं कृष्णसर्पनिषेवितम्।
कथं कुमारौ वैदेह्या सार्धं वनमुपाश्रितो।। (2/58/8)

'जहाँ अजगर और व्याघ्र–सिंह आदि हिंसक पशु विचरते हैं तथा काले सर्प जिसका सेवन करते हैं, उसी वन का आश्रय लेने वाले मेरे दोनों कुमार सीता के साथ वहाँ कैसे रह सकेंगे?

न वे सर्पन्ति सत्त्वानि व्याला न प्रचरन्ति च।
रामशोकाभिभूतं तन्निष्कूजमभवद् वनम्।। (2/59/6)

वन के जीव–जन्तु आहार के लिए भी कहीं नहीं जाते हैं। अजगर आदि सर्प भी जहाँ–के–तहाँ पड़े हैं, आगे नहीं बढ़ते हैं। श्रीराम के शोक से पीड़ित हुआ वह सारा वन नीरव–सा हो गया है।

ददर्श स कपिस्तस्य बाहू शयनसंस्थितौ।
मन्दरस्यान्तरे सुप्तौ महाही रुषिताविव।। (5/10/21)

कपिवर हनुमान ने पलंग पर पड़ी हुई उन दोनों भुजाओं को देखा। वे मन्दराचल की गुफा में सोये हुए दो रोषभरे अजगरों के समान जान पड़ती थी।

स प्रमादात् प्रवृद्धस्तेऽधर्मोऽहिर्ग्रसते हि नः।
विवर्धयति पक्षं च सुराणां सुरभावनः।। (6/35/16)

तुम्हारे प्रमाद से बढ़ा हुआ अर्धमरूपी अजगर अब हमें निगल जाना चाहता है और देवताओं द्वारा पालित धर्म उनके पक्ष की वृद्धि कर रहा है।

2. साँप

Snakes

वाल्मीकि रामायण में इसके लिए भुजंग, पन्नग, व्याल, सर्प, दंष्ट्रिण, अहि, उरग, नाग एवं आशीविष शब्द का प्रयोग किया गया है। सर्प को प्रायः लोग डरावना, ख़तरनाक एवं घातक समझते हैं किन्तु यह पूर्ण सत्य नहीं है। अनेक सर्प अपने चमकीले रंग, धारियों, डिजाइनों एवं पूँछ के कारण अत्यन्त सुन्दर होते हैं। विश्व में 2500 से अधिक जाति के सर्प पाये जाते हैं। भारत में सर्पों की 200 से अधिक प्रजातियाँ पायी जाती हैं। अधिकतर सर्प विषैले नहीं होते। भारत में मुख्यतः चार प्रकार के विषैले सर्प पाये जाते हैं–करैत (क्रेट), नाग (कोबरा), दुबोइया (रसैल वाइपर) तथा फुरसा (सा स्केल्ड वाइपर)।

सर्प चुस्त परभक्षी हैं। इनके पैर नहीं होते। ये भूमि पर सरकते हैं। इनकी दृष्टि तीव्र होती है। इनकी आँखें पारदर्शी खाल से ढकी होती हैं, इनमें पलकें नहीं होतीं। कुछ सर्प दिन में शिकार करते हैं, इनकी आँखों की पुतली गोल होती है। कुछ सर्प रात्रि में विचरण करते हैं, इनकी पुतली लम्बी अण्डाकार होती है। इनके सूँघने की शक्ति अत्यन्त तीव्र होती है। इनकी दो शाखाओं वाली जीभ स्पर्श एवं गन्ध को पहचानने का कार्य करती है। सर्प के कान नहीं होते। इनके जबड़े काफ़ी लचीले होते हैं और काफ़ी चौड़े खुल सकते हैं। दाँत मज़बूत पकड़ के लिए पीछे की ओर मुड़े होते हैं तथा शिकार को बच निकलने से रोकते हैं। सर्प अपना भोजन निगलते हैं। कुछ सर्प जैसे कोबरा और करैत अण्डा देते हैं।

वाल्मीकि रामायण में सर्पों का उल्लेख निम्नानुसार आया है–

रामात् त्रस्यति कालभीम भुजगो। (माहात्म्यम्/1/7)

श्रीराम से कालरूपी भयंकर सर्प भी डरता है।

कलापिनौ धतुष्पाणी शोभयानौ दिशो दश।
विश्वामित्रं महात्मानं त्रिशीर्षाविव पन्नगौ।। (1/22/7)

उन दोनों भाइयों ने पीठ पर तरकस बाँध रखे थे। उनके हाथों में धनुष शोभा पा रहे थे तथा वे दोनों दसों दिशाओं को सुशोभित करते हुए महात्मा विश्वामित्र के पीछे तीन–तीन फनवाले दो सर्पों के समान चल रहे थे। एक ओर कन्धे पर धनुष, दूसरी ओर पीठ पर तूणीर और बीच में मस्तक–इन्हीं तीनों की तीन फन से उपमा दी गयी है।

व्यथितो विक्लवश्चैव व्याघ्रीं दृष्टा यथा मृगः।
असंवृतायामासीनो जगत्यां दीर्घमुच्छ्वसन्।। (2/12/4)
मण्डले पन्नगो रुद्धो मन्त्रैरिव महाविषः।

जैसे किसी बाघिन को देखकर मृग व्यथित हो जाता है, उसी प्रकार वे नरेश कैकेयी को देखकर पीड़ित एवं व्याकुल हो उठे। बिस्तररहित खाली भूमि पर बैठे हुए राजा लम्बी साँस खींचने लगे, मानो कोई महा विषैला सर्प किसी मण्डल में मन्त्रों द्वारा अवरुद्ध हो गया हो।

त्वं मयाऽऽत्मविनाशाय भवनं स्वं निवेशिता।। (2/12/9)
अविज्ञानान्नृपसुता व्याला तीक्ष्णविषा यथा।

मालूम होता है—मैंने अपने विनाश के लिए ही तुझे अपने घर में लाकर रखा था। मैं नहीं जानता था कि तू राजकन्या के रूप में तीखे विषवाली नागिन है।

समित्कुशपवित्राणि वेद्यश्चायतनानि च।
स्थण्डिलानि च विप्राणां शैला वृक्षाः क्षुपा दृदाः।
पतङ्गाः पन्नगाः सिंहास्त्वां रक्षन्तु नरोत्तम।। (2/25/7)

नरश्रेष्ठ! समिधा, कुशा, पवित्री, वेदियाँ, मन्दिर, ब्राह्मणों के देवपूजन सम्बन्धी स्थान, पर्वत, वृक्ष, क्षुप (छोटी शाखावाले वृक्ष), जलाशय, पक्षी, सर्प और सिंह वन में तुम्हारी रक्षा करें।

नदीनीलयनाः सर्पा नदीकुटिलगामिनः।
तिष्ठन्त्यावृत्य पन्थानमतो दुःखतरं वनम्।। (2/28/20)

जो नदियों में निवास करते और नदियों के समान ही कुटिल गति से चलते हैं, ऐसे बहुसंख्यक सर्प वन में रास्ते को घेरकर पड़े रहते हैं; इसलिए वन बहुत ही कष्टदायक है।

बिलानि दंष्ट्रिणः सर्वे सानूनि मृगपक्षिणः।
त्यजन्त्वस्मद्भयाम्दीता गजाः सिंहा वनान्यपि।।

(2/33/23)

वन में हम लोगों के भय से साँप अपने बिल छोड़कर भाग जायें। पर्वत पर रहने वाले मृग और पक्षी उसके शिखरों को छोड़ दें तथा हाथी और सिंह भी उन वनों को त्यागकर दूर चले जायें।

अस्मत्त्यक्तं प्रपद्यन्तु सेव्यमानं त्यजन्तु च।
तृणमांसफलादानां देशं व्यालमृगद्विजम्।। (2/33/24)
प्रपद्यतां हि कैकेयी सपुत्रा सह बान्धवैः।
राघवेण वयं सर्वे वने वत्स्याम निर्वृताः।। (2/33/25)

वे सर्प आदि उन स्थानों में चले जायँ, जिन्हें हम लोगों ने छोड़ रखा है और उन स्थानों को त्याग दें, जिनका हम सेवन करते हैं। यह देश घास चरने वाले पशुओं, माँसभक्षी हिंसक जन्तुओं और फल खाने वाले पक्षियों का निवास स्थान बन जाय। यहाँ सर्प, पशु और पक्षी रहने लगें। उस दशा में पुत्र और बन्धु—बान्धवों सहित कैकेयी इसे अपने अधिकार में कर ले। हम सब लोग वन में श्रीरघुनाथजी के साथ बड़े आनन्द से रहेंगे।

द्रक्ष्यस्यद्यैव कैकेयि पशुव्यालमृगद्विजान्।
गच्छतः सह रामेण पादपांश्च तदुन्मुखान्।। (2/37/33)

कैकेयि! तू आज ही देखेगी कि वन को जाते हुए श्रीराम के साथ पशु, सर्प, मृग और पक्षी भी चले जा रहे हैं। औरों की तो बात ही क्या, वृक्ष भी उनके साथ जाने को उत्सुक हैं।

विवास्य रामं सुभगा लब्धकामा समाहिता।
त्रासयिष्यति मां भूयो दुष्टाहिरिव वेश्मनि।। (2/43/3)

जैसे घर में रहने वाला दुष्ट सर्प बारम्बार भय देता रहता है, उसी प्रकार श्रीरामचन्द्र को वनवास देकर सफल मनोरथ हुई सुभगा केकैई सदा सावधान होकर मुझे त्रास देती रहेगी।'

एषा रामेण नगरी रहिता नातिशोभते।
आपगा गरुडेनेव ह्वदादुद्धृतपन्नगा।। (2/47/17)

(वे बोले–) जिसके गहरे कुण्ड से वहाँ का नाग गरुड़ के द्वारा निकाल लिया गया हो, वह नदी जैसे शोभाहीन हो जाती है, उसी प्रकार श्रीराम से रहित हुई यह अयोध्यानगरी अब अधिक शोभा नहीं पाती है।'

शिंशुमारैश्च नक्रैश्च भुजंगैश्च समन्विताम्।
शंकरस्य जटाजूटाद् भ्रष्टां सागरतेजसा।। (2/50/25)
समुद्रमहिषीं गंङ्ग.ा सारसक्रौंचनादिताम्।
आससाद महाबाहुः श्रृङ्गवेरपुरं प्रति।। (2/50/26)

उनके जल में सूँस, घड़ियाल और सर्प निवास करते हैं। सगरवंशी राजा भगीरथ के तपोमय तेज से जिनका शंकर जी के जटाजूट से अवतरण हुआ था, जो समुद्र की रानी हैं तथा जिनके निकट सारस और क्रौंच पक्षी कलवर करते रहते हैं, उन्हीं देवनदी गंगा के पास महाबाहु श्रीरामजी पहुँचे। गंगा की वह धारा शृंगवेरपुर में बह रही थी।

नानानगगणोपेतः किन्नरोरगसेवितः।। (2/55/39)
मयूरनादाभिरतो गजराजनिषेवितः।
गम्यतां भवता शैलश्चित्रकूटः स विश्रुतः।। (2/54/40)

'वह सुविख्यात चित्रकूट पर्वत नाना प्रकार के वृक्षों से हरा–भरा है। वहाँ बहुत से किन्नर और सर्प निवास करते हैं। मोरों के कलरवों से वह और भी रमणीय प्रतीत होता है। बहुत से गजराज उस पर्वत का सेवन करते हैं। तुम वहीं चले जाओ।

व्यालैर्मृगैराचरितं कृष्णसर्पनिषेवितम्।
कथं कुमारौ वैदेह्या सार्धं वनमुपाश्रितो।। (2/58/8)

'जहाँ अजगर और व्याघ्र–सिंह आदि हिंसक पशु विचरते हैं तथा काले सर्प जिसका सेवन करते हैं, उसी वन का आश्रय लेने वाले मेरे दोनों कुमार सीता के साथ वहाँ कैसे रह सकेंगे?

पाण्डुरारुणवर्णानि स्रोतांसि विमलान्यपि।
सुस्रुवुर्गिरिधातुभ्यः सभस्मानि भुजंगवत्।। (2/63/19)

पर्वतों से गिरने वाले स्रोत या झरने निर्मल होने पर भी पर्वतीय धातुओं के सम्पर्क से श्वेत, लाल और भस्मयुक्त होकर सर्पों की भाँति कुटिल गति से बह रहे थे।

नृपे शान्तगुणे जाते कौसल्यां पतितां भुवि।
अपश्यंस्ता स्त्रियः सर्वा हतां नागवधूमिव।। (2/65/24)

राजा दशरथ के शरीर की उष्णता शान्त हो गयी थी। इस प्रकार उनका जीवन शान्त हो जाने पर भूमि पर अचेत पड़ी हुई कौसल्या को अन्तःपुर की उन सारी स्त्रियों ने मरी हुई नागिन के समान देखा।

ततः पंचवटीं गत्वा नानाव्यालमृगायुताम्।
उवाच लक्ष्मणं रामो भ्रातरं दीप्ततेजसम्।। (3/15/1)

नाना प्रकार के सर्पों, हिंसक जन्तुओं और मृगों से भरी हुई पंचवटी में पहुँचकर श्रीराम ने उद्दीप्त तेजवाले अपने भाई लक्ष्मण से कहा–

ते भित्वा रक्षसां वेगाद् वक्षांसि रुधिरप्लुताः।
विनिष्पेतुस्तदा भूमौ वल्मीकादिव पन्नगाः।। (3/20/20)

वे बाण बड़े वेग से उन राक्षसों की छाती छेदकर रुधिर में डूबे हुए निकले और बाँबी से बाहर आये हुए सर्पों की भाँति तत्काल पृथ्वी पर गिर पड़े।

अत्यन्तनियताहारैः शोभितं परमर्षिभिः।
नागैः सुपर्णैर्गन्धर्वैः किंनरैश्च सहस्रशः।। (3/35/14)

अत्यन्त नियमित आहार करने वाले बड़े–बड़े महर्षियों, नागों, सुपर्णों (गरुड़ों), गन्धर्वों तथा सहस्त्रों किन्नरों से भी उस स्थान की बड़ी शोभा हो रही थी।

नलिरैनपि संछन्ना ह्यत्यर्थशुभदर्शना।
सर्पव्यालानुचरिता मृगद्विजसमाकुला।। (4/1/7)

कमलों से यह सारी पुष्करिणी ढकी हुई है। इसलिए बड़ी सुन्दर दिखायी देती है। इसके आसपास सर्प तथा हिंसक जन्तु विचर रहे हैं। मृग आदि पशु और पक्षी भी सब ओर छा रहे हैं।

सम्पूर्णाश्च शितैर्बाणैस्तूणाश्च शुभदर्शनाः।। (4/3/17)
जीवितान्तकरैर्घोरैर्ज्वलद्भिरिव पन्नगैः।

प्राणों का अन्त कर देने वाले सर्पों के समान भयंकर तथा प्रकाशमान तीखे बाणों से भरे हुए आप दोनों के तूणीर बड़े सुन्दर दिखायी देते हैं।

महाप्रमाणौ विपुलौ तप्तहाटकभूषणौ।। (4/3/18)
खङ्गावेतौ विराजेते निर्मुक्तभुजगाविव।

आपके ये दोनों खङ्ग बहुत बड़े और विस्तृत हैं। इन्हें पक्के सोने से विभूषित किया गया है। ये दोनों केंचुल छोड़कर निकले हुए सर्पों के समान शोभा पाते हैं।

अमोघाः सूर्यसंकाशा ममेमे निशिताः शराः।। (4/5/26)
तस्मिन् वालिनि दुर्वृत्ते निपतिष्यन्ति वेगिताः।
कङ्क पत्रप्रतिच्छन्ना महेन्द्राशनिसंनिभाः।। (4/5/27)
तीक्ष्णाग्रा ऋजुपर्वाणः सरोषा भुजगा इव।

मेरे तूणीर में संगृहीत हुए ये सूर्यतुल्य तेजस्वी बाण अमोघ हैं–इनका वार ख़ाली नहीं जाता। ये बड़े वेगशाली हैं। इनमें कंक पक्षी के परों के पंख लगे हुए हैं, जिनसे ये आच्छादित हैं।

इनके अग्रभाग बड़े तीखे हैं और गांठें भी सीधी हैं। ये रोष में भरे हुए सर्पों के समान छूटते हैं और इन्द्र के वज्र की भाँति भयंकर चोट करते हैं। उस दुराचारी पर मेरे ये बाण अवश्य गिरेंगे।

हृदि कृत्वा स बहुशस्तमलंकारमुत्तमम्।
निशश्वास भृशं सर्पो बिलस्थ इव रोषितः।। (4/6/18)

उन उत्तम आभूषणों को बारम्बार हृदय से लगाकर वे बिल में बैठे हुए रोष में भरे सर्प की भाँति ज़ोर–ज़ोर से साँस लेने लगे।

कङ्क पत्रपरिच्छन्ना महेन्द्राशनिसंनिभाः।
सुपर्वाणः सुतीक्ष्णाग्राः सरोषा भुजगा इव।। (4/8/23)

ये कंक पक्षी के परों से युक्त हैं और इन्द्र के वज्र की भाँति अमोघ है। इनकी गाँठें सुन्दर और अग्रभाग तीखे हैं। ये रोष में भरे हुए भुजंगों की भाँति भयंकर हैं।

उद्बबर्ह शरं नीलस्तस्य गात्रगतं तदा।। (4/23/17)
गिरिगह्वरसंलीनं दीप्तमाशीविषं यथा।

उस समय नील ने वाली के शरीर में धँसे हुए उस बाण को निकाला, मानो पर्वत की कन्दरा में छिपे हुए प्रज्वलित मुखवाले विषधर सर्प को वहाँ से निकाला गया हो।

अनेकवर्णाः सविनष्टकाया
नवोदितेष्वम्बुधरेषु नष्टाः।
क्षुधार्दिता घोरविषा बिलेभ्य–
श्चिरोषिता विप्रसरन्ति सर्पाः।। (4/30/44)

नूतन मेघों के उदित होने पर जो चिरकाल से बिलों में छिपे बैठे थे, जिनकी शरीरयात्रा नष्टप्राय हो गयी थी और इस प्रकार जो मृतवत् हो रहे थे, वे भयंकर विषवाले बहुरंगे सर्प भूख से पीड़ित होकर अब बिलों से बाहर निकल रहे हैं।

बाणशल्यस्फुरज्जिह्वः सायकासनभोगवान्।
स्वतेजोविषसम्भूतः पंचास्य इव पन्नगः।। (4/31/30)

इतना ही नहीं, वे पाँच मुखवाले सर्प के समान दिखायी देने लगे। बाण का फल ही उस सर्प की लपलपाती हुई जिह्वा जान पड़ता था, धनुष ही उसका विशाल शरीर था तथा वे सर्परूपी लक्ष्मण अपने तेजोमय विष से व्याप्त हो रहे थे।

तीक्ष्णकामास्तु गन्धर्वास्तीक्ष्णकोपा भुजङ्ग.माः।
मृगाणां तु भयं तीक्ष्णं ततस्तीक्ष्णक्षुधा वयम्।। (4/59/9)

जैसे गन्धर्वों का कामभाव तीव्र गति से होता है, सर्पों का क्रोध तेज होता है और मृगों को भय अधिक होता है, उसी प्रकार हमारी जाति के लोगों की भूख बड़ी तीव्र होती है।

बहुशो हि मया दृष्टः सागरे स महाबलः।
भुजङ्गानुद्धरन् पक्षी महाबाहुर्महाबलः।। (4/66/5)

महाबली महाबाहु पक्षिराज गरुड़ को मैंने समुद्र में कई बार देखा है, जो बड़े–बड़े सर्पों को वहाँ से निकाल लाते हैं।

शिरोभिः पृथुभिर्नागा व्यक्तस्वस्तिकलक्षणैः।
वमन्त पावकं घोरं ददंशुर्दशनैः शिलाः।। (5/1/19)

जिनको स्वस्तिक चिह्न स्पष्ट दिखायी दे रहे थे, उन स्थूल फणों से विष की भयानक आग उगलते हुए बड़े–बड़े सर्प उस पर्वत की शिलाओं को अपने दाँतों से डँसने लगे।

तस्य लाङ्गूलमाविद्धमतिवेगस्य पृष्ठतः।
ददृशे गरुड़ेनेव ह्रियमाणो महोरगः।। (5/1/34)

अत्यन्त वेगशाली हनुमानजी के पीछे आकाश में फैली हुई उनकी कुछ–कुछ मुड़ी हुई पूँछ गरुड़ के द्वारा ले जाये जाते हुए महान् सर्प के समान दिखाई देती थी।

तस्याम्बरगतौ बाहू ददृशाते प्रसारितौ।
पर्वताग्राद् विनिष्क्रान्तौ पंचास्याविव पन्नगौ।। (5/1/56)

आकाश में फैलायी गयी उनकी दोनों भुजाएँ ऐसी दिखायी देती थीं, मानो किसी पर्वत के शिखर से पाँच फनवाले दो सर्प निकले हुए हों।

क्रममाणं समीक्ष्याथ भुजगाः सागरंगमाः।
व्योम्नि तं कपिशार्दूलं सुपर्णमिव मेनिरे।। (5/1/75)

समुद्र में विचरने वाले सर्प आकाश में जाते हुए कपिश्रेष्ठ हनुमान जी को देखकर उन्हें गरुड़ के ही समान समझने लगे।

सिंहकुंजरशार्दूलपतगोरगवाहनैः।
विमानैः सम्पतद्भिश्च विमलैः समलंकृते।। (5/1/175)

सिंह, हाथी, बाघ, पक्षी और सर्प आदि वाहनों से जुते और उड़ते हुए निर्मल विमान जिसकी शोभा बढ़ाते हैं।

महागजैश्चापि तथा नदद्भिः
सुपूजितैश्चापि तथा सुसद्भिः।
रराज वीरैश्च विनिःश्वसद्भि–
र्ह्रदा भुजंगैरिव निःश्वसद्भिः।। (5/5/14)

चिग्घाड़ते हुए महान् गजराजों, अत्यन्त सम्मानित श्रेष्ठ सभासदों तथा लम्बी साँसे छोड़ने वाले वीरों के कारण वह लंकापुरी फुफकारते हुए सर्पों से युक्त सरोवरों के समान शोभा पा रही थी।

तन्नक्रमकराकीर्णं तिमिंगिलझषाकुलम्।
वायुवेगसमाधूतं पन्नगैरिव सागरम्।। (5/9/7)

इस प्रकार नर–नारियों से भरा हुआ वह कोलाहलपूर्ण भवन नाक्रे और मगरों से व्याप्त, तिमिंगलों और मत्स्यों से पूर्ण, वायु वेग से विक्षुब्ध तथा सर्पों से आवृत महासागर के समान प्रतीत होता था।

निःश्वसन्तं यथा नागं रावणं वानरोत्तमः।
आसाद्य परमोद्विग्नः सोपासर्पत् सुभीतवत्।। (5/10/12)

उस समय साँस लेता हुआ रावण फुफकारते हुए सर्प के समान जान पड़ता था। उसके पास पहुँचकर वानरशिरोमणि हनुमान अत्यन्त उद्विग्न हो भली–भाँति डरे हुए की भाँति सहसा दूर हट गये।

चारुस्मिते चारुदति चारुनेत्रे विलासनि।
मनो हरसि मे भीरु सुपर्णः पन्नगं यथा।। (5/20/29)

मनोहर मुस्कान, सुन्दर दन्तावलि तथा रमणीय नेत्रोंवाली विलासिनि! भीरु! जैसे गरुड़ सर्प को उठा ले जाते हैं, उसी प्रकार तुम मेरे मन को हर लेती हो।

केन ते नागनासोरु विक्षतं वै स्तनान्तरम्।
कः क्रीडति सरोषेण पंचवक्त्रेण भोगिना।। (5/38/25)

हाथी की सूँड़ के समान जाँघों वाली सुन्दरी! किसने तुम्हारी छाती को क्षत–विक्षत किया है? कौन रोष से भरे हुए पाँच मुख वाले सर्प के साथ खेल रहा है?

यूयमेवास्य जानीत योऽयं यद् वा करिष्यति।
अहिरेव ह्यहेः पादान् विजानाति न संशयः।। (5/42/9)

तुम्हीं जानो यह कौन है और क्या करेगा? साँप के पैरों को साँप ही पहचानता है, इसमें संशय नहीं है।

स तं परिघमादाय जघान रजनीचरान्।
सपन्नगमिवादाय स्फुरन्तं विनतासुतः।। (5/42/40)

जैसे विनतानन्दन गरुड़ ने छटपटाते हुए सर्प को पंजों में दाब रखा हो, उसी प्रकार उस परिघ को हाथ में लेकर हनुमान् जी ने उन निशाचरों का संहार आरम्भ किया।

स तं समाविध्य सहस्रशः कपि–
र्महोरगं गृह्य इवाण्डजेश्वरः।
मुमोच वेगात् पितृतुल्यविक्रमो
महीतले संयति वानरोत्तमः।। (5/47/35)

फिर तो अपने पिता वायु देवता के तुल्य पराक्रमी वानर शिरोमणि हनुमान ने जिस प्रकार गरुड़ बड़े–बड़े सर्पों को घुमाते हैं, उसी तरह उसे हज़ारों बार घुमाकर बड़े वेग से उसे युद्ध भूमि में पटक दिया।

लक्षितेयं मया सीता तथा शोकपरायणा।
गृहे यां नाभिजानासि पंचास्यामिव पन्नगीम्।। (5/51/23)

मैंने यहाँ सीता की अवस्था को लक्ष्य किया है। वे निरन्तर शोक में डूबी रहती हैं। सीता तुम्हारे घर में पाँच फन वाली नागिनि के समान हैं, जिन्हें तुम नहीं जानते हो।

यः समुत्पतितं क्रोधं क्षमयैव निरस्यति।
यथोरगस्त्वचं जीर्णां स वै पुरुष उच्यते।। (5/55/6)

जो हृदय में उत्पन्न हुए क्रोध को उसी तरह निकाल देता है, जैसे साँप अपनी पुरानी केंचुल को छोड़ देता है, वही पुरुष कहलाता है।

महर्षियक्षगन्धर्वकिंनरोरगसेवितम्।
लतापादपसम्बाधं सिंहाधिष्ठितकन्दरम्।। (5/56/36)

महर्षि, यक्ष, गन्धर्व, किन्नर और नागगण वहाँ निवास करते थे। लताओं और वृक्षों द्वारा वह सब ओर से आच्छादित था। उसकी कन्दराओं में सिंह दहाड़ रहे थे।

आप्लुत्य च महावेगः पक्षवाविन पर्वतः।
भुजङ्ग.यक्षगन्धर्वप्रबुद्धकमलोत्पलं।। (5/57/1)

स चन्द्रकुमुदं रम्यं सार्ककारण्डवं शुभम्।
तिष्यश्रवणकादम्बमभ्रशैवलशाद्वलम्।। (5/57/2)
पुनर्वसुमहामीनं लोहिताङ्ग.महाग्रहम्।
ऐरावतमहाद्वीपं स्वातीहंसविलासितम्।। (5/57/3)
वातसंघातजालोर्मिचन्द्रांशुशिशिराम्बुमत्।
हनूमानपरिश्रान्तः पुप्लुवे गगनार्वणम्।। (5/57/4)

पङ्खधारी पर्वत के समान महान् वेगशाली हनुमान् जी बिना थके–माँदे उस सुन्दर एवं रमणीय आकाशरूपी समुद्र को पार करने लगे, जिसमें नाग, यक्ष और गन्धर्व खिले हुए कमल और उत्पल के समान थे। चन्द्रमा, कुमुद और सूर्य जलकुक्कुट के समान थे। पुष्य एवं श्रवण नक्षत्र कलहंस तथा बादल सेवार और घास के तुल्य थे। पुनर्वसु विशाल मत्स्य और मंगल बड़े भारी ग्राह के सदृश थे। ऐरावत हाथी वहाँ महान् द्वीप–सा प्रतीत होता था। वह आकाश रूपी समुद्र स्वाती रूप हंस के विलास से सुशोभित था तथा वायुसमूहरूप तरङ्गों और चन्द्रमा की किरण रूप शीतल जल से भरा था।

दीप्तभोगैरिवाकीर्णं भुजङ्गैर्वरुणालयम्।
अवगाढं महासत्वैर्नानाशैलसमाकुलम्।। (6/4/112)

वह वरुणालय प्रदीप्त फणों वाले सर्पों, विशालकाय जलचरों और नाना पर्वतों से व्याप्त जान पड़ता था।

शक्तितोमरमीनं च विनिकीर्णान्त्रशैवलम्।
गजकच्छपसम्बाधमश्वमण्डूकसंकुलम्।। (6/7/20)
रुद्रादित्यमहाग्राहं मरुद्वसुमहोरगम्।
रथाश्वगजतोयौघं पदातिपुलिनं महत्।। (6/7/21)
अनेन हि समासाद्य देवानां बलसागरम्।
गृहीतो दैवतपतिर्लङ्कां चापि प्रवेशितः।। (6/7/22)

देवताओं की सेना समुद्र के समान थी। शक्ति और तोमर ही उसमें मत्स्य थे। निकालकर फेंकी हुई आँतें सेवार का काम देती थीं। हाथी ही उस सैन्य–सागर में कछुओं के समान भरे पड़े थे। घोड़े मेढकों के समान उसमें सब ओर व्याप्त थे। रुद्रगण और आदित्यगण उस सेनारूपी समुद्र के बड़े–बड़े ग्राह थे। मरुदगण और वसुगण वहाँ के विशाल नाग थे। रथ, हाथी और घोड़े जलराशि के समान थे और पैदल सैनिक उसके विशाल तट थे; परन्तु इस इन्द्रजीत ने देवताओं के उस सैन्य समुद्र में घुसकर देवराज इन्द्र को क़ैद कर लिया और उन्हें लंकापुरी में लाकर बन्द कर दिया।

यः खल्वपि वनं प्राप्य मृगव्यालनिषेवितम्।
न पिबेन्मधु सम्प्राप्य स नरो बालिशो भवेत्।। (6/13/2)

जो हिंसक पशुओं और सर्पों से भरे हुए दुर्गम वन में जाकर वहाँ पीने योग्य मधु पाकर भी उसे पीता नहीं है, वह पुरुष मूर्ख ही है।

न मत्तो निर्गतान् बाणान् द्विजिह्वान् पन्नगानिव।
रामः पश्यति संग्राम तेन मामभिगच्छति।। (6/13/18)

मेरे धनुष से छूटे हुए दो जीभवाले सर्पों के समान भयंकर बाणों को समारांगण में श्रीराम ने कभी देखा नहीं है, इसीलिए वे मुझ पर चढ़े आ रहे हैं।

वृतो हि बाह्वन्तरभोगराशि–
श्चिन्ताविषः सुस्मिततीक्ष्णदंष्ट्रः।
पंचाङ्गुलीपंचशिरोऽतिकायः
सीतामहाहिस्तव केन राजन्।। (6/14/2)

राजन्! सीता नामधारी विशालकाय महान् सर्प को किसने आप के गले में बाँध दिया हैं? उसके हृदय का भाग ही उस सर्प का शरीर है, चिन्ता ही विष है, सुन्दर मुस्कान ही तीखी दाढ़ हैं और प्रत्येक हाथ की पाँच–पाँच अंगुलियाँ ही इस सर्प के पाँच सिर हैं।

ते ज्वलन्तो महावेगास्तेजसा सायकोत्तमाः।
प्रविशन्ति समुद्रस्य जलं वित्रस्तपन्नगम्।। (6/21/27)

तेज से प्रज्जवलित होते हुए वे महान् वेगशाली श्रेष्ठ बाण समुद्र के जल में घुस गये। वहाँ रहने वाले सर्प भय से थर्रा उठे।

आघूर्णिततरङ्गौघः सम्भ्रान्तोरगराक्षसः।
उद्वर्तितमहाग्राहः सघोषो वरुणालयः।। (6/21/32)

सागर की उत्ताल तरंग–मालाएँ झूमने और चक्कर काटने लगीं। वहाँ निवास करने वाले नाग और राक्षस घबरा गये। बड़े–बड़े ग्राह ऊपर को उछलने लगे तथा वरूण के निवासभूत उस समुद्र में सब ओर भारी कोलाहल मच गया।

पन्नगैः सह दीप्तास्यैः समुद्रः प्रत्यदृश्यत।
स्निग्धवैदूर्यसंकाशो जाम्बूनदविभूषणः।। (6/22/18)

चमकीले मुखवाले सर्पों के साथ समुद्र का दर्शन हुआ। उसका वर्ण स्निग्ध वैदूर्यमणि के समान श्याम था। उसने जाम्बूनद नामक सुवर्ण के बने हुए आभूषण पहन रखे थे।

तस्य दृष्ट्वा मुखं देवि पूर्णचन्द्रमिवोदितम्।
मोक्ष्यसे शोकजं वारि निर्मोकमिव पन्नगी।। (6/33/35)

देवि! जैसे नागिन केंचुल छोड़ती है, उसी प्रकार तुम उदित हुए पूर्णचन्द्र के समान अपने पति का मुदित मुख देखकर शोक के आँसू बहाना छोड़ दोगी।

ते हयान् कांचनापीडान् ध्वजांश्चाशीविषोपमान्।
आप्तुल्य दशनैस्तीक्ष्णैर्भीमकोपा व्यदारयन्।। (6/44/7)

तब वानरों का कोप बड़ा भयानक हो उठा। वे उछल–उछलकर अपने तीखें दाँतों द्वारा सुनहरे साज से सजे हुए राक्षसदल के घोड़ों को और विषधर सर्पों के समान दिखाई देने वाले उनके ध्वजों को भी विदीर्ण कर देते थे।

घोरेण शरबन्धेन बद्धौ दशरथात्मजौ।
निःश्वसन्तो यथा नागौ शयानौ रुधिरोक्षितौ।। (6/49/1)

दशरथ कुमार श्रीराम और लक्ष्मण भयंकर सर्पाकार बाण के बन्धन में बँधे हुए से पड़े थे। वे लहूलुहान हो रहे थे और फुफकारते हुए सर्पों के समान साँस ले रहे थे।

तमागतमभिप्रेक्ष्य नागास्ते विप्रदुद्रुवुः।
यैस्तु तौ पुरुषौ बद्धौ शरभूतैर्महाबलैः।। (6/50/37)

उन्हें आया देख जिन महाबली नागों ने बाण के रूप में आकर उन दोनों महापुरुषों को बाँध रखा था, वे सब के सब वहाँ से भाग खड़े हुए।

एवमुक्त्वा तु संक्रुद्धो निःश्वसन्नुरगो यथा।
अब्रवीद् रक्षसां मध्ये धूम्राक्षं नाम राक्षसम्।। (6/51/18)

ऐसा कहकर अत्यन्त कुपित हुआ रावण फुफकारते हुए सर्प के समान ज़ोर–ज़ोर से साँस लेने लगा और राक्षसों के बीच में धूम्राक्ष नामक निशाचर से बोला।

धूम्राक्षं निहतं श्रुत्वा रावणो राक्षसेश्वरः।
क्रोधेन महताऽऽविष्टो निःश्वसन्नुरगो यथा।। (6/53/1)

धूम्राक्ष के मारे जाने का समाचार सुनकर राक्षसराज रावण को महान क्रोध हुआ। वह फुफकारते हुए सर्प के समान ज़ोर–ज़ोर से साँस लेने लगा।

निमेषान्तरमात्रेण अङ्गदः कपिकुंजरः।
उदतिष्ठत दीप्ताक्षो दण्डाहत इवोरगः।। (6/54/33)

किन्तु पलक मारते–मारते कपिश्रेष्ठ अंगद उठ खड़े हुए। उनके नेत्र रोष से उद्दीप्त हो उठे और वे डंडे की चोट खाए हुए सर्प के समान उत्तेजित हो रहे थे।

तान् प्रेक्षमाणः सहसा निकृत्तान्
निकृत्तभोगानिव पन्नगेन्द्रान्।
लङ्केश्वरः क्रोधवशं जगाम
ससर्ज चान्यान् निशितान् पृषत्कान्।। (6/59/100)

जैसे बड़े–बड़े सर्पों के शरीर के टुकड़े–टुकड़े कर दिये जाँय, उसी प्रकार अपने समस्त बाणों को सहसा खण्डित हुआ देख लंकापति रावण क्रोध के वशीभूत हो गया और उसने दूसरे तीखे बाण छोड़े।

तं निर्विषाशीविषसंनिकाशं
शान्तार्चिषं सूर्यमिवाप्रकाशम्।
गतश्रियं कृत्तकिरीटकूट–
मुवाच रामो युधि राक्षसेन्द्रम्।। (6/59/141)

उस समय धनुष न होने से रावण विषहीन सर्प के समान अपना प्रभाव खो बैठा था। सायंकाल में जिसकी प्रभा शान्त हो गयी हो, उस सूर्यदेव के समान निस्तेज़ हो गया था तथा मुकुटों का समूह कट जाने से श्रीहीन दिखाई देता था। उस अवस्था में श्रीराम ने युद्ध भूमि में राक्षस राज से कहा।

मातंग इव सिंहेन गरुडेनेव पन्नगः।
अभिभूतोऽभवद् राजा राघवेण महात्मना।। (6/60/2)

जैसे सिंह गजराज को और गरुड़ विशाल नाग को पीड़ित एवं पराजित कर देता है, उसी प्रकार महात्मा रघुनाथ जी ने राजा रावण को अभिभूत कर दिया था।

तं सिंहमिव संक्रुद्धं रामं दशरथात्मजम्।
सर्पं सुप्तमहो बुद्ध्वा प्रबोधयितुमिच्छसि।। (6/64/14)

दशरथ कुमार अत्यन्त कुपित हुए सिंह के समान पराक्रमी एवं भयंकर हैं, क्या तुम उनसे भिड़ने कर साहस करते हो? क्या जान–बूझकर सोए हुए सर्प को जगाना चाहते हो? तुम्हारी मूर्खता पर आश्चर्य होता है।

सर्पैरुष्ट्रैः खरैश्चैव सिंहद्विपमृगद्विजैः।
अनुजग्मुश्च तं घोरं कुम्भकर्णं महाबलम्।। (6/65/35)

कितने ही राक्षस साँप, ऊँट, गधे, सिंह, हाथी, मृग और पक्षियों पर सवार हो–होकर उस भयंकर महाबली कुम्भकर्ण के पीछे–पीछे गये।

षोडशाष्टौ च दश च विंशत्त्रिंशत्तथैव च।
परिक्षिप्य च बाहुभ्यां स्वादन् स परिधावति।
भक्षयन् भृशसंक्रुद्धो गरुडः पन्नगानिव।। (6/67/7)

वह सोलह, आठ, दस, बीस और तीस–तीस वानरों को अपनी दोनों भुजाओं में समेट लेता और गरुड़ जैसे सर्पों को खाता है, उसी प्रकार अत्यन्त क्रोधपूर्वक उनका भक्षण करता हुआ सब ओर दौड़ता फिरता था।

बाहुभ्यां वानरान् सर्वान् प्रगृह्य स महाबलः।
भक्षयामास संक्रुद्धो गरुडः पन्नगानिव।। (6/67/34)

जैसे गरुड़ सर्पों को अपना आहार बनाते हैं, उसी तरह अत्यन्त कुपित हुआ वह महाबली राक्षस समस्त वानरों को दोनों हाथों से पकड़–पकड़कर खाने लगा।

तच्चातिकायं हिमवत् प्रकाशं
रक्षस्तदा तोयनिधौ पपात।
ग्राहान् परान् मीनवरान् भुजंगमान्
ममर्द भूमिं च तथा विवेश।। (6/67/171)

इसी प्रकार उस राक्षस का विशाल धड़ भी, जो हिमालय के समान जान पड़ता था, तत्काल समुद्र के जल में गिर पड़ा और बड़े–बड़े ग्राहों, मत्स्यों तथा साँपों को पीसता हुआ पृथ्वी के भीतर समा गया।

कामं तिष्ठ महाराज निर्गमिष्याम्यहं रणे।
उद्धरिष्यामि ते शत्रून् गरुडः पन्नगानिव।। (6/69/6)

अथवा महाराज! आपकी इच्छा हो तो यहीं रहें। मैं स्वयं युद्ध के लिए जाऊँगा और जैसे गरुड़ सर्पों का संहार करते हैं, उसी तरह मैं आपके शत्रुओं को जड़ से उखाड़ फेंकूँगा।

तं प्रासमालोक्य तदा विभग्नं
सुपर्णकृत्तोरगभोगकल्पम्।
तलं समुद्यम्य स वालिपुत्र–
स्तुरंगमस्याभिजघान मूर्ध्नि।। (6/69/89)

उस भाले को गरुड़ के द्वारा खण्डित किये गये सर्प के शरीर की भाँति टूक–टूक होकर पड़ा देख वालिपुत्र अंगद ने हथेली ऊँची करके नरान्तक के घोड़े के मस्तक पर बड़े ज़ोर से थप्पड़ मारा।

तमापतन्तं निशितं शरमाशीविषोपमम्।
अर्धचन्द्रेण चिच्छेद लक्ष्मणः परवीरहा।। (6/71/67)

किन्तु शत्रुवीरों का संहार करने वाले लक्ष्मण ने एक अर्धचन्द्राकार बाण के द्वारा अपनी ओर आते हुए उस विषधर सर्प के तुल्य भयंकर एवं तीखे बाण को काट डाला।

गजस्कन्धगताः केचित् केचित् परमवाजिभिः।
व्याघ्रवृश्चिकमार्जारखरोष्ट्रैश्च भुजङ्गमै।। (6/73/11)
वराहैः श्वापदैः सिंहैर्जम्बुकैः पर्वतोपमैः।
काकहंसमयूरैश्च राक्षसा भीमविक्रमाः।। (6/73/12)

कोई हाथी पर बैठकर चले तो कोई उत्तम घोड़ों पर। इनके सिवा बाघ, बिच्छू, बिलाव, गदहे, ऊँट, सर्प, सूअर, अन्य हिंसक जन्तु, सिंह, पर्वताकार गीदड़, कौआ, हंस और मोर आदि की सवारियों पर चढ़े हुए भयंकर पराक्रमी राक्षस वहाँ युद्ध के लिए आये।

स तौ प्रसार्योरगभोगकल्पौ
भुजौ भुजंगारिनिकाशवीर्यः।
जगाम शैलं नगराजग्रयं
दिशः प्रकर्षन्निव वायुसूनः।। (6/74/51)

सर्प के शरीर की भाँति दिखाई देने वाली अपनी दोनों भुजाओं को फैलाकर गरुड़ के समान पराक्रमी पवनपुत्र हनुमान्जी सम्पूर्ण दिशाओं को खींचते हुए से श्रेष्ठ पर्वत गिरिराज हिमालय की ओर चले।

धर्मात् प्रच्युतशीलं हि पुरुषं पापनिश्चयम्।
त्यक्त्वा सुखमवाप्नोति हस्तादाशीविषं यथा।। (6/87/21)

जिसका शील–स्वभाव धर्म से भ्रष्ट हो गया हो, जिसने पाप करने का दृढ़ निश्चय कर लिया हो, ऐसे पुरुष का त्याग करके प्रत्येक प्राणी उसी प्रकार सुखी होता है, जैसे हाथ पर बैठे हुए ज़हरीले सर्प को त्याग देने से मनुष्य निर्भय हो जाता है।

ततः संधाय सौमित्रिः शरानाशीविषोपमान्।
मुमोच विशिखांस्तस्मिन् सर्पानिव विषोल्बणान्।। (6/88/41)

तब सुमित्राकुमार ने विषधर सर्पों के समान भयंकर बाणों को धनुष पर चढ़ाया और उन्हें इन्द्रजीत को लक्ष्य करके चला दिया। वे बाण क्या थे बड़े विषैले सर्प थे।

अथैनं छिन्नधन्वानमाशीविषविषोपमैः।
विव्याधोरसि सौमित्री रावणिं पंचभिः शरैः।। (6/90/19)

धनुष कट जाने पर विषधर सर्प के समान पाँच भयंकर बाणों द्वारा सुमित्राकुमार ने रावणपुत्र की छाती में गहरी चोट पहुँचायी।

ते तस्य कायं निर्भिद्य महाकार्मुकनिःसृताः।
निपेतुर्धरणी बाणा रक्ता इव महोरगाः।। (6/90/20)

उनके विशाल धनुष से छूटे हुए वे बाण इन्द्रजीत का शरीर छेदकर लाल रंग के बड़े–बड़े सर्पों के समान पृथ्वी पर गिर पड़े।

तांछरौघांस्ततो भल्लैस्तीक्ष्णैश्चिच्छेद राघवः।
दीप्यमानान् महाघोरांछरानाशीविषोपमाम्।। (6/99/24)

रघुकुलभूषण श्रीराम ने विषधर सर्पों के समान महाभयंकर एवं दीप्तिमान् बाणसमूहों को उन तीखे भालों से काट डाला।

ते भित्वा बाणरूपाणि पंचशीर्षा इवोरगाः।
श्वसन्तो विविशुर्भूमिं रावणप्रतिकूलताः।। (6/99/40)

श्रीराम के वे उत्तम बाण रावण को घायल करके उसके निवारण करने पर फुफकारते हुए पाँच सिर वाले सर्पों के समान धरती में समा गये।

सिंहव्याघ्रमुखांश्चापि कङ्ककोकमुखानपि।
गृध्रश्येनमुखांश्चापि शृगालवदनांस्तथा।। (6/99/42)
ईहामृगमुखांश्चापि व्यादितास्यान् भयावहान्।
पंचास्याँल्लेलिहानांश्च ससर्ज निशितांशरान्।। (6/99/43)
शरान् खरमुखांश्चान्यान् वराहमुखसंश्रितान्।
श्वान कुक्कुटवक्त्रांश्च मकराशीविषाननान्।। (6/99/44)
एतांश्चान्यांश्च मायाभिः ससर्ज निशितांछरान्।
रामं प्रति महातेजाः क्रुद्धः सर्प इव श्वसन्।। (6/99/45)

उससे सिंह, बाघ, कंक, चक्रवाक, गीध, बाज, सियार, भेड़िये, गदहे, सूअर, कुत्ते, मुर्गे, मगर और ज़हरीले साँपों के समान मुखवाले बाणों की वृष्टि होने लगी। वे बाण मुँह फैलाये, जबड़े चाटते हुए पाँच मुखवाले भयंकर सर्पों के समान जान पड़ते थे। फुफकारते हुए सर्प की भाँति कुपित हुए महातेजस्वी रावण ने इनका तथा अन्य प्रकार के तीखे बाणों का भी श्रीराम के ऊपर प्रयोग किया।

दृष्टिं दृष्टिविषस्येव सर्पस्य मम रावणः।
यथा वा वैनतेयस्य दृष्टिं प्राप्तो भुजंगमः।। (6/100/53)

दृष्टिमात्र से संहारकारी विष का प्रसार करने वाले सर्प की आँखों के सामने आकर जैसे कोई मनुष्य जीवित नहीं बच सकता अथवा जैसे विनतानन्दन गरुड़ की दृष्टि में पड़कर कोई महान सर्प जीवित नहीं बच सकता, उसी प्रकार आज रावण मेरे सामने आकर जीवित तथा सकुशल नहीं लौट सकता।

ते रावणधनुर्मुक्ताः शराः कांचनभूषणाः।
अभ्यवर्तन्त काकुत्स्थं सर्पा भूत्वा महाविषाः।। (6/102/21)

फिर तो रावण के धनुष से छूटे हुए सुवर्णभूषित बाण महाविषैले सर्प हो–होकर श्रीरामचन्द्रजी के निकट पहुँचने लगे।

तान् दृष्ट्वा पन्नगान् रामः समापतत आहवे।
अस्त्रं गारुत्मतं घोरं प्रादुश्चक्रे भयावहम्।। (6/102/24)

युद्धस्थल में उन सर्पों को आते देख भगवान श्रीराम ने अत्यन्त भयंकर गारुड़ास्त्र को प्रकट कर दिया।

अद्य मद्बाणभिन्नस्य गतासोः पतितस्य ते।
कर्षन् त्वन्त्राणि पतगा गरुन्मत्त इवोरगान्।। (6/103/22)

आज मेरे बाणों से विदीर्ण और प्राणशून्य होकर पड़े हुए तेरे शरीर की आँतों को पक्षी उसी तरह खीचें, जैसे गरुड़ सर्पों को खींचते हैं।

क्षुब्धानां सागराणां च पातालतलवासिनः।
व्यथिता दानवाः सर्वे पन्नगाश्च सहस्रशः।। (6/107/46)

उन विक्षुब्ध समुद्रों के पातालतल में निवास करनेवाले समस्त दानव और सहस्रों नाग व्यथित हो गये।

स्यन्दनैर्वारणैश्चैव हयैश्च करिसंनिभैः।। (7/6/47)
खरैर्गोभिरथोष्ट्रैश्च शिशुमारैर्भुजंगमैः।
मकरैः कच्छपैर्मीनैर्विहंगैर्गरुडोपमैः।। (7/6/48)
सिंहैर्व्याघ्रैर्वराहैश्च सृमरैश्चमरैरपि।
त्यक्त्वा लंकां गताः सर्वे राक्षसा बलगर्विताः।। (7/6/49)
प्रयाता देवलोकाय योद्धंझ दैवतशत्रवः।

अपने बल का घमण्ड रखने वाले वे समस्त देवद्रोही राक्षस रथ, हाथी, घोड़े, गदहे, बैल, ऊँट, शिशुमार, सर्प, मगर, कछुआ, मत्स्य, गरुड़, सिंह, बाघ, सुअर, मृग और नीलगाय आदि वाहनों पर सवार होकर लंका छोड़कर युद्ध के लिए देवलोक की ओर चल पड़े।

शरभेण यथा सिंहाः सिंहेन द्विरदा यथा।
द्विरदेन यथा व्याघ्रा व्याघ्रेण द्वीपिनो यथा।। (7/7/20)
द्वीपिनेव यथा श्वानः शुना मार्जारको यथा।
मार्जारेण यथा सर्पाः सर्पेण च यथाखवः।। (7/7/21)
तथा ते राक्षसाः सर्वे विष्णुना प्रभविष्णुना।
द्रवन्ति द्राविताश्चान्ये शायिताश्च महीतले।। (7/7/22)

जैसे शरभ से सिंह, सिंह से हाथी, हाथी से बाघ, बाघ से चीते, चीते से कुत्ते, कुत्ते से बिलाव, बिलाव से साँप और साँप से चूहे डरकर भागते हैं, उसी प्रकार वे सब राक्षस प्रभावशाली भगवान् विष्णु की मार खाकर भागने लगे। उनके भगाये हुए बहुत से राक्षस धराशायी हो गये।

हर्षात् तदाब्रवीदिन्द्रो मयूरं नीलबर्हिणम्।
प्रीतोऽस्मि तव धर्मज्ञ भुजङ्गाद्धि न ते भयम्।। (7/18/22)

सबसे पहले इन्द्र ने हर्षपूर्वक नीले पंख वाले मोर से कहा–धर्मज्ञ! मैं तुमपर बहुत प्रसन्न हूँ। तुम्हें सर्प से भय नहीं होगा।

खरैरुष्ट्रैर्हयैर्दीप्तैः शिशुमारैर्महोरगैः।। (7/25/36)
राक्षसाः प्रययुः सर्वे कृत्वाऽऽकाशं निरन्तरं।

गदहे, ऊँट, घोड़े, शिशुमार (सूँस) और बड़े–बड़े नाग आदि दीप्तिमान् वाहनों पर आरूढ़ हो सब राक्षस आकाश को अवकाशरहित करते हुए चले।

रथान् नागान् खरानुष्ट्रान् पन्नगांस्तुरगांस्तथा।
शिशुमारान् वराहांश्च पिशाचवदनानपि।। (7/28/40)

कुछ राक्षस रथों, हाथियों, गदहों, ऊँटों, सर्पों, घोड़ों, शिशुमारों, वराहो तथा पिशाचमुख वाहनों को दोनों भुजाओं से पकड़कर उनसे लिपटे हुए निश्चेष्ट हो गये थे।

स विह्वलं तदालक्ष्य दशग्रीवं ततोऽर्जुनः।
सहसोत्पत्य जग्राह गरुत्मानिव पन्नगम्।। (7/32/63)

दशग्रीव को व्याकुल देख अर्जुन ने सहसा उछलकर उसे पकड़ लिया, मानों गरुड़ ने झपट्टा मारकर किसी सर्प को धर दबाया हो।

शशमालक्ष्य सिंहो वा पन्नगं गरुडो यथा।
न चिन्तयति तं वाली रावणं पापनिश्चयम्।। (7/34/15)

जैसे सिंह खरगोश को और गरुड़ सर्प को देखकर भी उसकी परवाह नहीं करता, उसी प्रकार वाली ने पापपूर्ण विचार रखनेवाले रावण को देखकर भी चिन्ता नहीं की।

हस्तग्राहं तु तं मत्वा पादशब्देन रावणम्।
पराङ्मुखोऽपि जग्राह वाली सर्पमिवाण्डजः।। (7/34/20)

रावण के पैरों की हलकी–सी आहट से वाली यह समझ गये कि अब रावण का हाथ बढ़ाकर मुझे पकड़ना चाहता है। फिर तो दूसरी ओर मुँह किये होने पर भी वाली ने उसे उसी तरह सहसा पकड़ लिया, जैसे गरुड़ सर्प को दबोच लेता है।

3. बिच्छू

Scorpion

वाल्मीकि रामायण में इसके लिए वृश्चिक शब्द का प्रयोग किया गया है। इसकी कई जातियां पायी जाती हैं। भारत में पायी जाने वाली काली बिच्छू का वैज्ञानिक नाम 'Heterometrus fulvipes' है। ये दिन में पत्थरों के नीचे या बिल में घात लगाए बैठे रहते हैं तथा रात में सक्रिय हो जाते हैं। यह गर्म उष्णकटिबन्धीय देशों एवं मरुस्थलों में अधिक पाये जाते हैं। अपने विष के कारण उष्ण तथा उपोष्ण कटिबन्धीय देशों में बिच्छू बहुत भयावह माने जाते हैं। विष दो प्रकार का होता है, पहले का प्रभाव स्थानिक होता है तथा दूसरा व्यक्ति के तन्त्रिका तथा वाहिका संस्थानों पर घातक प्रभाव छोड़ता है। लोमड़ी एवं साही आदि पर इसके विष का प्रभाव नहीं होता किन्तु कुत्ते एवं मनुष्य आदि इसके विष के प्रति संवेदनशील हैं।

वाल्मीकि रामायण में इसका उल्लेख निम्नानुसार आया है–

पल्वगा वृश्चिका दंशा मशकाश्चैव कानने।
सरीसृपाश्च कीटाश्च मा भूवन् गहने तव।। (2/25/18)

वन में जो मेढक या वानर, बिच्छू, डाँस मच्छर, पर्वतीय सर्प और कीड़े होते हैं, वे उस गहन वन में तुम्हारे लिए हिंसक न हों।

पतङ्गा वृश्चिकाः कीटा दंशाश्च मशकैः सह।
बाधन्ते नित्यमबले सर्वं दुःखमतो वनम्।। (2/28/21)

अबले! पतंगे, बिच्छू, कीड़े, डाँस और मच्छर वहाँ सदा कष्ट पहुँचाते रहते हैं; अतः सारा वन दुःखरूप ही है।

गजस्कन्धगताः केचित् केचित् परमवाजिभिः।
व्याघ्रवृश्चिकमार्जारखरोष्ट्रैश्च भुजङ्गमै।। (6/73/11)
वराहैः श्वापदैः सिंहैर्जम्बुकैः पर्वतोपमैः।
काकहंसमयूरैश्च राक्षसा भीमविक्रमाः।। (6/73/12)

कोई हाथी पर बैठकर चले तो कोई उत्तम घोड़ों पर। इनके सिवा बाघ, बिच्छू, बिलाव, गदहे, ऊँट, सर्प, सूअर, अन्य हिंसक जन्तु, सिंह, पर्वताकार गीदड़, कौआ, हंस और मोर आदि की सवारियों पर चढ़े हुए भयंकर पराक्रमी राक्षस वहाँ युद्ध के लिए आये।

4. नेवला

Mongoose

वाल्मीकि रामायण में इसके लिए नकुल शब्द का प्रयोग किया गया है। हमारे देश में नेवले की मुख्यतः दो जातियाँ पायी जाती हैं ज़ो निम्नवत् हैं–

(i) सामान्य नेवला–इसका अंग्रेजी नाम 'Common Mongoose' तथा वैज्ञानिक नाम 'Herpestes edwardsi' है।

(ii) छोटा नेवला–इसका अँग्रेज़ी नाम 'Small Indian Mongoose' तथा वैज्ञानिक नाम 'Herpestes auropuntatus' है।

सामान्य नेवला रक्तपीत व पीले भूरे रंग का होता है। इसकी गर्दन के किनारे किसी प्रकार की धारियाँ नहीं होती हैं। यह खुले स्थानों, झाड़ीनुमा जंगलों एवं सडकों के किनारे पाया जाता है। चूहे, सर्प, छिपकली, मेढक, बिच्छू, गोजर एवं चिड़ियों के अण्डे इसका प्रिय आहार हैं। कभी– कभी यह फल, जड़ें और मरे हुए जानवर भी खा लेता है।

वाल्मीकि रामायण में इसका उल्लेख निम्न प्रकार है–

गृहाणां बलिकर्माणि श्वानः पर्युपभुंजते।
खरा गोषु प्रजायन्ते मूषका नकुलेषु च।। (6/35/29)

घरों में जो बलिकर्म किये जाते हैं, उस बलि–सामग्री को कुत्ते खा जाते हैं। गौओं से गधे और नेवले से चूहे पैदा होते हैं।

5. मेढक, दादुर

Frog

वाल्मीकि रामायण में इसके लिए भेक, पल्वग, प्लवंग एवं मण्डूक शब्द का प्रयोग किया गया है। मेढक उभयचर प्राणियों के तीन गणों–सपुच्छा (कौडेटा या यूरोडेला) उदाहरणार्थ न्यूट्स और सेलामेन्डर, सेतलयेन्सिया या एनूरा मेढक और टोड, अपादा(जिमनोफोमिया)–अंधकृमि में शामिल हैं। कुछ प्रमुख मेढकों के वैज्ञानिक नाम इस प्रकार हैं–

Indian Toad Bufo melanostictus
Paddy Field Frog- Rana limmocharis
Skipping Frog- Rana cyanophyctis
Indian Bull Frog- Rana tigrina

इनकी खाल नम होती है तथा ये फेफड़ों के साथ–साथ खाल से भी साँस लेते हैं। ये पानी में अण्डे देते हैं। वर्षाकाल में टर्र–टर्र की आवाज करते मेढक बहुतायत में प्रकट हो जाते हैं।

वाल्मीकि रामायण में इसका उल्लेख निम्नानुसार आया है–

पल्वगा वृश्चिका दंशा मशकाश्चैव कानने।
सरीसृपाश्च कीटाश्च मा भूवन् गहने तव।। (2/25/18)

वन में जो मेढक या वानर, बिच्छू, डाँस मच्छर, पर्वतीय सर्प और कीड़े होते हैं, वे उस गहन वन में तुम्हारे लिए हिंसक न हों।

उष्णमन्तर्दधे सद्यः स्निग्धा ददृशिरे घनाः।
ततो जॉषिरे सर्वे भेकसारङ्ग.बर्हिणः।। (2/63/16)

सब ओर सजल मेघ दृष्टिगोचर होने लगे और गरमी तत्काल शान्त हो गयी; इससे समस्त मेढकों, चातकों और मयूरों में हर्ष छा गया।

हंसक्रौंचप्लवाकीर्णं सारसैः सम्प्रसादितम्।
वैदूर्यप्रस्तरं स्निग्धं सान्द्रं सागरतेजसा।। (3/35/18)

सिन्धु का वह तट समुद्र के तेज से उसकी तरह तरंगमालाओं के स्पर्श से स्निग्ध एवं शीतल था। वहाँ हंस, क्रौंच तथा मेढक सब ओर फैले हुए थे और सारस उसकी शोभा बढ़ा रहे थे। उस तट पर वैदूर्यमणि के सदृश श्याम रंग के प्रस्तर दिखाई देते थे।

षट्पादतन्त्रीमधुराभिधानं
प्लवंगमोदीरितकण्ठतालम्।
आविष्कृतं मेघमृदङ्ग.नादै–
र्वनेषु संगीतमिवप्रवृत्तम्।। (4/28/36)

भ्रमररूप वीणा की मधुर झंकार हो रही है। मेढ़कों की आवाज कण्ठताल–सी जान पड़ती है। मेघों की गर्जना के रूप में मृदंग बज रहे हैं। इस प्रकार वनों में संगीतोत्सव का आरम्भ–सा हो रहा है।

स्वनैर्घनानां प्लवगाः प्रबुद्धा
विहाय निद्रां चिरसंनिरुद्धाम्।
अनेकरूपाकृतिवर्णनादा
नवाम्बुधाराभिहता नदन्ति।। (4/28/38)

मेघों की गर्जना सुनकर चिरकाल से रोकी हुई निद्रा को त्यागकर जागे हुए अनेक प्रकार के रूप, आकार, वर्ण और बोली वाले मेढक नूतन जल की धारा से अभिहत होकर ज़ोर–ज़ोर से बोल रहे हैं।

नदीघनप्रस्रवणोदकाना
मतिप्रवृद्धानिलबर्हिणानाम्।
प्लवंगमानां च गतोत्सवानां
ध्रुवं रवाः सम्प्रति सम्प्रणष्टाः।। (4/30/43)

नदी, मेघ, झरनों के जल, प्रचण्ड वायु, मोर और हर्ष–रहित मेढकों के शब्द निश्चय ही इस समय शान्त हो गये हैं।

शक्तितोमरमीनं च विनिकीर्णान्त्रशैवलम्।
गजकच्छपसम्बाधमश्वमण्डूकसंकुलम्।। (6/7/20)
रुद्रादित्यमहाग्राहं मरुद्वसुमहोरगम्।
रथाश्वगजतोयौघं पदातिपुलिनं महत्।। (6/7/21)
अनेन हि समासाद्य देवानां बलसागरम्।
गृहीतो दैवतपतिर्लङ्कां चापि प्रवेशितः।। (6/7/22)

देवताओं की सेना समुद्र के समान थी। शक्ति और तोमर ही उसमें मत्स्य थे। निकालकर फेंकी हुई आँतें सेवार का काम देती थीं। हाथी ही उस सैन्य–सागर में कछुओं के समान भरे पड़े थे। घोड़े मेढकों के समान उसमें सब ओर व्याप्त थे। रुद्रगण और आदित्यगण उस सेनारूपी समुद्र के बड़े–बड़े ग्राह थे। मरुदगण और वसुगण वहाँ के विशाल नाग थे। रथ, हाथी और घोड़े जलराशि के समान थे और पैदल सैनिक उसके विशाल तट थे; परन्तु इस इन्द्रजीत ने देवताओं के उस सैन्य समुद्र में घुसकर देवराज इन्द्र को क़ैद कर लिया और उन्हें लंकापुरी में लाकर बन्द कर दिया।

6. गिरगिट

Garden lizard

वाल्मीकि रामायण में इसके लिए कृकलास शब्द का प्रयोग किया गया है। इसका वैज्ञानिक नाम Calotes versicolor है। यह पूरे भारत में पाया जाता है। यह भूरे रंग का होता है तथा आसानी से अपना रंग लाल या काला बना लेता है। यह अपना रंग आसानी से बदल देता है जिसके लिए यह विख्यात है। यह पार्कों एवं झाड़ीदार स्थानों पर पाया जाता है जहाँ यह कीट पतंगों का शिकार करता है। यह पेडों पर भी चढ़ जाता है। यह सामान्य रूप से भूरा होता होता है तथा प्रजनन काल में नर का गला लाल और काला हो जाता है। मादा ज़मीन के अन्दर बिलों में अण्डे देती है। इसके गर्दन की कलँगी (Crest) से पहचाना जा सकता है।

वाल्मीकि रामायण में इसका उल्लेख निम्नानुसार आया है–

इन्द्रो मयूरः संवृत्तो धर्मराजस्तु वायसः।
कृकलासो धनाध्यक्षो हंसश्च वरुणोऽभवत्।। (7/18/5)

इन्द्र मोर, धर्मराज कौआ, कुबेर गिरगिट और वरुण हंस हो गये।

बहुवर्षसहस्राणि बहुवर्षशतानि च।। (7/53/19)
श्वभ्रे त्वं कृकलीभूतो दीर्घकालं निवत्स्यसि।

तुम सब प्राणियों से छिपकर रहने वाले गिरगिट हो जाओगे और सहस्रों वर्षों के दीर्घकाल तक गड्ढे में गिरगिट होकर ही पड़े रहोगे।

7. चूहा

Rat

वाल्मीकि रामायण में इसके लिए मूषक या खव शब्द का प्रयोग किया गया है। चूहे अनेक प्रकार के होते हैं, जिसमें प्रमुख निम्न प्रकार हैं–

(i) उन्दुरु या उन्दीर–इसका अंग्रेजी नाम 'Indian field mouse' एवं वैज्ञानिक नाम 'Mus booduga' है। यह कालापन लिए बहुत छोटे आकार का चूहा है जो भोजन एवं अन्य घरेलू चीजों को ख़राब करता है।

(ii) आखू–इसका अंग्रेजी नाम 'Soft furred field rat' एवं वैज्ञानिक नाम 'Millardia meltada' है। यह सफ़ेद और कालापन लिए होता है। इसकी पूँछ लम्बी होती है। यह दिन में भी घूमता रहता है। यह कपड़े, राशन आदि को बर्बाद करता है।

(iii) मूसक—इसका अंग्रेजी नाम 'Indian bush rat' एवं वैज्ञानिक नाम 'Golunda ellioti' है। यह काले रंग का लम्बा, मोटा, लम्बी पूँछ वाला चूहा है जो घरों में रहता है।

वाल्मीकि रामायण में इसका उल्लेख निम्न प्रकार है–

गृहाणां बलिकर्माणि श्वानः पर्युपभुंजते।
खरा गोषु प्रजायन्ते मूषका नकुलेषु च।। (6/35/29)

घरों में जो बलिकर्म किये जाते हैं, उस बलि–सामग्री को कुत्ते खा जाते हैं। गौओं से गधे और नेवले से चूहे पैदा होते हैं।

शरभेण यथा सिंहाः सिंहेन द्विरदा यथा।
द्विरदेन यथा व्याघ्रा व्याघ्रेण द्वीपिनो यथा।। (7/7/20)
द्वीपिनेव यथा श्वानः शुना मार्जारको यथा।
मार्जारेण यथा सर्पाः सर्पेण च यथाखवः।। (7/7/21)
तथा ते राक्षसाः सर्वे विष्णुना प्रभविष्णुना।
द्रवन्ति द्राविताश्चान्ये शायिताश्च महीतले।। (7/7/22)

जैसे शरभ से सिंह, सिंह से हाथी, हाथी से बाघ, बाघ से चीते, चीते से कुत्ते, कुत्ते से बिलाव, बिलाव से साँप और साँप से चूहे डरकर भागते हैं, उसी प्रकार वे सब राक्षस प्रभावशाली भगवान् विष्णु की मार खाकर भागने लगे। उनके भगाये हुए बहुत से राक्षस धराशायी हो गये।

8. सेही

Indian Porcupine

वाल्मीकि रामायण में इसके लिए श्वाविधो या शल्यक शब्द का प्रयोग किया गया है। इसका वैज्ञानिक नाम 'Hystrix indica' है। यह बहुत सीधा और शान्त जानवर है जो अकारण किसी पर हमला नहीं करता। यह शाकाहारी जीव है तथा इसका मुख्य आहार आलू, शकरकन्द आदि हैं। यह मैदानी क्षेत्रों में भूमि के अन्दर गहरे बिल बनाकर रहता है। इसके बिल काफ़ी लम्बे और कई गुफाओं वाले होते हैं। इसके सारे शरीर पर सफ़ेद गोल धारियों वाले लम्बे काँटे होते हैं, जिससे इसको आसानी से पहचाना जा सकता है। यह लगभग 75 सेमी लम्बा होता है जो कड़े काँटों से ढका रहता है। इसकी दुम 10 सेमी लम्बी होती है किन्तु काँटों के साथ इसकी लम्बाई 20–21 सेमी हो जाती है। यह अपने काँटों को अस्त्र के रूप में प्रयोग करती है। इसके प्रहार से बड़ा से बड़ा जानवर भी घायल हो जाता है।

वाल्मीकि रामायण में इसका उल्लेख निम्न प्रकार है–

पंच पंचनखा भक्ष्या ब्रह्मक्षत्रेण राघव।
शल्यकः श्वाविधौ गोधा शशः कूर्मश्च पंचमः।। (4/17/39)

'रघुनन्दन! त्रैवर्णिकों में जिनकी किसी कारण से मांसाहार (जैसे निन्दनीय कर्म) में प्रवृत्ति हो गयी है, उनके लिए भी पाँच नखवाले जीवों में से पाँच ही भक्षण के योग्य बताये गये हैं। उनके नाम इस प्रकार हैं–गेंडा, साही, गोह, खरहा और पाँचवाँ कछुआ।

वराहवाध्रीणसकान् दधिसौवर्चलायुतान्।
शल्यान् मृगमयूरांश्च हनुमानन्ववैक्षत।। (5/11/16)

वानरसिंह हनुमान् ने वहाँ सोने के बड़े–बड़े पात्रों में मोर, मुर्गे, सूअर, गेंडा, साही, हरिण तथा मयूरों के मांस देखे, जो दही और नमक मिलाकर रखे गये थे। वे अभी खाये नहीं गये थे।

शरैरिमावलं विद्धौ रुधिरेण समुक्षितौ।
वसुधायामिमौ सुप्तौ दृश्येते शल्यकाविव।। (6/50/17)

इन दोनों के शरीर बाणों द्वारा पूर्णतः छिद गये हैं। ये दोनों भाई ख़ून से नहा उठे हैं और इस अवस्था में पृथ्वी पर सोये हुए ये दोनों राजकुमार काँटों से भरे हुए साही नामक जन्तु के समान दिखाई देते हैं।

श्वाविधः शललैर्यद्वद् बाणैर्लग्नैर्निरन्तरम्।। (6/111/45)
स्वर्पितैर्मर्मसु भृशं संछिन्नस्नायुबन्धनम्।

राजन्! जैसे साही की देह काँटों से भरी होती है, उसी प्रकार आपके शरीर में इतने बाण लगे हैं कि कहीं एक अंगुल जगह नहीं रह गयी है।

9. गोह

Bengal monitor

वाल्मीकि रामायण में इसके लिए गोधा शब्द का प्रयोग किया गया है। इसका वैज्ञानिक नाम Varanus bengalensis है। यह लगभग पूरे दक्षिण एशिया में पाया जाता है। इसकी लम्बाई सिर से पूँछ तक 175 से.मी. तक होती है। मेढक, मछली एवं अण्डे आदि इनका प्रमुख आहार है। इनका वजन 7 किलोग्राम तक होता है।

वाल्मीकि रामायण में इसका उल्लेख निम्नानुसार आता है–

गोधांगुलित्रैरासक्तैश्चित्रकांचनभूषितैः।
अरिसंघैरनाधृष्यां मृगैः सिंहगुहामिव।। (2/99/23)

वहाँ गोह के चमड़े के बने हुए बहुत से सुवर्णजटित दस्ताने भी टँगे हुए थे। जैसे मृग सिंह की गुफा पर आक्रमण नहीं कर सकते, उसी प्रकार वह पर्णशाला शत्रुसमूहों के लिए अगम्य एवं अजेय थी।

पंच पंचनखा भक्ष्या ब्रह्मक्षत्रेण राघव।
शल्यकः श्वाविधौ गोधा शशः कूर्मश्च पंचमः।। (4/17/39)

'रघुनन्दन! त्रैवर्णिकों में जिनकी किसी कारण से मांसाहार (जैसे निन्दनीय कर्म) में प्रवृत्ति हो गयी है, उनके लिए भी पाँच नखवाले जीवों में से पाँच ही भक्षण के योग्य बताये गये हैं। उनके नाम इस प्रकार हैं–गेंडा, साही, गोह, खरहा और पाँचवाँ कछुआ।

10. कछुआ

Indian Tortoise

इसका वैज्ञानिक नाम 'Geochelone elegans' है। यह जल में रहने वाला जीव है। हमारे देश के लगभग सभी जलाशयों, नदियों, तालाबों आदि में कछुआ पाया जाता है। इसकी कुछ प्रजातियाँ सूखे में भी रह लेती हैं। इसका शरीर बड़े आवरण में ढका होता है। इस आवरण

से इसके चारों पैर निकले रहते हैं। इसका सिर चपटा होता है जो सिरे पर तिकोना हो जाता है। गरदन लम्बी और लचीली होती है। पैर मज़बूत एवं छोटे होते हैं जो ज़मीन पर चलने एवं पानी में तैरने में सहायक होते हैं। इनके पंजे में नाख़ून होते हैं। यह घास– पात, पानी के कीड़े एवं मांस मछली आदि खाता है। यह जल को स्वच्छ करने में सहायक माना जाता है।

वाल्मीकि रामायण में इसका उल्लेख निम्न प्रकार है–

असर्पत जलं तत्र तीव्रशब्दपुरस्कृतम्।
मत्स्यकच्छपसङ्घश्च शिंशुमारगणैस्तथा।। (1/43/16)

गंगाजी की वह जलराशि महान् कलकल नाद के साथ तीव्र गति के से प्रवाहित हुई। मत्स्य, कच्छप और शिंशुमार (सूँस) झुण्ड–के–झुण्ड उसमें गिरने लगे।

इति श्रुत्वा हृषीकेश कामठं रूपमास्थितः।।
पर्वतं पृष्ठतः कृत्वा शिश्ये तन्नोदधौ हरिः। (1/45/29)

यह सुनकर भगवान हृषीकेश ने कच्छप का रूप धारण कर लिया और उस पर्वत को अपनी पीठ पर रखकर वे श्रीहरि वहीं समुद्र के भीतर सो गये।

कोयष्टिभिश्चार्जुनकैः शतपत्रैश्च कीरकैः।
एतैश्चान्यैश्च बहुभिर्नादितं तद् वनं महत्।। (3/75/12)

वह विशाल वन टिट्िभों, मोरों, कठफोड़वों, तोतों तथा अन्य बहुत सी पक्षियों के कलरव से गूँज रहा था।

पंच पंचनखा भक्ष्या ब्रह्मक्षत्रेण राघव।
शल्यकः श्वाविधौ गोधा शशः कूर्मश्च पंचमः।। (4/17/39)

'रघुनन्दन! त्रैवर्णिकों में जिनकी किसी कारण से मांसाहार (जैसे निन्दनीय कर्म) में प्रवृत्ति हो गयी है, उनके लिए भी पाँच नखवाले जीवों में से पाँच ही भक्षण के योग्य बताये गये हैं। उनके नाम इस प्रकार हैं–गेंडा, साही, गोह, खरहा और पाँचवाँ कछुआ।

तिमिनक्रझषाः कूर्मा दृश्यन्ते विवृतास्तदा।
वस्त्रापकर्षणेनेव शरीराणि शरीरिणाम्।। (5/1/74)

जल हट जाने के कारण समुद्र के भीतर रहने वाले मगर, नाके, मछलियाँ और कछुए साफ़–साफ़ दिखायी देते थे। जैसे वस्त्र खींच लेने पर देहधारियों के शरीर नंगे दीखने लगते हैं।

ततः शिखरमारुह्य रामो दशरथात्मजः।
कूर्ममीनसमाकीर्णमपश्यत् सलिलाशयम्।। (6/4/93)

महेन्द्र पर्वत के शिखर पर आरूढ़ हो दशरथनन्दन भगवान् श्रीराम ने कछुओं और मत्स्यों से भरे हुए समुद्र को देखा।

शक्तितोमरमीनं च विनिकीर्णान्त्रशैवलम्।
गजकच्छपसम्बाधमश्वमण्डूकसंकुलम्।। (6/7/20)
रुद्रादित्यमहाग्राहं मरुद्वसुमहोरगम्।
रथाश्वगजतोयौघं पदातिपुलिनं महत्।। (6/7/21)
अनेन हि समासाद्य देवानां बलसागरम्।
गृहीतो दैवतपतिर्लङ्कां चापि प्रवेशितः।। (6/7/22)

देवताओं की सेना समुद्र के समान थी। शक्ति और तोमर ही उसमें मत्स्य थे। निकालकर फेंकी हुई आँतें सेवार का काम देती थीं। हाथी ही उस सैन्य–सागर में कछुओं के समान भरे पड़े थे। घोड़े मेढकों के समान उसमें सब ओर व्याप्त थे। रुद्रगण और आदित्यगण उस सेनारूपी समुद्र के बड़े–बड़े ग्राह थे। मरुदगण और वसुगण वहाँ के विशाल नाग थे। रथ, हाथी और घोड़े जलराशि के समान थे और पैदल सैनिक उसके विशाल तट थे; परन्तु इस इन्द्रजीत ने देवताओं के उस सैन्य समुद्र में घुसकर देवराज इन्द्र को क़ैद कर लिया और उन्हें लंकापुरी में लाकर बन्द कर दिया।

स्यन्दनैर्वारणैश्चैव हयैश्च करिसंनिभैः।। (7/6/47)
खरैर्गोभिरथोष्ट्रैश्च शिशुमारैर्भुजंगमैः।
मकरैः कच्छपैर्मीनैर्विहंगैर्गरुडोपमैः।। (7/6/48)
सिंहैर्व्याघ्रैर्वराहैश्च सृमरैश्चमरैरपि।
त्यक्त्वा लङ्कां गताः सर्वे राक्षसा बलगर्विताः।। (7/6/49)
प्रयाता देवलोकाय योद्धुं दैवतशत्रवः।

अपने बल का घमण्ड रखने वाले वे समस्त देवद्रोही राक्षस रथ, हाथी, घोड़े, गदहे, बैल, ऊँट, शिशुमार, सर्प, मगर, कछुआ, मत्स्य, गरुड़, सिंह, बाघ, सुअर, मृग और नीलगाय आदि वाहनों पर सवार होकर लंका छोड़कर युद्ध के लिए देवलोक की ओर चल पड़े।

11. तिमिंगल

तिमि का अर्थ ह्वेल मछली है। तिमिंगल मछली को ह्वेल से भी बड़ी मछली माना जाता है। इसके बारे में वर्तमान में अधिक जानकारी उपलब्ध नहीं है।

वाल्मीकि रामायण में इसका उल्लेख निम्नानुसार आता है–

तन्नक्रमकराकीर्णं तिमिंगिलझषाकुलम्।
वायुवेगसमाधूतं पन्नगैरिव सागरम्।। (5/9/7)

इस प्रकार नर–नारियों से भरा हुआ वह कोलाहलपूर्ण भवन नाक्रे और मगरों से व्याप्त, तिमिंगलों और मत्स्यों से पूर्ण, वायु वेग से विक्षुब्ध तथा सर्पों से आवृत महासागर के समान प्रतीत होता था।

12. सूँस

Ganges River Dolphin

वाल्मीकि रामायण में इसके लिए शिंशुमार एवं शिशुमार शब्द का प्रयोग किया गया है। इसका वैज्ञानिक नाम 'Platanista gangetica gangetica' है। समुद्र में पायी जाने वाली डालफिनों से सम्बन्ध रखने वाले गंगा के सूँस विश्व के पाँच मीठे पानी वाली डालफिनों में से एक है। यह गंगा, ब्रह्मपुत्र एवं उसके मुख्य सहायक नदियों में पाये जाते हैं। इनकी आँखें बहुत कम विकसित होती हैं और इन्हें अन्धा डालफिन के नाम से भी जाना जाता है। इनमें अपने से उच्चारित ध्वनि तरंगों की प्रतिध्वनि को अनुभव करने की तीव्र क्षमता होती है। इसकी सहायता से ये न केवल चल–फिर लेते हैं बल्कि छोटी–छोटी मछलियों एवं घोंघा– कीट आदि का शिकार भी करते हैं।

वाल्मीकि रामायण में इसका उल्लेख निम्नानुसार आता है–

असर्पत जलं तत्र तीव्रशब्दपुरस्कृतम्।
मत्स्यकच्छपसङ्घश्च शिंशुमारगणैस्तथा।। (1/43/16)

गङ्गाजी की वह जलराशि महान् कलकल नाद के साथ तीव्र गति से प्रवाहित हुई। मत्स्य, कच्छप और शिंशुमार (सूँस) झुण्ड–के–झुंड उसमें गिरने लगे।

शिंशुमारैश्च नक्रैश्च भुजंगैश्च समन्विताम्।
शंकरस्य जटाजूटाद् भ्रष्टां सागरतेजसा।। (2/50/25)
समुद्रमहिषीं गंङ्ग.ा सारसक्रौंचनादिताम्।
आससाद महाबाहुः श्रृङ्ग.वेरपुरं प्रति।। (2/50/26)

उनके जल में सूँस, घड़ियाल और सर्प निवास करते हैं। सगरवंशी राजा भगीरथ के तपोमय तेज से जिनका शंकर जी के जटाजूट से अवतरण हुआ था, जो समुद्र की रानी हैं तथा जिनके निकट सारस और क्रौंच पक्षी कलवर करते रहते हैं, उन्हीं देवनदी गंगा के पास महाबाहु श्रीरामजी पहुँचे। गंगा की वह धारा श्रृंगवेरपुर में बह रही थी।

स्यन्दनैर्वारणैश्चैव हयैश्च करिसंनिभैः।। (7/6/47)
खरैर्गोभिरथोष्ट्रैश्च शिशुमारैर्भुजंगमैः।
मकरैः कच्छपैर्मीनैर्विहंगैर्गरुडोपमैः।। (7/6/48)
सिंहैर्व्याघ्रैर्वराहैश्च सृमरैश्चमरैरपि।
त्यक्त्वा लङ्कां गताः सर्वे राक्षसा बलगर्विताः।। (7/6/49)
प्रयाता देवलोकाय योद्धंङ दैवतशत्रवः।

अपने बल का घमण्ड रखने वाले वे समस्त देवद्रोही राक्षस रथ, हाथी, घोड़े, गदहे, बैल, ऊँट, शिशुमार, सर्प, मगर, कछुआ, मत्स्य, गरुड़, सिंह, बाघ, सुअर, मृग और नीलगाय आदि वाहनों पर सवार होकर लंका छोड़कर युद्ध के लिए देवलोक की ओर चल पड़े।

रथान् नागान् खरानुष्ट्रान् पन्नगांस्तुरगांस्तथा।
शिशुमारान् वराहांश्च पिशाचवदनानपि।। (7/28/40)

कुछ राक्षस रथों, हाथियों, गदहों, ऊँटों, सर्पों, घोड़ों, शिशुमारों, वराहो तथा पिशाचमुख वाहनों को दोनों भुजाओं से पकड़कर उनसे लिपटे हुए निश्चेष्ट हो गये थे।

13. मछली

Fish

वाल्मीकि रामायण में इसके लिए मत्स्य, मीन, जलज एवं झष शब्द का प्रयोग किया गया है। मछलियों से सभी परिचित हैं। तालाब, नदी तथा समुद्र सभी स्थान पर मछलियाँ पायी जाती हैं। आजकल मछलीघर Aquarium में विविध प्रकार की रंग–विरंगी मछलियाँ पायी जाती हैं। मछलियों का अपना अलग संसार है। यह अनेक प्रकार की होती है। वास स्थान तथा आहार के अनुसार इनके चार वर्ग हैं–

(i) **सतही जल भोज्य आहारी**–ये सामान्यतः तटीय क्षेत्रों में पायी जाती हैं तथा इस क्षेत्र के खरपतवार, जलीयघास आदि में रहती हैं। तट पर पाये जाने वाले कुछ शैवाल, ओडोगोनियम, फाइटोप्लैंक्टान, सतही लार्वे तथा कीट पतंगे इनके आहार हैं।

(ii) **गहरे जल भोज्य आहारी**—यह गहरे जल में पायी जाती है तथा तटीय क्षेत्रों के कीचड़ युक्त तलछट पर पनपते जीव जन्तु, कृमि तथा प्रदूषित वातावरण में पनपने वाले जूप्लैंक्टान्स एवं ट्यूबीफेक्स आदि इसके आहार हैं।

(iii) **तलछट आहारी**—ये कीचड़ में धँसी तथा सड़ते जैविक आहार पर निर्भर करती है।

(iv) **खारे तथा समुद्री जल के मत्स्य समूह**—खारे तथा समुद्री जल की मछलियाँ मीठे जल में नहीं रह पाती हैं।

प्रदूषण सहने की क्षमता एवं स्वच्छता के आधार पर मछलियाँ तीन प्रकार की होती हैं—

(i) **अति स्वच्छ वातावरण चाहने वाली मछलियाँ**—ये पर्वतीय झरनों एवं तेज़ बहती नदियों में प्राप्त होती हैं। ये गन्दगी या सड़न बिलकुल नहीं सह पातीं। राश्बोरा प्रजातियाँ, मैराइन फिशें, कोरल फिशें, हैच फिशें आदि इनके उदाहरण हैं।

(ii) **मध्यम स्वच्छता चाहने वाली मछलियाँ**—ये स्थिर जल के तालाबों, पोखर, झील, धीरे बहती नदी—नालों में पायी जाती हैं। कार्पस, बार्बस, बोटियास, गोबियास आदि इस श्रेणी की मछलियाँ हैं।

(iii) **अल्प स्वच्छता चाहने वाली मछलियाँ**—ये कीचड़, गन्दे जल आदि में रहती हैं। कैट फिशें, पैराडाइज फिशें, बोटिया आदि इस श्रेणी की मछलियाँ हैं।

वाल्मीकि रामायण में इसका उल्लेख निम्नानुसार आया है—

असर्पत जलं तत्र तीव्रशब्दपुरस्कृतम्।
मत्स्यकच्छपसङ्घश्च शिंशुमारगणैस्तथा।। (1/43/16)

गंगाजी की वह जलराशि महान् कलकल नाद के साथ तीव्र गति से प्रवाहित हुई। मत्स्य, कच्छप और शिंशुमार (सूँस) झुण्ड—के—झुण्ड उसमें गिरने लगे।

सुस्राव नयनैः स्त्रीणामस्त्रमायाससम्भवम्।
मीनसंक्षोभचलितैः सलिलं पङ्कजैरिव।। (2/40/35)

नारियों के नेत्रों से उसी तरह खेदजनित अश्रु झर रहे थे, जैसे मछलियों के उछलने से हिले हुए कमलों द्वारा जलकणों की वर्षा होने लगती है।

न च सीता त्वया हीना न चाहमापि राघव।
मुहूर्तमपि जीवावो जलान्मत्स्याविवोद्धृतौ।। (2/53/31)

रघुनन्दन! आपके बिना सीता और मैं दोनों दो घड़ी भी जीवित नहीं रह सकते। ठीक उसी तरह, जैसे जल से निकाले हुए मत्स्य नहीं जीते हैं।

लीनपुष्करपत्राश्च नद्यश्च कलुषोदकाः।
संतप्तपद्माः पद्मिन्यो लीनमीनविहंगमाः।। (2/59/7)

नदियों के जल मलिन हो गये हैं। उनमें फैले हुए कमलों के पत्ते गल गये हैं। सरोवरों के कमल भी सूख गये हैं। उनमें रहने वाले मत्स्य और पक्षी भी नष्टप्राय हो गये हैं।

स तादृशः सिंहबलो वृषभाक्षो नरर्षभः।
स्वयमेव हतः पित्रा जलजेनात्मजो यथा।। (2/61/22)

सिंह के समान बल और बैल के समान बड़े—बड़े नेत्रवाला वैसा नरश्रेष्ठ वीर पुत्र स्वयं अपने पिता के ही हाथों द्वारा मारा गया। (राज्य से वंचित कर दिया गया)। ठीक उसी तरह, जैसे मत्स्य का बच्चा अपने पिता मत्स्य के द्वारा ही खा लिया जाता है।

जाह्ववीं तु समासाद्य विविधद्रुमकाननाम्।
शीतलामलपानीयां महामीनसमाकुलाम्।। (2/80/21)
सचन्द्रतारागणमण्डितं यथा
नभः क्षपायाममलं विराजते।
नरेन्द्रमार्गः स तदा व्यराजत
क्रमेण रम्यः शुभशिल्पिनिर्मितः।। (2/80/22)

नाना प्रकार के वृक्षों और वनों से सुशोभित, शीतल निर्मल जल से भरी हुई और बड़े–बड़े मत्स्यों से व्याप्त गंगा के किनारे तक बना हुआ वह रमणीय राजमार्ग उस समय बड़ी शोभा पा रहा था। अच्छे कारीगरों ने उसका निर्माण किया था। रात्रि के समय वह चन्द्रमा और तारागणों से मण्डित निर्मल आकाश के समान सुशोभित होता था।

पद्मपुष्करसम्बाधं गजयूथैरलंकृतम्।
सारसैर्हंसकादम्बैः संकुलं जलजातिभिः।। (3/11/6)

वह सरोवर लाल और श्वेत कमलों से भरा हुआ था। उसमें क्रीड़ा करते हुए झुंड के झुंड हाथी उसकी शोभा बढ़ाते थे तथा सारस, राजहंस और कलहंस आदि पक्षियों एवं जल में उत्पन्न होने वाले मत्स्य आदि जन्तुओं से वह व्याप्त दिखाई देता था।

उत्पेतश्च विना रात्रिं ताराः खद्योतसप्रभाः।
संलीनमीनविहगा नलिन्यः शुष्कपङ्कजाः।। (3/23/13)

बिना रात के ही जुगनू के समान चमकने वाले तारे आकाश में उदित हो गये। सरोवरों में मछली और जलपक्षी विलीन हो गये। उनके कमल सूख गये।

त्वत्प्रियां जानकीं हत्वा रावणो राक्षसेश्वरः।
झषवद् बडिशं गृह्य क्षिप्रमेव विनश्यति।। (3/68/13)

वह 'विन्द' नामक मुहूर्त था, किन्तु उस राक्षस को इसका पता नहीं था। जैसे मछली मौत के लिए ही बंसी पकड़ लेती है, उसी प्रकार वह भी सीता को ले जाकर शीघ्र ही नष्ट हो जायेगा।

घृतपिण्डोपमान् स्थूलांस्तान् द्विजान् भक्षयिष्यथ।
रोहितान् वक्रतुण्डांश्च नलमीनांश्च राघव।। (3/73/14)
पम्पायामिषुभिर्मत्स्यांस्तत्र राम वरान् हतान्।
निस्त्वक्पक्षानयस्तप्तानकृशानैककण्टकान्।। (3/73/15)
तव भक्त्या समायुक्तो लक्ष्मणः सम्प्रदास्यति।

बाणों के अग्रभाग से जिनके छिलके छुड़ा लिए गये हैं, अतएव जिनमें एक भी काँटा नहीं रह गया है, जो घी के लोदे के समान चिकने तथा आर्द्र हैं–सूखे नहीं हैं, जिन्हें लोहमय बाणों के अग्रभाग में गूँथकर आग में सेंका और पकाया गया है, ऐसे फल–मूल के ढेर वहाँ भक्ष्य पदार्थ के रूप में उपलब्ध होंगे। आपके प्रति भक्तिभाव से सम्पन्न लक्ष्मण आपको वे भक्ष्य पदार्थ अर्पित करेंगे। आप दोनों भाई उन पदार्थों को लेकर उस सरोवर के मोटे–मोटे सुप्रसिद्ध जलचर पक्षियों तथा श्रेष्ठ रोहू, वक्रतुण्ड और नलमीन आदि मत्स्यों को थोड़ा–थोड़ा करके खिलाइयेगा(इससे आपका मनोरंजन होगा)।

भृशं तान् खादतो मत्स्यान् पम्पायाः पुष्पसंचये।। (3/73/16)
पद्मगन्धि शिवं वारि सुखशीतमनामयम्।
उद्धृत्य स तदाक्लिष्टं रूप्यस्फटिकसंनिभम्।। (3/73/17)
अथ पुष्करपर्णेन लक्ष्मणः पाययिष्यति।

जिस समय आप पम्पासरोवर की पुष्पराशि के समीप मछलियों को भोजन कराने की क्रीड़ा में अत्यन्त संलग्न होंगे, उस समय लक्ष्मण उस सरोवर का कमल की गन्ध से सुवासित, कल्याणकारी, सुखद, शीतल, रोगनाशक, क्लेशहारी तथा चाँदी और स्फटिकमणि के समान स्वच्छ जल कमल के पत्ते में निकालकर लायेंगे और आपको पिलायेंगे।

स तां पुष्करणीं गत्वा पद्मोत्पलझषाकुलाम्।
रामः सौमित्रिसहितो विललापाकुलेन्द्रियः।। (4/1/1)

कमल, उत्पल तथा मत्स्यों से भरी हुई उस पम्पा नामक पुष्करिणी के पास पहुँचकर सीता की सुधि आ जाने के कारण श्रीराम की इन्द्रियाँ शोक से व्याकुल हो उठीं। वे विलाप करने लगे। उस समय सुमित्राकुमार लक्ष्मण उनके साथ थे।

कर्णप्रावरणाश्चैव तथा चाप्योष्ठकर्णकाः।
घोरलोहमुखाश्चैव जवनाश्चैकपादकाः।। (4/40/26)
अक्षया बलवन्तश्च तथैव पुरुषादकाः।
किरातास्तीक्ष्णचूडाश्च हेमाभाः प्रियदर्शनाः।। (4/40/27)
आममीनाशनाश्चापि किराता द्वीपवासिनः।
अन्तर्जलचरा घोरा नरव्याघ्रा इति स्मृताः।। (4/40/28)
एतेषामाश्रयाः सर्वे विचेयाः काननौकसः।

जो कर्णप्रावरण (वस्त्र की भाँति पैर तक लटके हुए कानवाले), ओष्ठकर्णक (ओंठ तक फैले हुए कानवाले) तथा घोर लोहमुख (लोहे के समान काले एवं भयंकर मुखवाले) हैं, जो एक ही पैर के होते हुए भी वेगपूर्वक चलने वाले हैं, जिनकी सन्तानपरम्परा कभी क्षीण नहीं होती, वे पुरुष तथा जो बलवान् नरभक्षी राक्षस हैं, जो सूची के अग्रभाग की भाँति तीखी चोटी वाले, सुवर्ण के समान कान्तिमान, प्रियदर्शन (सुन्दर), कच्ची मछली खाने वाले, द्वीपवासी तथा जल के भीतर विचरने वाले किरात हैं, जिनके नीचे का आकार मनुष्य जैसा और ऊपर की आकृति व्याघ्र के समान है, ऐसे जो भयंकर प्राणी बताये गये हैं; वानरो! इन सबके निवास स्थानों में जाकर तुम्हें सीता तथा रावण की खोज करनी चाहिए।

नीलवैदूर्यवर्णाश्च पद्मिनीः पतगैर्वृताः।। (4/50/28)
महद्भिः कांचनैर्वृक्षैर्वृता बालार्कसंनिभैः।
जातरूपमयैर्मत्स्यैर्महद्भिश्चाथ पङ्कजैः।। (4/50/29)
नलिनीस्तत्र ददृशुः प्रसन्नसलिलायुताः।

वहाँ नील, वैदर्यूमणिकी–सी कान्तिवाली पद्मलताएँ दिखायी देती थीं, जो पक्षियों से आवृत थीं। कई ऐसे सरोवर कांचनवृक्षों से घिरे हुए थे। उनके भीतर सुनहरे रंग के बड़े–बड़े मत्स्य शोभा पाते थे। वे सरोवर सुवर्णमय कमलों से सुशोभित तथा स्वच्छ जल से भरे हुए थे।

तिमिनक्रझषाः कूर्मा दृश्यन्ते विवृतास्तदा।
वस्त्रापकर्षणेनेव शरीराणि शरीरिणाम्।। (5/1/74)

जल हट जाने के कारण समुद्र के भीतर रहने वाले मगर, नाके, मछलियाँ और कछुए साफ़–साफ़ दिखायी देते थे। जैसे वस्त्र खींच लेने पर देहधारियों के शरीर नंगे दीखने लगते हैं।

तन्नक्रमकराकीर्णं तिमिंगिलझषाकुलम्।
वायुवेगसमाधूतं पन्नगैरिव सागरम्।। (5/9/7)

इस प्रकार नर–नारियों से भरा हुआ वह कोलाहलपूर्ण भवन नाके और मगरों से व्याप्त, तिमिंगलों और मत्स्यों से पूर्ण, वायु वेग से विक्षुब्ध तथा सर्पो से आवृत महासागर के समान प्रतीत होता था।

कृकलान् विविधांश्छागांछशकानर्धभक्षितान्।
महिषानेकशल्यांश्च मेषांश्च कृतनिष्ठितान्।। (5/11/17)

कृकल नामक पक्षी भाँति–भाँति के बकरे, खरगोश, आधे खाये हुए भैंसे, एकशल्य नामक मत्स्य और भेड़ें–ये सब–के–सब राँध–पकाकर रखे हुए थे।

तस्याः शुभम् वाममरालपक्ष्म–
राज्यावृतं कृष्णविशालशुक्लम्।।
प्रास्पन्दतैकं नयनं सुकेश्या
मीनाहतं पद्ममिवाभिताम्रम्।। (5/29/2)

उस समय सुन्दर केशों वाली सीता का बाँक़ी बरौनियों से घिरा हुआ परम मनोहर काला, श्वेत और विशाल बायाँ नेत्र फड़कने लगा। जैसे मछली के आघात से लाल कमल हिलने लगा हो।

पतिता सागरे चाहं तिमिनक्रझषाकुले।
भवेयमाशु विवशा यादसामन्नमुत्तमम्।। (5/37/47)

इस तरह समुद्र में, जो तिमि नामक बड़े–बड़े मत्स्यों, नाक्रों और मछलियों से भरा हुआ है, गिरकर विवश हो मैं शीघ्र ही जल–जन्तुओं का उत्तम आहार बन जाऊँगी।

आप्लुत्य च महावेगः पक्षवाविन पर्वतः।
भुजङ्ग.यक्षगन्धर्वप्रबुद्धकमलोत्पलं।। (5/57/1)
स चन्द्रकुमुदं रम्यं सार्ककारण्डवं शुभम्।
तिष्यश्रवणकादम्बमभ्रशैवलशाद्वलम्।। (5/57/2)
पुनर्वसुमहामीनं लोहिताङ्ग.महाग्रहम्।
ऐरावतमहाद्वीपं स्वातीहंसविलासितम्।। (5/57/3)
वातसंघातजालोर्मिचन्द्रांशुशिशिराम्बुमत्।
हनूमानपरिश्रान्तः पुप्लुवे गगनार्वणम्।। (5/57/4)

पङ्खधारी पर्वत के समान महान् वेगशाली हनुमान् जी बिना थके–माँदे उस सुन्दर एवं रमणीय आकाशरूपी समुद्र को पार करने लगे, जिसमें नाग, यक्ष और गन्धर्व खिले हुए कमल और उत्पल के समान थे। चन्द्रमा, कुमुद और सूर्य जलकुक्कुट के समान थे। पुष्य एवं श्रवण नक्षत्र कलहंस तथा बादल सेवार और घास के तुल्य थे। पुनर्वसु विशाल मत्स्य और

मंगल बड़े भारी ग्राह के सदृश थे। ऐरावत हाथी वहाँ महान् द्वीप–सा प्रतीत होता था। वह आकाश रूपी समुद्र स्वाती रूप हंस के विलास से सुशोभित था तथा वायुसमूहरूप तरङ्गों और चन्द्रमा की किरण रूप शीतल जल से भरा था।

सर्वतश्च महाभीमाः शीततोया महाशुभाः।
अगाधा ग्राहवत्यश्च परिखा मीनसेविताः।। (6/3/15)

परकोटों के चारों ओर महाभयंकर, शत्रुओं का महान् अमङ्गल करने वाली, ठण्डे जल से भरी हुई और अगाध गहराई से युक्त कई खाइयाँ बनी हुई हैं, जिनमें ग्राह और बड़े–बड़े मत्स्य निवास करते हैं।

ततः शिखरमारुह्य रामो दशरथात्मजः।
कूर्ममीनसमाकीर्णमपश्यत् सलिलाशयम्।। (6/4/93)

महेन्द्र पर्वत के शिखर पर आरूढ़ हो दशरथनन्दन भगवान् श्रीराम ने कछुओं और मत्स्यों से भरे हुए समुद्र को देखा।

शक्तितोमरमीनं च विनिकीर्णान्त्रशैवलम्।
गजकच्छपसम्बाधमश्वमण्डूकसंकुलम्।। (6/7/20)
रुद्रादित्यमहाग्राहं मरुद्वसुमहोरगम्।
रथाश्वगजतोयौघं पदातिपुलिनं महत्।। (6/7/21)
अनेन हि समासाद्य देवानां बलसागरम्।
गृहीतो दैवतपतिर्लङ्कां चापि प्रवेशितः।। (6/7/22)

देवताओं की सेना समुद्र के समान थी। शक्ति और तोमर ही उसमें मत्स्य थे। निकालकर फेंकी हुई आँतें सेवार का काम देती थीं। हाथी ही उस सैन्य–सागर में कछुओं के समान भरे पड़े थे। घोड़े मेढकों के समान उसमें सब ओर व्याप्त थे। रुद्रगण और आदित्यगण उस सेनारूपी समुद्र के बड़े–बड़े ग्राह थे। मरुदगण और वसुगण वहाँ के विशाल नाग थे। रथ, हाथी और घोड़े जलराशि के समान थे और पैदल सैनिक उसके विशाल तट थे; परन्तु इस इन्द्रजीत ने देवताओं के उस सैन्य समुद्र में घुसकर देवराज इन्द्र को क़ैद कर लिया और उन्हें लंकापुरी में लाकर बन्द कर दिया।

कथं सागरमक्षोभ्यं तरिष्यन्ति वनौकसः।
बहुसत्वझषाकीर्णं तौ वा दशरथात्मजौ।। (6/12/20)

वैसे तो मुझे शत्रुओं की ओर से कोई डर नहीं है; क्योंकि वे वनवासी वानर अथवा वे दोनों दशरथकुमार श्रीराम और लक्ष्मण असंख्य जल–जन्तुओं तथा मत्स्यों से भरे हुए अलङ्घ्य महासागर कैसे पार कर सकेंगे?

अद्य मद्बाणनिर्भग्नैर्मकरैर्मकरालयम्।। (6/21/17)
निरुद्धतोयं सौमित्रे प्लवद्भिः पश्य सर्वतः।

सुमित्रानन्दन्! आज मेरे बाणों से खण्ड–खण्ड हो मगर और मत्स्य सब ओर उतराकर बहने लगेंगे और उनकी लाशों से इस मकरालय (समुद्र) का जल आच्छादित हो जायेगा। तुम यह दृश्य आज अपनी आँखों से देख लो।

भोगिनां पश्य भोगानि मया भिन्नानि लक्ष्मण।। (6/21/18)
महाभोगानि मत्स्यानां करिणां च करानिह।

लक्ष्मण! तुम देखो कि मैं यहाँ जल में रहने वाले सर्पों के शरीर, मत्स्यों के विशाल कलेवर और जल–हस्तियों के शुण्ड–दण्ड के किस तरह टुकड़े–टुकड़े कर डालता हूँ।

सशङ्खशुक्तिकाजालं समीनमकरं तथा।। (6/21/19)
अद्य युद्धेन महता समुद्रं परिशोषये।

आज महान् युद्ध ठानकर शंखों और सीपियों के समुदाय तथा मत्स्यों और मगरों सहित समुद्र को मैं अभी सुखाये देता हूँ।

तोयवेगः समुद्रस्य समीनमकरो महान्।
स बभूव महाघोरः समारुतरवस्तथा।। (6/21/28)

मत्स्यों और मगरों सहित महासागर के जल का महान् वेग सहसा अत्यन्त भयंकर हो गया। वहाँ तूफ़ान का कोलाहल छा गया।

यकृत्प्लीहमहापङ्कां विनिकीर्णान्त्रशैवलाम्।
भिन्नकायशिरोमीनामङ्गावयवशाद्वलाम्।। (6/58/30)
गृध्रहंसवराकीर्णां कङ्कसारससेविताम्।
मेदः फेनसमाकीर्णामार्तस्तनितनिःस्वनाम्।। (6/58/31)

सैनिकों के यकृत और प्लीहा (ह्रदय के दायें और बायें भाग) जिसके महान पंक थे। निकली हुई आँतें जहाँ सेवार का काम देती थीं। कटे हुए सिर और धड़ जहाँ मत्स्य से प्रतीत होते थे। शरीर के छोटे–छोटे अवयव एवं केश जिसमें घास का भ्रम उत्पन्न करते थे। जहाँ गीध ही हंस बनकर बैठे थे। कंक रूपी सारस जिसका सेवन करते थे। मेदे ही फेन बनकर सब ओर फैले थे।

तच्चातिकायं हिमवत् प्रकाशं
रक्षस्तदा तोयनिधौ पपात।
ग्राहान् परान् मीनवरान् भुजंगमान्
ममर्द भूमिं च तथा विवेश।। (6/67/171)

इसी प्रकार उस राक्षस का विशाल धड़ भी, जो हिमालय के समान जान पड़ता था, तत्काल समुद्र के जल में गिर पड़ा और बड़े–बड़े ग्राहों, मत्स्यों तथा साँपों को पीसता हुआ पृथ्वी के भीतर समा गया।

ततो हयं मारुततुल्यवेग–
मारुह्य शक्तिं निशितां प्रगृह्य।
नरान्तको वानरसैन्यमुग्रं
महार्णवं मीन इवाविशेष।। (6/69/66)

तदनन्तर वायु के समान तीव्र वेगवाले घोड़े पर सवार हो हाथ में तीखी शक्ति लिए नरान्तक वानरों की भयंकर सेना में उसी तरह घुसा, जैसे कोई मत्स्य महासागर में प्रवेश कर रहा हो।

मातंगरथकूलाश्च शरमत्स्या ध्वजद्रुमाः।। (6/93/11)
शरीरसंघाटवहाः प्रसस्रुः शोणितापगाः।

रणभूमि में ख़ून की कितनी ही नदियाँ बह चलीं, जो काष्ठ समूह की भाँति शरीर समुदाय

को ही बहाये लिए जाती थीं। गिरे हुए हाथी और रथ उन नदियों के किनारे जान पड़ते थे। बाण मत्स्य के समान प्रतीत होते थे और ऊँचे–ऊँचे ध्वज ही उनके तटवर्ती वृक्ष थे।

स्यन्दनैर्वारणैश्चैव हयैश्च करिसंनिभैः।। (7/6/47)

खरैर्गोभिरथोष्ट्रैश्च शिशुमारैर्भुजंगमैः।

मकरैः कच्छपैर्मीनैर्विहंगैर्गरुडोपमैः।। (7/6/48)

सिंहैर्व्याघ्रैर्वराहैश्च सृमरैश्चमरैरपि।

त्यक्त्वा लङ्कां गताः सर्वे राक्षसा बलगर्विताः।। (7/6/49)

प्रयाता देवलोकाय योद्धुं दैवतशत्रवः।

अपने बल का घमण्ड रखने वाले वे समस्त देवद्रोही राक्षस रथ, हाथी, घोड़े, गदहे, बैल, ऊँट, शिशुमार, सर्प, मगर, कछुआ, मत्स्य, गरुड़, सिंह, बाघ, सुअर, मृग और नीलगाय आदि वाहनों पर सवार होकर लंका छोड़कर युद्ध के लिए देवलोक की ओर चल पड़े।

निशाचरैस्ताड्यमानो मीनैरिव महोदधिः।

शाङ्र्गमायम्य दुर्धर्षो राक्षसेभ्योऽसृजच्छरान्।। (7/7/7)

जैसे मछली महासागर पर प्रहार करे, उसी तरह वे निशाचर अपने अस्त्र–शस्त्रों द्वारा श्री हरि पर चोट करते थे। उस समय दुर्जय देवता भगवान् विष्णु ने अपने शार्ङ्ग धनुष को खींचकर राक्षसों पर बाण बरसाना आरम्भ किया।

इयं वापि सरिच्छ्रेष्ठा नर्मदा नर्मवर्धिनी।

नक्रमीनविहंगोर्मिः सभयेवाँ.ना स्थिता।। (7/31/30)

सरिताओं में श्रेष्ठ यह नर्मदा भी क्रीड़ारस एवं प्रीति को बढ़ा रही है। इसकी लहरों में मगर, मत्स्य और जलपक्षी खेल रहे हैं और यह भयभीत नारी के समान स्थित है।

समीननक्रमकरः सपुष्पकुशसंस्तरः।

स नर्मदाम्भसो वेगः प्रावृट्काल इवाबभौ।। (7/32/6)

नर्मदा के जल का वह वेग मत्स्य, नक्र, मगर, फूल और कुशास्तरण के साथ बढ़ने लगा। उसमें वर्षाकाल के समान बाढ़ आ गयी।

हैहयाधिपयोधानां वेग आसीत् सुदारुणः।

सनक्रमीनमकरसमुद्रस्येव निःस्वनः।। (7/32/35)

हैहयराज के योद्धाओं का वेग नाकों, मत्स्यों और मगरों सहित समुद्र की भीषण गर्जना के समान अत्यन्त भयंकर जान पड़ता था।

14. घड़ियाल

Gharial

वाल्मीकि रामायण में इसके लिए नक्र शब्द का प्रयोग किया गया है। इसका वैज्ञानिक नाम 'Gavialis gangeticus' है। यह मगर की प्रजाति का है। नर घड़ियाल जब युवा हो जाता

है तो उसकी नाक पर घड़ा जैसा बन जाता है, सम्भवतः इसीलिए इसे घड़ियाल कहते हैं। भारत में ये गंगा, सिन्धु, ब्रह्मपुत्र, महानदी या इसकी सहायक नदियों में पाये जाते हैं। इनकी लम्बाई 7–8 मीटर तक होती है। नर घड़ियाल के साथ 5–6 मादाएँ रहते हैं। ये नदियों की गहराइयों में रहते हैं। इसका मुख्य आहार मछलियाँ और कछुए हैं। ये प्रायः नदी के किनारे धूप सेंकते दिख जाते हैं। मादा नदी के किनारे रेत में गड्ढे बनाकर अप्रैल माह में अण्डे देती है। मादा घड़ियाल एक बार में 20 से 30 अण्डे देती है। लगभग 60 दिन बाद इनमें से बच्चे निकलते हैं। इनमें से काफ़ी बच्चे चील, सियार, कछुए एवं बड़ी मछलियों द्वारा खा लिए जाते हैं।

वाल्मीकि रामायण में इसका उल्लेख निम्नानुसार आता है–

शिंशुमारैश्च नक्रैश्च भुजंगैश्च समन्विताम्।
शंकरस्य जटाजूटाद् भ्रष्टां सागरतेजसा।। (2/50/25)
समुद्रमहिषीं गंगा सारसक्रौंचनादिताम्।
आससाद महाबाहुः श्रृङ्ग.वेरपुरं प्रति।। (2/50/26)

उनके जल में सूँस, घड़ियाल और सर्प निवास करते हैं। सगरवंशी राजा भगीरथ के तपोमय तेज से जिनका शंकर जी के जटाजूट से अवतरण हुआ था, जो समुद्र की रानी हैं तथा जिनके निकट सारस और क्रौंच पक्षी कलवर करते रहते हैं, उन्हीं देवनदी गंगा के पास महाबाहु श्रीरामजी पहुँचे। गंगाकी वह धारा श्रृंगवेरपुर में बह रही थी।

तिमिनक्रझषाः कूर्मा दृश्यन्ते विवृतास्तदा।
वस्त्रापकर्षणेनेव शरीराणि शरीरिणाम्।। (5/1/74)

जल हट जाने के कारण समुद्र के भीतर रहने वाले मगर, नक्र, मछलियाँ और कछुए साफ़–साफ़ दिखायी देते थे। जैसे वस्त्र खींच लेने पर देहधारियों के शरीर नंगे दीखने लगते हैं।

तन्नक्रमकराकीर्णं तिमिंगिलझषाकुलम्।
वायुवेगसमाधूतं पन्नगैरिव सागरम्।। (5/9/7)

इस प्रकार नर–नारियों से भरा हुआ वह कोलाहलपूर्ण भवन नाक्रे और मगरों से व्याप्त, तिमिंगलों और मत्स्यों से पूर्ण, वायु वेग से विक्षुब्ध तथा सर्पो से आवृत महासागर के समान प्रतीत होता था।

पतिता सागरे चाहं तिमिनक्रझषाकुले।
भवेयमाशु विवशा यादसामन्नमुत्तमम्।। (5/37/47)

इस तरह समुद्र में, जो तिमि नामक बड़े–बड़े मत्स्यों, नाकों और मछलियों से भरा हुआ है, गिरकर विवश हो मैं शीघ्र ही जल–जन्तुओं का उत्तम आहार बन जाऊँगी।

ऊर्मयः सिन्धुराजस्य सनक्रमकरास्तथा।
विन्ध्यमन्दरसंकाशाः समुत्पेतुः सहस्रशः।। (6/21/31)

सिन्धुराज की सहस्त्रों लहरें जो विन्ध्याचल और मन्दराचल के समान विशाल एवं विस्तृत थीं, नाक्रों और मकरों को साथ लिए ऊपर को उठने लगीं।

ललाटे भ्रुकुटीभिश्च संगताभिर्व्यरोचत।
युगान्ते सह नक्रैस्तु महोर्मिभिरिवोदधिः।। (6/92/18)

ललाट में टेढ़ी भौहों के कारण वह उसी तरह शोभा पाता था, जैसे प्रलयकाल में मगरों और बड़ी–बड़ी लहरों से महासागर सुशोभित होता है।

इयं वापि सरिच्छ्रेष्ठा नर्मदा नर्मवर्धिनी।
नक्रमीनविहंगोर्मिः सभयेवाङ्ग.ना स्थिता।। (7/31/30)

सरिताओं में श्रेष्ठ यह नर्मदा भी क्रीड़ारस एवं प्रीति को बढ़ा रही है। इसकी लहरों में मगर, मत्स्य और जलपक्षी खेल रहे हैं और यह भयभीत नारी के समान स्थित है।

समीननक्रमकरः सपुष्पकुशसंस्तरः।
स नर्मदाम्भसो वेगः प्रावृट्काल इवाबभौ।। (7/32/6)

नर्मदा के जल का वह वेग मत्स्य, नक्र, मगर, फूल और कुशास्तरण के साथ बढ़ने लगा। उसमें वर्षाकाल के समान बाढ़ आ गयी।

हैहयाधिपयोधानां वेग आसीत् सुदारुणः।
सनक्रमीनमकरसमुद्रस्येव निःस्वनः।। (7/32/35)

हैहयराज के योद्धाओं का वेग नाक्रों, मत्स्यों और मगरों सहित समुद्र की भीषण गर्जना के समान अत्यन्त भयंकर जान पड़ता था।

15. मगर

Mugger Crocodile

वाल्मीकि रामायण में इसके लिए ग्राह या मकर शब्द का प्रयोग किया गया है। इसका वैज्ञानिक नाम 'Crocodylus palustris' है। इसकी लम्बाई 360 से 450 सेमी तक होती है। इसे कीचड़ बहुत पसन्द है। यह प्रायः गहरी नदियों के किनारे कुण्ड या दलदलों में रहते हैं। इसका मुख जिसे थूथन भी कहते हैं, सुअर या गोह की तरह छोटा या चौड़ा होता है जिसके ऊपरी और निचले जबड़ों में हर ओर उन्नीस तक दाँत होते हैं। यह मुख खोलते समय अपना निचला जबड़ा नीचे ले जाता है। इसके गले की नली में एक परदा–सा रहता है जो इसके मुख खोलने पर इस तरह बन्द हो जाता है कि पानी तक मुख के भीतर नहीं जा सकता। इसी कारण मगर पानी के भीतर मुँह खोलकर शिकार करता है। यह अपनी उभरी आँखों से दूर से ही शिकार को देख लेता है और पानी में डुबकी लगाकर तत्काल शिकार तक पहुँच जाता है। इसकी देखने और सूँघने की शक्ति बहुत तेज़ होती है। ये बहुत चालाक होते हैं। यह अपने छोटे शिकार को एक ही बार में निगल जाता है। यदि शिकार बड़ा होता है तो उसे पानी में मारकर किसी गड्ढे या खोह में रख देता है तथा नोच–नोचकर खाता है।

वाल्मीकि रामायण में इसका उल्लेख निम्न प्रकार है–

सग्राहा सरितश्चैव पङ्क.वत्यस्तु दुस्तराः।
मत्तैरपि गजैर्नित्यमतो दुःखतरं वनम्।। (2/28/9)

वन में जो नदियाँ होती हैं, उनके भीतर ग्राह निवास करते हैं, उनमें कीचड़ अधिक होने के कारण उन्हें पार करना अत्यन्त कठिन होता है। इसके सिवा वन में मतवाले हाथी सदा घूमते रहते हैं। इस सब कारणों से वन बहुत ही दुःखदायक होता है।

तन्नक्रमकराकीर्णं तिमिंगिलझषाकुलम्।
वायुवेगसमाधूतं पन्नगैरिव सागरम्।। (5/9/7)

इस प्रकार नर–नारियों से भरा हुआ वह कोलाहलपूर्ण भवन नाकों और मगरों से व्याप्त, तिमिंगलों और मत्स्यों से पूर्ण, वायु वेग से विक्षुब्ध तथा सर्पों से आवृत महासागर के समान प्रतीत होता था।

शतयोजनविस्तीर्णः सागरो मकरालयः।
विक्रमश्लाघनीयेन क्रमता गोष्पदीकृतः।। (5/36/8)

तुम अपने पराक्रम के कारण प्रशंसा के योग्य हो, क्योंकि तुमने मगर आदि जन्तुओं से भरे हुए सौ योजन विस्तार वाले महासागर को लाँघते समय उसे गाय की खुरी के बराबर समझा है। इसलिए प्रशंसा के पात्र हो।

अद्य मद्बाणनिर्भग्नैर्मकरैर्मकरालयम्।। (6/21/17)
निरुद्धतोयं सौमित्रे प्लवद्भिः पश्य सर्वतः।

सुमित्रानन्दन्! आज मेरे बाणों से खण्ड–खण्ड हो मगर और मत्स्य सब ओर उतराकर बहने लगेंगे और उनकी लाशों से इस मकरालय (समुद्र) का जल आच्छादित हो जायेगा। तुम यह दृश्य आज अपनी आँखों देख लो।

सशङ्खशुक्तिकाजालं समीनमकरं तथा।। (6/21/19)
अद्य युद्धेन महता समुद्रं परिशोषये।

आज महान् युद्ध ठानकर शंखों और सीपियों के समुदाय तथा मत्स्यों और मगरों सहित समुद्र को मैं अभी सुखाये देता हूँ।

क्षमया हि समायुक्तं मामयं मकरालयः।। (6/21/20)
असमर्थं विजानाति धिक् क्षमामीदृशे जने।

मगरों का निवासभूत यह समुद्र मुझे क्षमा से युक्त देख असमर्थ समझने लगा है। ऐसे मूर्खों के प्रति की गयी क्षमा को धिक्कार है।

तोयवेगः समुद्रस्य समीनमकरो महान्।
स बभूव महाघोरः समारुतरवस्तथा।। (6/21/28)

मत्स्यों और मगरों सहित महासागर के जल का महान् वेग सहसा अत्यन्त भयंकर हो गया। वहाँ तूफ़ान का कोलाहल छा गया।

सर्वतश्च महाभीमाः शीततोया महाशुभाः।
अगाधा ग्राहवत्यश्च परिखा मीनसेविताः।। (6/3/15)

परकोटों के चारों ओर महाभयंकर, शत्रुओं का महान् अमङ्गल करने वाली, ठण्डे जल से भरी हुई और अगाध गहराई से युक्त कई खाइयाँ बनी हुई हैं, जिनमें ग्राह और बड़े–बड़े मत्स्य निवास करते हैं।

शक्तितोमरमीनं च विनिकीर्णान्त्रशैवलम्।
गजकच्छपसम्बाधमश्वमण्डूकसंकुलम्।। (6/7/20)
रुद्रादित्यमहाग्राहं मरुद्वसुमहोरगम्।
रथाश्वगजतोयौघं पदातिपुलिनं महत्।। (6/7/21)

अनेन हि समासाद्य देवानां बलसागरम्।
गृहीतो दैवतपतिर्लङ्कां चापि प्रवेशितः।। (6/7/22)

देवताओं की सेना समुद्र के समान थी। शक्ति और तोमर ही उसमें मत्स्य थे। निकालकर फेंकी हुई आँतें सेवार का काम देती थीं। हाथी ही उस सैन्य–सागर में कछुओं के समान भरे पड़े थे। घोड़े मेढकों के समान उसमें सब ओर व्याप्त थे। रुद्रगण और आदित्यगण उस सेनारूपी समुद्र के बड़े–बड़े ग्राह थे। मरुदगण और वसुगण वहाँ के विशाल नाग थे। रथ, हाथी और घोड़े जलराशि के समान थे और पैदल सैनिक उसके विशाल तट थे; परन्तु इस इन्द्रजीत ने देवताओं के उस सैन्य समुद्र में घुसकर देवराज इन्द्र को क़ैद कर लिया और उन्हें लंकापुरी में लाकर बन्द कर दिया।

ऊर्मयः सिन्धुराजस्य सनक्रमकरास्तथा।
विन्ध्यमन्दरसंकाशाः समुत्पेतुः सहस्रशः।। (6/21/31)

सिन्धुराज की सहस्रों लहरें जो विन्ध्याचल और मन्दराचल के समान विशाल एवं विस्तृत थीं, नाक्रों और मकरों को साथ लिए ऊपर को उठने लगीं।

आघूर्णिततरङ्गौघः सम्भ्रान्तोरगराक्षसः।
उद्वर्तितमहाग्राहः सघोषो वरुणालयः।। (6/21/32)

सागर की उत्ताल तरंग–मालाएँ झूमने और चक्कर काटने लगीं। वहाँ निवास करने वाले नाग और राक्षस घबरा गये। बड़े–बड़े ग्राह ऊपर को उछलने लगे तथा वरुण के निवासभूत उस समुद्र में सब ओर भारी कोलाहल मच गया।

तच्चातिकायं हिमवत् प्रकाशं
रक्षस्तदा तोयनिधौ पपात।
ग्राहान् परान् मीनवरान् भुजंगमान्
ममर्द भूमिं च तथा विवेश।। (6/67/171)

इसी प्रकार उस राक्षस का विशाल धड़ भी, जो हिमालय के समान जान पड़ता था, तत्काल समुद्र के जल में गिर पड़ा और बड़े–बड़े ग्राहों, मत्स्यों तथा साँपों को पीसता हुआ पृथ्वी के भीतर समा गया।

हस्त्यध्यक्षैर्गजैर्मुक्तैश्च तुरगैरपि।
बभूव लङ्का लोकान्ते भ्रान्तग्राह इवार्णवः।। (6/75/27)

हाथियों के अध्यक्षों ने हाथियों को और अश्वाध्यक्षों ने अश्वों को भी खोल दिया था। वे वहाँ इधर–उधर भाग रहे थे, इससे लंकापुरी प्रलयकाल में भ्रान्त होकर घूमते हुए ग्राहों से युक्त महासागर के समान प्रतीत होती थी।

सिंहव्याघ्रमुखांश्चापि कङ्ककोकमुखानपि।
गृध्रश्येनमुखांश्चापि श्रृगालवदनांस्तथा।। (6/99/42)
ईहामृगमुखांश्चापि व्यादितास्यान् भयावहान्।
पंचास्याँल्लेलिहानांश्च ससर्ज निशितांशरान्।। (6/99/43)
शरान् खरमुखांश्चान्यान् वराहमुखसंश्रितान्।
श्वान कुक्कुटवक्त्रांश्च मकराशीविषाननान्।। (6/99/44)

एतांश्चान्यांश्च मायाभिः ससर्ज निशितांछरान्।
रामं प्रति महातेजाः क्रुद्धः सर्प इव श्वसन्।। (6/99/45)

उससे सिंह, बाघ, कंक, चक्रवाक, गीध, बाज, सियार, भेड़िये, गदहे, सूअर, कुत्ते, मुर्गे, मगर और जहरीले साँपों के समान मुखवाले बाणों की वृष्टि होने लगी। वे बाण मुँह फैलाये, जबड़े चाटते हुए पाँच मुखवाले भयंकर सर्पों के समान जान पड़ते थे। फुफकारते हुए सर्प की भाँति कुपित हुए महातेजस्वी रावण ने इनका तथा अन्य प्रकार के तीखें बाणों का भी श्रीराम के ऊपर प्रयोग किया।

स्यन्दनैर्वारणैश्चैव हयैश्च करिसंनिभैः।। (7/6/47)
खरैर्गोभिरथोष्ट्रैश्च शिशुमारैर्भुजंगमैः।
मकरैः कच्छपैर्मीनैर्विहंगैर्गरुडोपमैः।। (7/6/48)
सिंहैर्व्याघ्रैर्वराहैश्च सृमरैश्चमरैरपि।
त्यक्त्वा लङ्कां गताः सर्वे राक्षसा बलगर्विताः।। (7/6/49)
प्रयाता देवलोकाय योद्धुं दैवतशत्रवः।

अपने बल का घमण्ड रखने वाले वे समस्त देवद्रोही राक्षस रथ, हाथी, घोड़े, गदहे, बैल, ऊँट, शिशुमार, सर्प, मगर, कछुआ, मत्स्य, गरुड़, सिंह, बाघ, सुअर, मृग और नीलगाय आदि वाहनों पर सवार होकर लंका छोड़कर युद्ध के लिए देवलोक की ओर चल पड़े।

शलभा इव केदारं मशका इव पावकम्।
यथामृतघटं दंशा मकरा इव चार्णवम्।। (7/7/3)
तथा रक्षोधनुर्मुक्ता वज्रानिलमनोजवाः।
हरिं विशन्ति स्म शरा लोका इव विपर्यये।। (7/7/4)

जैसे टिड्डीदल धान आदि के खेतों में, पतिंगे आग में, डंक मारने वाली मक्खियाँ मधु से भरे हुए घड़े में और मगर समुद्र में घुस जाते हैं, उसी प्रकार के धनुष से छूटे हुए वज्र, वायु तथा मन के समान वेग वाले बाण भगवान् विष्णु के शरीर में प्रवेश करके इस प्रकार लीन हो जाते थे, जैसे प्रलयकाल में समस्त लोक उन्हीं में प्रवेश कर जाते हैं।

समीननक्रमकरः सपुष्पकुशसंस्तरः।
स नर्मदाम्भसो वेगः प्रावृट्काल इवाबभौ।। (7/32/6)

नर्मदा के जल का वह वेग मत्स्य, नक्र, मगर, फूल और कुशास्तरण के साथ बढ़ने लगा। उसमें वर्षाकाल के समान बाढ़ आ गयी।

हैहयाधिपयोधानां वेग आसीत् सुदारुणः।
सनक्रमीनमकरसमुद्रस्येव निःस्वनः।। (7/32/35)

हैहयराज के योद्धाओं का वेग नाकों, मत्स्यों और मगरों सहित समुद्र की भीषण गर्जना के समान अत्यन्त भयंकर जान पड़ता था।

शोणितोदकनिष्पन्दा काकगृध्रसमाकुला।
प्रवृत्ता संयुगमुखे शस्त्रग्राहवती नदी।। (7/28/43)

युद्ध के मुहाने पर ख़ून की नदी बह चली, जिसके भीतर अनेक प्रकार के शस्त्र ग्राहों का भ्रम उत्पन्न करते थे। उस नदी के तट पर चारों ओर गीध और कौए छा गये थे।

16. चींटी

Ant

वाल्मीकि रामायण में इसके लिए पिपीलिका शब्द का प्रयोग किया गया है। चींटी का जीवन चक्र चार स्तरों का होता है। अंडा, अंडे से लार्वा, लार्वा से प्यूपा तथा प्यूपा से वयस्क। यह पूर्ण कायान्तरण कहलाता है। बचपन में वयस्क जैसे नहीं लगते। ये स्वयं को सख्त चमड़ी या प्यूपा में बन्द कर लेते हैं और अन्दर ही अन्दर लार्वा वयस्क में बदल जाता है।

चींटियों का व्यवस्थित समाज है। इनके तीन प्रकार हैं– पुरुष (male), सेवक (workers) तथा रानी(queen)। सेवक भोजन इकट्ठा करता है तथा विशेष प्रकार का वासस्थान बनाता है। पुरुष तथा रानी पुनर्जनन(reproduction) का कार्य करते हैं।

वाल्मीकि रामायण में चींटी का उल्लेख निम्नानुसार आया है–

अग्निष्टेष्वग्निशालासु तथा ब्रह्मस्थलीषु च।
सरीसृपाणि दृश्यन्ते हव्येषु च पिपीलिकाः।। (6/10/16)

रसोईघरों में, अग्निशालाओं में तथा वेदाध्ययन के स्थानों में भी साँप देखे जाते हैं और हवन–सामग्रियों में चीटियाँ पड़ी दिखायी देती है।

17. कीड़े

Insects

वाल्मीकि रामायण में इसके लिए कीट एवं कृमि शब्द का प्रयोग किया गया है। कीडों की अनेक जातियाँ पायी जाती हैं। इनके शरीर के तीन भाग होते हैं–सिर, छाती और पेट। इनके तीन जोड़ी पैर, दो आँखें तथा दो एंटीना (Antennae) होते हैं। कुछ कीड़े फ़सलों के लिए नुक़सानदेह होते है। कीड़ों से फसल को होने वाली हानि के लिए अनेक कीटनाशकों का प्रयोग आजकल किया जा रहा है। कुछ कीड़े हमारे लिए बहुत लाभप्रद हैं–जैसे रेशम के कीड़े।

वाल्मीकि रामायण में इसका उल्लेख निम्नानुसार आया है–

पल्वगा वृश्चिका दंशा मशकाश्चैव कानने।
सरीसृपाश्च कीटाश्च मा भूवन् गहने तव।। (2/25/18)

वन में जो मेढक या वानर, बिच्छू, डाँस, मच्छर, पर्वतीय सर्प और कीड़े होते हैं, वे उस गहन वन में तुम्हारे लिए हिंसक न हों।

पतङ्ग.ा वृश्चिकाः कीटा दंशाश्च मशकैः सह।
बाधन्ते नित्यमबले सर्वं दुःखमतो वनम्।। (2/28/21)

अबले! पतंगे, बिच्छू, कीड़े, डाँस और मच्छर वहाँ सदा कष्ट पहुँचाते रहते हैं; अतः सारा वन दुःखरूप ही है।

स्वगात्रप्रभवे वीर शेषे रुधिरमण्डले।। (4/23/13)
कृमिरागपरिस्तोमे स्वकीये शयने यथा।

वीर! अपने ही शरीर से प्रकट हुई रक्तराशि में आप उसी तरह शयन करते हैं, जैसे पहले इन्द्रगोप नामक कीड़े–के–से रंग बिछौने से युक्त अपने पलंग पर सोया करते थे।

नैव दंशान् न मशकान् न कीटान् न सरीसृपान्।
राघवोऽपनयेद् गात्रात् त्वद्गतेनान्तरात्मना।। (5/36/42)

श्रीरघुनाथ जी का चित्त सदा आप में लगा रहता है, अतः उन्हें अपने शरीर पर चढ़े हुए डाँस, मच्छर, कीड़ों और सर्पों को हटाने की भी सुधि नहीं रहती।

18. इन्द्रगोप

Red or crimson beetle

वाल्मीकि रामायण में इसके लिए इन्द्रगोप शब्द का प्रयोग किया गया है। इसका वैज्ञानिक नाम 'Coccus cacti ' है। प्राचीन समय से ही यह लाल रंग उत्पन्न करने वाला कृमि है। यह मुख्यतः मेक्सिको, वेस्टइंडीज़ तथा रूस में पाया जाता है। यह लाल रंग मादा कृमि के शरीर से निकाला जाता है। वास्तविक कृमि कैक्टस पौध खाने वाला कृमि है जो मेक्सिको में पाया जाता है। इस कृमि की दूसरी प्रजातियाँ वृक्ष को भोजन के रूप में प्रयोग करती है।

वाल्मीकि रामायण में इसका उल्लेख निम्नानुसार आया है–

बालेन्द्रगोपान्तरचित्रितेन
विभाति भूमिर्नवशाद्वलेन।
गात्रानुपृक्तेन शुकप्रभेण
नारीव लाक्षोक्षितकम्बलेन।। (4/28/24)

छोटे–छोटे इन्द्रगोप (वीरबहूटी) नामक कीड़ों से बीच–बीच में चित्रित हुई नूतन घास से आच्छादित भूमि उस नारी के समान शोभा पाती है, जिसने अपने अंगों पर तोते के समान रंगवाला एक ऐसा कम्बल ओढ़ रखा हो, जिसको बीच–बीच में महावर के रँगने से रंगकर विचित्र शोभा से सम्पन्न कर दिया गया हो।

19. मक्खी

Bee

वाल्मीकि रामायण में इसके लिए मक्षिका शब्द का प्रयोग किया गया है। मक्खियों के अनेक प्रकार हैं। मसका डोमेस्टिका(Musca domestica) विश्वव्यापी घरेलू मक्खी है। मस्का नेबुलो(Musca nebulo) भारत की सामान्य घरेलू मक्खी है तथा मस्का विसिना (Musca visina) घर आने वाली सबसे छोटी मक्खी है।

प्रौढ़ मक्खियाँ आबादी के आसपास जमा होने वाले कचरे और मानव के सब प्रकार के खुले पड़े खाने की ओर बहुत आकर्षित होती हैं। इसी तरीक़े द्वारा मक्खियाँ हैजा, टाइफायड एवं पेचिश के रोगाणु फैलाती हैं। घरेलू मक्खी न तो टिड्डे की तरह ठोस भोजन कर सकती है और न खटमल और तितली की तरह द्रव चूस सकती हैं। यह नम सतह से केवल पोषक तत्वों को केवल स्पंज कर सकती है या सोख सकती है। अगर खाना सूखा है तो मक्खी पहले इसे थूक से गीला करती है और नम क्षेत्र को चाटते हुए घुल गये कोषकों को सोख लेती है।

यह घरों में गन्दे स्थानों पर बहुतायत में पायी जाती है। खुले फलों, मिठाइयों आदि

पर मक्खियाँ भिनभिनाती रहती हैं। इसके अतिरिक्त मधुमक्खी शहद बनाने हेतु विख्यात है। इसके अतिरिक्त अन्य कई प्रकार की मक्खियाँ पाई जाती हैं।

वाल्मीकि रामायण में इसका उल्लेख निम्नानुसार आया है–

तस्मिन् सहस्राक्षसमप्रभावे
रामे स्थिते कार्मुकबाणपाणौ।
हृतापि तेऽहं न जरां गमिष्ये
आज्यं यथा मक्षिकयावगीर्णम्।। (3/47/48)

जिस समय सहस्त्र नेत्रधारी इन्द्र के समान प्रभावशाली श्रीरामचन्द्रजी हाथ में धनुष और बाण लेकर खड़े हो जायेंगे, उस समय तू मेरा अपहरण करके भी मुझे पचा नहीं सकेगा, ठीक उसी तरह जैसे मक्खी घी पीकर उसे पचा नहीं सकती।

20. भ्रमर

Beetle

वाल्मीकि रामायण में इसके लिए भ्रमर, भाटपद, भाट–चरण, मधुकर एवं भृंग शब्द का प्रयोग किया गया है। यह कठोर शरीर वाले कीट हैं जिनके अग्रपंख कठोर कवकों में रूपान्तरित हो जाते हैं जिन्हें पक्षवर्म या पंखवर्म कहते हैं। पक्षवर्म पंख के रूप में कार्य नहीं करते लेकिन जब भृंग हवा में उड़ता है तो पक्षवर्म फैल जाते हैं और तब वास्तविक पंखों के बजाय एलेरान की तरह कार्य करते हैं। यह पत्तियाँ, कलियाँ, फूल, परागकण, फल, बीज, तने आदि को खाते और चबाते हैं। ये भूरे, काले, लाल, पीले, नीले, चटकीले आदि रंगों के होते हैं। भृगों का आकार 0.25 मिमी से 15 सेमी तक होता है।

वाल्मीकि रामायण में इसका उल्लेख निम्नानुसार आता है–

विचित्रकुसुमापीडा बहुमंजरिधारिणः।
राघवं दर्शयिष्यन्ति नगा भ्रमरशालिनः।। (2/48/12)

विचित्र फूलों के मुकुट पहने और बहुत–सी मंजरियाँ धारण किये भ्रमरों से सुशोभित वृक्ष वन में श्रीरामचन्द्रजी को अपनी शोभा दिखायेंगे।

ककुभः ककुभोरुं तां व्यक्तं जानाति मैथिलीम्।
लतापल्लवपुष्पाढ्यो भाति ह्येष वनस्पतिः।। (3/60/15)
भ्रमरैरुपगीतश्च यथा द्रुमवरो ह्यसि।
एष व्यक्तं विजानाति तिलकस्तिलकप्रियाम्।। (3/60/16)

यह ककुभ अपने ही समान ऊरूवाली मिथिलेश कुमारी को अवश्य जानता होगा; क्योंकि यह वनस्पति लता, पल्लव तथा फूलों से सम्पन्न हो बड़ी शोभा पा रहा है। ककुभ! तुम सब वृक्षों में श्रेष्ठ हो, क्योंकि ये भ्रमर तुम्हारे समीप आकर अपने झंकारों द्वारा तुम्हारा यशोगान करते हैं। (तुम्हीं सीता का पता बताओ, अहो! यह भी कोई उत्तर नहीं दे रहा है।) यह तिलक वृक्ष अवश्य सीता के विषय में जानता होगा; क्योंकि मेरी प्रिया सीता को भी तिलक से प्रेम था।

विक्षिपन् विविधाः शाखां नगानां कुसुमोत्कटाः।
मारुतश्चलितस्थानैः भाट्पदैरनुगीयते।। (4/1/14)

फूलों से भरी हुई वृक्षों की विभिन्न शाखाओं को झकझोरती हुई वायु जब आगे को बढ़ती है, तब अपने–अपने स्थान से विचलित हुए भ्रमर मानो उसका यशोगान करते हुए उसके पीछे–पीछे चलने लगते हैं।

अमी पवनविक्षिप्ता विनदन्तीव पादपाः।
भाट्पदैरनुकूजद्भिर्वनेषु मधुगन्धिषु।। (4/1/18)

मधुर मकरन्द और सुगन्ध से भरे हुए इन वनों में गुनगुनाते हुए भ्रमरों के व्याज से ये वायु द्वारा हिलाये गये वृक्ष मानों नृत्य के साथ गान कर रहे हैं।

पुष्पसंछन्नशिखरा मारुतोत्क्षेपचंचलाः।
अमी मधुकरोत्तंसाः प्रगीता इव पादपाः।। (4/1/20)

जिनकी शाखाओं के अग्रभाग फूलों से ढके हैं, जो वायु के झोंके से हिल रहे हैं तथा भ्रमरों को पगड़ी के रूप में सिर पर धारण किये हुए हैं, वे वृक्ष ऐसे जान पड़ते हैं मानो इन्होंने नाचना–गाना आरम्भ कर दिया है।

विमिश्रा विहगाः पुंभिरात्मव्यूहाभिनन्दिताः।
भृङ्ग.राजप्रमुदिताः सौमित्रे मधुरस्वराः।। (4/1/27)

सुमित्रानन्दन! देखो, ये पक्षिणियाँ नर पक्षियों से संयुक्त हो अपने झुण्ड में आनन्द का अनुभव कर रही हैं, भौंरों का गुंजारव सुनकर प्रसन्न हो रही है और स्वयं भी मीठी बोली बोल रही हैं।

अशोकस्तबकाङ्गारः भाट्पदस्वननिःस्वनः।। (4/1/29)
मां हि पल्लवताम्रार्चिर्वसन्ताग्निः प्रधक्ष्यति।

जान पड़ता है, यह वसन्तरूपी आग मुझे जलाकर भस्म कर देगी। अशोक पुष्प के लाल–लाल गुच्छे ही इस अग्नि के अंगार हैं, नूतन पल्लव ही इसकी लाल–लाल लपटें हैं तथा भ्रमरों का गुंजारव ही इस जलती आग का 'चट–चट' शब्द है।

रुचिराण्यपि पुष्पाणि पादपानामतिश्रियाः।
निष्फलानि महीं यान्ति समं मधुकरोत्करैः।। (4/1/45)

अत्यन्त शोभा से मनोहर प्रतीत होने वाले ये वृक्षों के फूल भी निष्फल होकर भ्रमरसमूहों के साथ ही पृथ्वी पर गिर जाते हैं।

स ददर्श ततः सालमविदूरे हरीश्वरः।
सुपुष्पमीषत्पत्राढ्यं भ्रमरैरुपशोभितम्।। (4/8/12)

उस समय वानरराज ने पास ही एक साल का वृक्ष देखा, जिसमें थोड़े से ही सुन्दर पुष्प लगे हुए थे; परन्तु उसमें पत्रों की बहुलता थी। उस वृक्ष पर मँडराते हुए भौंरे उसकी शोभा बढ़ा रहे थे।

रसाकुलं भाट्पदसंनिकाशं
प्रभुज्यते जम्बुफलं प्रकामम्।
अनेकवर्णं पवनावधूतं
भूमौ पतत्याम्रफलं विपक्वम्।। (4/28/19)

काले–काले भौरों के समान प्रतीत होने वाले जामुन के सरस फल आजकल लोग जी भरकर खाते हैं और हवा के वेग से हिले हुए आम के पके हुए बहुरंगी फल पृथ्वी पर गिरते रहते हैं।

धारानिपातैरभिहन्यमानाः
कदम्बशाखासु विलम्बमानाः।
क्षणार्जितं पुष्परसावगाढं
शनैर्मदं भाट्चरणास्त्यजन्ति।। (4/28/29)

जल की धारा गिरने से आहत होते और कदम्ब की डालियों पर लटकते हुए भ्रमर तत्काल ग्रहण किये पुष्परस से उत्पन्न गाढ़ मद को धीरे–धीरे त्याग रहे हैं।

अङ्गारचूर्णोत्करसंनिकाशैः
फलैः सुपर्याप्तरसैः समृद्धैः।
जम्बूद्रुमाणां प्रविभान्ति शाखा
निपीयमाना इव भाट्पदोघैः।। (4/28/30)

कोयलों की चूर्णराशि के समान काले और प्रचुर रस से भरे हुए बड़े–बड़े फलों से लदी हुई जामुन वृक्ष की शाखाएँ ऐसी जान पड़ती हैं, मानो भ्रमरों के समुदाय उनमें सटकर उनके रस पी रहे हैं।

क्वचित् प्रगीता इव भाट्पदोघैः
क्वचित् प्रनृत्ता इव नीलकण्ठैः।
क्वचित् प्रमत्ता इव वारणेन्द्रै–
र्विभान्त्यनेकाश्रयिणो वनान्ताः।। (4/28/33)

कहीं भ्रमरों के समूह गीत गा रहे हैं, कहीं मोर नाच रहे हैं और कहीं गजराज मदमत्त होकर विचर रहे हैं। इस प्रकार ये वनप्रान्त अनेक भावों के आश्रय बनकर शोभा पा रहे हैं।

भाट्पादतन्त्रीमधुराभिधानं
प्लवंगमोदीरितकण्ठतालम्।
आविष्कृतं मेघमृदङ्ग.नादै–
र्वनेषु संगीतमिवप्रवृत्तम्।। (4/28/36)

भ्रमररूप वीणा की मधुर झंकार हो रही है। मेढ़कों की आवाज कण्ठताल–सी जान पड़ती है। मेघों की गर्जना के रूप में मृदंग बज रहे हैं। इस प्रकार वनों में संगीतोत्सव का आरम्भ–सा हो रहा है।

नवाम्बुधाराहतकेसराणि
द्रुतं परित्यज्य सरोरुहाणि।
कदम्बपुष्पाणि सकेसराणि
नवानि हृष्टा भ्रमराः पिबन्ति।। (4/28/42)

भ्रमरों के समुदाय नूतन जल की धारा से नष्ट हुए केसरवाले कमल–पुष्पों को तुरन्त त्यागकर केसरशोभित नवीन कदम्ब–पुष्पों का रस बड़े हर्ष के साथ पी रहे हैं।

सप्तच्छदानां कुसुमोपगन्धी
भाट्पादवृन्दैरनुगीयमानः।
मत्तद्विपानां पवनानुसारी
दर्प विनेष्यन्नधिकं विभाति।। (4/30/30)

छितवन के फूलों की सुगन्ध के कारण करने वाला शरत्काल स्वभावतः वायु का अनुसरण कर रहा है। भ्रमरों के समूह उसके गुणगान कर रहे हैं। वह मार्ग के जल को सोखता और मतवाले हाथियों के दर्प को बढ़ाता हुआ अधिक शोभा पा रहा है।

वनप्रचण्डा मधुपानशौण्डाः
प्रियान्विताः भाट्चरणाः प्रहृष्टाः।
वनेषु मत्ताः पवनानुयात्रां
कुर्वन्ति पद्मासनरेणुगौराः।। (4/30/52)

वन में ढिठाई के साथ घूमने वाले तथा कमल और असन के परागों से गौरवर्ण को प्राप्त हुए मतवाले भ्रमर, जो पुष्पों के मकरन्द का पान करने में बड़े चतुर हैं, अपनी प्रियाओं के साथ हर्ष में भरकर वनों में (गन्ध के लोभ से) वायु के पीछे–पीछे जा रहे हैं।

अन्योन्यभुजसूत्रेण स्त्रीमाला ग्रथिता हि सा।
मालेव ग्रथिता सूत्रे शुशुभे मत्तषट्पदा।। (5/9/63)

एक–दूसरी के बाहुरूपी सूत्र में गुँथी हुई काले–काले केशों वाली न्यिों की वह माला सूत में पिरोयी हुयी मतवाले भ्रमरों से युक्त पुष्पमाला की भाँति शोभा पा रही थी।

वृतां नानाविधैर्वृक्षैः पुष्पोपगफलोपगैः।
कोकिलैर्भृङ्गराजैश्च मत्तैर्नित्यनिषेविताम्।। (5/14/7)

फूलों और फलों से लदे हुए नाना प्रकार के वृक्षों से व्याप्त हुई उस अशोकवाटिका में मतवाले कोकिल और भ्रमर सेवन करते थे।

यथा मधुकरस्तर्षात् काशपुष्पं पिबन्नपि।
रसमत्र न विन्देत तथानार्येषु सौहृदम्।। (6/16/14)

जैसे भ्रमर रस की इच्छा से काश के फूल का पान करें तो उसमें रस नहीं पा सकता, उसी प्रकार अनार्यों में जो स्नेह होता है, वह किसी के लिए लाभदायक नहीं होता।

पश्य मत्तविहंगानि प्रलीनभ्रमराणि च।
कोकिलाकुलखण्डानि दोधवीति शिवोऽनिलः।। (6/24/12)

देखो, यह शीतल सुखद वायु इन वनों को, जिनमें मतवाले पक्षी चहचहा रहे हैं, भौंरे पत्तों और फूलों में लीन हो रहे हैं तथा जिनके प्रत्येक खण्ड कोकिलों के समूह एवं संगीत से व्याप्त हैं, बारम्बार कम्पित कर रहा है।

कदा समभिधावन्ति मामका राघवं शराः।
वसन्ते पुष्पितं मत्ता भ्रमरा इव पादपम्।। (6/24/37)

जैसे मतवाले भ्रमर वसन्त ऋतु में फूलों से भरे हुए वृक्ष पर टूट पड़ते हैं, उसी प्रकार मेरे बाण कब उस रघुवंशी पर धावा करेंगे?

भ्रमराचरिता यत्र सर्वकालफलद्रुमाः।। (6/27/34)
यं सूर्यस्तुल्यवर्णाभमनुपर्येति पर्वतम्।
यस्य भासा सदा भान्ति तद्वर्णा मृगपक्षिणः।। (6/27/35)
यस्य प्रस्थं महात्मानो न त्यजन्ति महर्षयः।

सर्वकामफला वृक्षाः सदा फलसमन्विताः।। (6/27/36)
मधूनि च महार्हाणि यस्मिन् पर्वतसत्तमे।
तत्रैष रमते राजन् रम्ये कांचनपर्वते।। (6/27/37)
मुख्यो वानरमुख्यानां केसरी नाम यूथपः।

जिस पर्वत पर सभी ऋतुओं में फल देने वाले वृक्ष भ्रमरों से सेवित दिखायी देते हैं, सूर्यदेव अपने ही समान वर्णवाले जिस पर्वत की प्रतिदिन परिक्रमा करते हैं, जिसकी कान्ति से वहाँ के मृग और पक्षी सदा सुनहरे रंग के प्रतीत होते हैं, महात्मा महर्षिगण जिसके शिखर का कभी त्याग नहीं करते हैं, जहाँ के सभी वृक्ष सम्पूर्ण मनोवांछित वस्तुओं को फल के रूप में प्रदान करते हैं और उनमें सदा फल लगे रहते हैं, जिस श्रेष्ठ शैल पर बहुमूल्य मधु उपलब्ध होते हैं, उसी रमणीय सुवर्णमय पर्वत महामेरू पर ये प्रमुख वानरों में प्रधान यूथपति केसरी रमण करते हैं।

नित्यमत्तविहंगानि भ्रमराचरितानि च।
कोकिलाकुलखण्डानि विहंगाभिरुतानि च।। (6/39/10)
भृङ्गराजाधिगीतानि कुररस्वनितानि च।
कोणालकविघुष्टानि सारसाभिरुतानि च।
विविशुस्ते ततस्तानि वनान्युपवनानि च।। (6/39/11)

लंका के वन और उपवन नित्य मतवाले विहंगमों से विभूषित थे। वहाँ वृक्षों की डालियों पर भौंरे मँडराते रहते थे। उनके प्रत्येक खण्ड में कोकिलाएँ कुहू–कुहू बोला करती थीं। पक्षी चहचहाते रहते थे। भृंगराज के गीत मुखरित होते थे। कुरर के शब्द गूँजा करते थे। कोणालक के कलरव होते रहते थे तथा सारसों की स्वरलहरी सब ओर छायी रहती थी। कुछ वानरवीर उन वनों और उपवनों में घुस गये।

सदाफलान् कुसुमितान् वृक्षान् प्राप्य मधुस्रवान्।। (6/127/26)
भरद्वाजप्रसादेन मत्तभ्रमरनादितान्।

मुनिवर भरद्वाज जी की कृपा से रास्ते के सभी वृक्ष सदा फूलने–फलने वाले हो गये हैं और उनसे मधु की धाराएँ गिरती रहती हैं। उन वृक्षों पर मतवाले भ्रमर निरन्तर गूँजते रहते हैं। उन्हें पाकर वानर लोग अपनी भूख–प्यास मिटाने लगे हैं।

तथैव तरुभिर्दिव्यैः शिल्पिभिः परिकल्पितैः।
चारुपल्लवपुष्पाढ्यैर्मत्तभ्रमरसंकुलैः।। (7/42/7)

वृक्ष लगाने की कला में कुशल मालियों द्वारा तैयार किये गये दिव्य वृक्ष, जिनमें मनोहर पल्लव और पुष्प शोभा पाते थे और जिनके ऊपर मतवाले भ्रमर छा रहे थे, उस उपवन की श्री वृद्धि कर रहे थे।

कोकिलैर्भृङ्ग.राजैश्च नानावर्णैश्च पक्षिभिः।
शोभितां शतशश्चित्रां चूतवृक्षावतंसकैः।। (7/42/8)

कोकिल, भृंगराज आदि रंग–विरंगे पक्षी उस वाटिका की शोभा थे, जो आम्र की डालियों के अग्रभाग पर बैठकर वहाँ विचित्र सुषमा की सृष्टि कर रहे थे।

21. टिड्डी

Locust

वाल्मीकि रामायण में इसके लिए शलभ शब्द का प्रयोग किया गया है।यह एक प्रकार के पतिंगे हैं जो झुण्ड में रहते हैं। अनुकूल परिस्थितियों में इनकी वृद्धि तेजी से होती है। इनकी अनेक जातियाँ पायी जाती हैं जिसमें मुख्य निम्नानुसार हैं–

1. **Desert locust**–इसका वैज्ञानिक नाम Schistocerca gregaria है। यह मरुस्थलों या गर्म स्थानों में पाया जाता है। यह मुख्यतः भारतीय प्रायद्वीप, मध्य पूर्व एशिया और उत्तरी अफ्रीका में पाया जाता है।

2. **Migratory locust**–इसका वैज्ञानिक नाम Locusta migratoria है।

3. **Red locust**–इसका वैज्ञानिक नाम Nomadracis septemfasciata है।

4. **Australian plague locust**–इसका वैज्ञानिक नाम Chortoicetes terminifera है।

5. **American desert locust**–इसका वैज्ञानिक नाम Schistocerca americana है।

6. **Brown locust**–इसका वैज्ञानिक नाम Locustana pardalina है।

इनकी लम्बाई लगभग 75 मिलीमीटर तक होती है। ये खेती के लिए अत्यन्त हानिकारक हैं।

वाल्मीकि रामायण में इनका उल्लेख निम्नानुसार आया है–

एवमेतद् विचेतव्यं भवद्भिर्वानरोत्तमैः।
तदुग्रशासनं भर्तुर्विज्ञाय हरिपुंगवाः।। (4/45/2)
शलभा इव संछाद्य मेदिनीं सम्प्रतस्थिरे।

कपिवरों! जैसा मैने बताया है, उसके अनुसार तुम सभी श्रेष्ठ वानरों को इस जगत् में सीता की खोज करनी चाहिए। स्वामी की उस कठोर आज्ञा को भली–भाँति समझकर वे सम्पूर्ण श्रेष्ठ वानर टिड्डियों के दल की भाँति पृथ्वी को आच्छादित करके वहाँ से प्रस्थित हुए।

अद्भुतश्च विचित्रश्च तेषामासीत् समागमः।
तत्र वानरसैन्यानां शलभानामिवोद्गमः।। (6/41/49)

वहाँ उन वानरसेनाओं का टिड्डीदल के उद्गम के समान अद्भुत एवं विचित्र समागम हुआ था।

शलभा इव केदारं मशका इव पावकम्।
यथामृतघटं दंशा मकरा इव चार्णवम्।। (7/7/3)
तथा रक्षोधनुर्मुक्ता वज्रानिलमनोजवाः।
हरिं विशन्ति स्म शरा लोका इव विपर्यये।। (7/7/4)

जैसे टिड्डीदल धान आदि के खेतों में, पतिंगे आग में, डंक मारने वाली मक्खियाँ मधु से भरे हुए घड़े में और मगर समुद्र में घुस जाते हैं, उसी प्रकार धनुष से छूटे हुए वज्र, वायु तथा मन के समान वेगवाले बाण भगवान् विष्णु के शरीर में प्रवेश करके इस प्रकार लीन हो जाते थे, जैसे प्रलयकाल में समस्त लोक उन्हीं में प्रवेश कर जाते हैं।

युद्ध्वा च सुचिरं कालं कृत्वा विक्रममुत्तमम्।। (7/19/15)
प्रज्वलन्तं तमासाद्य क्षिप्रमेवावशेषितम्।
प्राविशत् संकुलं तत्र शलभा इव पावकम्।। (7/19/16)

उस सेना ने बहुत देर तक युद्ध किया, बड़ा पराक्रम दिखाया, परन्तु तेजस्वी रावण का सामना करके वह बहुत थोड़ी संख्या में शेष रह गयी और अन्ततोगत्वा जैसे पतिंगे आग में जलकर भस्म हो जाते हैं, उसी प्रकार काल के गाल में चली गयी।

22. डाँस

Wasp

वाल्मीकि रामायण में इसके लिए दंशा शब्द का प्रयोग किया गया है। इसकी अनेक जातियाँ पायी जाती हैं। भारत में सबसे अधिक प्रचलित प्रजाति का नाम Ropalidia marginata है।

वाल्मीकि रामायण में इनका उल्लेख निम्नानुसार आया है।

पतङ्ग.ा वृश्चिकाः कीटा दंशाश्च मशकैः सह।
बाधन्ते नित्यमबले सर्वं दुःखमतो वनम्।। (2/28/21)

अबले! पतंगे, बिच्छू, कीड़े, डाँस और मच्छर वहाँ सदा कष्ट पहुँचाते रहते हैं; अतः सारा वन दुःखरूप ही है।

ते कपिं तं समासाद्य तोरणस्थमवस्थितम्।
अभिपेतुर्महावेगाः पतङ्ग.ा इव पावकम्।। (5/42/27)

प्रमदावन के फाटक पर खड़े हुए उन वानरवीर के पास पहुँचकर वे महान् वेगशाली निशाचर उन पर चारों ओर से इस प्रकार झपटे, जैसे पतिंगे आग पर टूट पड़े हों।

शलभा इव केदारं मशका इव पावकम्।
यथामृतघटं दंशा मकरा इव चार्णवम्।। (7/7/3)
तथा रक्षोधनुर्मुक्ता वज्रानिलमनोजवाः।
हरिं विशन्ति स्म शरा लोका इव विपर्यये।। (7/7/4)

जैसे टिड्डीदल धान आदि के खेतों में, पतिंगे आग में, डंक मारने वाली मक्खियाँ मधु से भरे हुए घड़े में और मगर समुद्र में घुस जाते हैं, उसी प्रकार के धनुष से छूटे हुए वज्र, वायु तथा मन के समान वेग वाले वेगवाले बाण भगवान् विष्णु के शरीर में प्रवेश करके इस प्रकार लीन हो जाते थे, जैसे प्रलयकाल में समस्त लोक उन्हीं में प्रवेश कर जाते हैं।

23. मच्छर

Mosquito

वाल्मीकि रामायण में इसके लिए मशक शब्द का प्रयोग किया गया है। अपने शैशव में मच्छर जलकीट होते हैं। प्रौढ़ मच्छर हवा में रहने वाले कीट हैं जो दिन के अँधेरे में कोनों में छिपे रहते हैं एवं रात में ख़ून चूसने के लिए झुण्डों में उड़ते हैं। इनके लार्वे एवं प्यूपे किसी भी तरह जमा हो गये पानी में पाये जाते हैं चाहे वह कितनी ही छोटी जगह में स्थायी रूप से

एकत्रित हुआ हो। क्यूलेक्स, एडीज एवं एनोफिलीज आदि भारत में व्यापक रूप से पाये जाने वाले मच्छर हैं। जलाशयों में मच्छर लार्वा के दो वर्ग पाये जाते हैं—क्यूलेक्स एवं एनोफिलीज। क्यूलेक्स मच्छर फाइलेरिया एवं एनोफिलीज मच्छर मलेरिया का संचरण करता है।

वाल्मीकि रामायण में इसका उल्लेख निम्नानुसार आया है–

पल्वगा वृश्चिका दंशा मशकाश्चैव कानने।
सरीसृपाश्च कीटाश्च मा भूवन् गहने तव।। (2/25/18)

वन में जो मेढक या वानर, बिच्छू, डाँस, मच्छर, पर्वतीय सर्प और कीड़े होते हैं, वे उस गहन वन में तुम्हारे लिए हिंसक न हों।

पतङ्ग.ा वृश्चिकाः कीटा दंशाश्च मशकैः सह।
बाधन्ते नित्यमबले सर्वं दुःखमतो वनम्।। (2/28/21)

अबले! पतंगे, बिच्छू, कीड़े, डाँस और मच्छर वहाँ सदा कष्ट पहुँचाते रहते हैं; अतः सारा वन दुःखरूप ही है।

नैव दंशान् न मशकान् न कीटान् न सरीसृपान्।
राघवोऽपनयेद् गात्रात् त्वद्गतेनान्तरात्मना।। (5/36/42)

श्रीरघुनाथ जी का चित्त सदा आप में लगा रहता है, अतः उन्हें अपने शरीर पर चढ़े हुए डाँस, मच्छर, कीड़ों और सर्पों को हटाने की भी सुधि नहीं रहती।

24. मधुमक्खी

Honey bee

वाल्मीकि रामायण में इसके लिए मधुकर शब्द का प्रयोग किया गया है। इसका वैज्ञानिक नाम 'Apis cerana' है। यह प्रायः वृक्षों पर अपने छत्ते लगाती है। शहद के कारण ये विख्यात हैं। शहद प्राप्त होने के कारण कहीं—कहीं पर इनका पालन किया जाता है। अनेक वनक्षेत्रों में इसके प्राकृतिक छत्ते पाये जाते हैं।

वाल्मीकि रामायण में इसका उल्लेख निम्नानुसार आया है–

पश्य द्रोणप्रमाणानि लम्बमानानि लक्ष्मण।
मधूनि मधुकारीभिः सम्भृतानि नगे नगे।। (2/56/8)

(फिर लक्ष्मण से कहा–) 'लक्ष्मण! देखो, यहाँ के एक–एक वृक्ष में मधुमक्खियों द्वारा लगाये और पुष्ट किये गये मधु के छत्ते कैसे लटक रहे हैं। इन सबमें एक–एक द्रोण (लगभग सोलह सेर) मधु भरा हुआ है।

शलभा इव केदारं मशका इव पावकम्।
यथामृतघटं मकरा इव चार्णवम्।। (7/7/3)
तथा रक्षोधनुर्मुक्ता वज्रानिलमनोजवाः।
हरिं विशन्ति स्म शरा लोका इव विपर्यये।। (7/7/4)

जैसे टिड्डीदल धान आदि के खेतों में, पतिंगे आग में, डंक मारने वाली मक्खियाँ मधु से भरे हुए घड़े में और मगर समुद्र में घुस जाते हैं, उसी प्रकार के धनुष से छूटे हुए वज्र, वायु तथा मन के समान वेग वाले वेगवाले बाण भगवान् विष्णु के शरीर में प्रवेश करके इस प्रकार लीन हो जाते थे, जैसे प्रलयकाल में समस्त लोक उन्हीं में प्रवेश कर जाते हैं।

25. झींगुर

Crickets

वाल्मीकि रामायण में इसके लिए झिल्लिका शब्द का प्रयोग किया गया है। झींगुर की लगभग 2000 प्रजातियाँ पूरे विश्व में पायी जाती हैं। इसकी सबसे अधिक पायी जाने वानी जाति का वैज्ञानिक नाम Brachytrypes achatinus है। इनकी लम्बाई 3 से 50 मि.मी. के बीच तक होती है। इनके मुख पर पतले लम्बे बाल होते हैं। यह पिछले पैरों के सहारे उछलता है। नर झींगुर झीं झीं जैसी संगीतमय आवाज करते हैं। झींगुर घरों में पाये जाते है जो कपड़ों, काग़ज़ आदि को काट देते हैं। वृक्षों पर, मैदानों में एवं भूमि के अन्दर भी विभिन्न प्रजाति के झींगुर पाये जाते हैं।

वाल्मीकि रामायण में झींगुर का वर्णन निम्नानुसार आया है–

नानामृगगणाकीर्णमृक्षशार्दूलसेवितम्।
ध्वस्मवृक्षलतागुल्मं दुर्दर्शसलिलाशयम्।। (3/2/2)
निष्कूजमानशकुनि झिल्लिकागणनादितम्।
लक्ष्मणानुचरो रामो वनमध्यं ददर्श ह।। (3/2/3)

जाते–जाते लक्ष्मण सहित श्रीराम ने वन के मध्यभाग में एक ऐसे स्थान को देखा, जो नाना प्रकार के मृगों से व्याप्त था। वहाँ बहुत से रीछ और बाघ रहा करते थे। वहाँ के वृक्ष, लता और झाड़ियाँ नष्ट–भ्रष्ट हो गयी थीं। उस वन प्रान्त में किसी जलाशय का दर्शन होना कठिन था। वहाँ के पक्षी वहीं चहक रहे थे। झींगुरों की झंकार गूँज रही थी।

26. जुगनू

Firefly

वाल्मीकि रामायण में इसके लिये खद्योत शब्द का प्रयोग किया गया है। इसका वैज्ञानिक नाम 'Photuris pyralis' है। कीटों के कोलियोप्टेरा गण में बीटल आते हैं। बीटल बिटोल से बना है जिसका अर्थ होता है काटने वाला जीव। रात में चमकते जुगनू को सभी देखना पसन्द करते हैं। घने अन्धकार में इसकी चमक सुहावनी लगती है।

वाल्मीकि रामायण में इसका उल्लेख निम्नानुसार आया है–

उत्पेतश्च विना रात्रिं ताराः खद्योतसप्रभाः।
संलीनमीनविहगा नलिन्यः शुष्कपङ्कजाः।। (3/23/13)

बिना रात के ही जुगनू के समान चमकने वाले तारे आकाश में उदित हो गये। सरोवरों में मछली और जलपक्षी विलीन हो गये। उनके कमल सूख गये।

सुवर्णपुंखैर्विशिखैः सम्पतद्भिः समन्ततः।
बभूव रजनी चित्रा खद्योतैरिव शारदी।। (6/44/24)

चारों ओर सुवर्णमय पंख वाले बाण गिर रहे थे। उनकी प्रभा से वह रजनी जुगुनुओं से विचित्र दिखाई देने वाली शरद ऋतु की रात्रि के समान अद्‌भुत प्रतीत होती थी।

27. सिंह

Lion

वाल्मीकि रामायण में इसके लिए सिंह, केसरी, मृगेन्द्र, मृगराज एवं हरि शब्द का प्रयोग किया गया है। इसका वैज्ञानिक नाम 'Panthera leo persica' है। पहले हमारे देश के लगभग सभी भागों मुख्यतः उत्तरी एवं मध्य भारत में सिंह पाये जाते थे। उपलब्ध प्रमाणों के अनुसार सोलहवीं शताब्दी में शासकों द्वारा वर्तमान सहारनपुर एवं मिर्जापुर के वनक्षेत्रों में सिंहों का शिकार किया जाता था। अब ये गुजरात के गिरि वनक्षेत्र तक सिमट गये हैं।

सिंह या बबर शेर लगभग 9 फिट लम्बा होता है। इनका रंग पीलापन लिए भूरा होता है। नर की गर्दन में लम्बे बालों की अयाल होती है। उसके मुँह पर भी लम्बे बाल होते हैं। शेरनी के मुख और गर्दन पर लम्बे बाल नहीं होते। शावकों की खाल पर चकत्ते या धारियाँ होती हैं। गिरि वनक्षेत्र में सिंह सागौन, पलाश, बेर, बाँस आदि के झुरमुटों में रहते हैं। ये दिनभर आराम करते हैं और रात में भोजन की तलाश में निकलते हैं। रात भर इनकी दहाड़ सुनाई देती है।

इनका कोई निश्चित प्रजनन काल नहीं है। गिरिवन में अक्टूबर–नवम्बर में नर–मादा का मिलन होता है तथा जनवरी–फरवरी में शावकों का जन्म होता है। एक बार में दो या तीन बच्चे पैदा होते हैं। नर मादा मिलकर बच्चों की देखभाल करते हैं।

वाल्मीकि रामायण में इसका उल्लेख निम्न प्रकार है–

योधानामग्निकल्पानां पेशलानाममर्षिणाम्।
सम्पूर्णा कृतविद्यानां गुहा केसरिणामिव।। (1/6/21)

शौर्य की अधिकता के कारण अग्नि के समान दुर्धुर्ष, कुटिलता से रहित, अपमान को सहन करने में असमर्थ तथ अस्त्र–शस्त्रों के ज्ञाता योद्धाओं के समुदाय से वह पूरी उसी तरह भरी–पूरी रहती थी, जैसे पर्वतों की गुफा सिंहों के समूह से परिपूर्ण होती है।

सिंहशार्दूलसदृशा दर्पेण व बलेन च।
शिलाप्रहरणाः सर्वे सर्वे पर्वतयोधिनः।। (1/17/25)

वे दर्प और बल में सिंह और व्याघ्रों के समान थे। पत्थर की चट्टानों से प्रहार करते और पर्वत उठाकर लड़ते थे।

सिंहव्याघ्रवराहैश्च वारणैश्चापि शोभितम्।
धवाश्वकर्णककुभैर्बिल्वतिन्दुकपाटलैः।। (1/24/15)
संकीर्ण बदरीभिश्च किं न्विदं दारुणं वनम्।

सिंह, व्याघ्र, सुअर और हाथी भी इस जंगल की शोभा बढ़ा रहे हैं। धव(धौरा), अश्वकर्ण (एक प्रकार के शालवृक्ष), ककुभ (अर्जुन), बेल, तिन्दुक (तेन्दू), पाटल (पाड़र) तथा बेर के वृक्षों से भरा हुआ यह भयङ्कर वन क्या है? इसका क्या नाम है?

गुरुणा त्वभ्यनुज्ञातो मनुजौघं विसृज्य तम्।
विवेशान्तःपुरं राजा सिंहो गिरिगुहामिव।। (2/5/24)

तदन्तर गुरुजी की आज्ञा ले राजा दशरथ ने उस जन समुदाय को विदा करके पर्वत की कन्दरा में घुसने वाले सिंह के समान अपने अन्तःपुर में प्रवेश किया।

अभिद्रुतमिवारण्ये सिंहेन गजयूथपम्।
प्रच्छाद्यमानं रामेण भरतं त्रातुमर्हसि।। (2/8/36)

जैसे वन में सिंह हाथियों के यूथपति पर आक्रमण करता है और वह भागा फिरता है, उसी प्रकार राजा राम भरत का तिरस्कार करेंगे; अतः उस तिरस्कार से तुम भरत की रक्षा करो।

पर्वतादिव निष्क्रम्य सिंहो गिरिगुहाशयः।
लक्ष्मणं द्वारि सोऽपश्यत् प्रह्वांचलिपुटं स्थितम्।। (2/16/26)

पर्वत की गुफा में शयन करने वाला सिंह जैसे पर्वत से निकलकर आता है, उसी प्रकार महल से निकलकर श्रीरामचन्द्र जी ने द्वार पर लक्ष्मण को उपस्थित देखा, जो विनीतभाव से हाथ जोड़े खड़े थे।

ममैव नूनं मरणं न विद्यते
न चावकाशोऽस्ति यमक्षये मम।
यदन्तकोऽद्यैव न मां जिहीर्षति
प्रसह्य सिंहो रुदतीं मृगीमिव।। (2/20/50)

निश्चय ही मेरे लिए कहीं मौत नहीं है, यमराज के घर में भी मेरे लिए जगह नहीं है, तभी तो जैसे किसी रोती हुई मृगी को सिंह ज़बरदस्ती उठा ले जाता है, उसी प्रकार यमराज मुझे आज ही उठा ले जाना नहीं चाहता है।

समित्कुशपवित्राणि वेद्यश्चायतनानि च।
स्थण्डिलानि च विप्राणां शैला वृक्षाः क्षुपा दृदाः।
पतङ्गाः पन्नगाः सिंहास्त्वां रक्षन्तु नरोत्तम।। (2/25/7)

नरश्रेष्ठ! समिधा, कुशा, पवित्री, वेदियाँ, मन्दिर, ब्राह्मणों के देवपूजन सम्बन्धी स्थान, पर्वत, वृक्ष, क्षुप (छोटी शाखावाले वृक्ष), जलाशय, पक्षी, सर्प और सिंह वन में तुम्हारी रक्षा करें।

महाद्विपाश्च सिंहाश्च व्याघ्रा ऋक्षाश्च दंष्ट्रिणः।
महिषाः श्रृङ्ग.णो रौद्रा न ते द्रुह्यान्तु पुत्रक।। (2/25/19)

पुत्र! बड़े–बड़े हाथी, सिंह, व्याघ्र, रीछ, दाढ़वाले अन्य जीव तथा विशाल सींगवाले भयंकर भैंसे वन में तुमसे द्रोह न करें।

गिरिनिर्झरसम्भूता गिरिनिर्दरिवासिनाम्।
सिंहानां निनदा दुःखाः श्रोतुं दुःखमतो वनम्।। (2/28/7)

पर्वतों से गिरने वाले झरनों के शब्द को सुनकर उन पर्वतों की कन्दराओं में रहने वाले सिंह दहाड़ने लगते हैं। उनकी वह गर्जना सुनने में बड़ी दुःखदायिनी प्रतीत होती है, इसलिए वन दुःखमय ही है।

मृगाः सिंहा गजाश्चैव शार्दूलाः शरभास्तथा।
चमराः सृमराश्चैव ये चान्ये वनचारिणः।। (2/29/3)
अदृष्टपर्वरूपत्वात् सर्वे ते तब राघव।
रूपं दृष्ट्वपसर्पेयुस्तव सर्वे हि बिभ्यति।। (2/29/4)

रघुनन्दन! मृग, सिंह, हाथी, शेर, शरभ, चमरी गाय, नीलगाय तथा जो अन्य जंगली

जीव हैं, वे सब–के–सब आपका रूप देखकर भाग जायेंगे; क्योंकि ऐसा प्रभावशाली स्वरूप उन्होंने पहले कभी नहीं देखा होगा। आपसे तो सभी डरते हैं; फिर वे पशु क्यों नहीं डरेंगे?

बिलानि दंष्ट्रिणः सर्वे सानूनि मृगपक्षिणः।
त्यजन्त्वस्मद्भयाद्भीता गजाः सिंहा वनान्यपि।। (2/33/23)

वन में हम लोगों के भय से साँप अपने बिल छोड़कर भाग जाय। पर्वत पर रहने वाले मृग और पक्षी उसके शिखरों को छोड़ दें तथा हाथी और सिंह भी उन वनों को त्यागकर दूर चले जायँ।

साहं गौरिव सिंहेन विवत्सा वत्सला कृता।
कैकेय्या पुरुषव्याघ्र बालवत्सेव गौर्बलात्।। (2/43/18)

पुरुषसिंह! जैसे किसी सिंह ने छोटे से बछड़े वाली वत्सला गौ को बलपूर्वक बछड़े से हीन कर दिया हो, उसी प्रकार कैकेयी ने मुझे बलात् अपने बेटे से विलग कर दिया है।

व्यालैर्मृगैराचरितं कृष्णसर्पनिषेवितम्।
कथं कुमारौ वैदेह्या सार्धं वनमुपाश्रितो।। (2/58/8)

'जहाँ अजगर और व्याघ्र–सिंह आदि हिंसक पशु विचरते हैं तथा काले सर्प जिसका सेवन करते हैं, उसी वन का आश्रय लेने वाले मेरे दोनों कुमार सीता के साथ वहाँ कैसे रह सकेंगे?

स तादृशः सिंहबलो वृषभाक्षो नरर्षभः।
स्वयमेव हतः पित्रा जलजेनात्मजो यथा।। (2/61/22)

सिंह के समान बल और बैल के समान बड़े–बड़े नेत्रवाला वैसा नरश्रेष्ठ वीर पुत्र स्वयं अपने पिता के ही हाथों द्वारा मारा गया। (राज्य से वंचित कर दिया गया)। ठीक उसी तरह, जैसे मत्स्य का बच्चा अपने पिता मत्स्य के द्वारा ही खा लिया जाता है।

विष्णोः पदं प्रेक्ष्यमाणा विपाशां चापि शाल्मलीम्।
नदीर्वापीतटाकानि पल्लवानि सरांसि च।। (2/68/19)
पश्यन्तो विविधांश्चापि सिंहान् व्याघ्रान् मृगान् द्विपान्।
ययुः पथातिमहता शासनं भर्तुरीप्सवः।। (2/68/20)

उस पर्वत के शिखर पर स्थित भगवान विष्णु के चरण चिह्न का दर्शन करके वे विपासा (व्यास) नदी और उसके तटवर्ती शाल्मली वृक्ष के नीचे गये। वहाँ से आगे बढ़ने पर बहुत सी नदियों, बावड़ियों, पोखरों, छोटे तालाबों, सरोवरों तथा भाँति–भाँति के वन्य जन्तुओं–सिंह, व्याघ्र, मृग और हाथियों का दर्शन करते हुए वे दूत अत्यन्त विशाल मार्ग के द्वारा आगे बढ़ने लगे। वे अपने स्वामी की आज्ञा का शीघ्र पालन करने की इच्छा रखते थे।

इत्येवमुक्त्वा भरतो महात्मा
प्रियैतरैर्वाक्यगणैस्तुदंस्ताम् ।
शोकार्दितश्चापि ननाद भूयः
सिंहो यथा मन्दरकन्दरस्थः।। (2/73/28)

ऐसा कहकर महात्मा भरत शोक से पीड़ित हो पुनः जली–कटी बातों से कैकेयी को व्यथित करते हुए उसे ज़ोर–ज़ोर से फटकारने लगे, मानो मन्दराचल की गुहा में बैठा हुआ सिंह गरज रहा हो।

इमां हि रम्यां गजयूथलोडितां
निपीततोयां गजसिंहवानरैः।
सुपुष्पितां पुष्पभरैरलंकृतां
न सोऽस्ति यः स्यान्न गतक्लमः सुखी।। (2/95/18)

जिसे हाथियों के समूह मथे डालते हैं तथा सिंह और वानर जिसका जल पिया करते हैं, जिसके तट पर सुन्दर पुष्पों से लदे वृक्ष शोभा पाते हैं तथा जो पुष्पसमूहों से अलंकृत है, ऐसी इस रमणीय मन्दाकिनी नदी में स्नान करके जो ग्लानि रहित और सुखी न हो जाये–ऐसा मनुष्य इस संसार में नही है।

गजयूथानि वारण्ये महिषा वा महावने।
वित्रासिता मृगाः सिंहैः सहसा प्रद्रुता दिशः।। (2/96/8)
राजा वा राजपुत्रो वा मृगयामटते वने।
अन्यद्वा श्वापदं किंचित् सौमित्रे ज्ञातुमर्हसि।। (2/96/9)

सुमित्रानन्दन! पता तो लगाओ, इस विशाल वन में ये जो हाथियों के झुण्ड अथवा भैंसे या मृग जो सहसा सम्पूर्ण दिशाओं की ओर भाग चले हैं, इसका क्या कारण है? इन्हें सिंहों ने तो नहीं डरा दिया है अथवा कोई राजा या राजकुमार इस वन में आकर शिकार तो नहीं खेल रहा है या दूसरा कोई हिंसक जन्तु तो नहीं प्रकट हो गया है?

गोधांगुलित्रैरासक्तैश्चित्रकांचनभूषितैः।
अरिसंघैरनाधृष्यां मृगैः सिंहगुहामिव।। (2/99/23)

वहाँ गोह के चमड़े के बने हुए बहुत से सुवर्णजटित दस्ताने भी टँगे हुए थे। जैसे मृग, सिंह की गुफा पर आक्रमण नहीं कर सकते, उसी प्रकार वह पर्णशाला शत्रुसमूहों के लिए अगम्य एवं अजेय थी।

तं सिंहमिव विक्रान्तं सिंहविक्रान्तगामिनम्।
दृष्ट्वा नोद्विजते रामः सिंहः क्षुद्रमृगं यथा।। (3/28/13)
ततः सूर्यनिकाशेन रथेन महता खरः।
आससादाथ तं रामं पतङ्‌ग इव पावकम्।। (3/28/14)

यद्यपि वह सिंह के समान चलता और सिंह के ही तुल्य पराक्रम प्रकट करता था तो भी उस खर को देखकर श्रीराम उसी तरह उद्विग्न नहीं होते थे, जैसे छोटे–से–मृग को देखकर सिंह भयभीत नहीं होता है।

त्वं पुनर्जम्बुकः सिंहीं मामिहेच्छसि दुर्लभाम्।
नाहं शक्या त्वया स्प्रष्टुमादित्यस्य प्रभा यथा।। (3/47/37)

पापी निशाचर! तू सियार है और मैं सिंहिनी हूँ। मैं तेरे लिए सर्वथा दुर्लभ हूँ। क्या तू यहाँ मुझे प्राप्त करने की इच्छा रखता है। अरे! जैसे सूर्य की प्रभा पर कोई हाथ नहीं लगा सकता, उसी प्रकार तू मुझे छू भी नहीं सकता।

क्षुधितस्य च सिंहस्य मृगशत्रोस्तरस्विनः।
आशीविषस्य वदनाद् दंष्ट्रामादातुमिच्छसि।। (3/47/39)
मन्दरं पर्वतश्रेष्ठं पाणिना हर्तुमिच्छसि।
कालकूटं विषं पीत्वा स्वस्तिमान् गन्तुमिच्छसि।। (3/47/40)

अक्षि सूच्या प्रमृजसि जिह्वयालेढि च क्षुरम्।
राघवस्य प्रियां भार्यामधिगन्तुं त्वमिच्छसि।। (3/47/41)

तू श्रीराम की प्यारी पत्नी को हस्तगत करना चाहता है। जान पड़ता है, अत्यन्त वेगशाली मृगवैरी भूखे सिंह और पर्वतश्रेष्ठ मन्दराचल को हाथ से उठाकर ले जाने की इच्छा करता है, कालकूट विष को पीकर कुशलपूर्वक लौट जाने की अभिलाषा रखता है तथा आँख को सुई से पोंछता और छुरे को जीभ से चाटता है।

समन्तादभिसम्पत्य सिंहव्याघ्रमृगद्विजाः।
अन्वधावंस्तदा रोषात् सीताच्छायानुगामिनः।। (3/52/36)

उस सीताहरण के समय रावण पर रोष सा करके सिंह, व्याघ्र, मृग और पक्षी सब ओर से सीता की परछाहीं का अनुसरण करते हुए दौड़ रहे थे।

क्रुद्धोऽब्रवीद् गिरिं तत्र सिंहः क्षुद्रमृगं यथा।। (3/64/30)
तां हेमवर्णां हेमाङ्गी सीतां दर्शय पर्वत।
यावत् सानूनि सर्वाणि न ते विध्वंसयाम्यहम्।। (3/64/31)

तदन्तर जैसे सिंह छोटे मृग को देखकर दहाड़ता है, उसी प्रकार वे कुपित हो वहाँ उस पर्वत से बोले–'पर्वत! जब तक मैं तुम्हारे सारे शिखरों का विध्वंस नहीं कर डालता हूँ, इसके पहले ही तुम उस कंचन की सी काया कान्तिवाली सीता का मुझे दर्शन करा दो।

भक्षयन्तं महाघोरानृक्षसिंहमृगद्विजान्।
घोरौ भुजौ विकुर्वाणमुभौ योजनमायतौ।। (3/69/31)
कराभ्यां विविधान् गृह्य ऋक्षान् पक्षिगणान् मृगान्।
आकर्षन्तं विकर्षन्तमनेकान् मृगयूथपान्।। (3/69/32)

अत्यन्त भयंकर रीछ, सिंह, हिंसक पशु और पक्षी–ये ही उसके भोजन थे। वह अपनी एक–एक योजन लम्बी दोनों भयानक भुजाओं को दूर तक फैला लेता और उन दोनों हाथों से नाना प्रकार के अनेकों भालू, पक्षी, पशु तथा मृगों के यूथपतियों को पकड़कर खींच लेता था। उनमें से जो उसे भोजन के लिए अभीष्ट नहीं होते थे, उन जन्तुओं को वह उन्हीं हाथों से पीछे ढकेल देता था।

सोऽहं भुजाभ्यां दीर्घाभ्यां संक्षिप्यास्मिन् वनेचरान्।। (3/71/14)
सिंहद्वीपिमृगव्याघ्रान् भक्षयामि समन्ततः।

इस प्रकार मैं विशाल भुजाओं द्वारा वन में रहने वाले सिंह, चीते, हरिन और बाघ आदि जन्तुओं को सब ओर से समेटकर लाया करता था।

पद्मकाश्चैव शोभन्ते नीलाशोकाश्च पुष्पिताः।
लोध्राश्च गिरिपृष्ठेषु सिंहकेसरपिंजराः।। (4/1/79)

पर्वत के पृष्ठ भागों पर पद्मक और खिले हुए नील, अशोक भी शोभा पाते हैं। वहीं सिंह के अयाल की भाँति पिङ्गल वर्णवाले लोध्र भी सुशोभित हो रहे हैं।

हते तु वीरे प्लवगाधिपे तदा
प्लवङ्गमास्तत्र न शर्म लेभिरे।
वनेचराः सिंहयुते महावने
यथा हि गावो निहते गवां पतौ।। (4/22/31)

उस समय वीर वानरराज बाली के मारे जाने पर वनों में विचरने वाले वानर वहाँ चैन न पा सके। जैसे सिंह से युक्त विशाल वन में साँड़ के मारे जाने पर गौएँ दुःखी हो जाती हैं, वही दशा उन वानरों की हुई।

अहं पुत्रसहाया त्वामुपासे गतचेतनम्।
सिंहेन पातितं सद्यो गौः सवत्सेव गोवृषम्।। (4/23/26)

जैसे कोई बछड़े सहित गाय सिंह के द्वारा तत्काल मार गिराये हुए साँड़ के पास खड़ी हो, उसी प्रकार पुत्र सहित मैं प्राणहीन हुए आपकी सेवा में बैठी हूँ।

शार्दूलमृगसंघुष्टं सिंहैर्भीमरवैर्वृतम्।
नानागुल्मलतागूढं बहुपादपसंकुलम्।। (4/27/2)

वहाँ चीतों और मृगों की आवाज गूँजती रहती थी। भयंकर गर्जना करने वाले सिंहों से वह स्थान भरा था। नाना प्रकार की झाड़ियाँ और लताएँ उस पर्वत को आच्छादित किये हुए थीं और घने वृक्षों के द्वारा वह सब ओर से व्याप्त था।

मत्ता गजेन्द्रा मुदिता गवेन्द्रा
वनेषु विक्रान्ततरा मृगेन्द्राः।
रम्या नगेन्द्राः निभृता नरेन्द्राः
प्रक्रीडितो वारिधरैः सुरेन्द्रः।। (4/28/43)

गजेन्द्र (हाथी) मतवाले हो रहे हैं। गवेन्द्र (वृषभ) आनन्द में मग्न हैं, मृगेन्द्र (सिंह) वनों में अत्यन्त पराक्रम प्रकट करते हैं, नगेन्द्र (बड़े–बड़े पर्वत) रमणीय दिखायी देते हैं, नरेन्द्र (राजालोग) मौन हैं–युद्धविषयक उत्साह छोड़ बैठे हैं और सुरेन्द्र (इन्द्रदेव) जलधरों के साथ क्रीड़ा कर रहे हैं।

कैलासशिखरेभ्यश्च सिंहकेसरवर्चसाम्।
ततः कोटिसहस्राणि वानराणां समागमन्।। (4/37/22)

कैलास के शिखरों से सिंह के अयाल की–सी श्वेत कान्तिवाले दस अरब वानर आये।

तं गजाश्च वराहाश्च सिंहा व्याघ्राश्च सर्वतः।
अभिगर्जन्ति सततं तेन शब्देन दर्पिताः।। (4/42/34)

उसके चारों ओर हाथी, सुअर, सिंह और व्याघ्र सदा गर्जना करते हैं और अपनी ही गर्जना की प्रतिध्वनि के शब्द से दर्प में भरकर पुनः दहाड़ने लगते हैं।

सिंहशार्दूलजुष्टाश्च गुहाश्च परितस्तदा।
विषमेषु नगेन्द्रस्य महाप्रस्रवणेषु च।। (4/50/2)

उन्होंने सिंह और बाघों से भरी हुई कन्दराओं तथा उसके आसपास की भूमि को भी छान डाला। गिरिराज विन्ध्य पर जो बड़े–बड़े झरने और दुर्गम स्थान थे, वहाँ भी अन्वेषण किया।

निशाम्य तस्मात् सिंहांश्च तांस्तांश्च मृगपक्षिणः।।(4/50/18)
प्रवृष्टा हरिशार्दूला बिलं तिमिरसंवृतम्।

उस बिल से निकलते हुए उन–उन सिंहों, मृगों और पक्षियों को देखकर वे श्रेष्ठ वानर अन्धकार से आच्छादित हुई उस गुफा में प्रवेश करने लगे।

तमृक्षाः सृमरा व्याघ्रा सिंहा नानासरीसृपाः।
परिवार्योपगच्छन्ति दातारं प्राणिनो यथा।। (4/60/15)

अनेकानेक रीछ, हरिन, सिंह, बाघ और नाना प्रकार के सर्प उन्हें इस प्रकार घेरे आ रहे थे, जैसे याचना करने वाले प्राणी दाता को घेरकर चलते हैं।

सिंहकुंजरशार्दूलपतगोरगवाहनैः।
विमानैः सम्पतद्भिश्च विमलैः समलंकृते।। (5/1/175)

सिंह, हाथी, बाघ, पक्षी और सर्प आदि वाहनों से जुते और उड़ते हुए निर्मल विमान जिसकी शोभा बढ़ाते

हंसो यथा राजतपंजरस्थः
सिंहो यथा मन्दरकन्दरस्थः।
वीरो यथा गर्वितकुंजरस्थ–
श्चन्द्रोऽपि बभ्राज तथाम्बरस्थः।। (5/5/4)

जैसे चाँदी के पिंजरे में हंस, मन्दराचल की कन्दरा में सिंह तथा मदमत्त हाथी की पीठ पर वीर पुरूष शोभा पाते हैं, उसी प्रकार आकाश में चन्द्रदेव सुशोभित हो रहे थे।

शिलातलं प्राप्य यथा मृगेन्द्रो
महारणं प्राप्य यथा गजेन्द्रः।
राज्यं समासाद्य यथा नरेन्द्र–
स्तथा प्रकाशो विरराज चन्द्रः।। (5/5/7)

जैसे गुफा के बाहर शिलातल पर बैठा हुआ मृगराज (सिंह) शोभा पाता है, जैसे विशाल वन में पहुँचकर गजराज सुशोभित होता है तथा जैसे राज्य पाकर राजा अधिक शोभा से सम्पन्न हो जाता है, उसी प्रकार निर्मल प्रकाश से युक्त होकर चन्द्रदेव सुशोभित हो रहे थे।

एकहस्तैकपादाश्च खरकर्ण्यश्वकर्णिकाः।
गोकर्णीर्हस्तिकर्णीश्च हरिकर्णीस्तथापराः।। (5/17/11)

किन्हीं के एक हाथ थे तो किन्हीं के एक पैर। किन्हीं के कान गदहों के समान थे तो किन्हीं के घोड़ों के समान। किन्हीं–किन्हीं के कान गौओं, हाथियों और सिंहों के समान दृष्टिगोचर होते थे।

सा राक्षसेन्द्रस्य वचो निशम्य
तद् रावणस्य प्रियमप्रियार्ता।
सीता वितत्रास यथा वनान्ते
सिंहाभिपन्ना गजराजकन्या।। (5/28/1)

पति के विरह के दुःख से व्याकुल हुई सीता राक्षसराज रावण के उन अप्रिय वचनों को याद करके उसी तरह भयभीत हो गयीं, जैसे वन में सिंह के पंजे में पड़ी हुई कोई गजराज की बच्ची।

तरस्विनौ धारयता मृगस्य
सत्त्वेन रूपं मनुजेन्द्र पुत्रौ।
नूनं विशस्तौ मम कारणात् तौ
सिंहर्षभौ द्वाविव वैद्युतेन।। (5/28/9)

निश्चय ही उस मृग रूपधारी जीव ने मेरे कारण उन दोनों वेगशाली राजकुमारों को मार डाला होगा। जैसे दो श्रेष्ठ सिंह बिजली से मार दिये जायँ, वही दशा उन दोनों भाइयों की होगी।

सा राक्षसेन्द्रस्य वचो निशम्य
तद् रावणस्य प्रियमप्रियार्ता।
सीता वितत्रास यथा वनान्ते
सिंहाभिपन्ना गजराजकन्या।। (5/28/1)

पति के विरह के दुःख से व्याकुल हुई सीता राक्षसराज रावण के उन अप्रिय वचनों को याद करके उसी तरह भयभीत हो गयीं, जैसे वन में सिंह के पंजे में पड़ी हुई कोई गजराज की बच्ची।

तरस्विनौ धारयता मृगस्य
सत्त्वेन रूपं मनुजेन्द्र पुत्रौ।
नूनं विशस्तौ मम कारणात् तौ
सिंहर्षभौ द्वाविव वैद्युतेन।। (5/28/9)

निश्चय ही उस मृग रूपधारी जीव ने मेरे कारण उन दोनों वेगशाली राजकुमारों को मार डाला होगा। जैसे दो श्रेष्ठ सिंह बिजली से मार दिये जायँ, वही दशा उन दोनों भाइयों की होगी।

स तु मर्मणि घोरेण ताडितो मन्मथेषुणा।
न शर्म लभते रामः सिंहार्दित इव द्विपः।। (5/39/51)

श्रीरामचन्द्र जी के मर्मस्थल में कामदेव के भयंकर बाणों से चोट पहुँची है। इसलिए वे सिंह से पीड़ित हुए गजराज की भाँति चैन नहीं पाते हैं।

महर्षियक्षगन्धर्वकिंनरोरगसेवितम्।
लतापादपसम्बाधं सिंहाधिष्ठितकन्दरम्।। (5/56/36)

महर्षि, यक्ष, गन्धर्व, किन्नर और नागगण वहाँ निवास करते थे। लताओं और वृक्षों द्वारा वह सब ओर से आच्छादित था। उसकी कन्दराओं में सिंह दहाड़ रहे थे।

इच्छामि शीघ्रं हनुमत्प्रधाना–
शाखामृगांस्तान् मृगराजदर्पान्।
प्रष्टुं कृतार्थान् सह राघवाभ्यां
श्रोतुं च सीताधिगमे प्रयत्नम्।। (5/63/32)

मैं सिंह के समान दर्प से भरे हुए उन हनुमान् आदि वानरों से शीघ्र मिलना चाहता हूँ और इन दोनों रघुवंशी बन्धुओं के साथ मैं उन कृतार्थ होकर लौटे हुए वीरों से यह पूछना चाहता हूँ कि सीता की प्राप्ति के लिए क्या प्रयत्न किया जाय।

ऋक्षैस्तरक्षुभिः सिंहैः शार्दूलैश्च भयावहैः।
व्यालैश्च बहुभिर्भीमैः सेव्यमानाः समन्ततः।। (6/4/84)

रीछ, लकड़बग्घे, सिंह, भयंकर बाघ तथा बहुसंख्यक दुष्ट हाथी, जो बड़े भीषण थे, सब ओर से आ–आकर उन जलाशयों का सेवन करते थे।

ते वाहनान्यवस्थाय यानानि विविधानि च।
सभां पद्‌भिः प्रविविंशुः सिंहा गिरिगुहामिव।। (6/11/22)

गन्तव्य स्थान तक पहुँचकर अपने–अपने वाहनों और नाना प्रकार की सवारियों को बाहर ही रखकर वे सब सभासद पैदल ही उस सभाभवन में प्रविष्ट हुए, मानो बहुत से सिंह किसी पर्वत की कन्दरा में घुस रहे हों।

ऋक्षाः सिंहाश्च महिषा वारणाश्च मृगाः खगाः।
तेन शब्देन वित्रस्ता जग्मुर्भीता दिशो दश।। (6/39/16)

वानरों के उस सिंहनाद से त्रस्त एवं भयभीत हुए रीछ, सिंह, भैंसे, हाथी, मृग और पक्षी दसों दिशाओं की ओर भाग गये।

वृकसिंहमुखैर्युक्तं खरैः कनकभूषितैः।
आरुरोह रथं दिव्यं धूम्राक्षः खरनिःस्वनः।। (6/51/28)

धूम्राक्ष के रथ में सोने के आभूषणों से विभूषित ऐसे गधे नधे हुए थे जिनके मुँह भेड़ियों और सिंहो के समान थे। गधे की भाँति रेंकने वाला धूम्राक्ष उस दिव्य रथ पर सवार हुआ।

स सिंहोपचितस्कन्धः शार्दूलसमविक्रमः।। (6/55/12)
तानुत्पातानचिन्त्यैव निर्जगाम् रणाजिरम्।

अकम्पन के कन्धे सिंह के समान पुष्ट थे। उसका पराक्रम व्याघ्र के समान था। वह पूर्वोक्त उत्पातों की कोई परवाह न करके रणभूमि की ओर चला।

आर्तस्वनं च स्वनतां सिंहनादं च नर्दताम्।
बभूव तुमुलः शब्दो हरीणां रक्षसामपि।। (6/58/17)

कोई आर्तनाद करते तो कोई सिंहों के समान दहाड़ते थे। इस प्रकार वानरों और राक्षसों का भयंकर कोलाहल वहाँ सब ओर गूँज उठा।

उल्लिखन्तौ सुतीक्ष्णाभिर्दंष्ट्राभिरितरेतरम्।
सिंहशार्दूलसदृशौ सिंहशार्दूलचेष्टितौ।। (6/58/47)

दोनों ही अपनी तीखी दाढ़ों से काट–काटकर एक दूसरे के अंगों को घायल किये देते थे। वे दोनों सिंह और बाघ के समान शक्तिशाली और उन्हीं के समान विजय के लिए सचेष्ट थे।

मातंग इव सिंहेन गरुडेनेव पन्नगः।
अभिभूतोऽभवद् राजा राघवेण महात्मना।। (6/60/2)

जैसे सिंह गजराज को और गरुड़ विशाल नाग को पीड़ित एवं पराजित कर देता है, उसी प्रकार महात्मा रघुनाथ जी ने राजा रावण को अभिभूत कर दिया था।

तं सिंहमिव संक्रुद्धं रामं दशरथात्मजम्।
सर्पं सुप्तमहो बुद्ध्वा प्रबोधयितुमिच्छसि।। (6/64/14)

दशरथ कुमार अत्यन्त कुपित हुए सिंह के समान पराक्रमी एवं भयंकर हैं, क्या तुम उनसे भिड़ने का साहस करते हो? क्या जान–बूझकर सोए हुए सर्प को जगाना चाहते हो? तुम्हारी मूर्खता पर आश्चर्य होता है।

सर्पैरुष्ट्रैः खरैश्चैव सिंहद्विपमृगद्विजैः।
अनुजग्मश्च तं घोरं कुम्भकर्णं महाबलम्।। (6/65/35)

कितने ही राक्षस साँप, ऊँट, गधे, सिंह, हाथी, मृग और पक्षियों पर सवार हो–होकर उस भयंकर महाबली कुम्भकर्ण के पीछे–पीछे गये।

ततस्तु ते तस्य वधेन भूरिणा
मनस्विनो नैर्ऋतराजबान्धवाः।
विनेदुरुच्चैर्व्यथिता रघूत्तमं
हरिं समीक्ष्यैव यथा मतंगजाः।। (6/67/174)

कुम्भकर्ण के महान् वध से राक्षसराज रावण के मनस्वी बन्धुओं को बड़ा कष्ट हुआ। वे रघुकुलतिलक श्रीराम की ओर देखकर उसी तरह उच्च स्वर से रोने–कल्पने लगे, जैसे सिंह पर दृष्टि पड़ते ही हाथी चीत्कार कर उठते हैं।

सिंहनादान् विनेदश्च रणे राक्षसवानराः। (6/69/49)

राक्षस और वानर दोनों ही रणक्षेत्र में सिंहों के समान दहाड़ रहे थे।

हनूमांस्तु समुत्पत्य हयं त्रिशिरसस्तदा।
विददार नखैः क्रुद्धो नागेन्द्रं मृगराडिव।। (6/70/37)

तब हनुमान् जी कूदकर त्रिशिरा के पास जा पहुँचे और जैसे कुपित सिंह गजराज को अपने पंजो से चीर डालता है, उसी प्रकार रोष से भरे हुए उन पवनकुमार ने त्रिशिरा के घोड़े को विदीर्ण कर डाला।

कोऽसौ पर्वतसंकाशौ धनुष्मान् हरिलोचनः।
युक्ते हयसहस्रेण विशाले स्यन्दने स्थितः।। (6/71/12)

विभीषण! हज़ार घोड़ों से जुते हुए विशाल रथ पर बैठा हुआ वह पर्वताकार निशाचर कौन है? उसके हाथ में धनुष है और आँखें सिंह के समान दिखाई देती हैं।

तत् सैन्यं हरिवीराणां त्रासयामास राक्षसः।
मृगयूथमिव क्रुद्धो हरिर्यौवनदर्पितः।। (6/71/43)

जैसे जवानी के जोश से भरा हुआ कुपित सिंह मृगों के झुण्ड को भयभीत कर देता है, उसी प्रकार वह राक्षस वानरवीरों की उस सेना को त्रास देने लगा।

गजस्कन्धगताः केचित् केचित् परमवाजिभिः।
व्याघ्रवृश्चिकमार्जारखरोष्ट्रैश्च भुजङ्गमै।। (6/73/11)
वराहैः श्वापदैः सिंहैर्जम्बुकैः पर्वतोपमैः।
काकहंसमयूरैश्च राक्षसा भीमविक्रमाः।। (6/73/12)

कोई हाथी पर बैठकर चले तो कोई उत्तम घोड़ों पर। इनके सिवा बाघ, बिच्छू, बिलाव, गदहे, ऊँट, सर्प, सूअर, अन्य हिंसक जन्तु, सिंह, पर्वताकार गीदड़, कौआ, हंस और मोर आदि की सवारियों पर चढ़े हुए भयंकर पराक्रमी राक्षस वहाँ युद्ध के लिए आये।

दिष्ट्यासि दर्शनं राम मम त्वं प्राप्तवानिह।
काङ्क्षितोऽसि क्षुधार्तस्य सिंहस्येवेतरो मृगः।। (6/79/13)

किन्तु राम! सौभाग्य की बात है, जो तुम आज यहाँ मेरी आँखों के सामने पड़ गये।

जैसे भूख से पीड़ित हुए सिंह को दूसरे जीव–जन्तुओं की अभिलाषा होती है, उसी तरह मैं भी तुम्हें पाने की इच्छा करता था।

सिंहव्याघ्रमुखांश्चापि कङ्ककोकमुखानपि।
गृध्रश्येनमुखांश्चापि शृगालवदनांस्तथा।। (6/99/42)
ईहामृगमुखांश्चापि व्यादितास्यान् भयावहान्।
पंचास्यॉंल्लेलिहानांश्च ससर्ज निशितांशरान्।। (6/99/43)
शरान् खरमुखांश्चान्यान् वराहमुखसंश्रितान्।
श्वान कुक्कुटवक्त्रांश्च मकराशीविषाननान्।। (6/99/44)
एतांश्चान्यांश्च मायाभिः ससर्ज निशितांछरान्।
रामं प्रति महातेजाः क्रुद्धः सर्प इव श्वसन्।। (6/99/45)

उससे सिंह, बाघ, कंक, चक्रवाक, गीध, बाज, सियार, भेड़िये, गदहे, सूअर, कुत्ते, मुर्गे, मगर और ज़हरीले साँपों के समान मुखवाले बाणों की वृष्टि होने लगी। वे बाण मुँह फैलाये, जबड़े चाटते हुए पाँच मुखवाले भयंकर सर्पों के समान जान पड़ते थे। फुफकारते हुए सर्प की भाँति कुपित हुए महातेजस्वी रावण ने इनका तथा अन्य प्रकार के तीखे बाणो का भी श्रीराम के ऊपर प्रयोग किया।

सिंहशार्दूलवांछैलः संचचालचलद् द्रुमः।
बभूव चापि क्षुभितः समुद्रः सरितां पतिः।। (6/102/40)

सिंहों और व्याघ्रों से भरा हुआ पर्वत हिल गया। उसके ऊपर के वृक्ष झूमने लगे और सरिताओं के स्वामी समुद्र में ज्वार आ गया।

अपयाते त्वयि तदा समुद्भ्रान्तमृगद्विजम्।
परिद्यूनमिवात्यर्थं तद् वनं समपद्यत।। (6/126/10)
तद्धस्तिमृदितं घोरं सिंहव्यााघ्रमृगाकुलम्।
प्रविवेशाथ विजनं स महद् दण्डकावनम्।। (6/126/11)

आपके लौट आने पर वह वन सब ओर क्षीण सा हो चला। वहाँ के पशु–पक्षी भय से घबरा उठे थे, तब उस वन को छोड़कर श्रीराम ने विशाल दण्डकारण्य में प्रवेश किया, जो निर्जन था। उस घोर वन को हाथियों ने रौंद डाला था। उसमें सिंह, व्याघ्र और मृग भरे हुए थे।

स्यन्दनैर्वारणैश्चैव हयैश्च करिसंनिभैः।। (7/6/47)
खरैर्गोभिरथोष्ट्रैश्च शिशुमारैर्भुजंगमैः।
मकरैः कच्छपैर्मीनैर्विहंगैर्गरुडोपमैः।। (7/6/48)
सिंहैर्व्याघ्रैर्वराहैश्च सृमरैश्चमरैरपि।
त्यक्त्वा लङ्क.ां गताः सर्वे राक्षसा बलगर्विताः।। (7/6/49)
प्रयाता देवलोकाय योद्धंङ दैवतशत्रवः।

अपने बल का घमण्ड रखने वाले वे समस्त देवद्रोही राक्षस रथ, हाथी, घोड़े, गदहे, बैल, ऊँट, शिशुमार, सर्प, मगर, कछुआ, मत्स्य, गरुड़, सिंह, बाघ, सुअर, मृग और नीलगाय आदि वाहनों पर सवार होकर लंका छोड़कर युद्ध के लिए देवलोक की ओर चल पड़े।

शरभेण यथा सिंहाः सिंहेन द्विरदा यथा।
द्विरदेन यथा व्याघ्रा व्याघ्रेण द्वीपिनो यथा।। (7/7/20)
द्वीपिनेव यथा श्वानः शुना मार्जारको यथा।
मार्जारेण यथा सर्पाः सर्पेण च यथाखवः।। (7/7/21)
तथा ते राक्षसाः सर्वे विष्णुना प्रभविष्णुना।
द्रवन्ति द्राविताश्चान्ये शायिताश्च महीतले।। (7/7/22)

जैसे शरभ से सिंह, सिंह से हाथी, हाथी से बाघ, बाघ से चीते, चीते से कुत्ते, कुत्ते से बिलाव, बिलाव से साँप और साँप से चूहे डरकर भागते हैं, उसी प्रकार वे सब राक्षस प्रभावशाली भगवान् विष्णु की मार खाकर भागने लगे। उनके भगाये हुए बहुत से राक्षस धराशायी हो गये।

सिंहार्दितानामिव कुंजराणां
निशाचराणां सह कुंजराणाम्।
रवाश्च वेगाश्च समं बभूवुः
पुराणसिंहेन विमर्दितानाम्।। (7/7/52)

जैसे सिंहों द्वारा पीड़ित हुए हाथियों के चीत्कार और वेग एक साथ ही प्रकट होते हैं, उसी प्रकार उन पुराण प्रसिद्ध नृसिंहरूपधारी श्रीहरि के द्वारा रौंदे गये उन निशाचररूपी गजराजों के हाहाकार और वेग साथ–साथ प्रकट हो गये।

दशग्रीववशं प्राप्तास्तास्तु शोकाकुलः स्त्रियः।। (7/24/10)
दीनवक्त्रेक्षणाः श्यामा मृग्यः सिंहवशा इव।

दशग्रीव के वश में पड़ी हुई वे शोकाकुल अबलाएँ सिंह के पंजे में पड़ी हुई हरिणियों के समान दुखी हो रही थी। उनके मुख और नेत्रों में दीनता छा रही थी और उन सबकी अवस्था सोलह वर्ष के लगभग थी।

तद् दैवतबलं राम हन्यमानं निशाचरैः।। (7/27/33)
प्रणुन्नं सर्वतो दिग्भ्यः सिंहनुन्ना मृगा इव।

श्रीराम! निशाचरों की मार खाकर देवताओं की वह सेना सिंह द्वारा खदेड़े गये मृगों की भाँति सम्पूर्ण दिशाओं में भाग चली।

पश्यमानस्ततो विन्ध्यं रावणो नर्वदां ययौ।
चलोपलजलां पुण्यां पश्चिमोदधिगामिनीम्।। (7/31/19)
महिषैः सृमरैः सिंहैः शार्दूलर्क्षगजोत्तमैः।
उष्णाभितप्तैस्तृषितैः संक्षोभितजलाशयाम्।। (7/31/20)

विन्ध्याचल की शोभा को देखता हुआ रावण पुण्यसलिला नर्मदा नदी के तट पर गया, जिसमें शिलाखण्डों से युक्त चंचल जल प्रवाहित हो रहा था। वह नदी पश्चिम समुद्र की ओर चली जा रही थी। धूप से तपे हुए प्यासे भैंसे, हिरन, सिंह, व्याघ्र, रीछ और गजराज उसके जलाशय को विक्षुब्ध कर रहे थे।

सागराविव संक्षुब्धौ चलमूलाविवाचलौ।
तेजोयुक्ताविवादित्यौ प्रदहन्ताविवानलौ।। (7/32/51)
बलोद्धतौ यथा नागौ वासितार्थे यथा वृषौ।
मेघाविव विनर्दन्तौ सिंहाविव बलोत्कटौ।। (7/32/52)

रुद्रकालविव क्रुद्धौ तौ तदा राक्षसार्जुनौ।
परस्परं गदा गृह्य ताडयामासतुर्भृशम्।। (7/32/53)

विक्षुब्ध हुए दो समुद्रों, जिनकी जड़ हिल रही हो ऐसे दो पर्वतों, दो तेजस्वी आदित्यों, दो दाहक अग्नियों, बल से उन्मत्त हुए दो गजराजों, कामवासना वाली गाय के लिए लड़ते दो साँड़ों, ज़ोर–ज़ोर से गर्जने वाले दो मेघों, उत्कट बलशाली दो सिंहों तथा क्रोध से भरे हुए रुद्र और कालदेव के समान वे रावण और अर्जुन गदा लेकर एक–दूसरे पर गहरी चोटें करने लगे।

व्याघ्रो मृगमिवादाय मृगराडिव कुंजरम्।
ररास हैहयो राजा हर्षादम्बुदवन्मुहुः।। (7/32/66)

जैसे व्याघ्र किसी हिरण को दबोच लेता है अथवा सिंह हाथी काक धर दबाता है, उसी प्रकार रावण को अपने वश में करके हैहयराज अर्जुन हर्षातिरेक से मेघ के समान बारम्बार गर्जना करने लगा।

शशमालक्ष्य सिंहो वा पन्नगं गरुडो यथा।
न चिन्तयति तं वाली रावणं पापनिश्चयम्।। (7/34/15)

जैसे सिंह खरगोश को और गरुड़ सर्प को देखकर भी उसकी परवाह नहीं करता, उसी प्रकार वाली ने पापपूर्ण विचार रखनेवाले रावण को देखकर भी चिन्ता नहीं की।

अन्योन्यं लम्बितकरौ ततस्तौ हरिराक्षसौ।
किष्किन्धां विशतुहृष्टौ सिंहौ गिरिगुहामिव।। (7/34/43)

फिर वे दोनों वानर और राक्षस एक दूसरे का हाथ पकड़े बड़ी प्रसन्नता के साथ किष्किन्धापुरी के भीतर गये, मानों दो सिंह किसी गुफा में प्रवेश कर रहे हों।

ममापि पद्मपत्राक्षं सिंहोरस्कं कृशोदरम्।
त्वरते हि मनो द्रष्टुं रामं रमयतां वरम्।। (7/46/31)

मेरा मन भी सिंह के समान वक्षस्थल, कृश उदर और कमल के समान श्रेष्ठ नेत्रवाले श्रीराम को, जो मन को रमाने वालों में सबसे श्रेष्ठ हैं, देखने के लिए उतावला हो रहा है।

हत्वा बहुसहस्राणि सिंहव्याघ्रमृगाण्डजान्।
मानुषांश्चैव कुरुते नित्यमाहारमादिकम्।। (7/62/4)

वह प्रतिदिन कई सहस्र सिंह, व्याघ्र, मृग, पक्षी और मनुष्यों को मारकर खा जाता है।

सिंहव्याघ्रवराहाणां खेचराणां च पक्षिणाम्।
बहूनि वै सहस्राणि सेनाया ययुरग्रतः।। (7/100/24)

सिंह, बाघ, सूअर और आकाशचारी पक्षी कई हज़ार की संख्या में सेना के आगे–आगे चले।

28. बाघ

Tiger

वाल्मीकि रामायण में इसके लिए शार्दूल एवं व्याघ्र आदि शब्द आया है। इसका वैज्ञानिक नाम 'Panthera tigris tigris' है। यह हमारे देश का राष्ट्रीय पशु है। राजस्थान के पश्चिमी भाग एवं सौराष्ट्र को छोड़कर यह लगभग पूरे देश में पाया जाता है। यह अत्यन्त शक्तिशाली

मांसाहारी पशु है। नर की औसत लम्बाई 9 फिट 6 इंच तथा मादा की औसत लम्बाई 8 फिट होती है। वयस्क नर बाघ का वजन 200 किग्रा तक तथा मादा का वजन 50 किग्रा कम होता है। इसके शरीर का रंग ऊपर हलका पीला व छाती एवं पेट का रंग श्वेत होता है। इसके पूरे शरीर पर काली धारियाँ होती हैं।

यह घने वनों में रहता है तथा अच्छा तैराक है। इसके सूँघने तथा सुनने की शक्ति अत्यन्त तीव्र होती है। प्रत्येक बाघ के पंजों के निशान अलग–अलग होते हैं तथा पंजों के निशान के आधार पर ही वनक्षेत्रों में इनकी गणना की जाती है।

जंगल में यह हिरन, नीलगाय, जंगली सुअर, जंगली भैंसे आदि का शिकार करता है। नर प्रायः अकेला रहता है एवं मादा शावकों को शिकार करना सिखाती है। यह जब तक मारे गये शिकार को पूरा नहीं खा लेता तब तक दूसरा शिकार नहीं करता। यह प्रायः रात में शिकार करता है और दिन में सोता है। सामान्यतः बाघ का अपना क्षेत्र होता है जो 20–25 वर्ग किमी परिधि में होता है जिसमें अन्य बाघ नहीं आ सकते।

यह मनुष्य पर अकारण हमला नहीं करता। बूढ़ा हो जाने, शारीरिक कमज़ोरी या जंगली जानवरों की कमी होने पर ही यह मनुष्य को मारता है।

वाल्मीकि रामायण में इसका उल्लेख निम्न प्रकार है–

सिंहशार्दूलसदृशा दर्पेण व बलेन च।
शिलाप्रहरणाः सर्वे सर्वे पर्वतयोधिनः।। (1/17/25)

वे दर्प और बल में सिंह और व्याघ्रों के समान थे। पत्थर की चट्टानों से प्रहार करते और पर्वत उठाकर लड़ते थे।

सिंहव्याघ्रवराहैश्च वारणैश्चापि शोभितम्।
धवाश्वकर्णककुभैर्बिल्वतिन्दुकपाटलैः।। (1/24/15)
संकीर्णं बदरीभिश्च किं न्विदं दारुणं वनम्।

सिंह, व्याघ्र, सुअर और हाथी भी इस जंगल की शोभा बढ़ा रहे हैं। धव(धौरा), अश्वकर्ण (एक प्रकार के शालवृक्ष), ककुभ (अर्जुन), बेल, तिन्दुक (तेन्दू), पाटल (पाड़र) तथा बेर के वृक्षों से भरा हुआ यह भयङ्कर वन क्या है? इसका क्या नाम है?

व्यथितो विल्कवश्चैव व्याघ्रीं दृष्टा यथा मृगः।
असंवृतायामासीनो जगत्यां दीर्घमुच्छ्वसन्।। (2/12/4)
मण्डले पन्नगो रुद्धो मन्त्रैरिव महाविषः।

जैसे किसी बाघिन को देखकर मृग व्यथित हो जाता है, उसी प्रकार वे नरेश कैकेयी को देखकर पीड़ित एवं व्याकुल हो उठे। बिस्तररहित खाली भूमि पर बैठे हुए राजा लम्बी साँस खींचने लगे, मानो कोई महा विषैला सर्प किसी मण्डल में मन्त्रों द्वारा अवरुद्ध हो गया हो।

महाद्विपाश्च सिंहाश्च व्याघ्रा ऋक्षाश्च दंष्ट्रिणः।
महिषाः श्रृङ्ग्.णो रौद्रा न ते द्रुह्यान्तु पुत्रक।। (2/25/19)

पुत्र! बड़े–बड़े हाथी, सिंह, व्याघ्र, रीछ, दाढ़वाले अन्य जीव तथा विशाल सींगवाले भयंकर भैंसे वन में तुमसे द्रोह न करें।

अहं दुर्गं गमिष्यामि वनं पुरुषवर्जितम्।
नानामृगगणाकीर्णं शार्दूलगणसेवितम्।। (2/27/11)

अतः नाना प्रकार के वन्य पशुओं में व्याप्त तथा सिंहों और व्याघ्रों से सेवित उस निर्जन एवं दुर्गम वन में मैं अवश्य चलूँगी।'

मृगाः सिंहा गजाश्चैव शार्दूलाः शरभास्तथा।
चमराः सृमराश्चैव ये चान्ये वनचारिणः।। (2/29/3)
अदृष्टपर्वरूपत्वात् सर्वे ते तब राघव।
रूपं दृष्ट्वपसर्पेयुस्तव सर्वे हि बिभ्यति।। (2/29/4)

रघुनन्दन! मृग, सिंह, हाथी, बाघ, शरभ, चमरी गाय, नीलगाय तथा जो अन्य जंगली जीव हैं, वे सब–के–सब आपका रूप देखकर भाग जायेंगे; क्योंकि ऐसा प्रभावशाली स्वरूप उन्होंने पहले कभी नहीं देखा होगा। आपसे तो सभी डरते हैं; फिर वे पशु क्यों नहीं डरेंगे?

न परेणाहृतं भक्ष्यं व्याघ्रः खादितुमिच्छति।
एवमेव नरव्याघ्रः परलीढं न मंस्यते।। (2/61/16)

जैसे बाघ गीदड़ आदि दूसरे जन्तुओं के लाये या खाये हुए भक्ष्य पदार्थ (शिकार) को खाना नहीं चाहता, इसी प्रकार पुरूषसिंह श्रीराम दूसरों के चाटे (भोगे) हुए राज्य–भोग को नहीं स्वीकार करेंगे।

विष्णोः पदं प्रेक्ष्यमाणा विपाशां चापि शाल्मलीम्।
नदीर्वापीतटाकानि पल्लवानि सरांसि च।। (2/68/19)
पश्यन्तो विविधांश्चापि सिंहान् व्याघ्रान् मृगान् द्विपान्।
ययुः पथातिमहता शासनं भर्तुरीप्सवः।। (2/68/20)

उस पर्वत के शिखर पर स्थित भगवान विष्णु के चरण चिह्न का दर्शन करके वे विपासा (व्यास) नदी और उसके तटवर्ती शाल्मली वृक्ष के नीचे गये। वहाँ से आगे बढ़ने पर बहुत सी नदियों, बावड़ियों, पोखरों, छोटे तालाबों, सरोवरों तथा भाँति–भाँति के वन्य जन्तुओं–सिंह, व्याघ्र, मृग और हाथियों का दर्शन करते हुए वे दूत अत्यन्त विशाल मार्ग के द्वारा आगे बढ़ने लगे। वे अपने स्वामी की आज्ञा का शीघ्र पालन करने की इच्छा रखते थे।

नानामृगगणाकीर्णमृक्षशार्दूलसेवितम्।
ध्वस्मवृक्षलतागुल्मं दुर्दर्शसलिलाशयम्।। (3/2/2)
निष्कूजमानशकुनि झिल्लिकागणनादितम्।
लक्ष्मणानुचरो रामो वनमध्यं ददर्श ह।। (3/2/3)

जाते–जाते लक्ष्मण सहित श्रीराम ने वन के मध्यभाग में एक ऐसे स्थान को देखा, जो नाना प्रकार के मृगों से व्याप्त था। वहाँ बहुत से रीछ और बाघ रहा करते थे। वहाँ के वृक्ष, लता और झाड़ियाँ नष्ट–भ्रष्ट हो गयी थीं। उस वन प्रान्त में किसी जलाशय का दर्शन होना कठिन था। वहाँ के पक्षी वहीं चहक रहे थे। झींगुरों की झंकार गूँज रही थी।

मामृक्षा भक्षयिष्यन्ति शार्दूलद्वीपिनस्तथा।
मां हरोत्सृज काकुत्स्थौ नमस्ते राक्षसोत्तम।। (3/4/3)

राक्षसशिरोमणे! तुम्हें नमस्कार है। इस वन में रीछ, व्याघ्र और चीते मुझे खा जायेंगे, इसलिए तुम मुझे ही ले चलो, किन्तु इन दोनों ककुत्स्थवंशी वीरों को छोड़ दो।

समन्तादभिसम्पत्य सिंहव्याघ्रमृगद्विजाः।
अन्वधावंस्तदा रोषात् सीताच्छायानुगामिनः।। (3/52/36)

उस सीताहरण के समय रावण पर रोष सा करके सिंह, व्याघ्र, मृग और पक्षी सब ओर से सीता की परछाहीं का अनुसरण करते हुए दौड़ रहे थे।

शार्दूल यदि वा दृष्टा प्रिया चन्द्रनिभानना।
मैथिली मम विस्रब्धः कथयस्व न ते भयम्।। (3/60/25)

व्याघ्र! यदि तुमने मेरी प्रिया चन्द्रमुखी मैथिली को देखा हो तो निःशङ्क होकर बता दो, मुझसे तुम्हें कोई भय नहीं होगा।

सोऽहं भुजाभ्यां दीर्घाभ्यां संक्षिप्यास्मिन् वनेचरान्।
सिंहद्वीपिमृगव्याघ्रान् भक्षयामि समन्ततः।। (3/71/14)

इस प्रकार मैं विशाल भुजाओं द्वारा वन में रहने वाले सिंह, चीते, मृग और बाघ आदि जन्तुओं को सब ओर से समेटकर लाया करता था।

दृष्टो मयाऽऽश्रमः सौम्य बह्वाश्चर्यः कृतात्मनाम्।
विश्वस्तमृगशार्दूलो नानाविहगसेवितः।। (3/75/3)

सौम्य! मैंने उन पुण्यात्मा महर्षियों का यह पवित्र आश्रम देखा। यहाँ बहुत सी आश्चर्यजनक बातें हैं। हरिण और बाघ एक–दूसरे पर विश्वास करते हैं। नाना प्रकार के पक्षी इस आश्रम का सेवन करते हैं।

आप्लवन्तो हरिवराः सर्वतस्तं महागिरिम्।
मृगमार्जारशार्दूलांस्त्रासयन्तो ययुस्तदा।। (4/2/11)

उस बेला में चारों ओर से उस महान पर्वत पर उछलकर आते हुए वे श्रेष्ठ वानर वहाँ रहने वाले मृगों, बिलावों तथ व्याघ्रों को भयभीत करते हुए जा रहे थे।

शार्दूलमृगसंघुष्टं सिंहैर्भीमरवैर्वृतम्।
नानागुल्मलतागूढं बहुपादपसंकुलम्।। (4/27/2)

वहाँ चीतों और मृगों की आवाज गूँजती रहती थी। भयंकर गर्जना करने वाले सिंहों से वह स्थान भरा था। नाना प्रकार की झाड़ियाँ और लताएँ उस पर्वत को आच्छादित किये हुए थीं और घने वृक्षों के द्वारा वह सब ओर से व्याप्त था।

कर्णप्रावरणाश्चैव तथा चाप्योष्ठकर्णकाः।
घोरलोहमुखाश्चैव जवनाश्चैकपादकाः।। (4/40/26)
अक्षया बलवन्तश्च तथैव पुरुषादकाः।
किरातास्तीक्ष्णचूडाश्च हेमाभाः प्रियदर्शनाः।। (4/40/27)
आममीनाशनाश्चापि किराता द्वीपवासिनः।
अन्तर्जलचरा घोरा नरव्याघ्रा इति स्मृताः।। (4/40/28)
एतेषामाश्रयाः सर्वे विचेयाः काननौकसः।

जो कर्णप्रावरण (वस्त्र की भाँति पैर तक लटके हुए कानवाले), ओष्ठकर्णक (ओंठ तक फैले हुए कानवाले) तथा घोर लोहमुख (लोहे के समान काले एवं भयंकर मुखवाले) हैं, जो एक ही पैर के होते हुए भी वेगपूर्वक चलने वाले हैं, जिनकी सन्तानपरम्परा कभी क्षीण

नहीं होती, वे पुरुष तथा जो बलवान् नरभक्षी राक्षस हैं, जो सूची के अग्रभाग की भाँति तीखी चोटी वाले, सुवर्ण के समान कान्तिमान, प्रियदर्शन (सुन्दर), कच्ची मछली खाने वाले, द्वीपवासी तथा जल के भीतर विचरने वाले किरात हैं, जिनके नीचे का आकार मनुष्य जैसा और ऊपर की आकृति व्याघ्र के समान है, ऐसे जो भयंकर प्राणी बताये गये हैं; वानरो! इन सब के निवास स्थानों में जाकर तुम्हें सीता तथा रावण की खोज करनी चाहिए।

सिंहशार्दूलजुष्टाश्च गुहाश्च परितस्तदा।
विषमेषु नगेन्द्रस्य महाप्रस्रवणेषु च।। (4/50/2)

उन्होंने सिंह और बाघों से भरी हुई कन्दराओं तथा उसके आसपास की भूमि को भी छान डाला। गिरिराज विन्ध्य पर जो बड़े–बड़े झरने और दुर्गम स्थान थे, वहाँ भी अन्वेषण किया।

तमृक्षाः सृमरा व्याघ्रा सिंहा नानासरीसृपाः।
परिवार्योपगच्छन्ति दातारं प्राणिनो यथा।। (4/60/15)

अनेकानेक रीछ, हरिन, सिंह, बाघ और नाना प्रकार के सर्प उन्हें इस प्रकार घेरे आ रहे थे, जैसे याचना करने वाले प्राणी दाता को घेरकर चलते हैं।

सिंहकुंजरशार्दूलपतगोरगवाहनैः।
विमानैः सम्पतद्भिश्च विमलैः समलंकृते।। (5/1/175)

सिंह, हाथी, बाघ, पक्षी और सर्प आदि वाहनों से जुते और उड़ते हुए निर्मल विमान जिसकी शोभा बढ़ाते हैं।

नहि गन्धमुपाघ्राय रामलक्ष्मणयोस्त्वया।
शक्यं संदर्शने स्थातुं शुना शार्दूलयोरिव।। (5/21/31)

श्रीराम और लक्ष्मण की तो गन्ध पाकर भी तुम उनके सामने नहीं ठहर सकते। क्या कुत्ता कभी दो–दो बाघों के सामने टिक सकता है?

व्याघ्रादिभिः समाकीर्णं स्वादुमूलफलद्रुमम्।
आरुरोहानिलसुतः पर्वतं प्लवगोत्तमः।। (5/56/37)
रामदर्शनशीघ्रेण प्रहर्षेणाभिचोदितः।

व्याघ्र आदि हिंसक जन्तु भी वहाँ सब ओर फैले हुए थे। स्वादिष्ट फलों से लदे हुए वृक्ष और मधुर कन्द–मूल आदि की वहाँ बहुतायत थी। ऐसे रमणीय पर्वत पर वानरशिरोमणि पवनकुमार हनुमान जी श्रीरामचन्द्रजी के दर्शन की शीघ्रता और अत्यन्त हर्ष से प्रेरित होकर चढ़ गये।

ऋक्षैस्तरक्षुभिः सिंहैः शार्दूलैश्च भयावहैः।
व्यालैश्च बहुभिर्भीमैः सेव्यमानाः समन्ततः।। (6/4/84)

रीछ, लकड़बग्घे, सिंह, भयंकर बाघ तथा बहुसंख्यक दुष्ट हाथी, जो बड़े भीषण थे, सब ओर से आ–आकर उन जलाशयों का सेवन करते थे।

ते तु वानरशार्दूलाः शार्दूला इव दंष्ट्रिणः।
गृहीत्वा द्रुमशैलाग्रान् हृभटा युद्धाय तस्थिरे।। (6/41/45)

वे वानर सिंह बाघों के समान बड़े–बड़े दाढ़ों से युक्त थे। वे हर्ष और उत्साह में भरकर हाथों में वृक्ष और पर्वतशिखर लिए युद्ध के लिए डट गये।

रथैः कवचिनस्त्वन्ये ध्वजैश्च समलंकृतैः।
सुवर्णजालविहितैः खरैश्च विविधाननैः।। (6/51/26)
हयैः परमशीघ्रैश्च गजैश्चैव मदोत्कटैः।
निर्ययुर्नैऋतव्याघ्रा व्याघ्रा इव दुरासदाः।। (6/51/27)

कितने ही निशाचर ध्वजों से अलंकृत तथा सोने की जाली से आच्छादित रथों द्वारा युद्ध के लिए बाहर आए। वे सब के सब कवच धारण किये हुए थे। कितने ही श्रेष्ठ राक्षस नाना प्रकार के मुखवाले गधों, परम शीघ्रगामी घोड़ों तथा मदमत्त हाथियों पर सवार हो दुर्जय व्याघ्रों के समान युद्ध के लिए नगर से बाहर निकले।

स सिंहोपचितस्कन्धः शार्दूलसमविक्रमः।। (6/55/12)
तानुत्पातानचिन्त्यैव निर्जगाम् रणाजिरम्।

अकम्पन के कन्धे सिंह के समान पुष्ट थे। उसका पराक्रम व्याघ्र के समान था। वह पूर्वोक्त उत्पातों की कोई परवाह न करके रणभूमि की ओर चला।

उल्लिखन्तौ सुतीक्ष्णाभिर्दंष्ट्राभिरितरेतरम्।
सिंहशार्दूलसदृशौ सिंहशार्दूलचेष्टितौ।। (6/58/47)

दोनों ही अपनी तीखी दाढ़ों से काट–काटकर एक–दूसरे के अंगों को घायल किये देते थे। वे दोनों सिंह और बाघ के समान शक्तिशाली और उन्हीं के समान विजय के लिए सचेष्ट थे।

यश्चैष नानाविधघोररूपै
र्व्याघ्रोष्ट्रनागेन्द्रमृगाश्ववक्त्रैः।
भूतैर्वृतौ भाति विवृत्तनेत्रै–
र्योऽसो सुराणामपि दर्पहन्ता।। (6/59/23)
यत्रैतदिन्दुप्रतिमं विभाति
च्छत्रं सितं सूक्ष्मशलाकमग्र्यम।
अत्रैष रक्षोधिपतिर्महात्मा
भूतैर्वृतो रुद्र इवावभाति।। (6/59/24)

यह जो व्याघ्र, ऊँट, हाथी, हिरन और घोड़े के से मुँह वाले, चढ़ी हुई आँख वाले तथा अनेक प्रकार के भयंकर रूप वाले भूतों से घिरा है, जो देवताओं का भी दर्प दलन करने वाला है तथा जिसके ऊपर पूर्ण चन्द्रमा के समान श्वेत एवं पतली कमानी वाला सुन्दर छत्र शोभा पाता है, वही यह राक्षसराज महामना रावण है, जो भूतों से घिरे हुए रुद्रदेव के समान सुशोभित होता है।

तिष्ठ तिष्ठ मम त्वं हि कृत्वा विप्रियमीदृशम्।
क्व नु राक्षसशार्दूल गत्वा मोक्षमवाप्स्यसि।। (6/59/129)

राक्षसों में बाघ बने हुए रावण! खड़ा रह, खड़ा रह। मेरा ऐसा अपराध करके तू कहाँ जाकर प्राण संकट से छुटकारा पा सकेगा।

गजस्कन्धगताः केचित् केचित् परमवाजिभिः।
व्याघ्रवृश्चिकमार्जारखरोष्ट्रैश्च भुजङ्गमै।। (6/73/11)

वराहैः श्वापदैः सिंहैर्जम्बुकैः पर्वतोपमैः।
काकहंसमयूरैश्च राक्षसा भीमविक्रमाः।। (6/73/12)

कोई हाथी पर बैठकर चले तो कोई उत्तम घोड़ों पर। इनके सिवा बाघ, बिच्छू, बिलाव, गदहे, ऊँट, सर्प, सूअर, अन्य हिंसक जन्तु, सिंह, पर्वताकार गीदड़, कौआ, हंस और मोर आदि की सवारियों पर चढ़े हुए भयंकर पराक्रमी राक्षस वहाँ युद्ध के लिए आये।

सिंहव्याघ्रमुखांश्चापि कङ्ककोकमुखानपि।
गृध्रश्येनमुखांश्चापि शृगालवदनांस्तथा।। (6/99/42)
ईहामृगमुखांश्चापि व्यादितास्यान् भयावहान्।
पंचास्याँल्लेलिहानांश्च ससर्ज निशितांशरान्।। (6/99/43)
शरान् खरमुखांश्चान्यान् वराहमुखसंश्रितान्।
श्वान कुक्कुटवक्त्रांश्च मकराशीविषाननान्।। (6/99/44)
एतांश्चान्यांश्च मायाभिः ससर्ज निशितांछरान्।
रामं प्रति महातेजाः क्रुद्धः सर्प इव श्वसन्।। (6/99/45)

उससे सिंह, बाघ, कंक, चक्रवाक, गीध, बाज, सियार, भेड़िये, गदहे, सूअर, कुत्ते, मुर्गे, मगर और ज़हरीले साँपों के समान मुखवाले बाणों की वृष्टि होने लगी। वे बाण मुँह फैलाये, जबड़े चाटते हुए पाँच मुखवाले भयंकर सर्पों के समान जान पड़ते थे। फुफकारते हुए सर्प की भाँति कुपित हुए महातेजस्वी रावण ने इनका तथा अन्य प्रकार के तीखें बाणो का भी श्रीराम के ऊपर प्रयोग किया।

सिंहशार्दूलवांछैलः संचचालचलद् द्रुमः।
बभूव चापि क्षुभितः समुद्रः सरितां पतिः।। (6/102/40)

सिंहों और व्याघ्रों से भरा हुआ पर्वत हिल गया। उसके ऊपर के वृक्ष झूमने लगे और सरिताओं के स्वामी समुद्र में ज्वार आ गया।

सिंहर्क्षलाङ्गूलककुद्विषाणः
पराभिजिद्गन्धनगन्धवाहः।
रक्षोवृषश्चापलकर्णचक्षुः
क्षितीश्वरव्याघ्रहतोऽवसन्नः।। (6/109/12)

राक्षस सैनिक जिनकी पूँछ, ककुद् और सींग थे, जो शत्रुओं पर विजय पाने वाला था तथा पराक्रम और उत्साह आदि प्रकट करने में जो वायु के समान था, चपलतारूपी आँख, तथा कान से युक्त वह राक्षसराज रावणरूपी साँड़ महाराज श्रीराम रूपी व्याघ्र द्वारा मारा जाकर नष्ट हो गया।

अपयाते त्वयि तदा समुद्भ्रान्तमृगद्विजम्।
परिद्यूनमिवात्यर्थं तद् वनं समपद्यत।। (6/126/10)
तद्धस्तिमृदितं घोरं सिंहव्याघ्रमृगाकुलम्।
प्रविवेशाथ विजनं स महद् दण्डकावनम्।। (6/126/11)

आपके लौट आने पर वह वन सब ओर क्षीण–सा हो चला। वहाँ के पशु–पक्षी भय से घबरा उठे थे, तब उस वन को छोड़कर श्रीराम ने विशाल दण्डकारण्य में प्रवेश किया,

जो निर्जन था। उस घोर वन को हाथियों ने रौंद डाला था। उसमें सिंह, व्याघ्र और मृग भरे हुए थे।

स्यन्दनैर्वारणैश्चैव हयैश्च करिसंनिभैः।। (7/6/47)
खरैर्गोभिरथोष्ट्रैश्च शिशुमारैर्भुजंगमैः।
मकरैः कच्छपैर्मीनैर्विहंगैर्गरुडोपमैः।। (7/6/48)
सिंहैर्व्याघ्रैर्वराहैश्च सृमरैश्चमरैरपि।
त्यक्त्वा लङ्क.ां गताः सर्वे राक्षसा बलगर्विताः।। (7/6/49)
प्रयाता देवलोकाय योद्धुं दैवतशत्रवः।

अपने बल का घमण्ड रखने वाले वे समस्त देवद्रोही राक्षस रथ, हाथी, घोड़े, गदहे, बैल, ऊँट, शिशुमार, सर्प, मगर, कछुआ, मत्स्य, गरुड़, सिंह, बाघ, सुअर, मृग और नीलगाय आदि वाहनों पर सवार होकर लंका छोड़कर युद्ध के लिए देवलोक की ओर चल पड़े।

शरभेण यथा सिंहाः सिंहेन द्विरदा यथा।
द्विरदेन यथा व्याघ्रा व्याघ्रेण द्वीपिनो यथा।। (7/7/20)
द्वीपिनेव यथा श्वानः शुना मार्जारको यथा।
मार्जारेण यथा सर्पाः सर्पेण च यथाखवः।। (7/7/21)
तथा ते राक्षसाः सर्वे विष्णुना प्रभविष्णुना।
द्रवन्ति द्राविताश्चान्ये शायिताश्च महीतले।। (7/7/22)

जैसे शरभ से सिंह, सिंह से हाथी, हाथी से बाघ, बाघ से चीते, चीते से कुत्ते, कुत्ते से बिलाव, बिलाव से साँप और साँप से चूहे डरकर भागते हैं, उसी प्रकार वे सब राक्षस प्रभावशाली भगवान् विष्णु की मार खाकर भागने लगे। उनके भगाये हुए बहुत से राक्षस धराशायी हो गये।

व्याघ्रो वराहो जीमूतः पर्वतः सागरो द्रुमः।
यक्षो दैत्यस्वरूपी च सोऽदृश्यत दशाननः।। (7/15/33)

उस समय दशमुख रावण बाघ, सूअर, मेघ, पर्वत, समुद्र, वृक्ष, यक्ष और दैत्य सभी रूपों में दिखाई देने लगा।

पश्यमानस्ततो विन्ध्यं रावणो नर्वदां ययौ।
चलोपलजलां पुण्यां पश्चिमोदधिगामिनीम्।। (7/31/19)
महिषैः सृमरैः सिंहैः शार्दूलर्क्षगजोत्तमैः।
उष्णाभितप्तैस्तृषितैः संक्षोभितजलाशयाम्।। (7/31/20)

विन्ध्याचल की शोभा को देखता हुआ रावण पुण्यसलिला नर्मदा नदी के तट पर गया, जिसमें शिलाखण्डों से युक्त चंचल जल प्रवाहित हो रहा था। वह नदी पश्चिम समुद्र की ओर चली जा रही थी। धूप से तपे हुए प्यासे भैंसे, हिरन, सिंह, व्याघ्र, रीछ और गजराज उसके जलाशय को विक्षुब्ध कर रहे थे।

व्याघ्रो मृगमिवादाय मृगराडिव कुंजरम्।
ररास हैहयो राजा हर्षादम्बुदवन्मुहुः।। (7/32/66)

जैसे व्याघ्र किसी हिरण को दबोच लेता है अथवा सिंह हाथी काक धर दबाता है,

उसी प्रकार रावण को अपने वश में करके हैहयराज अर्जुन हर्षातिरेक से मेघ के समान बारम्बार गर्जना करने लगा।

हत्वा बहुसहस्राणि सिंहव्याघ्रमृगाण्डजान्।
मानुषांश्चैव कुरुते नित्यमाहारमादिकम्।। (7/62/4)

वह प्रतिदिन कई सहस्र सिंह, व्याघ्र, मृग, पक्षी और मनुष्यों को मारकर खा जाता है।

शार्दूलरूपिणौ घोरौ मृगान् बहुसहस्रशः।
भक्षमाणावसंतुष्टौ पर्याप्तिं नैव जग्मतुः।। (7/65/12)

वे दोनों घोर राक्षस बाघ का रूप धारण करके कई हज़ार मृगों को मारकर खा गये। फिर भी सन्तुष्ट नहीं हुए। उनके पेट नहीं भरे।

सिंहव्याघ्रवराहाणां खेचराणां च पक्षिणाम्।
बहूनि वै सहस्राणि सेनाया ययुरग्रतः।। (7/100/24)

सिंह, बाघ, सूअर और आकाशचारी पक्षी कई हज़ार की संख्या में सेना के आगे–आगे चले।

29. द्वीपी

Cheetah

वाल्मीकि रामायण की गीता प्रेस की टीका में द्वीपी का अर्थ चीता से लिया गया है किन्तु प्रसिद्ध संस्कृत ग्रन्थों में द्वीपी का आशय गुलदार (Panther) से लिया गया है। इन दोनों वन्य जीवों के सम्बन्ध में सामान्य जानकारी निम्न प्रकार है–

1. चीता–इसका वैज्ञानिक नाम 'Acinonyx jubatus' है। इसकी ऊँचाई 27 से 35 इंच, लम्बाई 47 से 50 इंच तथा पूँछ 24 से 31 इंच लम्बी होती है। यह बिल्ली प्रजाति का सबसे फुर्तीला जानवर है। इसके नर, मादा से बड़े होते हैं। यह खुले घास के मैदानों एवं घनी झाड़ियों में रहना पसन्द करता है। इसकी सबसे बड़ी विशेषता इसकी तेज़ चाल है। यह 50 से 70 मील प्रति घण्टे की चाल से दौड़ सकता है।

चीता बीसवीं शताब्दी के प्रारम्भ तक भारत में पाया जाता था। यह अब भारत से लुप्त हो चुका है।

2. गुलदार–इसका वैज्ञानिक नाम 'Panthera pardus' है। यह बिल्ली प्रजाति का एक महत्त्वपूर्ण प्रजाति है। यह क़द में बाघ से छोटा किन्तु बाघ से फुर्तीला होता है। यह घने तथा अन्य सभी प्रकार के वनों में पाया जाता है। हिमालय के उच्च पर्वतीय क्षेत्र से लेकर पठारी व मैदानी क्षेत्र के गर्म इलाक़ों में सुगमता से रह लेता है। इसका रंग हलका बादामी या भूरा होता है, छाती का रंग सफ़ेद व सारे शरीर पर गोल गोल चित्तियाँ होती हैं जिसके बीच का रंग पीला होता है। यह बड़ी चालाकी से भेड़, बकरी व अन्य पालतू पशुओं को अपना शिकार बना लेता है।

वाल्मीकि रामायण में इसका उल्लेख निम्नानुसार आया है–

नानामृगगणैर्द्वीपितरक्ष्वृक्षगणैर्वृतः।
अदुष्टैर्भात्ययं शैलो बहुपक्षिसमाकुलः।। (2/94/7)

यह पर्वत बहुसंख्यक पक्षियों से व्याप्त है तथा नाना प्रकार के मृगों, बड़े–बड़े व्याघ्रों,

चीतों और रीछों से भरा हुआ है। वे व्याघ्र आदि हिंसक जन्तु अपने दुष्ट भाव का परित्याग करके यहाँ रहते हैं और इस पर्वत की शोभा बढ़ाते हैं।

मामृक्षा भक्षयिष्यन्ति शार्दूलद्वीपिनस्तथा।
मां हरोत्सृज काकुत्स्थौ नमस्ते राक्षसोत्तम।। (3/4/3)

राक्षसशिरोमणे! तुम्हें नमस्कार है। इस वन में रीछ, व्याघ्र और चीते मुझे खा जायेंगे, इसलिए तुम मुझे ही ले चलो, किन्तु इन दोनों ककुत्स्थवंशी वीरों को छोड़ दो।

सोऽहं भुजाभ्यां दीर्घाभ्यां संक्षिप्यास्मिन् वनेचरान्।। (3/71/14)
सिंहद्वीपिमृगव्याघ्रान् भक्षयामि समन्तः।

इस प्रकार मैं विशाल भुजाओं द्वारा वन में रहने वाले सिंह, चीते, हरिन और बाघ आदि जन्तुओं को सब ओर से समेटकर लाया करता था।

शरभेण यथा सिंहाः सिंहेन द्विरदा यथा।
द्विरदेन यथा व्याघ्रा व्याघ्रेण द्वीपिनो यथा।। (7/7/20)
द्वीपिनेव यथा श्वानः शुना मार्जारको यथा।
मार्जारेण यथा सर्पाः सर्पेण च यथाखवः।। (7/7/21)
तथा ते राक्षसाः सर्वे विष्णुना प्रभविष्णुना।
द्रवन्ति द्राविताश्चान्ये शायिताश्च महीतले।। (7/7/22)

जैसे शरभ से सिंह, सिंह से हाथी, हाथी से बाघ, बाघ से चीते, चीते से कुत्ते, कुत्ते से बिलाव, बिलाव से साँप और साँप से चूहे डरकर भागते हैं, उसी प्रकार वे सब राक्षस प्रभावशाली भगवान् विष्णु की मार खाकर भागने लगे। उनके भगाये हुए बहुत से राक्षस धराशायी हो गये।

30. शल्य, शल्यक

यद्यपि शल्यक शब्द का अर्थ संस्कृत ग्रन्थों में Pangolin दिया गया है किन्तु वाल्मीकि रामायण की गीता प्रेस की टीका में इसका अर्थ गैंडा दिया गया है। यहाँ दोनों प्रजातियों का विवरण दिया जा रहा है–

(i) गैंडा Rhinoceros–इसका वैज्ञानिक नाम 'Rhinoceros unicornis' है। भारत के वन्यजीवों में यह हाथी के बाद विशाल एवं शक्तिशाली जीव है। नर की ऊँचाई 5 से 6 फिट तक होती है। इसकी त्वचा बहुत मोटी होती है तथा पहले यह ढाल बनाने के काम आती थी। यह शान्त स्वभाव का जीव है किन्तु तेज़ दौड़ने वाला एवं फुर्तीला है। इसकी नाक पर बालों का एक गुच्छा होता है जो कड़ा होकर सींग जैसा हो जाता है।

यह मुख्यतः दलदली भूमि व घास के मैदानों में रहना पसन्द करता है। प्रायः यह अकेला रहना पसन्द करता है। यह एक ही स्थान पर मल त्याग करता है, इस कारण यह आसानी से शिकारियों की पकड़ में आ जाता है।

इसके नर 7 एवं मादा 4 वर्ष की आयु में प्रजनन योग्य हो जाते हैं। गर्भावस्था लगभग 16 माह होती है तथा जन्म के समय शावक का वजन लगभग 60 किग्रा होता है।

(i) सल्लू साँप Pangolin–इसकी लम्बाई 30 से 100 से.मी. तक पायी जाती है। इनकी सूँघने की शक्ति तीव्र होती है। इनके दाँत नहीं होते। यह कीड़े आदि का शिकार करता है। यह दिन में अधिकतर सोते रहते हैं।

भारतीयं पैंगोलिन का वैज्ञानिक नाम Manis crassicaudata है। इसकी पूँछ बहुत मोटी होती है तथा यह पूरे भारत में पाया जाता है। इसका शिकार खाने के लिये किया जाता है। इसकी लम्बाई 50 से 75 से.मी. तथा पूँछ की लम्बाई 33 से 47 से.मी. तक होती है। इसका वजन 10 से 16 कि.ग्रा. तक होता है। इसका आहार कीड़े तथा दीमक आदि है।

वाल्मीकि रामायण में इसका उल्लेख निम्न प्रकार है–

पंच पंचनखा भक्ष्या ब्रह्मक्षत्रेण राघव।
शल्यकः श्वाविधौ गोधा शशः कूर्मश्च पंचमः।। (4/17/39)

'रघुनन्दन! त्रैवर्णिकों में जिनकी किसी कारण से मांसाहार (जैसे निन्दनीय कर्म) में प्रवृत्ति हो गयी है, उनके लिए भी पाँच नखवाले जीवों में से पाँच ही भक्षण के योग्य बताये गये हैं। उनके नाम इस प्रकार हैं–गेंडा, साही, गोह, खरहा और पाँचवाँ कछुआ।

वराहवाध्रीणसकान् दधिसौवर्चलायुतान्।
शल्यान् मृगमयूरांश्च हनुमानन्ववैक्षत।। (5/11/16)

वानरसिंह हनुमान् ने वहाँ सोने के बड़े–बड़े पात्रों में मोर, मुर्गे, सूअर, गेंडा, साही, हरिण तथा मयूरों के माँस देखे, जो दही और नमक मिलाकर रखे गये थे। वे अभी खाये नहीं गये थे।

31. भालू (रीछ)

Sloth bear

वाल्मीकि रामायण में इसके लिए ऋक्ष शब्द का प्रयोग किया गया है। इसका वैज्ञानिक नाम 'Melursus ursinsus' है। यह हिमालय की तलहटी से लेकर सम्पूर्ण भारत में पाया जाता है। इसका पूरा शरीर लम्बे काले घने बालों से ढका रहता है। इसका मुख लम्बा होता है तथा मुख पर बाल नहीं होते। इसके कान छोटे होते हैं। इसके पंजों में लम्बे, सफ़ेद नाख़ून होते हैं जिससे यह अपनी सुरक्षा एवं शत्रु पर हमला करता है। यह प्रायः अकेला रहता है। इसका प्रमुख भोजन फल, फूल, शहद और कीड़े–मकोड़े आदि है। बहुत भूखा होने पर यह सड़ा–गला मांस भी खा लेता है। महुवा का फूल, शहद एवं दीमक इसका विशेष प्रिय भोजन हैं। इसे पालतू बनाकर इसका नाच दिखा कर अनेक लोग जीवन–यापन करते हैं। पालतू भालू रोटी, दूध एवं चावल प्रेम से खाता है। इसके देखने एवं सुनने की शक्ति कम होती है।

वाल्मीकि रामायण में इसका उल्लेख निम्नानुसार आया है–

महाद्विपाश्च सिंहाश्च व्याघ्रा ऋक्षाश्च दंष्ट्रिणः।
महिषाः श्रृङ्ि‌ग.णो रौद्रा न ते द्रुह्यान्तु पुत्रक।। (2/25/19)

पुत्र! बड़े–बड़े हाथी, सिंह व्याघ्र, रीछ, दाढ़वाले अन्य जीव तथा विशाल सींगवाले भयंकर भैंसे वन में तुमसे द्रोह न करें।।

गोलाङ्गलानुचरितो वानरर्क्षनिषेवितः।
चित्रकूट इति ख्यातो गन्धमादनसंनिभः।। (2/54/29)

उस पर बहुत से लंगूर विचरते रहते हैं। वहाँ वानर और रीछ भी निवास करते हैं। वह पर्वत चित्रकूट नाम से विख्यात है और गन्धमादन के समान मनोहर है।

ऋक्षाः पृषतमृख्याश्च रुरवश्च समन्ततः।
दृश्यन्ते वनवाटेषु गिरिष्वपि नदीषु च।। (2/93/2)

रीछ, चितकबरे मृग तथा रुरु नामक मृग वन प्रदेशों में, पर्वतों में और नदियों के तटों पर चारों ओर उस सेना से पीड़ित दिखाई देते थे।

नानामृगगणैर्द्वीपितरक्ष्वृक्षगणैर्वृतः।
अदुष्टैर्भात्ययं शैलो बहुपक्षिसमाकुलः।। (2/94/7)

यह पर्वत बहुसंख्यक पक्षियों से व्याप्त है तथा नाना प्रकार के मृगों, बड़े–बड़े व्याघ्रों, चीतों और रीछों से भरा हुआ है। वे व्याघ्र आदि हिंसक जन्तु अपने दुष्ट भाव का परित्याग करके यहाँ रहते हैं और इस पर्वत की शोभा बढ़ाते हैं।

नानामृगगणाकीर्णमृक्षशार्दूलसेवितम्।
ध्वस्मवृक्षलतागुल्मं दुर्दर्शसलिलाशयम्।। (3/2/2)
निष्कूजमानशकुनि झिल्लिकागणनादितम्।
लक्ष्मणानुचरो रामो वनमध्यं ददर्श ह।। (3/2/3)

जाते–जाते लक्ष्मण सहित श्रीराम ने वन के मध्यभाग में एक ऐसे स्थान को देखा, जो नाना प्रकार के मृगों से व्याप्त था। वहाँ बहुत से रीछ और बाघ रहा करते थे। वहाँ के वृक्ष, लता और झाड़ियाँ नष्ट–भ्रष्ट हो गयी थीं। उस वन प्रान्त में किसी जलाशय का दर्शन होना कठिन था। वहाँ के पक्षी वहीं चहक रहे थे। झींगुरों की झंकार गूँज रही थी।

मामृक्षा भक्षयिष्यन्ति शार्दूलद्वीपिनस्तथा।
मां हरोत्सृज काकुत्स्थौ नमस्ते राक्षसोत्तम।। (3/4/3)

राक्षसशिरोमणे! तुम्हें नमस्कार है। इस वन में रीछ, व्याघ्र और चीते मुझे खा जायेंगे, इसलिये तुम मुझे ही ले चलो, किन्तु इन दोनों ककुत्स्थवंशी वीरों को छोड़ दो।

इहाश्रमपदेऽस्माकं बहवः पुण्यदर्शनाः।
मृगाश्चरन्ति सहिताश्चमराः सृमरास्तथा।। (3/43/11)
ऋक्षाः पृषतसंघाश्च वानराः किन्नरास्तथा।
विहरन्ति महाबाहो रूपश्रेष्ठा महाबलाः।। (3/43/12)
न चान्यः सदृशो राजन् दृष्टः पूर्वं मृगो मया।
तेजसा क्षमया दीप्त्या यथाथं मृगसत्तमः।। (3/43/13)

राजन! महाबाहो! यद्यपि हमारे इस आश्रम पर बहुत से पवित्र एवं दर्शनीय मृग एकसाथ आकर चरते हैं तथा सृमर (काली पूँछवाली चवँरी गाय), चमर (सफ़ेद पूँछवाली चँवरी गाय), रीछ, चितकबरे मृगों के झुण्ड, वानर तथा सुन्दर रूप वाले महाबली किन्नर भी विचरण करते हैं, तथापि आज के पहले मैंने दूसरा कोई ऐसा तेजस्वी, सौम्य और दीप्तिमान् मृग नहीं देखा था, जैसाकि यह श्रेष्ठ मृग दिखाई दे रहा है।

भक्षयन्तं महाघोरानृक्षसिंहमृगद्विजान्।
घोरौ भुजौ विकुर्वाणमुभौ योजनमायतौ।। (3/69/31)
कराभ्यां विविधान् गृह्य ऋक्षान् पक्षिगणान् मृगान्।
आकर्षन्तं विकर्षन्तमनेकान् मृगयूथपान्।। (3/69/32)

अत्यन्त भयंकर रीछ, सिंह, हिंसक पशु और पक्षी—ये ही उसके भोजन थे। वह अपनी एक—एक योजन लम्बी दोनों भयानक भुजाओं को दूर तक फैला लेता और उन दोनों हाथों से नाना प्रकार के अनेकों भालू, पक्षी, पशु तथा मृगों के यूथपतियों को पकड़कर खींच लेता था। उनमें से जो उसे भोजन के लिए अभीष्ट नहीं होते थे, उन जन्तुओं को वह उन्हीं हाथों से पीछे ढकेल देता था।

ऋक्षांश्च द्वीपिनश्चैव नीलकोमलकप्रभान्।। (3/73/38)
रुरूनपेतानजयान् दृष्ट्वा शोकं प्रहास्यसि।

रघुनन्दन! वहाँ रीछों, बाघों और नील कोमल कान्तिवाले मनुष्यों को देखकर भागनेवाले तथा दौड़ लगाने में किसी से पराजित न होने वाले मृगों को देखकर आप अपना सारा शोक भूल जायेंगे।

ऋक्षवानरगोपुच्छैर्मार्जारैश्च निषेवितम्।
मेघराशिनिभं शैलं नित्यं शुचिकरं शिवम्।। (4/27/3)

रीछ, वानर, लंगूर और बिलाव आदि जन्तु वहाँ निवास करते थे। वह पर्वत मेघों के समूह—सा जान पड़ता था। दर्शन करने वाले लोगों के लिए वह सदा ही मङ्गलमय और पवित्र कारक था।

ऋक्षाश्च वानराः शूरा गोलाङ्गूलाश्च राघव।
कान्तारवनदुर्गाणामभिज्ञा घोरदर्शनाः।। (4/38/28)

रघुनन्दन! इनमें रीछ हैं, वानर हैं और शौर्यसम्पन्न गोलाङ्गल (लंगूर) हैं। ये सब—के—सब देखने में बड़े भयंकर हैं और बीहड़ वनों तथा दुर्गम स्थानों के जानकार हैं।

तमृक्षाः सृमरा व्याघ्रा सिंहा नानासरीसृपाः।
परिवार्योपगच्छन्ति दातारं प्राणिनो यथा।। (4/60/15)

अनेकानेक रीछ, हरिन, सिंह, बाघ और नाना प्रकार के सर्प उन्हें इस प्रकार घेरे आ रहे थे, जैसे याचना करने वाले प्राणी दाता को घेरकर चलते हैं।

ऋक्षैस्तरक्षुभिः सिंहैः शार्दूलैश्च भयावहैः।
व्यालैश्च बहुभिर्भीमैः सेव्यमानाः समन्ततः।। (6/4/84)

रीछ, लकड़बग्घे, सिंह, भयंकर बाघ तथा बहुसंख्यक दुष्ट हाथी, जो बड़े भीषण थे, सब ओर से आ—आकर उन जलाशयों का सेवन करते थे।

ऋक्षाः सिंहाश्च महिषा वारणाश्च मृगाः खगाः।
तेन शब्देन वित्रस्ता जग्मुर्भीता दिशो दश।। (6/39/16)

वानरों के उस सिंहनाद से से त्रस्त एवं भयभीत हुए रीछ, सिंह, भैंसे, हाथी, मृग और पक्षी दसों दिशाओं की ओर भाग गये।

लोकक्षयकरं भीमं भयं पश्याम्युपस्थितम्।
निबर्हणं प्रवीराणामृक्षवानररक्षसाम्।। (6/41/12)

इस समय मैं लोकसंहार की सूचना देनेवाला भयानक अपशकुन उपस्थित देखता हूँ, जिससे सिद्ध होता है कि रीछों, वानरों और राक्षसों के मुख्य—मुख्य वीरों का संहार होगा।

पश्यमानस्ततो विन्ध्यं रावणो नर्वदां ययौ।
चलोपलजलां पुण्यां पश्चिमोदधिगामिनीम्।। (7/31/19)

महिषैः सृमरैः सिंहैः शार्दूलर्क्षगजोत्तमैः।
उष्णाभितप्तैस्तृषितैः संक्षोभितजलाशयाम्।। (7/31/20)

विन्ध्याचल की शोभा को देखता हुआ रावण पुण्यसलिला नर्मदा नदी के तट पर गया, जिसमें शिलाखण्डों से युक्त चंचल जल प्रवाहित हो रहा था। वह नदी पश्चिम समुद्र की ओर चली जा रही थी। धूप से तपे हुए प्यासे भैंसे, हिरन, सिंह, व्याघ्र, रीछ और गजराज उसके जलाशय को विक्षुब्ध कर रहे थे।

32. बन्दर (लंगूर)

Monkey

वाल्मीकि रामायण में इसके लिए प्लवंग, पत्वग, वानर, गोलाङ्गूल, गोपुच्छ, हरि, काननौकस, कनौकस, कपि, शाखामृग एवं पिंगलास्त शब्द का प्रयोग किया गया है। इसकी मुख्यतः दो प्रजातियाँ पायी जाती हैं। पहली–वानर या बन्दर (Monkey) जिसका वैज्ञानिक नाम 'Macca mulatta' तथा दूसरी–लंगूर (Golden langur) जिसका वैज्ञानिक नाम 'Trachypithecus geei' है।

बन्दर भूरे रंग के छोटे कद वाले होते हैं। इनके चेहरे एवं बैठक की जगह पर बाल नहीं होते और दोनों भागों का रंग लाल होता है। यह तीर्थस्थलों पर भारी संख्या में दिखाई देते हैं। इन्हें हनुमान बन्दर भी कहा जाता है। इनकी लम्बाई लगभग 80 सेमी होती है जिसमें इनकी दुम भी शामिल है। यह बहुत क्रोधी होते हैं तथा कभी–कभी काट भी लेते हैं। ये बहुत उत्पात करते हैं तथा खेतों एवं बागों में क्षति पहुँचाते हैं। इनका मुख्य भोजन फल है। फल के अतिरिक्त ये रोटी, मिठाई, पका हुआ भोजन आदि भी उठा ले जाते हैं। ये कीड़े–मकोड़े एवं अण्डे भी खाते हैं।

लंगूर भी बन्दरों से मिलते हैं। ये आबादी में कम रहते हैं। ये जंगलों में बड़े गिरोह में रहते हैं। बस्तियों में ये केवल तीर्थस्थानों पर दिखते हैं। लंगूर की लम्बाई लगभग 60 सेमी तथा पूँछ 1 मीटर लम्बी होती है। इनका रंग स्लेटी या भूरा होता है। इनके चेहरे, कान, तलवे तथा हाथ एवं पैर का ऊपरी हिस्सा काला होता है। इनकी प्रकृति सहनशील तथा शान्त होती है तथा ये किसी को क्षति नहीं पहुँचाते। इनका भोजन फल–फूल, अनाज, मिठाई, पका हुआ भोजन, कीड़े–मकोड़े आदि हैं। ये अन्य वन्य जीवों के प्रति मैत्री भाव रखते हैं तथा आम, जामुन, सीताफल, बेर, इमली, लसोड़ा आदि के मौसमी फलों को खाते समय तोड़कर गिराते जाते हैं जिसे साँभर, चीतल, जंगली सुअर, मोर तथा अन्य पक्षी बैठकर खाते हैं।

वाल्मीकि रामायण में इसका उल्लेख निम्नानुसार आया है–

मृगांश्च विविधांस्तत्र मनृष्यांश्च सरीसृपान्।
विहगान् प्लवगांश्चैव प्रसभात्तानभक्षयत्।(माहात्म्यम्/2/44)

वहाँ वे नाना प्रकार के पशुओं, मनुष्यों, साँप–बिच्छू आदि जन्तुओं, पक्षियों और वानरों को बलपूर्वक पकड़कर खा जाते थे।

अहं गमिष्यामि वनं सदुर्गमं
मृगायुतं वानरवारणैश्च।

वने निवत्स्यामि यथा पितुर्गृहे
तवैव पादावुपगृह्य सम्मता।। (2/27/22)

प्राणनाथ! अतः उस अत्यन्त दुर्गम वन में, जहाँ सहस्त्रों मृग, वानर और हाथी निवास करते हैं, मैं अवश्य चलूँगी और आपके ही चरणों की सेवा में रहकर आपके अनुकूल चलती हुई उस वन में उसी तरह सुख से रहूँगी, जैसे पिता के घर में रहा करती थी।

गोलाङ्गलानुचरितो वानरर्क्षनिषेवितः।
चित्रकूट इति ख्यातो गन्धमादनसंनिभः।। (2/54/29)

उस पर बहुत से लंगूर विचरते रहते हैं। वहाँ वानर और रीछ भी निवास करते हैं। वह पर्वत चित्रकूट नाम से विख्यात है और गन्धमादन के समान मनोहर है।

विहृत्य ते बर्हिणपूगनादिते
शुभे वने वारणवानरायुते।
समं नदीवप्रमुपेत्य सत्वरं
निवासमाजग्मुरदीनदर्शनाः।। (2/55/33)

उदार दृष्टि वाले वे सीता, लक्ष्मण और श्रीराम मोरों के झुण्डों की मीठी बोली से गूँजते तथा हाथियों और वानरों से भरे हुए उस सुन्दर वन में घूम–फिरकर शीघ्र ही यमुना नदी के समतल तट पर आ गये और रात में उन्होंने वहीं निवास किया।

इमां हि रम्यां गजयूथलोडितां
निपीततोयां गजसिंहवानरैः।
सुपुष्पितां पुष्पभरैरलंकृतां
न सोऽस्ति यः स्यान्न गतक्लमः सुखी।। (2/95/18)

जिसे हाथियों के समूह मथे डालते हैं तथा सिंह और वानर जिसका जल पिया करते हैं, जिसके तट पर सुन्दर पुष्पों से लदे वृक्ष शोभा पाते हैं तथा जो पुष्पसमूहों से अलंकृत है, ऐसी इस रमणीय मन्दाकिनी नदी में स्नान करके जो ग्लानि रहित और सुखी न हो जाये–ऐसा मनुष्य इस संसार में नही है।

नीवारान् पनसान् सालान् वंजुलांस्तिनिशांस्तथा।
चिरिबिल्वान् मधूकांश्च बिल्वानथ च तिन्दुकान्।। (3/11/74)
पुष्पितान् पुष्पिताग्राभिर्लताभिरुपशोभितान्।
ददर्श रामः शतशस्तत्र कान्तारपादपान्।। (3/11/75)
हस्तिहस्तैर्विमृदितान् वानरैरुपशोभितान्।
मत्तैः शकुनिसंघैश्च शतशः प्रतिनादितान्।। (3/11/76)

श्रीराम ने वहाँ मार्ग में नीवार(जलकदम्ब), कटहल, साखू, अशोक, तिनिश, चिरिबिल्व, महुआ, बेल, तेंदू तथा और भी सैकड़ों जंगली वृक्ष देखे, जो फूलों से भरे थे तथा खिली हुई लताओं से परिवेष्ठित हो बड़ी शोभा पा रहे थे। उनमें से कई वृक्षों को हाथियों ने अपनी सूड़ों से तोड़कर मसल डाला था और बहुत से वृक्षों पर बैठे हुए वानर उसकी शोभा बढ़ाते थे। सैकड़ों मतवाले पक्षी उनकी डालियों पर चहक रहे थे।

इहाश्रमपदेऽस्माकं बहवः पुण्यदर्शनाः।
मृगाश्चरन्ति सहिताश्चमराः सृमरास्तथा।। (3/43/11)

ऋक्षाः पृषतसंघाश्च वानराः किन्नरास्तथा।
विहरन्ति महाबाहो रूपश्रेष्ठा महाबलाः।। (3/43/12)
न चान्यः सदृशो राजन् दृष्टः पूर्वं मृगो मया।
तेजसा क्षमया दीप्त्या यथायं मृगसत्तमः।। (3/43/13)

राजन्! महाबाहो! यद्यपि हमारे इस आश्रम पर बहुत से पवित्र एवं दर्शनीय मृग एकसाथ आकर चरते हैं तथा सृमर (काली पूँछवाली चवँरी गाय), चमर (सफ़ेद पूँछवाली चँवरी गाय), रीछ, चितकबरे मृगों के झुण्ड, वानर तथा सुन्दर रूप वाले महाबली किन्नर भी विचरण करते हैं, तथापि आज के पहले मैंने दूसरा कोई ऐसा तेजस्वी, सौम्य और दीप्तिमान् मृग नहीं देखा था, जैसाकि यह श्रेष्ठ मृग दिखायी दे रहा है।

आप्लवन्तो हरिवराः सर्वतस्तं महागिरिम्।
मृगमार्जारशार्दूलांस्त्रासयन्तो ययुस्तदा।। (4/2/11)

उस बेला में चारों ओर से उस महान पर्वत पर उछलकर आते हुए वे श्रेष्ठ वानर वहाँ रहने वाले मृगों, बिलावों तथ व्याघ्रों को भयभीत करते हुए जा रहे थे।

स ददर्श ततः सालमविदूरे हरीश्वरः।
सुपुष्पमीषत्पत्राढ्यं भ्रमरैरुपशोभितम्।। (4/8/12)

उस समय वानरराज ने पास ही एक साल का वृक्ष देखा, जिसमें थोड़े से ही सुन्दर पुष्प लगे हुए थे; परन्तु उसमें पत्रों की बहुलता थी। उस वृक्ष पर मँडराते हुए भौंरे उसकी शोभा बढ़ा रहे थे।

प्रसूतं कलमक्षेत्रं वर्षेणेव शतक्रतुः।
तदाह्वाननिमित्तं च वालिनो हेममालिनः।। (4/14/16)

जैसे इन्द्र वर्षा करके उगे हुए धान के खेत को फल से सम्पन्न करते हैं, उसी तरह मैं भी बाण का प्रयोग करके वाली के वध द्वारा तुम्हारा मनोरथ पूर्ण करूँगा। इसलिये सुग्रीव! तुम सुवर्णमालाधारी वाली को बुलाने के लिये इस समय ऐसी गर्जना करो, जिससे तुम्हारा सामना करने के लिए वह वानर नगर से बाहर निकल आये।

फलमूलाशनं नित्यं वानरं वनगोचरम्।
मामिहाप्रतियुध्यन्तमन्येन च समागतम्।। (4/17/25)

मैं सदा फल–मूल का भोजन करने वाला और वन में ही विचरने वाला वानर हूँ। मैं यहाँ आपसे युद्ध नहीं करता था, दूसरे के साथ मेरी लड़ाई हो रही थी। फिर बिना अपराध के आपने मुझे क्यों मारा?

हते तु वीरे प्लवगाधिपे तदा
प्लवङ्गमास्तत्र न शर्म लेभिरे।
वनेचराः सिंहयुते महावने
यथा हि गावो निहते गवां पतौ।। (4/22/31)

उस समय वीर वानरराज वाली के मारे जाने पर वनों में विचरने वाले वानर वहाँ चैन न पा सके। जैसे सिंह से युक्त विशाल वन में साँड़ के मारे जाने पर गौएँ दुःखी हो जाती हैं, वही दशा उन वानरों की हुई।

ऋक्षवानरगोपुच्छैर्मार्जारैश्च निषेवितम्।
मेघराशिनिभं शैलं नित्यं शुचिकरं शिवम्।। (4/27/3)

रीछ, वानर, लंगूर और बिलाव आदि जन्तु वहाँ निवास करते थे। वह पर्वत मेघों के समूह–सा जान पड़ता था। दर्शन करने वाले लोगों के लिए वह सदा ही मङ्गलमय और पवित्र कारक था।

कैलासशिखरेभ्यश्च सिंहकेसरवर्चसाम्।
ततः कोटिसहस्राणि वानराणां समागमन्।। (4/37/22)

कैलास के शिखरों से सिंह के अयाल की–सी श्वेत कान्तिवाले दस अरब वानर आये।

ऋक्षाश्च वानराः शूरा गोलाङ्गूलाश्च राघव।
कान्तारवनदुर्गाणामभिज्ञा घोरदर्शनाः।। (4/38/28)

रघुनन्दन! इनमें रीछ हैं, वानर हैं और शौर्यसम्पन्न गोलाङ्गल (लंगूर) हैं। ये सब–के–सब देखने में बड़े भयंकर हैं और बीहड़ वनों तथा दुर्गम स्थानों के जानकार हैं।

सौराष्ट्रान् सहबाल्हीकांश्चन्द्रचित्रांस्तथैव च।। (4/42/6)
स्फीतांजनपदान् रम्यान् विपुलानि पुराणि च।
पुंनागगहनं कुक्षिं बकुलोद्दालकाकुलम्।। (4/42/7)
तथा केतकखण्डांश्च मार्गध्वं हरिपुंङ्गवाः।

श्रेष्ठ वानरों! सौराष्ट्र, बाल्हीक और चन्द्रचित्र आदि देशों, अन्यान्य समृद्धिशाली एवं रमणीय जनपदों, बड़े–बड़े नगरों तथा पुन्नाग, बकुल और उद्यालक आदि वृक्षों से भरे हुए कुक्षिदेश में एवं केवड़े के वनों में सीता की खोज करो।

ततः केतकखण्डेषु तमालगहनेषु च।। (4/42/11)
कपयो विहरिष्यन्ति नारिकेलवनेषु च।
तत्र सीतां च मार्गध्वं निलयं रावणस्य च।। (4/42/12)

समुद्र के तट पर केवड़ों के कुञ्जों में, तमाल के काननों में तथा नारियल के वनों में तुम्हारे सैनिक वानर भली–भाँति विचरण करेंगे। वहाँ तुम लोग सीता को खोजना और रावण के निवास–स्थान का पता लगाना।

एवमेतद् विचेतव्यं भवद्भिर्वानरोत्तमैः।
तदुग्रशासनं भर्तुर्विज्ञाय हरिपुंगवाः।। (4/45/2)
शलभा इव संछाद्य मेदिनीं सम्प्रतस्थिरे।

कपिवरों! जैसा मैने बताया है, उसके अनुसार तुम सभी श्रेष्ठ वानरों को इस जगत् में सीता की खोज करनी चाहिए। स्वामी की उस कठोर आज्ञा को भली–भाँति समझकर वे सम्पूर्ण श्रेष्ठ वानर टिड्डियों के दल की भाँति पृथ्वी को आच्छादित करके वहाँ से प्रस्थित हुए।

निशाम्य तस्मात् सिंहांश्च तांस्तांश्च मृगपक्षिणः।। (4/50/18)
प्रवृष्टा हरिशार्दूला बिलं तिमिरसंवृतम्।

उस बिल से निकलते हुए उन–उन सिंहों, मृगों और पक्षियों को देखकर वे श्रेष्ठ वानर अन्धकार से आच्छादित हुई उस गुफा में प्रवेश करने लगे।

श्येनाश्चतुर्थं गच्छन्ति गृध्रा गच्छन्ति पंचमम्।
बलवीर्योपपन्नानां रूपयौवनशालिनाम्।। (4/58/28)
भाष्ठस्तु पन्था हंसानां वैनतेयगतिः परा।
वैनतेयाच्च नो जन्म सर्वेषां वानरर्षभा।। (4/58/29)

बाज चौथे और गीध पाँचवे मार्ग से उड़ते हैं। रूप, बल और पराक्रम से सम्पन्न तथा यौवन से सुशोभित होने वाले हंसों का छठा मार्ग है। उनसे भी ऊँची उड़ान गरुड़ की है। वानरशिरोमणियों! हम सब का जन्म गरुड़ से ही हुआ है।

दुष्करं निष्प्रतिद्वन्द्वं चिकीर्षन् कर्म वानरः।
समुदग्रशिरोग्रीवो गवां पतिरिवाबभौ।। (5/1/2)

कपिवर हनुमान जी ऐसा कर्म करना चाहते थे, जो दूसरों के लिए दुष्कर था तथा उस कार्य में उन्हें किसी और की सहायता भी प्राप्त नहीं थी। उन्होंने मस्तक और ग्रीवा ऊँची की। उस समय वे हृष्ट–पुष्ट साँड के समान प्रतीत होने लगे।

क्रममाणं समीक्ष्याथ भुजगाः सागरंगमाः।
व्योम्नि तं कपिशार्दूलं सुपर्णमिव मेनिरे।। (5/1/75)

समुद्र में विचरने वाले सर्प आकाश में जाते हुए कपिश्रेष्ठ हनुमान जी को देखकर उन्हें गरुड़ के ही समान समझने लगे।

ततः पादपमुक्तेन पुष्पवर्षेण वीर्यवान्।
अभिवृष्टस्ततस्तत्र बभौ पुष्पमयो हरिः।। (5/2/2)

उस समय उनके ऊपर वहाँ वृक्षों से झड़े हुए फूलों की वर्षा होने लगी। इससे वहाँ बैठे हुए पराक्रमी हनुमान फूल के बने हुए वानर के समान प्रतीत होने लगे।

संततान् विविधैर्वृक्षैः सर्वर्तुफलपुष्पितैः।
उद्यानानि च रम्याणि ददर्श कपिकुंजरः।। (5/2/13)

उन जलाशयों के चारों ओर सभी ऋतुओं में फल–फूल देने वाले अनेक प्रकार के वृक्ष फैले हुए थे। उन वानरशिरोमणि ने वहाँ बहुत–से रमणीय उद्यान भी देखे।

निःश्वसन्तं यथा नागं रावणं वानरोत्तमः।
आसाद्य परमोद्विग्नः सोपासर्पत् सुभीतवत्।। (5/10/12)

उस समय साँस लेता हुआ रावण फुफकारते हुए सर्प के समान जान पड़ता था। उसके पास पहुँचकर वानरशिरोमणि हनुमान अत्यन्त उद्विग्न हो भली–भाँति डरे हुए की भाँति सहसा दूर हट गये।

ददर्श स कपिस्तस्य बाहू शयनसंस्थितौ।
मन्दरस्यान्तरे सुप्तौ महाही रुषिताविव।। (5/10/21)

कपिवर हनुमान ने पलंग पर पड़ी हुयी उन दोनों भुजाओं को देखा। वे मन्दराचल की गुफा में सोये हुए दो रोषभरे अजगरों के समान जान पड़ती थी।

वराहवाध्रीणसकान् दधिसौवर्चलायुतान्।
शल्यान् मृगमयूरांश्च हनुमानन्ववैक्षत।। (5/11/16)

वानरसिंह हनुमान् ने वहाँ सोने के बड़े–बड़े पात्रों में मोर, मुर्गे, सूअर, गेंडा, साही, हरिण तथा मयूरों के माँस देखे, जो दही और नमक मिलाकर रखे गये थे। वे अभी खाये नहीं गये थे।

सालानशोकान् भव्यांश्च चम्पकांश्च सुपुष्पितान्।
उद्दालकान् नागवृक्षांश्चूतान् कपिमुखानपि।। (5/14/3)

तथाऽऽम्रवणसम्पन्नाँल्लताशतसमन्वितान्।
ज्यामुक्त इव नाराचः पुप्लुवे वृक्षवाटिकाम्।। (5/14/4)

वहाँ साल, अशोक, निम्ब और चम्पा के वृक्ष खूब खिले हुए थे। बहुवार, नागकेसर और बन्दर के मुँह की भाँति लाल फल देने वाले आम भी पुष्प एवं मंजरियों से सुशोभित हो रहे थे। अमराईयों से युक्त वे सभी वृक्ष शत–शत लताओं से आवेष्टित थे। हनुमान जी प्रत्यंचा से छूटे हुए बाण के समान उछले और उन वृक्षों की वाटिका में जा पहुँचे।

लताप्रतानैर्बहुभिः पर्णैश्च बहुभिर्वृताम्।। (5/14/36)
कांचनीं शिंशपामेकां ददर्श स महाकपिः।
वृतां हेममयीभिस्तु वेदिकाभिः समन्ततः।। (5/14/37)

तदन्तर महाकपि हनुमान् ने एक सुवर्णमयी शिंशपा (अशोक) का वृक्ष देखा, जो बहुत–से लतावितानों और अगणित पत्तों से व्याप्त था। वह वृक्ष भी सब ओर से सुवर्णमयी वेदिकाओं से घिरा था।

ते कपिं तं समासाद्य तोरणस्थमवस्थितम्।
अभिपेतुर्महावेगाः पतङ्ग.ा इव पावकम्।। (5/42/27)

प्रमदावन के फाटक पर खड़े हुए उन वानरवीर के पास पहुँचकर वे महान् वेगशाली निशाचर उन पर चारों ओर से इस प्रकार झपटे, जैसे पतिंगे आग पर टूट पड़े हों।

अटन्ति वसुधां कृत्स्नां वयमन्ये च वानराः।
दशनागबलाः केचित् केचिद् दशगुणोत्तराः।
केचिन्नागसहस्रस्य बभूवुस्तुल्यविक्रमाः।। (5/43/22)

हम तथा दूसरे सभी वानर समूची पृथ्वी पर घूम रहे हैं। किन्हीं में दस हज़ार हाथियों का बल है तो किन्हीं में सौ हाथियों का। कितने ही वानर एक सहस्र हाथियों के समान बल–विक्रम से सम्पन्न हैं।

भ्रामयन्तं कपिं दृष्ट्वा सालवृक्षं महाबलम्।
चिक्षेप सुबहून् बाणांजम्बुमाली महाबलः।। (5/44/13)

उस महान् बलशाली वानर वीर को साल का वृक्ष घुमाते देख महाबली जम्बुमाली ने उसके ऊपर बहुत से बाणों की वर्षा की।

स सालवृक्षमासाद्य समुत्पाट्य च वानरः।
तावुभौ राक्षसौ वीरौ जघान पवनात्मजः।। (5/46/32)

वहाँ वानर शिरोमणि पवनकुमार ने एक साल वृक्ष के पास जाकर उसे उखाड़ लिया और उसी के द्वारा उन दोनों राक्षसवीरों को मार डाला।

अश्वैरश्वान् गजैर्नागान् योधैर्योधान् रथै रथान्।
स कपिर्नाशयामास सहस्राक्ष इवासुरान्।। (5/46/39)

जैसे देवराज इन्द्र असुरों का विनाश करते हैं, उसी प्रकार उन वानरवीर ने घोड़ों से घोंड़ो का, हाथियों से हाथियों का, योद्धाओं से योद्धाओं का और रथों से रथों का संहार कर डाला।

ररास भूमिर्न तताप भानुमान्
ववौ न वायुः प्रचचाल चाचलः।

कपेः कुमारस्य च वीर्यसंयुगं
ननाद च द्यौरुदधिश्च चुक्षुभे।। (5/47/13)

कपिश्रेष्ठ हनुमान् और अक्षयकुमार का वह संग्राम देखकर भूतल के सारे प्राणी चीख उठे। सूर्य का ताप कम हो गया। वायु की गति रुक गई। पर्वत हिलने लगे। आकाश में भयंकर शब्द हाने लगा और समुद्र में तूफ़ान आ गया।

स तं समाविध्य सहस्रशः कपि–
र्महोरगं गृह्य इवाण्डजेश्वरः।
मुमोच वेगात् पितृतुल्यविक्रमो
महीतले संयति वानरोत्तमः।। (5/47/35)

फिर तो अपने पिता वायु देवता के तुल्य पराक्रमी वानर शिरोमणि हनुमान ने जिस प्रकार गरुड़ बड़े–बड़े सर्पों को घुमाते हैं, उसी तरह उसे हज़ारों बार घुमाकर बड़े वेग से उसे युद्ध भूमि में पटक दिया।

व्याघ्रादिभिः समाकीर्णं स्वादुमूलफलद्रुमम्।
आरुरोहानिलसुतः पर्वतं प्लवगोत्तमः।। (5/56/37)
रामदर्शनशीघ्रेण प्रहर्षेणाभिचोदितः।

व्याघ्र आदि हिंसक जन्तु भी वहाँ सब ओर फैले हुए थे। स्वादिष्ट फलों से लदे हुए वृक्ष और मधुर कन्द–मूल आदि की वहाँ बहुतायत थी। ऐसे रमणीय पर्वत पर वानरशिरोमणि पवनकुमार हनुमान जी श्रीरामचन्द्रजी के दर्शन की शीघ्रता और अत्यन्त हर्ष से प्रेरित होकर चढ़ गये।

इच्छामि शीघ्रं हनुमत्प्रधाना–
शाखामृगांस्तान् मृगराजदर्पान्।
प्रष्टुं कृतार्थान् सह राघवाभ्यां
श्रोतुं च सीताधिगमे प्रयत्नम्।। (5/63/32)

मैं सिंह के समान दर्प से भरे हुए उन हनुमान् आदि वानरों से शीघ्र मिलना चाहता हूँ और इन दोनों रघुवंशी बन्धुओं के साथ मैं उन कृतार्थ होकर लौटे हुए वीरों से यह पूछना चाहता हूँ कि सीता की प्राप्ति के लिए क्या प्रयत्न किया जाय।

सरांसि च प्रफुल्लानि तटाकानि वराणि च।
रामस्य शासनं ज्ञात्वा भीमकोपस्य भीतवत्।। (6/4/38)
वर्जयन् नागराभ्याशांस्तथा जनपदानपि।
सागरौघनिभं भीमं तद् वानरबलं महत्।। (6/4/39)
निःससर्प महाघोरं भीमघोषमिवार्णवम्।

रास्ते में उन्हें बहुत से सुन्दर सरोवर और तालाब दिखाई दिये, जिनमें मनोहर कमल खिले हुए थे। श्री रामचन्द्रजी की आज्ञा थी कि रास्ते में कोई किसी प्रकार का उपद्रव न करे। भयंकर कोप वाले श्रीरामचन्द्रजी के इस आदेश को जानकर समुद्र के जलप्रवाह की भाँति अपार एवं भयंकर दिखाई देने वाली वह विशाल वानर सेना भयभीत सी होकर नगरों के समीपवर्ती स्थानों और जनपदों को दूर से ही छोड़ती चली जा रही थी। विकट गर्जना के कारण भयाानक शब्द वाले समुद्र की भाँति वह महाघोर जान पड़ती थी।

चम्पकांस्तिलकांश्चूतानशोकान् सिन्दुवारकान्।
तिनिशान् करवीरांश्च भंजन्ति स्म प्लवंगमाः।। (6/4/72)

वे वानर मार्ग में मिले हुए चम्पा, तिलक, आम, अशोक, सिन्दुवार, तिनिश और करवीर आदि वृक्षों को तोड़ देते थे।

अङ्कोलांश्च करंजांश्च प्लक्षन्यग्रोधपादपान्।
जम्बूकामलकान् नीपान् भंजन्ति स्म प्लवंगमाः।। (6/4/73)

उछल–उछलकर चलने वाले वे वानर सैनिक रास्ते के अंकोल, करंज, पाकर, बरगद, जामुन, आँवले और नीप आदि वृक्षों को भी तोड़ डालते थे।

गिरिप्रस्थेषु रम्येषु सर्वतः सम्प्रपुष्पिताः।। (6/4/77)
प्रीयमाणैः प्लवंगैस्तु सर्वे पर्याकुलीकृताः।
वाप्यस्तस्मिन् गिरौ रम्याः पल्लवानि तथैव च।। (6/4/82)
चक्रवाकानुचरिताः कारण्डवनिषेविताः।
प्लवैः क्रौंचैश्च संकीर्णा वराहमृगसेविता।। (6/4/83)

प्रसन्नता से भरे हुए वानरों ने उन सब वृक्षों को घेर लिया था। उस पर्वत पर बहुत सी रमणीय बावड़ियाँ तथा छोटे–छोटे जलाशय थे, जहाँ चकवे विचरते और जलकुक्कुट निवास करते थे। जलकाक और क्रौंच भरे हुए थे तथा सुअर और हिरन उनमें पानी पीते थे।

सा वानराणां ध्वजिनी सुग्रीवेणाभिपालिता।
त्रिधा निविष्टा महती रामस्यार्थपराभवत्।। (6/4/107)

सुग्रीव द्वारा सुरक्षित वह वानरों की विशाल सेना श्रीरामचन्द्रजी के कार्य–साधन में तत्पर हो रीछ, लंगूर और वानरों के भेद से तीन भागों में विभक्त होकर ठहर गयी।

कथं सागरमक्षोभ्यं तरिष्यन्ति वनौकसः।
बहुसत्वझषाकीर्णं तौ वा दशरथात्मजौ।। (6/12/20)

वैसे तो मुझे शत्रुओं की ओर से कोई डर नहीं है; क्योंकि वे वनवासी वानर अथवा वे दोनों दशरथकुमार श्रीराम और लक्ष्मण असंख्य जल–जन्तुओं तथा मत्स्यों से भरे हुए अलङ्घ्य महासागर कैसे पार कर सकेंगे?

सुग्रीवस्य वचः श्रुत्वा सर्वे ते वानरोत्तमाः।
शालानुद्यम्य शैलांश्च इदं वचनमब्रुवन्।। (6/17/8)

सुग्रीव की यह बात सुनकर वे सभी श्रेष्ठ वानर सालवृक्ष और पर्वत की शिलाएँ उठाकर इस प्रकार बोले–

भ्रमराचरिता यत्र सर्वकालफलद्रुमाः।। (6/27/34)
यं सूर्यस्तुल्यवर्णाभमनुपर्येति पर्वतम्।
यस्य भासा सदा भान्ति तद्वर्णा मृगपक्षिणः।। (6/27/35)
यस्य प्रस्थं महात्मानो न त्यजन्ति महर्षयः।
सर्वकामफला वृक्षाः सदा फलसमन्विताः।। (6/27/36)
मधूनि च महार्हाणि यस्मिन् पर्वतसत्तमे।
तत्रैष रमते राजन् रम्ये कांचनपर्वते।। (6/27/37)
मुख्यो वानरमुख्यानां केसरी नाम यूथपः।

जिस पर्वत पर सभी ऋतुओं में फल देने वाले वृक्ष भ्रमरों से सेवित दिखायी देते हैं, सूर्यदेव अपने ही समान वर्णवाले जिस पर्वत की प्रतिदिन परिक्रमा करते हैं, जिसकी कान्ति से वहाँ के मृग और पक्षी सदा सुनहरे रंग के प्रतीत होते हैं, महात्मा महर्षिगण जिसके शिखर का कभी त्याग नहीं करते हैं, जहाँ के सभी वृक्ष सम्पूर्ण मनोवांछित वस्तुओं को फल के रूप में प्रदान करते हैं और उनमें सदा फल लगे रहते हैं, जिस श्रेष्ठ शैल पर बहुमूल्य मधु उपलब्ध होते हैं, उसी रमणीय सुवर्णमय पर्वत महामेरू पर ये प्रमुख वानरों में प्रधान यूथपति केसरी रमण करते हैं।

अनुश्वसिति मेदिन्यां पनसः पनसो यथा।। (6/31/29)

पनस नाम का वानर पक कर फटे हुए पनस (कटहल) के समान पृथ्वी पर पड़ा–पड़ा अन्तिम साँसें ले रहा है।

सागरस्य च तीरेषु शैलेषु च वनेषु च।
पिङ्गलास्ते विरूपाक्षै राक्षसैर्बहवो हताः।। (6/31/35)

विकराल नेत्रों वाले राक्षसों ने इन बहुसंख्यक भूरे बन्दरों को समुद्रतट, पर्वत और वनों में खदेड़–खदेड़कर मार डाला है।

नित्यमत्तविहंगानि भ्रमराचरितानि च।
कोकिलाकुलखण्डानि विहंगाभिरुतानि च।। (6/39/10)
भृङ्गराजाधिगीतानि कुररस्वनितानि च।
कोणालकविघुष्टानि सारसाभिरुतानि च।
विविशुस्ते ततस्तानि वनान्युपवनानि च।। (6/39/11)

लंका के वन और उपवन नित्य मतवाले विहंगमों से विभूषित थे। वहाँ वृक्षों की डालियों पर भौंरे मँडराते रहते थे। उनके प्रत्येक खण्ड में कोकिलाएँ कुहू–कुहू बोला करती थीं। पक्षी चहचहाते रहते थे। भृंगराज के गीत मुखरित होते थे। कुरर के शब्द गूँजा करते थे। कोणालक के कलरव होते रहते थे तथा सारसों की स्वरलहरी सब ओर छायी रहती थी। कुछ वानरवीर उन वनों और उपवनों में घुस गये।

ऋक्षाः सिंहाश्च महिषा वारणाश्च मृगाः खगाः।
तेन शब्देन वित्रस्ता जग्मुर्भीता दिशो दश।। (6/39/16)

वानरों के उस सिंहनाद से से त्रस्त एवं भयभीत हुए रीछ, सिंह, भैंसे, हाथी, मृग और पक्षी दसों दिशाओं की ओर भाग गये।

लोकक्षयकरं भीमं भयं पश्याम्युपस्थितम्।
निबर्हणं प्रवीराणामृक्षवानररक्षसाम्।। (6/41/12)

इस समय मैं लोकसंहार की सूचना देनेवाला भयानक अपशकुन उपस्थित देखता हूँ, जिससे सिद्ध होता है कि रीछों, वानरों और राक्षसों के मुख्य–मुख्य वीरों का संहार होगा।

ते तु वानरशार्दूलाः शार्दूला इव दंष्ट्रिणः।
गृहीत्वा द्रुमशैलाग्रान् हृष्टा युद्धाय तस्थिरे।। (6/41/45)

वे वानरसिंह बाघों के समान बड़े–बड़े दाढ़ों से युक्त थे। वे हर्ष और उत्साह में भरकर हाथों में वृक्ष और पर्वतशिखर लिए युद्ध के लिए डट गये।

अद्भुतश्च विचित्रश्च तेषामासीत् समागमः।
तत्र वानरसैन्यानां शलभानामिवोद्गमः।। (6/41/49)

वहाँ उन वानरसेनाओं का टिड्डीदल के उद्गम के समान अद्भुत एवं विचित्र समागम हुआ था।

ते ताम्रवक्त्रा हेमाभा रामार्थे त्यक्तजीविताः।
लङ्क.ामेवाभ्यवर्तन्त सालभूधरयोधिनः।। (6/42/14)

ताँबे जैसे लाल मुँह और सुवर्ण सी कान्ति वाले वे वानर श्रीरामचन्द्रजी के लिए प्राण निछावर करने को तैयार थे। वे सब के सब साल वृक्ष और शैल शिखरों से युद्ध करने वाले थे, इसलिए उन्होंने लंका पर ही आक्रमण किया।

ग्रसन्तमिव सैन्यानि प्रघसं वानराधिपः।। (6/43/24)
सुग्रीवः सप्तपर्णेन निजघान जवेन च।

उधर राक्षस प्रघस वानरसेना को काल का ग्रास बना रहा था। यह देख वानरराज सुग्रीव ने सप्तपर्ण नामक वृक्ष से उसे वेगपूर्वक मार गिराया।

बभूवायोधनं घोरं गोमायुगणसेवितम्।
कबन्धानि समुत्पेतुर्दिक्षु वानररक्षसाम्।
विमर्दे तुमुले तस्मिन् देवासुररणोपमे।। (6/43/45)

गीदड़ों के समुदाय वहाँ सब ओर विचर रहे थे। देवासुर संग्राम के समान उस भयानक मारकाट में वानरों और राक्षसों के कबन्ध (मस्तक रहित धड़) सम्पूर्ण दिशाओं में उछल रहे थे।

गोलाङ्गूला महाकायास्तमसा तुल्यवर्चसः।
सम्परिष्वज्य बाहुभ्यां भक्षयन् रजनीचरान्।। (6/44/27)

लंगूरजाति के विशालकाय वानर जो अन्धकार के समान काले थे, निशाचरों को दोनों भुजाओं में कसकर मार डालते और उन्हें कुत्ते आदि को खिला देते थे।

ततो मुहूर्ताद् गरुणं वैनतेयं महाबलम्।
वानरा ददृशुः सर्वे ज्वलन्तमिव पावकम्।। (6/50/36)

तदनन्तर दो ही घड़ी में समस्त वानरों ने प्रज्वलित अग्नि के समान तेजस्वी महाबली विनतानन्दन गरुड़ को वहाँ उपस्थित देखा।

हरयो राक्षसाश्चैव शेरते गां समाश्रिताः।
कङ्कगृध्रबलाढ्याश्च गोमायुकुलसंकुलाः।। (6/54/9)

वानर और राक्षस दोनों ही धराशायी हो गये। उनपर कंक, कौवे और गीध टूट पड़े। गीदड़ों की जमातें छा गयीं।

निमेषान्तरमात्रेण अङ्गदः कपिकुंजरः।
उदतिष्ठत दीप्ताक्षो दण्डाहत इवोरगः।। (6/54/33)

किन्तु पलक मारते–मारते कपिश्रेष्ठ अंगद उठ खड़े हुए। उनके नेत्र रोष से उद्दीप्त हो उठे और वे डंडे की चोट खाए हुए सर्प के समान उत्तेजित हो रहे थे।

सोऽश्वकर्णं समासाद्य रोषदर्पान्वितो हरिः।
तूर्णमुत्पाटयामास महागिरिमिवोच्छ्रितम्।। (6/56/20)

फिर रोष और दर्प से उन वानरवीर ने महान् पर्वत के समान ऊँचे अश्वकर्ण नामक वृक्ष के पास जाकर उसे शीघ्रतापूर्वक उखाड़ लिया।

आर्तस्वनं च स्वनतां सिंहनादं च नर्दताम्।
बभूव तुमुलः शब्दो हरीणां रक्षसामपि।। (6/58/17)

कोई आर्तनाद करते तो कोई सिंहों के समान दहाड़ते थे। इस प्रकार वानरों और राक्षसों का भयंकर कोलाहल वहाँ सब ओर गूँज उठा।

रोषितः शरवर्षेण सालेन महता महान्।
प्रजघान हयान् नीलः प्रहस्तस्य महाबलः।। (6/58/43)

प्रहस्त की बाणवर्षा से कुपित हो महाबली महाकपि नील ने एक विशाल साल वृक्ष के द्वारा उसके घोड़ों को मार डाला।

ते तस्य घोरं निनदं निशम्य
यथा निनादं दिवि वारिदस्य।
पेतुर्धरण्यां बहवः प्लवङ्ग.ाः
निकृत्तमूला इव शालवृक्षाः।। (6/65/56)

आकाश में जैसी मेघों की गर्जना होती है, उसी के समान उस राक्षस का घोर सिंहनाद सुनकर बहुत से वानर जड़ से कटे हुए साल वृक्षों के समान पृथ्वी पर गिर पड़े।

वानराश्च महात्मानः समुत्पाट्य महाद्रुमान्।
रथानश्वान् गजानुष्ट्रान् राक्षसानभ्यसूदयन्।। (6/67/14)

महामनस्वी वानर भी बड़े–बड़े पेड़ उखाड़कर शत्रु सेना के रथ, घोड़े, हाथी, ऊँट और राक्षसों का संहार करने लगे।

सिंहनादान् विनेदश्च रणे राक्षसवानराः। (6/69/49)

राक्षस और वानर दोनों ही रणक्षेत्र में सिंहों के समान दहाड़ रहे थे।

छिन्नवर्मतनुत्राणा राक्षसा वानरैर्हताः।
रुधिरं प्रसृतास्तत्र रससारमिव द्रुमाः।। (6/69/60)

राक्षसों की शरीर–रक्षा के साधनभूत कवच आदि छिन्न–भिन्न हो गये। वानरों की मार खाकर वे अपने शरीर से उसी प्रकार रक्त बहाने लगे, जैसे वृक्ष अपने तनों से गोंद बहाया करते हैं।

ततो हयं मारुततुल्यवेग–
मारुह्य शक्तिं निशितां प्रगृह्य।
नरान्तको वानरसैन्यमुग्रं
महार्णवं मीन इवाविशेष।। (6/69/66)

तदनन्तर वायु के समान तीव्र वेगवाले घोड़े पर सवार हो हाथ में तीखी शक्ति लिए नरान्तक वानरों की भयंकर सेना में उसी तरह घुसा, जैसे कोई मत्स्य महासागर में प्रवेश कर रहा हो।

तत् सैन्यं हरिवीराणां त्रासयामास राक्षसः।
मृगयूथमिव क्रुद्धो हरिर्यौवनदर्पितः।। (6/71/43)

जैसे जवानी के जोश से भरा हुआ कुपित सिंह मृगों के झुण्ड को भयभीत कर देता है, उसी प्रकार वह राक्षस वानरवीरों की उस सेना को त्रास देने लगा।

प्रहर्षयुक्ता बहवस्तु वानराः
प्रफुल्लपद्मप्रतिमाननास्तदा।
अपूजयंल्लक्ष्मणमिष्टभागिनं
हते रिपौ भीमबले दुरासदे।। (6/71/115)

इधर उस भयंकर बलशाली दुर्जय शत्रु के मारे जाने पर बहुसंख्यक वानर हर्ष और उत्साह से भर गये। उनके मुख प्रफुल्ल कमलों के समान खिल उठे और वे अभीष्ट विजय के भागी वीरवर लक्ष्मण की भूरि–भूरि प्रशंसा करने लगे।

ततो ज्वलनसंकाशैर्बाणैर्वानरयूथपाः।
ताडिताः शक्रजिद्बाणैः प्रफुल्ला इव किंशुकाः।। (6/73/59)

इन्द्रजित के चलाये हुए अग्नितुल्य तेजस्वी बाणों से घायल हो रक्त से नहाकर सारे वानर–यूथपति खिले हुए पलाश के वृक्ष के समान जान पड़ते थे।

उत्पाट्य च महावृक्षानश्वकर्णादिकान् बहून्।
अन्यांश्च विविधान् वृक्षांश्चिक्षेप स महाकपिः।। (6/76/66)

महाकपि सुग्रीव, अश्वकर्ण आदि बड़े–बड़े वृक्ष तथा दूसरे भी नाना प्रकार के वृक्ष उखाड़कर उस राक्षस पर फेंकने लगे।

व्याकोशपद्मवक्त्राणि पद्मकेसरवर्चसाम्।
अद्य यूथतटाकानि गजवत् प्रमथाम्यहम्।। (6/95/15)

कमल–केसर की सी कान्ति वाले वानरों के यूथ सरोवरों के समान हैं। उनके मुख ही उन सरोवरों के भीतर प्रफुल्ल कमल के समान सुशोभित होते हैं। आज मैं हाथी के समान उसमें प्रवेश करके उन वानर यूथरूपी सरोवरों को मथ डालूँगा।

तेऽर्दिता निशितैर्बाणैः क्रोशन्तो विप्रदुद्रुवः।
पावकार्चिःसमाविष्टा दह्यमाना यथा गजाः।। (6/96/3)

राक्षसराज के तीखे बाणों की मार से पीड़ित होकर वे वानर उसी तरह चीखते चिल्लाते हुए भागे, जैसे दावानल की ज्वालाओं से घिरकर जलते हुए हाथी चीत्कार करते हुए भागते हैं।

अकाले चापि पुष्पाणि मूलानि च फलानि च।
नद्यश्च विमलास्तत्र तिष्ठेयुर्यत्र वानराः।। (6/120/10)

ये वानर जिस स्थान पर रहें, वहाँ असमय में भी फल–मूल और पुष्पों की भरमार रहे तथा निर्मल जलवाली नदियाँ बहती रहें।

प्रजाश्च बहुसाहस्त्रीः स्फीतांजनपदानपि।
स गत्वा दूरमध्वानं त्वरितः कपिकुंजरः।। (6/125/27)
आससाद द्रुमान् फुल्लान् नन्दिग्रामसमीपगान्।
सुराधिपस्योपवने यथा चैत्ररथे द्रुमान्।। (6/125/28)

कई सहस्र प्रजाओं तथा समृद्धिशाली जनपदों को देखते हुए कपिश्रेष्ठ हनुमान् जी तीव्रगति से दूर तक का रास्ता लाँघ गये और नन्दिग्राम के समीपवर्ती खिले हुए वृक्षों के पास जा पहुँचे। वे वृक्ष देवराज इन्द्र के नन्दनवन और कुबेर के चैत्ररथ वन के वृक्षों के समान सुशोभित होते थे।

सदाफलान् कुसुमितान् वृक्षान् प्राप्य मधुस्रवान्।। (6/127/26)
भरद्वाजप्रसादेन मत्तभ्रमरनादितान्।

मुनिवर भरद्वाज जी की कृपा से रास्ते के सभी वृक्ष सदा फूलने–फलने वाले हो गये हैं और उनसे मधु की धाराएँ गिरती रहती हैं। उन वृक्षों पर मतवाले भ्रमर निरन्तर गूँजते रहते हैं। उन्हें पाकर वानर लोग अपनी भूख–प्यास मिटाने लगे हैं।

रजोवर्षं समुद्भूतं पश्य सालवनं प्रति।। (6/127/29)
मन्ये सालवनं रम्यं लोलयन्ति प्लवंगमाः।

उधर सालवन की ओर देखिये, कैसी धूल की वर्षा हो रही है? मैं समझता हूँ कि वानर लोग सालवन को आन्दोलित कर रहे हैं।

अन्योन्यं लम्बितकरौ ततस्तौ हरिराक्षसौ।
किष्किन्धां विशतुह्रभटौ सिंहौ गिरिगुहामिव।। (7/34/43)

फिर वे दोनों वानर और राक्षस एक दूसरे का हाथ पकड़े बड़ी प्रसन्नता के साथ किष्किन्धापुरी के भीतर गये, मानों दो सिंह किसी गुफा में प्रवेश कर रहे हों।

33. कुत्ता
Dog

वाल्मीकि रामायण में इसके लिए श्वान एवं शुना शब्द का प्रयोग किया गया है। कुत्ते पालतू, आवारा एवं जंगली सभी प्रकार के होते हैं। इनसे सभी परिचित हैं। भारतीय जंगली कुत्ता 'सोनहा' या 'कीवसम' कहलाता है। इसका वैज्ञानिक नाम 'Cuon alpinus' है। भारतीय जंगली कुत्ता घरेलू कुत्ते से बहुत मिलता है। इसका पेट पीलापन लिए सफ़ेद होता है। शेष शरीर समान रंग से लाल होता है। इसकी पूँछ छोटी होती है जिसके अन्त में सलेटी और काले बालों का गुच्छा होता है। यह अलग–अलग परिवारों वाले झुण्डों में रहता है तथा कई मौक़ों पर कुछ परिवार मिलकर बड़े जानवरों पर आक्रमण कर देते हैं। यह साँभर, नीलगाय, चीतल, काला हिरण, सूअर आदि का शिकार करता है। अपनी संख्या शक्ति से यह बाइसन, तेंदुए तथा बाघ पर भी आक्रमण करने में समर्थ होता है।

वाल्मीकि रामायण में इसका उल्लेख निम्नानुसार आया है–

मृगयूथपरिभ्रष्टां मृगीं श्वभिरिवावृताम्।। (3/55/5)

मृगों के यूथ से बिछड़कर कुत्तों से घिरी हुई अकेली हरिणी के समान दिखाई देती है।

सुकृतौ कर्णवेष्टौ च श्वदंष्ट्रौ च सुसंस्थितौ।
मणिविद्रुमचित्राणि हस्तेष्वाभरणानि च।। (5/15/42)

सुन्दर बने हुए कुण्डल और कुत्ते के दाँतों की–सी आकृतिवाले त्रिकर्ण नामधारी कर्णफूल कानों में सुन्दर ढंग से सुप्रतिष्ठित एवं सुशोभित थे। हाथों में कंगन आदि आभूषण थे, जिनमें मणि और मूँगे जड़े हुए थे।

नहि गन्धमुपाघ्राय रामलक्ष्मणयोस्त्वया।
शक्यं संदर्शने स्थातुं शुना शार्दूलयोरिव।। (5/21/31)

श्रीराम और लक्ष्मण की तो गन्ध पाकर भी तुम उनके सामने नहीं ठहर सकते। क्या कुत्ता कभी दो–दो बाघों के सामने टिक सकता है?

गृहाणां बलिकर्माणि श्वानः पर्युपभुंजते।
खरा गोषु प्रजायन्ते मूषका नकुलेषु च।। (6/35/29)

घरों में जो बलिकर्म किये जाते हैं, उस बलि–सामग्री को कुत्ते खा जाते हैं। गौओं से गधे और नेवले से चूहे पैदा होते हैं।

मार्जारा द्वीपिभिः सार्धं सूकराः शुनकैः सह।
किंनरा राक्षसैश्चापि समेयुर्मानुषैः सह।। (6/35/30)

बाघों के साथ बिलाव, कुत्तों के साथ सूअर तथा राक्षसों और मनुष्यों के साथ किन्नर समागम करते हैं।

सिंहव्याघ्रमुखांश्चापि कङ्ककोकमुखानपि।
गृध्रश्येनमुखांश्चापि शृगालवदनांस्तथा।। (6/99/42)
ईहामृगमुखांश्चापि व्यादितास्यान् भयावहान्।
पंचास्याँल्लेलिहानांश्च ससर्ज निशितांशरान्।। (6/99/43)
शरान् खरमुखांश्चान्यान् वराहमुखसंश्रितान्।
श्वान कुक्कुटवक्त्रांश्च मकराशीविषाननान्।। (6/99/44)
एतांश्चान्यांश्च मायाभिः ससर्ज निशितांछरान्।
रामं प्रति महातेजाः क्रुद्धः सर्प इव श्वसन्।। (6/99/45)

उससे सिंह, बाघ, कंक, चक्रवाक, गीध, बाज, सियार, भेड़िये, गदहे, सूअर, कुत्ते, मुर्गे, मगर और ज़हरीले साँपों के समान मुखवाले बाणों की वृष्टि होने लगी। वे बाण मुँह फैलाये, जबड़े चाटते हुए पाँच मुखवाले भयंकर सर्पों के समान जान पड़ते थे। फुफकारते हुए सर्प की भाँति कुपित हुए महातेजस्वी रावण ने इनका तथा अन्य प्रकार के तीखे बाणों का भी श्रीराम के ऊपर प्रयोग किया।

शरभेण यथा सिंहाः सिंहेन द्विरदा यथा।
द्विरदेन यथा व्याघ्रा व्याघ्रेण द्वीपिनो यथा।। (7/7/20)
द्वीपिनेव यथा श्वानः शुना मार्जारको यथा।
मार्जारेण यथा सर्पाः सर्पेण च यथाखवः।। (7/7/21)
तथा ते राक्षसाः सर्वे विष्णुना प्रभविष्णुना।
द्रवन्ति द्राविताश्चान्ये शायिताश्च महीतले।। (7/7/22)

जैसे शरभ से सिंह, सिंह से हाथी, हाथी से बाघ, बाघ से चीते, चीते से कुत्ते, कुत्ते से बिलाव, बिलाव से साँप और साँप से चूहे डरकर भागते हैं, उसी प्रकार वे सब राक्षस प्रभावशाली भगवान् विष्णु की मार खाकर भागने लगे। उनके भगाये हुए बहुत से राक्षस धराशायी हो गये।

एवमुक्तस्तु विप्रेण रामो वचनमब्रवीत्।। (7/प्र–2/19)
त्वया दत्तः प्रहारोऽयं सारमेयस्य वै द्विजः।
किं तवापकृतं विप्र दण्डेनाभिहतो यतः।। (7/ प्र–2/20)

ब्राह्मण के इस प्रकार पूछने पर श्रीराम बोले– ब्रह्मन्! आपने इस कुत्ते के सिर पर जो यह प्रहार किया है, उसका क्या कारण है? विप्रवर! इसने आप का क्या अपराध किया था, जिसके कारण आपने इसे डंडा मारा है?

34. लकड़बग्घा

Hyaena

वाल्मीकि रामायण में इसके लिए तरक्षु शब्द का प्रयोग किया गया है। इसका वैज्ञानिक नाम 'Hyaena hyaena' है। इसे खुला जंगल, घास के मैदान, झाड़ियाँ आदि अधिक पसन्द हैं।

इसका रूप–रंग कुत्ते से मिलता–जुलता है। इसकी लम्बाई लगभग 105 सेमी तथा पूँछ की लम्बाई लगभग 45 सेमी होती है। इसकी पीठ, दुम एवं गर्दन पर काफ़ी बाल होते हैं। इसके अगले पैर मज़बूत व लम्बे तथा पिछले पैर अपेक्षाकृत छोटे होते हैं। इसकी चाल सामान्य न होकर बेढंगी लगती है। इसका रंग सिलेटी या राख जैसा होता है जिस पर खड़ी व आड़ी धारियाँ होती हैं। इसकी सूँघने की शक्ति बहुत अधिक होती है जिससे यह छुपी हुई लाश तक खोज लेता है। यह प्रायः मृत जीवों को खाकर ही जीवन यापन करता है परन्तु मौक़ा मिलने पर भेड़, बकरियाँ, मुर्गी व बतख आदि का भी शिकार करता है। दाँतों की विशेष बनावट के कारण यह हड्डियों को चबा लेता है। कभी–कभी यह बस्तियों से छोटे–छोटे बच्चों को भी उठा ले जाता है। यह जंगल एवं प्राकृतिक आवासों की सफ़ाई एवं पर्यावरण के लिए महत्त्वपूर्ण जीव है।

वाल्मीकि रामायण में इसका उल्लेख निम्नानुसार आया है–

ऋक्षैस्तरक्षुभिः सिंहैः शार्दूलैश्च भयावहैः।
व्यालैश्च बहुभिर्भीमैः सेव्यमानाः समन्ततः।। (6/4/84)

रीछ, लकड़बग्घे, सिंह, भयंकर बाघ तथा बहुसंख्यक दुष्ट हाथी, जो बड़े भीषण थे, सब ओर से आ–आकर उन जलाशयों का सेवन करते थे।

35. सियार (गीदड़)

Jackal

वाल्मीकि रामायण में इसके लिए शिवा, गोभायु, जम्बुक एवं श्रीगाल शब्द का प्रयोग किया गया है। इसका वैज्ञानिक नाम 'Canis aureus' है। यह देखने में भेड़िया के समान किन्तु उससे छोटा होता है। यह लगभग 75 सेमी लम्बा तथा इसकी दुम 30 सेमी लम्बी होती है। इसका रंग भूरापन लिए कत्थई होता है। दुम के ऊपर के बाल भूरे और सिरे के बाल काले होते हैं। यह रात्रि को भोजन की तलाश में निकलता है। जाड़े में इसे दिन में भी घूमते देखा जा सकता है। यह अत्यन्त चालाक जीव है। यह मुख्यतया मृत जानवरों को खाकर सफाई का कार्य करता है। इसके अतिरिक्त यह भेड़, बकरियों, मुर्गियों, हिरण, चीतल आदि का शिकार करता है। गन्ना, तरबूज एवं बेर इसे प्रिय हैं। जाड़े में शाम होते ही इनकी हुआँ–हुआँ की बोली सुनाई पड़ जाती है। पहले एक सियार बोलता है फिर सारे सियार एक साथ शोर मचाने लगते हैं।

वाल्मीकि रामायण में इसका उल्लेख निम्नानुसार आया है–

वनं महामेघनिभं प्रविष्टो
द्रुमैर्महद्भिर्विविधैरुपेतम्।
नानाविधैः पक्षिकुलैर्विचित्रं
शिवायुतं व्यालमृगैर्विकीर्णम्।। (3/3/26)

तदन्तर उसने एक ऐसे वन में प्रवेश किया, जो महान् मेघों की घटा के समान घना और नीला था। नाना प्रकार के बड़े–बड़े वृक्ष वहाँ भरे हुए थे। भाँति–भाँति के पक्षियों के समुदाय उसे विचित्र शोभा से सम्पन्न बना रहे थे तथा बहुत से गीदड़ और हिंसक पशु उसमें सब ओर फैले हुए थे।

जनस्थानसमीपे च समाक्रम्य खरस्वनाः।
विस्वरान् विविधान् नादान् मांसादा मृगपक्षिणः।।(3/23/5)
व्याजह्रुरभिदीप्तायां दिशि वै भैरवस्वनम्।
अशिवं यातुधानानां शिवा घोरा महास्वनाः।। (3/23/6)

कठोर स्वरवाले माँसवाले पक्षी पशु और पक्षी जनस्थान के पास आकर विकृत स्वर में अनेक प्रकार के विकट शब्द बोलने लगे तथा सूर्य की प्रभा से प्रकाशित हुई दिशाओं में ज़ोर–ज़ोर से चीत्कार करने वाले और मुँह से आग उगलने वाले भयंकर गीदड़ राक्षसों के लिए अमङ्गलजनक भैरवनाद करने लगे।

कङ्कगोमायुगृध्राश्च चुक्रुशुर्भयशंसिनः।
नित्याशिवकरा युद्धे शिवा घोरनिदर्शनाः।। (3/23/10)
नेदुर्बलस्याभिमुखं ज्वालोद्गारिभिराननैः।

भय की सूचना देने वाले कङ्क. (सफ़ेद चील), गीदड़ और गीध खर के सामने चीत्कार करने लगे। युद्ध में सदा अमङ्गल सूचित करने वाली और भय दिखाने वाली गीदड़ियाँ खर की सेना के सामने आकर आग उगलने वाली मुखों से घोर शब्द करने लगी।

त्वं पुनर्जम्बुकः सिंहीं मामिहेच्छसि दुर्लभाम्।
नाहं शक्या त्वया स्प्रष्टुमादित्यस्य प्रभा यथा।। (3/47/37)

पापी निशाचर! तू सियार है और मैं सिंहिनी हूँ। मैं तेरे लिए सर्वथा दुर्लभ हूँ। क्या तू यहाँ मुझे प्राप्त करने की इच्छा रखता है। अरे! जैसे सूर्य की प्रभा पर कोई हाथ नहीं लगा सकता, उसी प्रकार तू मुझे छू भी नहीं सकता।

तस्य संत्वरमाणस्य द्रष्टुकामस्य मैथिलीम्।
क्रूरस्वनोऽथ गोमायुर्विननादास्य पृष्ठतः।। (3/57/2)

वे सीता को देखने के लिए जल्दी–जल्दी पैर बढ़ाते हुए आ रहे थे। इतने ही में पीछे की ओर से एक सियारिन बड़े कठोर स्वर में चीत्कार करने लगी।

स तस्य स्वरमाज्ञाय दारुणं रोहर्षणम्।
चिन्तयामास गोमायोः स्वरेण परिशङ्कितः।। (3/57/3)

गीदड़ी के उस स्वर से श्रीरामचन्द्रजी के मन में कुछ शङ्का हुई। उसका स्वर बड़ा ही भयंकर तथा रोंगटे खड़े कर देनेवाला था। उसका अनुभव करके वे बड़ी चिन्ता में पड़ गये।

वराहमृगशार्दूलमहिषाजशिवामुखाः।
गजोष्ट्रहयपादाश्च निखातशिरसोऽपराः।। (5/17/10)

कितनी ही राक्षसियों के मुख, सुअर, मृग, सिंह, भैंस, बकरी और सियारिनों के समान थे। किन्हीं के पैर हाथियों के समान, किन्हीं के ऊँटों के समान और किन्हीं के घोड़ों के समान थे। किन्हीं–किन्हीं के सिर कबन्ध की भाँति छाती में स्थित थे; अतः गड्ढे के समान दिखाई देते थे। (अथवा किन्हीं–किन्हीं के सिर में गड्ढे थे)।

गृध्राश्च परिलीयन्ते पुरीमुपरि पिण्डिताः।
उपपन्नाश्च संध्ये द्वे व्याहरन्त्यशिवं शिवाः।। (6/10/20)

लंकापुरी के ऊपर झुण्ड–के–झुण्ड गीध उसका स्पर्श करते हुए–से मँडराते हैं। दोनों संध्याओं के समय सियारिनें नगर के समीप आकर अमंगलसूचक शब्द करती हैं।

ब्याला गोमायवो गृध्रा वाश्यन्ति च सुभैरवम्।
प्रविश्य लङ्क.ामारामे समवायांश्च कुर्वते।। (6/35/27)

माँसभक्षी हिंसक पशु, गीदड़ और गीध भयंकर बोली बोलते हैं तथा लंका के उपवन में घुसकर झुण्ड बनाकर बैठते हैं।

काकाः श्येनास्तथा गृध्रा नीचैः परिपतन्ति च।
शिवाश्चाप्यशुभा वाचः प्रवदन्ति महास्वनाः।। (6/41/20)

कौए, बाज और गीध नीचे गिरते हैं–भूतल पर आ–आ बैठते हैं और गीदड़ियाँ बड़े ज़ोर–ज़ोर से अमंगलसूचक बोली बोलती हैं।

बभूवायोधनं घोरं गोमायुगणसेवितम्।
कबन्धानि समुत्पेतुर्दिक्षु वानररक्षसाम्।
विमर्दे तुमुले तस्मिन् देवासुररणोपमे।। (6/43/45)

गीदड़ों के समुदाय वहाँ सब ओर विचर रहे थे। देवासुर संग्राम के समान उस भयानक मारकाट में वानरों और राक्षसों के कबन्ध (मस्तक रहित धड़) सम्पूर्ण दिशाओं में उछल रहे थे।

आकाशाद् विघनात् तीव्रा उल्काश्चाभ्यपतंस्तदा।
वमन्तः पावकज्वालाः शिवा घोरा ववाशिरे।। (6/53/14)

मेघरहित आकाश से तत्काल दुःसह उल्कापात होने लगे। भयानक गीदड़ मुँह से आग की ज्वाला उगलते हुए अपनी बोली बोलने लगे।

हरयो राक्षसाश्चैव शेरते गां समाश्रिताः।
कङ्कगृध्रबलाढ्याश्च गोमायुकुलसंकुलाः।। (6/54/9)

वानर और राक्षस दोनों ही धराशायी हो गये। उनपर कंक, कौवे और गीध टूट पड़े। गीदड़ों की जमातें छा गयीं।

वमन्त्यः पावकज्वालाः शिवा घोरा ववाशिरे।
अन्तरिक्षात् पपातोल्का वायश्च परुषं ववौ।। (6/57/35)

भयानक गीदड़ियाँ मुँह से आग की ज्वाला उगलती हुई अशुभसूचक बोली बोलने लगीं। आकाश से उल्कापात होने लगा और प्रचण्ड वायु चलने लगी।

घोररूपाः शिवा नेदुः सज्वालकवलैर्मुखैः।
मण्डलान्यपसव्यानि बबन्धश्च विहंगमाः।। (6/65/49)

भयानक गीदड़ियाँ मुँह से आग उगलती हुई अमंगल सूचक बोली बोलने लगीं। पक्षी मण्डल बाँधकर उसकी परिक्रमा करने लगे।

गजस्कन्धगताः केचित् केचित् परमवाजिभिः।
व्याघ्रवृश्चिकमार्जारखरोष्ट्रैश्च भुजङ्गमै।। (6/73/11)
वराहैः श्वापदैः सिंहैर्जम्बुकैः पर्वतोपमैः।
काकहंसमयूरैश्च राक्षसा भीमविक्रमाः।। (6/73/12)

कोई हाथी पर बैठकर चले तो कोई उत्तम घोड़ों पर। इनके सिवा बाघ, बिच्छू, बिलाव, गदहे, ऊँट, सर्प, सूअर, अन्य हिंसक जन्तु, सिंह, पर्वताकार गीदड़, कौआ, हंस और मोर आदि की सवारियों पर चढ़े हुए भयंकर पराक्रमी राक्षस वहाँ युद्ध के लिये आये।

अद्य गोमायुसंघाश्च श्येनसंघाश्च लक्ष्मण।
गृध्राश्च निपतन्तु त्वां गतासुं निहतं मया।। (6/88/23)

लक्ष्मण! आज मेरे द्वारा मारे जाने पर जब तुम्हारे प्राण निकल जाएँगे, तब तुम्हारी लाश पर झुंड के झुंड गीदड़, बाज और गीध टूट पड़ेंगे।

ववर्ष रुधिरं देवश्चस्खलुश्च तुरंगमाः।
ध्वजाग्रे न्यपतद् गृध्रो विनेदुश्चाशिवं शिवाः।। (6/95/44)

बादल रक्त की वर्षा करने लगे। घोड़े लड़खड़ाकर गिर पड़े। ध्वज के अग्रभाग पर गीध आकर बैठ गया और गीदड़ियाँ अमंगलसूचक बोली बोलने लगीं।

सिंहव्याघ्रमुखांश्चापि कङ्ककोकमुखानपि।
गृध्रश्येनमुखांश्चापि शृगालवदनांस्तथा।। (6/99/42)
ईहामृगमुखांश्चापि व्यादितास्यान् भयावहान्।
पंचास्याँल्लेलिहानांश्च ससर्ज निशितांशरान्।। (6/99/43)
शरान् खरमुखांश्चान्यान् वराहमुखसंश्रितान्।
श्वान कुक्कुटवक्त्रांश्च मकराशीविषाननान्।। (6/99/44)
एतांश्चान्यांश्च मायाभिः ससर्ज निशितांछरान्।
रामं प्रति महातेजाः क्रुद्धः सर्प इव श्वसन्।। (6/99/45)

उससे सिंह, बाघ, कंक, चक्रवाक, गीध, बाज, सियार, भेड़िये, गदहे, सूअर, कुत्ते, मुर्गे, मगर और ज़हरीले साँपों के समान मुखवाले बाणों की वृष्टि होने लगी। वे बाण मुँह फैलाये, जबड़े चाटते हुए पाँच मुखवाले भयंकर सर्पों के समान जान पड़ते थे। फुफकारते हुए सर्प की भाँति कुपित हुए महातेजस्वी रावण ने इनका तथा अन्य प्रकार के तीखें बाणों का भी श्रीराम के ऊपर प्रयोग किया।

गृध्रैरनुगताश्चास्य वमन्त्यो ज्वलनं मुखैः।
प्रणेदुर्मुखमीक्षन्त्यः संरब्धमशिवं शिवाः।। (6/106/27)

रावण के रोषावेश से पूर्ण मुख की ओर देखती और अपने–अपने मुखों से आग उगलती हुई गीदड़ियाँ अमंगलसूचक बोली बोलती थीं और उनके पीछे झुण्ड के झुण्ड गीध मँडराते चलते थे।

कङ्कगृध्रबकानां च गोमायुगणरक्षराम्।
नित्यभक्षप्रदं युद्धे यमरूपं भयावहम्।। (6/108/11)

युद्ध में वह यमराज का भयावह रूप धारण कर लेता था। समरभूमि में कौए, गीध, बगुले, गीदड़ तथा पिशाचों को वह भक्ष्य प्रदान करता था।

अट्टहासान् विमुंचन्तो घननादसमस्वनाः।
वाश्यन्त्यश्च शिवास्तत्र दारुणं घोरदर्शनाः।। (7/6/55)

मेघ के समान गम्भीर ध्वनि करने वाले प्राणी विकट अट्टहास करने लगे और भयंकर दिखाई देने वाली गीदड़ियाँ कठोर आवाज में चीत्कार करने लगीं।

तस्मिंजाते ततस्तस्मिन् सज्वालकवलाः शिवाः।
क्रव्यादाश्चापसव्यानि मण्डलानि प्रचक्रमुः।। (7/9/30)

उसके पैदा होते ही मुँह में अंगारों के कौर लिए गीदड़ियाँ और मांसभक्षी गीध आदि पक्षी दायीं ओर मण्डलाकार घूमने लगे।

36. भेड़िया
Wolf

वाल्मीकि सामायण में इसके लिए वृक, कार्तस्वर अथवा इहामृग शब्द का प्रयोग हुआ है। इसका वैज्ञानिक नाम 'Canis lupus' है। इसकी लम्बाई लगभग 90 सेमी और ऊँचाई 60 से 75 सेमी होती है। इसका रंग मटमैला राख जैसा होता है। यह प्रायः जोड़े या झुण्ड में रहने वाला जीव है। यह चालाकी, घेराबन्दी एवं चोरी के लिए प्रसिद्ध है। यह बहुत तेज दौड़ता है। यह मांसाहारी जीव है जो हिरण, खरगोश, भेड़, बकरी एवं चिड़िया आदि का शिकार करता है। कभी–कभी यह मानव के बच्चों को भी उठा ले जाते हैं। यह अपने शिकार को धोखा देकर, दौड़ाकर या सामूहिक शिकार द्वारा मारता है।

वाल्मीकि रामायण में इसका उल्लेख निम्न प्रकार है–

ईहामृगसमायुक्तैः कार्तस्वरहिरण्मयैः।
सुकृतैराचितं स्तम्भैः प्रदीप्तमिव च श्रिया।। (5/9/13)

उसमें भेड़ियों की मूर्तियों से युक्त सोने–चाँदी के सुन्दर खम्भे बनाये गये थे, जिनके कारण वह भवन अद्भुत कान्ति से उद्दीप्त–सा हो रहा था।

वेपते स्माधिकं सीता विशन्तीवाङ्ग.मात्मनः।
वने यूथपरिभ्रष्टा मृगी कोकैरिवार्दिता।। (5/25/5)

जैसे वन में अपने यूथ से बिछुड़ी हुई मृगी भेड़ियों से पीड़ित होकर भय के मारे काँप रही हो, उसी प्रकार सीता ज़ोर–ज़ोर से काँप रहीं थीं और इस तरह सिकुड़ी जा रही थीं मानो अपने अंगों में ही समा जायेगी।

वृकसिंहमुखैर्युक्तं खरैः कनकभूषितैः।
आरुरोह रथं दिव्यं धूम्राक्षः खरनिःस्वनः।। (6/51/28)

धूम्राक्ष के रथ में सोने के आभूषणों से विभूषित ऐसे गधे नधे हुए थे जिनके मुँह भेड़ियों और सिंहो के समान थे। गधे की भाँति रेंकने वाला धूम्राक्ष उस दिव्य रथ पर सवार हुआ।

सिंहव्याघ्रमुखांश्चापि कङ्ककोकमुखानपि।
गृध्रश्येनमुखांश्चापि शृगालवदनांस्तथा।। (6/99/42)
ईहामृगमुखांश्चापि व्यादितास्यान् भयावहान्।
पंचास्याँल्लेलिहानांश्च ससर्ज निशितांशरान्।। (6/99/43)
शरान् खरमुखांश्चान्यान् वराहमुखसंश्रितान्।
श्वान कुक्कुटवक्त्रांश्च मकराशीविषाननान्।। (6/99/44)
एतांश्चान्यांश्च मायाभिः ससर्ज निशितांछरान्।
रामं प्रति महातेजाः क्रुद्धः सर्प इव श्वसन्।। (6/99/45)

उससे सिंह, बाघ, कंक, चक्रवाक, गीध, बाज, सियार, भेड़िये, गदहे, सूअर, कुत्ते, मुर्गे, मगर और ज़हरीले साँपों के समान मुखवाले बाणों की वृष्टि होने लगी। वे बाण मुँह फैलाये, जबड़े चाटते हुए पाँच मुखवाले भयंकर सर्पों के समान जान पड़ते थे। फुफकारते हुए सर्प की भाँति कुपित हुए महातेजस्वी रावण ने इनका तथा अन्य प्रकार के तीखे बाणों का भी श्रीराम के ऊपर प्रयोग किया।

37. जंगली सुअर

Pig, Indian wild boar

इसे बराह, सूकर आदि भी कहा जाता है। इसका वैज्ञानिक नाम 'Sus scrofa' है। यह लगभग 1.5 मी लम्बे तथा 75 सेमी तक ऊँचे होते हैं। इनका वजन 100 से 125 किलोग्राम तक होता है। इनका शरीर गठा एवं बलशाली होता है। इनका मुख लम्बा, थूथन चपटा होता है।

यह सर्वभक्षी पशु है। यह शाकपात एवं कन्दमूल खाता है। इसके द्वारा फ़सलों को क्षति पहुँचाई जाती है। यह मरे हुए जानवरों का मांस, कीड़े, साँप आदि भी खाता है। यह शेर एवं बाघ तक से लड़ने की क्षमता रखता है। जंगली सुअर घास के मैदानों, झाड़ियों से भरे नालों एवं ऊँची–नीची भूमि पर रहता है। पालतू सुअर वातावरण का सर्वश्रेष्ठ प्राकृतिक सफाईकर्मी हैं।

वाल्मीकि रामायण में इसका उल्लेख निम्नानुसार आता है–

सिंहव्याघ्रवराहैश्च वारणैश्चापि शोभितम्।
धवाश्वकर्णककुभैर्बिल्वतिन्दुकपाटलैः।। (1/24/15)
संकीर्णं बदरीभिश्च किं न्विदं दारुणं वनम्।

सिंह, व्याघ्र, सुअर और हाथी भी इस जंगल की शोभा बढ़ा रहे हैं। धव(धौरा), अश्वकर्ण (एक प्रकार के शालवृक्ष), ककुभ (अर्जुन), बेल, तिन्दुक (तेन्दू), पाटल (पाड़र) तथा बेर के वृक्षों से भरा हुआ यह भयङ्कर वन क्या है? इसका क्या नाम है?

यूथबद्धांश्च पृषतान् मदोन्मत्तान् विषाणिनः।
महिषांश्च वराहांश्च गजांश्च द्रुमवैरिणः।। (3/11/4)

कहीं चितकबरे मृग यूथ बाँधे चले जा रहे थे, कहीं बड़े–बड़े सींगवाले मदमत्त भैंसे तथा बढ़े हुए दाँत वाले जंगली सुअर और वृक्षों के वैरी दन्तार हाथी दिखायी देते थे।

तं गजाश्च वराहाश्च सिंहा व्याघ्राश्च सर्वतः।
अभिगर्जन्ति सततं तेन शब्देन दर्पिताः।। (4/42/34)

उसके चारों ओर हाथी, सुअर, सिंह और व्याघ्र सदा गर्जना करते हैं और अपनी ही गर्जना की प्रतिध्वनि के शब्द से दर्प में भरकर पुनः दहाड़ने लगते हैं।

मृगाणां महिषाणां च वराहाणां च भागशः।
तत्र न्यस्तानि मांसानि पानभूमौ ददर्श सः।। (5/11/14)

उस मधुशाला में अलग–अलग मृगों, भैसों और सूअरों के माँस रखे गये थे, जिन्हें हनुमान् जी ने देखा।

वराहवाध्रीणसकान् दधिसौवर्चलायुतान्।
शल्यान् मृगमयूरांश्च हनुमानन्ववैक्षत।। (5/11/16)

वानरसिंह हनुमान् ने वहाँ सोने के बड़े–बड़े पात्रों में मोर, मुर्गे, सूअर, गेंडा, साही, हरिण तथा मयूरों के माँस देखे, जो दही और नमक मिलाकर रखे गये थे। वे अभी खाये नहीं गये थे।

वराहमृगशार्दूलमहिषाजशिवामुखाः।
गजोष्ट्रहयपादाश्च निखातशिरसोऽपराः।। (5/17/10)

कितनी ही राक्षसियों के मुख, सुअर, मृग, सिंह, भैंस, बकरी और सियारिनों के समान थे। किन्हीं के पैर हाथियों के समान, किन्हीं के ऊँटों के समान और किन्हीं के घोड़ों के समान थे। किन्हीं–किन्हीं के सिर कबन्ध की भाँति छाती में स्थित थे; अतः गड्ढे के समान दिखायी देते थे। (अथवा किन्हीं–किन्हीं के सिर में गड्ढे थे)।

अतिमात्रास्यनेत्राश्च दीर्घजिह्वाननास्तथा।
अजामुखीर्हस्तिमुखीर्गोमुखीः सूकरीमुखीः।। (5/17/14)
हयोष्ट्रखरवक्त्राश्च राक्षसीर्घोरदर्शनाः।

किन्हीं के मुँह और नेत्र सीमा से अधिक बड़े थे, किन्हीं–किन्हीं के मुखों में बड़ी–बड़ी जिह्वाएँ थीं और कितनी ही ऐसी राक्षसियाँ थीं, जो बकरी, हाथी, गाय, सुअर, घोड़े, ऊँट और गदहों के समान मुँह धारण करती थीं। इसीलिए वे देखने में बड़ी भयंकर थी।

वराहेण दशग्रीवः शिशुमारेण चेन्द्रजित्।। (5/27/31)
उष्ट्रेण कुम्भकर्णश्च प्रयातो दक्षिणां दिशम्।

यह भी देखने में आया कि रावण सुअर पर, इन्द्रजीत सूँस पर और कुम्भकर्ण ऊँट पर सवार हो दक्षिण दिशा को गये हैं।

गिरिप्रस्थेषु रम्येषु सर्वतः सम्प्रपुष्पिताः।। (6/4/77)
प्रीयमाणैः प्लवंगैस्तु सर्वे पर्याकुलीकृताः।
वाप्यस्तस्मिन् गिरौ रम्याः पल्लवानि तथैव च।। (6/4/82)
चक्रवाकानुचरिताः कारण्डवनिषेविताः।
प्लवैः क्रौंचैश्च संकीर्णा वराहमृगसेविता।। (6/4/83)

प्रसन्नता से भरे हुए वानरों ने उन सब वृक्षों को घेर लिया था। उस पर्वत पर बहुत सी रमणीय बावड़ियाँ तथा छोटे–छोटे जलाशय थे, जहाँ चकवे विचरते और जलकुक्कुट निवास करते थे। जलकाक और क्रौंच भरे हुए थे तथा सुअर और हिरन उनमें पानी पीते थे।

मार्जारा द्वीपिभिः सार्धं सूकराः शुनकैः सह।
किंनरा राक्षसैश्चापि समेयुर्मानुषैः सह।। (6/35/30)

बाघों के साथ बिलाव, कुत्तों के साथ सूअर तथा राक्षसों और मनुष्यों के साथ किन्नर समागम करते हैं।

मृगाणां महिषाणां च वराहाणां च संचयान्।
चक्रुर्नैर्ऋतशार्दूला राशिमन्नस्य चादभुतम्।। (6/60/32)

उन श्रेष्ठ राक्षसों ने वहाँ मृगों, भैंसों और सुअरों के समूह खड़े कर दिये तथा अन्न की भी अद्भुत राशि एकत्र कर दी।

ततस्त्वदर्शयन् सर्वान् भक्ष्यांश्च विविधान् बहून्।
वराहान् महिषांश्चैव बभक्ष स महाबलः।। (6/60/62)

तदनन्तर राक्षसों ने वहाँ जो अनेक प्रकार की खाने–पीने की वस्तुएँ प्रचुर मात्रा में रखी गई थीं, वे सब की सब कुम्भकर्ण को दिखायीं। वह महाबली राक्षस बात की बात में बहुतेरे भैंसों और सुअरों को चट कर गया।

गजस्कन्धगताः केचित् केचित् परमवाजिभिः।
व्याघ्रवृश्चिकमार्जारखरोष्ट्रैश्च भुजङ्गमै।। (6/73/11)

वराहैः श्वापदैः सिंहैर्जम्बुकैः पर्वतोपमैः।
काकहंसमयूरैश्च राक्षसा भीमविक्रमाः।। (6/73/12)

कोई हाथी पर बैठकर चले तो कोई उत्तम घोड़ों पर। इनके सिवा बाघ, बिच्छू, बिलाव, गदहे, ऊँट, सर्प, सूअर, अन्य हिंसक जन्तु, सिंह, पर्वताकार गीदड़, कौआ, हंस और मोर आदि की सवारियों पर चढ़े हुए भयंकर पराक्रमी राक्षस वहाँ युद्ध के लिए आये।

सिंहव्याघ्रमुखांश्चापि कङ्ककोकमुखानपि।
गृध्रश्येनमुखांश्चापि शृगालवदनांस्तथा।। (6/99/42)
ईहामृगमुखांश्चापि व्यादितास्यान् भयावहान्।
पंचास्याँल्लेलिहानांश्च ससर्ज निशितांशरान्।। (6/99/43)
शरान् खरमुखांश्चान्यान् वराहमुखसंश्रितान्।
श्वान कुक्कुटवक्त्रांश्च मकराशीविषाननान्।। (6/99/44)
एतांश्चान्यांश्च मायाभिः ससर्ज निशितांछरान्।
रामं प्रति महातेजाः क्रुद्धः सर्प इव श्वसन्।। (6/99/45)

उससे सिंह, बाघ, कंक, चक्रवाक, गीध, बाज, सियार, भेड़िये, गदहे, सूअर, कुत्ते, मुर्गे, मगर और ज़हरीले साँपों के समान मुखवाले बाणों की वृष्टि होने लगी। वे बाण मुँह फैलाये, जबड़े चाटते हुए पाँच मुखवाले भयंकर सर्पों के समान जान पड़ते थे। फुफकारते हुए सर्प की भाँति कुपित हुए महातेजस्वी रावण ने इनका तथा अन्य प्रकार के तीखें बाणों का भी श्रीराम के ऊपर प्रयोग किया।

स्यन्दनैर्वारणैश्चैव हयैश्च करिसंनिभैः।। (7/6/47)
खरैर्गोभिरथोष्ट्रैश्च शिशुमारैर्भुजंगमैः।
मकरैः कच्छपैर्मीनैर्विहंगैर्गरुडोपमैः।। (7/6/48)
सिंहैर्व्याघ्रैर्वराहैश्च सृमरैश्चमरैरपि।
त्यक्त्वा लङ्क.ां गताः सर्वे राक्षसा बलगर्विताः।। (7/6/49)
प्रयाता देवलोकाय योद्धुं दैवतशत्रवः।

अपने बल का घमण्ड रखने वाले वे समस्त देवद्रोही राक्षस रथ, हाथी, घोड़े, गदहे, बैल, ऊँट, शिशुमार, सर्प, मगर, कछुआ, मत्स्य, गरुड़, सिंह, बाघ, सुअर, मृग और नीलगाय आदि वाहनों पर सवार होकर लंका छोड़कर युद्ध के लिए देवलोक की ओर चल पड़े।

याघ्रो वराहो जीमूतः पर्वतः सागरो द्रुमः।
यक्षो दैत्यस्वरूपी च सोऽदृश्यत दशाननः।। (7/15/33)

उस समय दशमुख रावण बाघ, सूअर, मेघ, पर्वत, समुद्र, वृक्ष, यक्ष और दैत्य सभी रूपों में दिखाई देने लगा।

रथान् नागान् खरानुष्ट्रान् पन्नगांस्तुरगांस्तथा।
शिशुमारान् वराहांश्च पिशाचवदनानपि।। (7/28/40)

कुछ राक्षस रथों, हाथियों, गदहों, ऊँटों, सर्पों, घोड़ों, शिशुमारों, वराहो तथा पिशाचमुख वाहनों को दोनों भुजाओं से पकड़कर उनसे लिपटे हुए निश्चेष्ट हो गये थे।

सिंहव्याघ्रवराहाणां खेचराणां च पक्षिणाम्।
बहूनि वै सहस्राणि सेनाया ययुरग्रतः।। (7/100/24)

सिंह, बाघ, सूअर और आकाशचारी पक्षी कई हज़ार की संख्या में सेना के आगे–आगे चले।

38. खरगोश

Indian Hare

वाल्मीकि रामायण में इसके लिये शशः शब्द का प्रयोग किया गया है। इसका वैज्ञानिक नाम 'Lepus nigricollis' है। खरगोश कई तरह का होता है। इसकी लम्बाई 50 से 60 सेमी तथा वजन 2 से 3 किग्रा होता है। नर, मादा से कुछ बड़ा होता है। इनकी खाल रोंयेदार, आकर्षक एवं मुलायम होती है। इनके पिछले पैर अगले पैर से बड़े होते हैं। जंगल में पाये जाने वाले खरगोश मुख्यतया भूरे रंग के होते हैं। इसे रात में वाहन की रोशनी में दौड़ते हुए देखा जा सकता है। पालतू खरगोश श्वेत रंग का होता है तथा खुले में नहीं पाया जाता है। ये बिखरे जंगलों, झाड़ियों, घास के मैदानों या नालों आदि के पास पाया जाता है। यह झाड़ या गड्ढे में चुपचाप छिपा रहता है। इसका मुख्य भोजन घास एवं नरम पौधे हैं। कुत्ते, बिल्ली, अजगर एवं लोमड़ी आदि इसके शत्रु हैं।

वाल्मीकि रामायण में इसका उल्लेख निम्नानुसार आया है–

पंच पंचनखा भक्ष्या ब्रह्मक्षत्रेण राघव।
शल्यकः श्वाविधौ गोधा शशः कूर्मश्च पंचमः।। (4/17/39)

'रघुनन्दन! त्रैवर्णिकों में जिनकी किसी कारण से मांसाहार (जैसे निन्दनीय कर्म) में प्रवृत्ति हो गयी है, उनके लिए भी पाँच नखवाले जीवों में से पाँच ही भक्षण के योग्य बताये गये हैं। उनके नाम इस प्रकार हैं–गेंडा, साही, गोह, खरहा और पाँचवाँ कछुआ।

कृकलान् विविधांश्छागांछशकानर्धभक्षितान्।
महिषानेकशल्यांश्च मेषांश्च कृतनिष्ठितान्।। (5/11/17)

कृकल नामक पक्षी भाँति–भाँति के बकरे, खरगोश, आधे खाये हुए भैंसे, एकशल्य नामक मत्स्य और भेड़ें–ये सब–के–सब राँध–पकाकर रखे हुए थे।

यथा दृप्तश्च मातङ्‌गः शशश्च सहितौ वने।
तथा द्विरदवद् रामस्त्वं नीच शशवत् स्मृतः।। (5/22/16)

जिस प्रकार वन में कोई मतवाला हाथी और कोई खरगोश दैववश एक–दूसरे के साथ युद्ध के लिए तुल जायें, वैसे ही भगवान् श्रीराम और तू है। नीच निशाचर! भगवान राम तो गजराज के समान हैं और तू खरगोश के तुल्य है।

शशमालक्ष्य सिंहो वा पन्नगं गरुडो यथा।
न चिन्तयति तं वाली रावणं पापनिश्चयम्।। (7/34/15)

जैसे सिंह खरगोश को और गरुड़ सर्प को देखकर भी उसकी परवाह नहीं करता, उसी प्रकार वाली ने पापपूर्ण विचार रखनेवाले रावण को देखकर भी चिन्ता नहीं की।

39. ऊदबिलाव

Otter

वाल्मीकि रामायण में इसके लिए बिडाल एवं मार्जार शब्द का प्रयोग किया गया है। इसका वैज्ञानिक नाम 'Lutra lutra' है। इसका यह नाम बिल्ली जैसा दिखने के कारण पड़ा है। यह छोटा, काले भूरे बाल वाला सुन्दर जीव है। यह बहुत ही चालाक जानवर है जो आसानी से पकड़ा नहीं जा सकता। इसकी लम्बाई 100 से 120 सेमी होती है जिसमें इसकी पूँछ 30 से 40 सेमी होती है। इसका सिर चौड़ा और चपटा होता है जिसमें कत्थई या ललाई की झलक होती है। इसके बड़े बालों के नीचे घने बालों की तह होती है।

यह जल तथा स्थल दोनों में रह सकता है परन्तु जल में ही अधिक रहता है क्योंकि जल में यह मछलियों की तरह तैर लेता है। सूखे में यह बड़ी तेजी से जमीन में चल तथा भाग लेता है। ये सुनसान में धूप सेंकने हेतु जमीन पर लेटे रहते हैं। इनका मुख्य भोजन मछली, मेढक, केकड़े आदि हैं।

वाल्मीकि रामायण में इसका उल्लेख निम्नानुसार आया है–

बिडालोलूकचरितामालीननरवारणाम्।
तिमिराभ्याहतां कालीमप्रकाशां निशामिव।। (2/114/2)

उस समय वहाँ बिलाव और उल्लू विचर रहे थे। घरों के किवाड़ बन्द थे। सारे नगर में अन्धकार छा रहा था। प्रकाश न होने के कारण वह पुरी कृष्ण–पक्ष की काली रात के समान जान पड़ती थी।

यदन्तरं कांचनसीसलोहयो–
र्यदन्तरं चन्दनवारिपङ्कयोः।
यदन्तरं हस्तिबिडालयोर्वने
तदन्तरं दाशरथेस्तवैव च।। (3/47/46)

सोने और सीसे में, चन्दनमिश्रित जल और कीचड़ में तथा वन में रहने वाले हाथी और बिलाव में जो अन्तर है, वही अन्तर दशरथनन्दन श्रीराम और तुझमें है।

आप्लवन्तो हरिवराः सर्वतस्तं महागिरिम्।
मृगमार्जारशार्दूलांस्त्रासयन्तो ययुस्तदा।। (4/2/11)

उस बेला में चारों ओर से उस महान पर्वत पर उछलकर आते हुए वे श्रेष्ठ वानर वहाँ रहने वाले मृगों, बिलावों तथ व्याघ्रों को भयभीत करते हुए जा रहे थे।

ऋक्षवानरगोपुच्छैर्मार्जारैश्च निषेवितम्।
मेघराशिनिभं शैलं नित्यं शुचिकरं शिवम्।। (4/27/3)

रीछ, वानर, लंगूर और बिलाव आदि जन्तु वहाँ निवास करते थे। वह पर्वत मेघों के समूह–सा जान पड़ता था। दर्शन करने वाले लोगों के लिए वह सदा ही मङ्गलमय और पवित्र कारक था।

मार्जारा द्वीपिभिः सार्धं सूकराः शुनकैः सह।
किंनरा राक्षसैश्चापि समेयुर्मानुषैः सह।। (6/35/30)

बाघों के साथ बिलाव, कुत्तों के साथ सूअर तथा राक्षसों और मनुष्यों के साथ किन्नर समागम करते हैं।

तौ परस्परमासाद्य यत्तावन्योन्यसूदने।
मार्जाराविव भक्षार्थेऽवतस्थाने मुहुर्मुहुः।। (6/40/22)

वे परस्पर भिड़कर एक–दूसरे को मार डालने का प्रयत्न कर रहे थे। जैसे दो बिलाव किसी भक्ष्य वस्तु के लिए क्रोधपूर्वक स्थित हो परस्पर दृष्टिपात कर बारम्बार गुर्राते रहते हैं, उसी तरह रावण और सुग्रीव भी लड़ रहे थे।

गजस्कन्धगताः केचित् केचित् परमवाजिभिः।
व्याघ्रवृश्चिकमार्जारखरोष्ट्रैश्च भुजङ्गमै।। (6/73/11)
वराहैः श्वापदैः सिंहैर्जम्बुकैः पर्वतोपमैः।
काकहंसमयूरैश्च राक्षसा भीमविक्रमाः।। (6/73/12)

कोई हाथी पर बैठकर चले तो कोई उत्तम घोड़ों पर। इनके सिवा बाघ, बिच्छू, बिलाव, गदहे, ऊँट, सर्प, सूअर, अन्य हिंसक जन्तु, सिंह, पर्वताकार गीदड़, कौआ, हंस और मोर आदि की सवारियों पर चढ़े हुए भयंकर पराक्रमी राक्षस वहाँ युद्ध के लिये आये।

शरभेण यथा सिंहाः सिंहेन द्विरदा यथा।
द्विरदेन यथा व्याघ्रा व्याघ्रेण द्वीपिनो यथा।। (7/7/20)
द्वीपिनेव यथा श्वानः शुना मार्जारको यथा।
मार्जारेण यथा सर्पाः सर्पेण च यथाखवः।। (7/7/21)
तथा ते राक्षसाः सर्वे विष्णुना प्रभविष्णुना।
द्रवन्ति द्राविताश्चान्ये शायिताश्च महीतले।। (7/7/22)

जैसे शरभ से सिंह, सिंह से हाथी, हाथी से बाघ, बाघ से चीते, चीते से कुत्ते, कुत्ते से बिलाव, बिलाव से साँप और साँप से चूहे डरकर भागते हैं, उसी प्रकार वे सब राक्षस प्रभावशाली भगवान् विष्णु की मार खाकर भागने लगे। उनके भगाये हुए बहुत से राक्षस धराशायी हो गये।

40. बिल्ली

Cat

वाल्मीकि रामायण में इसके लिए विडाला शब्द का प्रयोग किया गया है। गीता प्रेस की टीका में विडाल का अर्थ सन्दर्भ के अनुसार बिल्ली एवं ऊदविलाव दोनों किया गया है। घरेलू बिल्ली का वैज्ञानिक नाम 'Felis catus' है। इसका शरीर मज़बूत एवं लचीला होता है। यह अपने पंजो एवं दाँत से शिकार करती है। यह चूहे आदि को बड़े प्रेम से मारकर खाती है। पालतू बिल्ली रोटी आदि खाती है तथा दूध पीती है।

वाल्मीकि रामायण में इसका उल्लेख निम्नानुसार आया है–

कपोता रक्तपादाश्च सारिका विद्रुता ययुः।। (7/6/57)
काका वाश्यन्ति तत्रैव विडाला वै द्विपादयः।

कबूतर, तोते और मैना लंका छोड़कर भाग चले। कौए वहीं काँव–काँव करने लगे। बिल्लियाँ भी वहीं गुर्राने लगीं तथा हाथी आदि पशु आर्तनाद करने लगे।

41. ऊँट

Camel

वाल्मीकि रामायण में इसके लिए उष्ट्र शब्द का प्रयोग किया गया है। इसका वैज्ञानिक नाम 'Camelus dromedarius' है। इसे 'रेगिस्तान का जहाज' कहा जाता है। गर्म जलवायु वाले क्षेत्रों में इसे बोझा ढोने एवं सवारी के काम में प्रयोग किया जाता है। यह अपनी लम्बी मुड़ी (Curved) गर्दन से पहचाना जाता है। इसकी पीठ के बीच में कूबड़ होता है। इसके चमड़े की मोटाई के कारण वाष्पोत्सर्जन कम होने से पानी की क्षति न्यूनतम होती है। अतः सूखे में किसी अन्य जानवर की तुलना में इसके भूख एवं प्यास सहने की क्षमता अधिक होती है। इसकी आयु 40 से 50 वर्ष तक होती है। यह शाकाहारी है तथा घास, पत्ते आदि खाता है। मादा का गर्भधारण काल 15 माह है तथा वह एक बार में एक बच्चे को जन्म देती है। लगभग 4 से 5 वर्ष में बच्चे वयस्क हो जाते हैं।

वाल्मीकि रामायण में इसका उल्लेख निम्न प्रकार है—

दुर्गगम्भीरपरिखां दुर्गामन्यैर्दुरासदाम्।
वाजिवारणसम्पूर्णां गोभिरुष्ट्रैः खरैस्तथा।। (1/5/13)

उसके चारों ओर गहरी खाई खुदी थी, जिसमें प्रवेश करना या जिसे लाँघना अत्यन्त कठिन था। वह नगरी दूसरों के लिए सर्वथा दुर्गम एवं दुर्जय थी। घोड़े, हाथी, गाय—बैल, ऊँट तथा गदहे आदि उपयोगी पशुओं से वह पुरी भरी—पूरी थी।

कुंजराश्च खरोष्ट्राश्च गोऽश्वाश्च मृगपक्षिणः।
बभूवुः सुभृतास्तत्र नातो ह्यन्यमकल्पयत्।। (2/91/65)

हाथी, घोड़े, गदहे, ऊँट, बैल, मृग तथा पक्षी भी वहाँ पूर्ण तृप्त हो गये थे; अतः कोई दूसरी किसी वस्तु की इच्छा नहीं करता था।

प्रतिपानह्रदान् पूर्णान् खरोष्ट्रगजवाजिनाम्।
अवगाह्यसुतीर्थांश्च ह्रदान् सोत्पलपुष्करान्।
आकाशवर्णप्रतिमान् स्वच्छतोयान् सुखोप्लवान्।। (2/91/78)

गधे, ऊँट, हाथी और घोड़ों के पानी पीने के लिए कई जलाशय भरे थे, जिनके घाट बड़े सुन्दर औा सुखपूर्वक उतरने योग्य थे। उन जलाशयों में कमल और उत्पल शोभा पा रहे थे। उनका जल आकाश के समान स्वच्छ था।

वराहमृगशार्दूलमहिषाजशिवामुखाः।
गजोष्ट्रहयपादाश्च निखातशिरसोऽपराः।। (5/17/10)

कितनी ही राक्षसियों के मुख, सुअर, मृग, सिंह, भैंस, बकरी और सियारिनों के समान थे। किन्हीं के पैर हाथियों के समान, किन्हीं के ऊँटों के समान और किन्हीं के घोड़ों के समान थे। किन्हीं—किन्हीं के सिर कबन्ध की भाँति छाती में स्थित थे; अतः गड्ढे के समान दिखायी देते थे। (अथवा किन्हीं—किन्हीं के सिर में गड्ढे थे)।

अतिमात्रास्यनेत्राश्च दीर्घजिह्वाननास्तथा।
अजामुखीर्हस्तिमुखीर्गोमुखीः सूकरीमुखीः।। (5/17/14)
हयोष्ट्रखरवक्त्राश्च राक्षसीर्घोरदर्शनाः।

किन्हीं के मुँह और नेत्र सीमा से अधिक बड़े थे, किन्हीं—किन्हीं के मुखों में बड़ी—बड़ी

जिह्वाएँ थीं और कितनी ही ऐसी राक्षसियाँ थीं, जो बकरी, हाथी, गाय, सुअर, घोड़े, ऊँट और गदहों के समान मुँह धारण करती थीं। इसीलिये वे देखने में बड़ी भयंकर थी।

वराहेण दशग्रीवः शिशुमारेण चेन्द्रजित्।। (5/27/31)
उष्ट्रेण कुम्भकर्णश्च प्रयातो दक्षिणां दिशम्।

यह भी देखने में आया कि रावण सुअर पर, इन्द्रजीत सूँस पर और कुम्भकर्ण ऊँट पर सवार हो दक्षिण दिशा को गये हैं।

खरोष्ट्राश्वतरा राजन् भिन्नरोमाः स्रवन्ति च।
न स्वभावेऽवतिष्ठन्ते विधानैरपि चिन्तिताः।। (6/10/18)

राजन! गधों, ऊँटों और खच्चरों के रोंगटे खड़े हो जाते हैं। उनके नेत्रों से आँसू गिरने लगते हैं। विधिपूर्वक चिकित्सा की जाने पर भी वे पूर्णतः स्वस्थ हो नहीं पाते हैं।

नागैरश्वैः खरेरुष्ट्रैः संयुक्तः सुसमाहितः।
पताकाध्वजचित्रैश्च बहुभिः समलंकृतः।। (6/53/5)

वह हाथी, घोड़े, गदहे और ऊँट आदि सवारियों से युक्त था, चित्त को पूर्णतः एकाग्र किये हुए था और पताका, ध्वज आदि से विचित्र शोभा पाने वाले बहुत से सेनाध्यक्ष उसकी शोभा बढ़ाते थे।

यश्चैष नानाविधघोररूपै
व्यार्घ्रोष्ट्रनागेन्द्रमृगाश्ववक्त्रैः।
भूतैर्वृतौ भाति विवृत्तनेत्रै–
र्योऽसो सुराणामपि दर्पहन्ता।। (6/59/23)
यत्रैतदिन्दुप्रतिमं विभाति
च्छत्रं सितं सूक्ष्मशलाकमग्र्यम।
अत्रैष रक्षोधिपतिर्महात्मा
भूतैर्वृतो रुद्र इवावभाति।। (6/59/24)

यह जो व्याघ्र, ऊँट, हाथी, हिरन और घोड़े के से मुँह वाले, चढ़ी हुई आँख वाले तथा अनेक प्रकार के भयंकर रूप वाले भूतों से घिरा है, जो देवताओं का भी दर्प दलन करने वाला है तथा जिसके ऊपर पूर्ण चन्द्रमा के समान श्वेत एवं पतली कमानी वाला सुन्दर छत्र शोभा पाता है, वही यह राक्षसराज महामना रावण है, जो भूतों से घिरे हुए रुद्रदेव के समान सुशोभित होता है।

अश्वनुष्ट्रान् खरान् नागांजघ्नुर्दण्डकशाङ्कुशैः।। (6/60/45)
भेरीशंखमृदंगाश्च सर्वप्राणैरवादयन्।
निजघ्नश्चास्य गात्राणि महाकाष्ठकटंकरैः।। (6/60/46)

वे घोड़ों, ऊँटों, गदहों और हाथियों को डंडों, कोड़ों तथा अंकुशों से मार–मारकर उसके ऊपर ठेलने लगे। सारी शक्ति लगाकर भेरी, मृदंग और शंख बजाने लगे।

सर्पैरुष्ट्रैः खरैश्चैव सिंहद्विपमृगद्विजैः।
अनुजग्मश्च तं घोरं कुम्भकर्ण महाबलम्।। (6/65/35)

कितने ही राक्षस साँप, ऊँट, गधे, सिंह, हाथी, मृग और पक्षियों पर सवार हो–होकर उस भयंकर महाबली कुम्भकर्ण के पीछे–पीछे गये।

वानराश्च महात्मानः समुत्पाट्य महाद्रुमान्।
रथानश्वान् गजानुष्ट्रान् राक्षसानभ्यसूदयन्।। (6/67/14)

महामनस्वी वानर भी बड़े–बड़े पेड़ उखाड़कर शत्रु सेना के रथ, घोड़े, हाथी, ऊँट और राक्षसों का संहार करने लगे।

गजस्कन्धगताः केचित् केचित् परमवाजिभिः।
व्याघ्रवृश्चिकमार्जारखरोष्ट्रैश्च भुजङ्गमै।। (6/73/11)
वराहैः श्वापदैः सिंहैर्जम्बुकैः पर्वतोपमैः।
काकहंसमयूरैश्च राक्षसा भीमविक्रमाः।। (6/73/12)

कोई हाथी पर बैठकर चले तो कोई उत्तम घोड़ों पर। इनके सिवा बाघ, बिच्छू, बिलाव, गदहे, ऊँट, सर्प, सूअर, अन्य हिंसक जन्तु, सिंह, पर्वताकार गीदड़, कौआ, हंस और मोर आदि की सवारियों पर चढ़े हुए भयंकर पराक्रमी राक्षस वहाँ युद्ध के लिए आये।

स्यन्दनैर्वारणैश्चैव हयैश्च करिसंनिभैः।। (7/6/47)
खरैर्गोभिरथोष्ट्रैश्च शिशुमारैर्भुजंगमैः।
मकरैः कच्छपैर्मीनैर्विहंगैर्गरुडोपमैः।। (7/6/48)
सिंहैर्व्याघ्रैर्वराहैश्च सृमरैश्चमरैरपि।
त्यक्त्वा लङ्क.ां गताः सर्वे राक्षसा बलगर्विताः।। (7/6/49)
प्रयाता देवलोकाय योद्धंड्ढ दैवतशत्रवः।

अपने बल का घमण्ड रखने वाले वे समस्त देवद्रोही राक्षस रथ, हाथी, घोड़े, गदहे, बैल, ऊँट, शिशुमार, सर्प, मगर, कछुआ, मत्स्य, गरुड़, सिंह, बाघ, सुअर, मृग और नीलगाय आदि वाहनों पर सवार होकर लंका छोड़कर युद्ध के लिए देवलोक की ओर चल पड़े।

खरैरुष्ट्रैर्हयैर्दीप्तैः शिशुमारैर्महोरगैः।। (7/25/36)
राक्षसाः प्रययुः सर्वे कृत्वाऽऽकाशं निरन्तरं।

गदहे, ऊँट, घोड़े, शिशुमार (सूँस) और बड़े–बड़े नाग आदि दीप्तिमान् वाहनों पर आरूढ़ हो सब राक्षस आकाश को अवकाशरहित करते हुए चले।

रथान् नागान् खरानुष्ट्रान् पन्नगांस्तुरगांस्तथा।
शिशुमारान् वराहांश्च पिशाचवदनानपि।। (7/28/40)

कुछ राक्षस रथों, हाथियों, गदहों, ऊँटों, सर्पों, घोड़ों, शिशुमारों, वराहो तथा पिशाचमुख वाहनों को दोनों भुजाओं से पकड़कर उनसे लिपटे हुए निश्चेष्ट हो गये थे।

42. भैंस, भैंसा

Buffalo

वाल्मीकि रामायण में इसके लिए महिष शब्द का प्रयोग किया गया है। इसका वैज्ञानिक नाम 'Bubalus bubalis' है। यह दुग्ध उत्पादन का प्रमुख स्रोत है। पालतू भैंस की भाँति ही जंगली भैंस 'अरना' अर्ध गोलाकार, ऊपर उठे, चपटे सींगों, काले धूमिल सफ़ेद रंग के पैर वाली और सलेटी काले रंग की होती है। नर और मादा दोनों में विकसित सींग होते हैं। अरना हमारे देश में असम में ब्रह्मपुत्र और अरुणांचल प्रदेश के मैदानों, मध्य प्रदेश के कुछ क्षेत्रों, पश्चिमी उड़ीसा और पूर्वी महाराष्ट्र में पायी जाती हैं।

वाल्मीकि रामायण में इसका उल्लेख निम्नानुसार आता है–

महाद्विपाश्च सिंहाश्च व्याघ्रा ऋक्षाश्च दंष्ट्रिणः।
महिषाः श्रृङ्ग.णो रौद्रा न ते द्रुह्यान्तु पुत्रक।। (2/25/19)

पुत्र! बड़े–बड़े हाथी, सिंह, व्याघ्र, रीछ, दाढ़वाले अन्य जीव तथा विशाल सींगवाले भयंकर भैंसे वन में तुमसे द्रोह न करें।

निपाने महिषं रात्रौ गजं वाभ्यागतं मृगम्।
अन्यद् वा श्वापदं किंचिज्जिघांसुरजितेन्द्रियः।। (2/63/21)

मेरी इन्द्रियां मेरे वश में नहीं थीं। मैंने सोचा था कि पानी पीने के घाट पर रात के समय जब कोई उपद्रवकारी भैंसा, मतवाला हाथी अथवा सिंह–व्याघ्र आदि दूसरा कोई हिंसक जन्तु आवेगा तो उसे मारूँगा।

गजयूथानि वारण्ये महिषा वा महावने।
वित्रासिता मृगाः सिंहैः सहसा प्रद्रुता दिशः।। (2/96/8)
राजा वा राजपुत्रो वा मृगयामटते वने।
अन्यद्वा श्वापदं किंचित् सौमित्रे ज्ञातुमर्हसि।। (2/96/9)

सुमित्रानन्दन! पता तो लगाओ, इस विशाल वन में ये जो हाथियों के झुण्ड अथवा भैंसे या मृग जो सहसा सम्पूर्ण दिशाओं की ओर भाग चले हैं, इसका क्या कारण है? इन्हें सिंहों ने तो नहीं डरा दिया है अथवा कोई राजा या राजकुमार इस वन में आकर शिकार तो नहीं खेल रहा है या दूसरा कोई हिंसक जन्तु तो नहीं प्रकट हो गया है?

यूथबद्धांश्च पृषतान् मदोन्मत्तान् विषाणिनः।
महिषांश्च वराहांश्च गजांश्च द्रुमवैरिणः।। (3/11/4)

कहीं चितकबरे मृग यूथ बाँधे चले जा रहे थे, कहीं बड़े–बड़े सींगवाले मदमत्त भैंसे तथा बढ़े हुए दाँत वाले जंगली सुअर और वृक्षों के वैरी दन्तार हाथी दिखाई देते थे।

महिषो दुन्दुभिर्नाम कैलासशिखरप्रभः।
बलं नागसहस्रस्य धारयामास वीर्यवान्।। (4/11/7)

पहले की बात है यहाँ एक दुन्दुभि नामक असुर रहता था, जो भैंसे के रूप में दिखायी देता था। वह ऊँचाई में कैलास पर्वत के समान जान पड़ता था। पराक्रमी दुन्दुभि अपने शरीर में एक हज़ार हाथियों का बल रखता था।

मृगाणां महिषाणां च वराहाणां च भागशः।
तत्र न्यस्तानि मांसानि पानभूमौ ददर्श सः।। (5/11/14)

उस मधुशाला में अलग–अलग मृगों, भैसों और सूअरों के माँस रखे गये थे, जिन्हें हनुमान् जी ने देखा।

कृकलान् विविधांश्छागांछशकानर्धभक्षितान्।
महिषानेकशल्यांश्च मेषांश्च कृतनिष्ठितान्।। (5/11/17)

कृकल नामक पक्षी, भाँति–भाँति के बकरे, खरगोश, आधे खाये हुए भैंसे, एकशल्य नामक मत्स्य और भेड़ें–ये सब–के–सब राँध–पकाकर रखे हुए थे।

वराहमृगशार्दूलमहिषाजशिवामुखाः।
गजोष्ट्रहयपादाश्च निखातशिरसोऽपराः।। (5/17/10)

कितनी ही राक्षसियों के मुख, सुअर, मृग, सिंह, भैंस, बकरी और सियारिनों के समान थे। किन्हीं के पैर हाथियों के समान, किन्हीं के ऊँटों के समान और किन्हीं के घोड़ों के समान थे। किन्हीं–किन्हीं के सिर कबन्ध की भाँति छाती में स्थित थे; अतः गड्ढे के समान दिखाई देते थे। (अथवा किन्हीं–किन्हीं के सिर में गड्ढे थे)।

ऋक्षाः सिंहाश्च महिषा वारणाश्च मृगाः खगाः।
तेन शब्देन वित्रस्ता जग्मुर्भीता दिशो दश।। (6/39/16)

वानरों के उस सिंहनाद से त्रस्त एवं भयभीत हुए रीछ, सिंह, भैंसे, हाथी, मृग और पक्षी दसों दिशाओं की ओर भाग गये।

मृगाणां महिषाणां च वराहाणां च संचयान्।
चक्रुर्नैर्ऋतशार्दूला राशिमन्नस्य चाद्भुतम्।। (6/60/32)

उन श्रेष्ठ राक्षसों ने वहाँ मृगों, भैंसों और सुअरों के समूह खड़े कर दिये तथा अन्न की भी अद्भुत राशि एकत्र कर दी।

ततस्त्वदर्शयन् सर्वान् भक्ष्यांश्च विविधान् बहून्।
वराहान् महिषांश्चैव बभक्ष स महाबलः।। (6/60/62)

तदनन्तर राक्षसों ने वहाँ जो अनेक प्रकार की खाने–पीने की वस्तुएँ प्रचुर मात्रा में रखी गई थीं, वे सब–की–सब कुम्भकर्ण को दिखायीं। वह महाबली राक्षस बात की बात में बहुतेरे भैंसों और सुअरों को चट कर गया।

घनगजमहिषाङ्ग.तुल्यवर्णाः
समरमुखेष्वसकृद्गदासिभिन्नाः।
अहमहमिति युद्धकौशलास्ते
रजनिचराः परिबभ्रमुर्मुहुस्ते।। (6/78/21)

उन राक्षसों की अंगकान्ति मेघ, हाथी और भैंसों के समान काली थी। वे युद्ध के मुहाने पर अनेक बार गदाओं और तलवारों की चोट से घायल हो चुके थे। उनमें युद्ध विषयक कौशल विद्यमान था। वे निशाचर 'पहले मैं युद्ध करूँगा, पहले मैं युद्ध करूँगा' ऐसा बारम्बार कहते हुए वहाँ सब ओर चक्कर लगाने लगे।

पश्यमानस्ततो विन्ध्यं रावणो नर्वदां ययौ।
चलोपलजलां पुण्यां पश्चिमोदधिगामिनीम्।। (7/31/19)
महिषैः सृमरैः सिंहैः शार्दूलर्क्षगजोत्तमैः।
उष्णाभितप्तैस्तृषितैः संक्षोभितजलाशयाम्।। (7/31/20)

विन्ध्याचल की शोभा को देखता हुआ रावण पुण्यसलिला नर्मदा नदी के तट पर गया, जिसमें शिलाखण्डों से युक्त चंचल जल प्रवाहित हो रहा था। वह नदी पश्चिम समुद्र की ओर चली जा रही थी। धूप से तपे हुए प्यासे भैंसे, हिरन, सिंह, व्याघ्र, रीछ और गजराज उसके जलाशय को विक्षुब्ध कर रहे थे।

43. बैल एवं साँड़

Bullock, Ox

बैल–इसका वैज्ञानिक नाम 'Bos taurus' है। भारत में पहले कृषि कार्य जैसे खेत की जुताई,

सिंचाई एवं मँड़ाई आदि सभी कार्य बैल के माध्यम से किये जाते थे। धीरे–धीरे इनका स्थान मशीनों ने ले लिया है।

साँड़–वाल्मीकि रामायण में इसके लिए वृष, वृषभ, ऋषभ या गवा शब्द आया है। यह गाय का नर रूप है। इसका वैज्ञानिक नाम Bos taurus है। यही नाम गाय का भी है। यह बलशाली होता है। इसका वजन 500 से 1000 कि.ग्रा. तक होता है। छोटी आयु में बछड़े आक्रामक नहीं होते किन्तु साँड़ आक्रामक होते हैं।

कहीं–कहीं पर इसका उपयोग कृषि कार्य में किया जाता है।

वाल्मीकि रामायण में इसका उल्लेख निम्न प्रकार है–

पाण्डुरश्च वृषः सज्जः पाण्डुराश्वश्च संस्थितः। (2/15/11)

सुसज्जित श्वेत वृषभ और श्वेत अश्व भी खड़े थे।

स तादृशः सिंहबलो वृषभाक्षो नरर्षभः।
स्वयमेव हतः पित्रा जलजेनात्मजो यथा।। (2/61/22)

सिंह के समान बल और बैल के समान बड़े–बड़े नेत्रवाला वैसा नरश्रेष्ठ वीर पुत्र स्वयं अपने पिता के ही हाथों द्वारा मारा गया। (राज्य से वंचित कर दिया गया)। ठीक उसी तरह, जैसे मत्स्य का बच्चा अपने पिता मत्स्य के द्वारा ही खा लिया जाता है।

कुंजराश्च खरोष्ट्राश्च गोऽश्वाश्च मृगपक्षिणः।
बभूवुः सुभृतास्तत्र नातो ह्यन्यमकल्पयत्।। (2/91/65)

हाथी, घोड़े, गदहे, ऊँट, बैल, मृग तथा पक्षी भी वहाँ पूर्ण तृप्त हो गये थे; अतः कोई दूसरी किसी वस्तु की इच्छा नहीं करता था।

गोष्ठमध्ये स्थितामार्तामचरन्तीं नवं तृणम्।
गोवृषेण परित्यक्तां गवां पत्नीमिवोत्सुकाम्।। (2/114/9)

जैसे कोई गाय साँड़ के साथ समागम के लिये उत्सुक हो, उसी अवस्था में उसे साँड़ से अलग कर दिया गया हो और वह नूतन घास चरना छोड़कर आर्त भाव से गोष्ठ में बँधी हुई खड़ी हो, उसी तरह अयोध्यापुरी भी आन्तरिक वेदना से पीड़ित थी।

श्रीमन्तौ रूपसम्पन्नौ वृषभश्रेष्ठविक्रमौः।
हस्तिहस्तोपमभुजौ द्युतिमन्तौ नरर्षभौ।। (4/3/10)

आप कान्तिमान् तथा रूपवान् हैं। आप विशालकाय साँड के समान मन्दगति से चलते हैं। आप दोनों की भुजाएँ हाथी की सूँड़ के समान जान पड़ती है। आप मनुष्यों में श्रेष्ठ और परम तेजस्वी हैं।

हते तु वीरे प्लवगाधिपे तदा
प्लवङ्गमास्तत्र न शर्म लेभिरे।
वनेचराः सिंहयुते महावने
यथा हि गावो निहते गवां पतौ।। (4/22/31)

उस समय वीर वानरराज वाली के मारे जाने पर वनों में विचरने वाले वानर वहाँ चैन न पा सके। जैसे सिंह से युक्त विशाल वन में साँड़ के मारे जाने पर गौएँ दुःखी हो जाती हैं, वही दशा उन वानरों की हुई।

अहं पुत्रसहाया त्वामुपासे गतचेतनम्।
सिंहेन पातितं सद्यो गौः सवत्सेव गोवृषम्।। (4/23/26)

जैसे कोई बछड़े सहित गाय सिंह के द्वारा तत्काल मार गिराये हुए साँड़ के पास खड़ी हो, उसी प्रकार पुत्र सहित मैं प्राणहीन हुए आपकी सेवा में बैठी हूँ।

जाता वनान्ताः शिखिसुप्रनृत्ता
जाताः कदम्बाः सकदम्बशाखाः।
जाता वृषा गोषु समानकामा
जाता मही सस्यवनाभिरामा।। (4 / 28 / 26)

वन प्रान्त मोरों के सुन्दर नृत्य से सुशोभित हो गये हैं। कदम्ब वृक्ष फूलों और शाखाओं से सम्पन्न हो गये हैं। साँड़ गौओं के प्रति उन्हीं के समान कामभाव से आसक्त हैं और पृथ्वी हरी–हरी खेती तथा हरे–भरे वनों से अत्यन्त रमणीय प्रतीत होने लगी है।

मत्ता गजेन्द्रा मुदिता गवेन्द्रा
वनेषु विक्रान्तरा मृगेन्द्राः।
रम्या नगेन्द्राः निभृता नरेन्द्राः
प्रक्रीडितो वारिधरैः सुरेन्द्रः।। (4 / 28 / 43)

गजेन्द्र (हाथी) मतवाले हो रहे हैं। गवेन्द्र (वृषभ) आनन्द में मग्न हैं, मृगेन्द्र (सिंह) वनों में अत्यन्त पराक्रम प्रकट करते हैं, नगेन्द्र (बड़े–बड़े पर्वत) रमणीय दिखायी देते हैं, नरेन्द्र (राजालोग) मौन हैं–युद्धविषयक उत्साह छोड़ बैठे हैं और सुरेन्द्र (इन्द्रदेव) जलधरों के साथ क्रीड़ा कर रहे हैं।

मदप्रगल्भेषु च वारणेषु
गवां समूहेषु च दर्पितेषु।
प्रसन्नतोयासु च निम्नगासु
विभाति लक्ष्मीर्बहुधा विभक्ता।। (4 / 30 / 32)

मदमत्त गजराजों में, दर्प–भरे वृषभों के समूहों में तथा स्वच्छ जल वाली सरिताओं में नाना रूपों में विभक्त हुई लक्ष्मी विशेष शोभा पा रही है।

शरद्‌गुणाप्यायितरूपशोभाः
प्रहर्षिताः पांसुसमुत्थिताङ्गाः।
मदोत्कटाः सम्प्रति युद्धलुब्धा
वृषा गवां मध्यगता नदन्ति।। (4 / 30 / 38)

शरद्–ऋतु के गुणों ने जिनके रूप और शोभा को बढ़ा दिया है, जिनके सारे अंगों पर धूल छा रही है, जिनके मद की अधिक वृद्धि हुई है तथा जो युद्ध के लिए लुभाये हुए हैं, वे साँड़ इस समय गौओं के बीच में खड़े होकर अत्यन्त हर्षपूर्वक हँकड़ रहे हैं।

वेणुस्वरव्यजिततूर्यमिश्रः
प्रत्यूषकालेऽनिलसम्प्रवृत्तः।
सम्मूर्छितो गर्गरगोवृषाणा
मन्योन्यमापूरयतीव शब्दः।। (4 / 30 / 50)

वेणु के स्वर के रूप में व्यक्त हुए वाद्यघोष से मिश्रित और प्रातःकाल की वायु से वृद्धि को प्राप्त होकर सब ओर फैला हुआ दही मथने के बड़े–बड़े भाण्डों और साँड़ों का शब्द, मानों एक–दूसरे को पूरक हो रहा है।

दुष्करं निष्प्रतिद्वन्द्वं चिकीर्षन् कर्म वानरः।
समुदग्रशिरोग्रीवो गवां पतिरिवाबभौ।। (5/1/2)

कपिवर हनुमान जी ऐसा कर्म करना चाहते थे, जो दूसरों के लिए दुष्कर था तथा उस कार्य में उन्हें किसी और की सहायता भी प्राप्त नहीं थी। उन्होंने मस्तक और ग्रीवा ऊँची की। उस समय वे हृष्ट–पुष्ट साँड के समान प्रतीत होने लगे।

ततः स मध्यंगतमंशुमन्तं
ज्योत्स्नावितानं मुहुरुद्वमन्तम्।
ददर्श धीमान् भुवि भानुमन्तं
गोष्ठे वृषं मत्तमिव भ्रमन्तम्।।(5/5/1)

तत्पश्चात् बुद्धिमान हनुमान जी ने देखा, जिस प्रकार गोशाला के भीतर गौओं के झुण्ड में मतवाला साँड़ विचरता है, उसी प्रकार पृथ्वी के ऊपर बारम्बर अपनी चाँदनी का चँदोवा तानते हुए चन्द्रदेव आकाश के मध्य भाग में तारिकाओं के बीच विचरण कर रहे हैं।

गजश्च गिरिसंकाशो गवयश्च महाबलः।
गवाक्षश्चाग्रतो यातु गवां दृप्त इवर्षभः।। (6/4/15)

पर्वत के समान विशालकाय गज, महाबली गवय तथा मतवाले साँड़ की भाँति पराक्रमी गवाक्ष सेना के आगे–आगे चलें।

यश्चैष शूलं निशितं प्रगृह्य
विद्युत्प्रभं किंकरवज्रवेगम्।
वृषेन्द्रमास्थाय शशिप्रकाश–
मायाति योऽसौ त्रिशिरा यशस्वी।। (6/59/19)

जिसने वज्र के वेग को भी अपना दास बना लिया है और जिससे बिजली की सी प्रभा छिटकती है, ऐसे तीखे त्रिशूल को हाथ में लिए जो यह चन्द्रमा के समान श्वेत कान्ति वाले साँड़ पर चढ़कर युद्धभूमि में आ रहा है, वह यशस्वी वीर त्रिशिरा है।

गोष्ठमध्ये स्थितामार्तामचरन्तीं नवं तृणम्।
गोवृषेण परित्यक्तां गवां पत्नीमिवोत्सुकाम्।। (2/114/9)

जैसे कोई गाय साँड़ के साथ समागम के लिए उत्सुक हो, उसी अवस्था में उसे साँड़ से अलग कर दिया गया हो और वह नूतन घास चरना छोड़कर आर्त भाव से गोष्ठ में बँधी हुई खड़ी हो, उसी तरह अयोध्यापुरी भी आन्तरिक वेदना से पीड़ित थी।

श्रीमन्तौ रूपसम्पन्नौ वृषभश्रेष्ठविक्रमौः।
हस्तिहस्तोपमभुजौ द्युतिमन्तौ नरर्षभौ।। (4/3/10)

आप कान्तिमान् तथा रूपवान् हैं। आप विशालकाय साँड़ के समान मन्दगति से चलते हैं। आप दोनों की भुजाएँ हाथी की सूँड़ के समान जान पड़ती है। आप मनुष्यों में श्रेष्ठ और परम तेजस्वी हैं।

शरद्गुणाप्यायितरूपशोभाः
प्रहर्षिताः पांसुसमुत्थिताङ्गाः।
मदोत्कटाः सम्प्रति युद्धलुब्धा
वृषा गवां मध्यगता नदन्ति।। (4/30/38)

शरद्–ऋतु के गुणों ने जिनके रूप और शोभा को बढ़ा दिया है, जिनके सारे अंगों पर धूल छा रही है, जिनके मद की अधिक वृद्धि हुई है तथा जो युद्ध के लिए लुभाये हुए हैं, वे साँड़ इस समय गौओं के बीच में खड़े होकर अत्यन्त हर्षपूर्वक हँकड़ रहे हैं।

वेणुस्वरव्यजिततूर्यमिश्रः
प्रत्यूषकालेऽनिलसम्प्रवृत्तः।
सम्मूर्छितो गर्गरगोवृषाणा
मन्योन्यमापूरयतीव शब्दः।। (4/30/50)

वेणु के स्वर के रूप में व्यक्त हुए वाद्यघोष से मिश्रित और प्रातःकाल की वायु से वृद्धि को प्राप्त होकर सब ओर फैला हुआ दही मथने के बड़े–ब़ड़े भाण्डों और साँड़ों का शब्द, मानों एक–दूसरे का पूरक हो रहा है।

हते तु वीरे प्लवगाधिपे तदा
प्लवङ्गमास्तत्र न शर्म लेभिरे।
वनेचराः सिंहयुते महावने
यथा हि गावो निहते गवां पतौ।। (4/22/31)

उस समय वीर वानरराज वाली के मारे जाने पर वनों में विचरने वाले वानर वहाँ चैन न पा सके। जैसे सिंह से युक्त विशाल वन में साँड़ के मारे जाने पर गौएँ दुःखी हो जाती हैं, वही दशा उन वानरों की हुई।

अहं पुत्रसहाया त्वामुपासे गतचेतनम्।
सिंहेन पातितं सद्यो गौः सवत्सेव गोवृषम्।। (4/23/26)

जैसे कोई बछड़े सहित गाय सिंह के द्वारा तत्काल मार गिराये हुए साँड़ के पास खड़ी हो, उसी प्रकार पुत्र सहित मैं प्राणहीन हुए आपकी सेवा में बैठी हूँ।

जाता वनान्ताः शिखिसुप्रनृत्ता
जाताः कदम्बाः सकदम्बशाखाः।
जाता वृषा गोषु समानकामा
जाता मही सस्यवनाभिरामा।। (4/28/26)

वन प्रान्त मोरों के सुन्दर नृत्य से सुशोभित हो गये हैं। कदम्ब वृक्ष फूलों और शाखाओं से सम्पन्न हो गये हैं। साँड़ गौओं के प्रति उन्हीं के समान कामभाव से आसक्त हैं और पृथ्वी हरी–हरी खेती तथा हरे–भरे वनों से अत्यन्त रमणीय प्रतीत होने लगी है।

शरद्गुणाप्यायितरूपशोभाः
प्रहर्षिताः पांसुसमुत्थिताङ्गाः।
मदोत्कटाः सम्प्रति युद्धलुब्धा
वृषा गवां मध्यगता नदन्ति।। (4/30/38)

शरद्–ऋतु के गुणों ने जिनके रूप और शोभा को बढ़ा दिया है, जिनके सारे अंगों पर धूल छा रही है, जिनके मद की अधिक वृद्धि हुई है तथा जो युद्ध के लिए लुभाये हुए हैं, वे साँड़ इस समय गौओं के बीच में खड़े होकर अत्यन्त हर्षपूर्वक हँकड़ रहे हैं।

दुष्करं निष्प्रतिद्वन्द्वं चिकीर्षन् कर्म वानरः।
समुदग्रशिरोग्रीवो गवां पतिरिवाबभौ।। (5/1/2)

कपिवर हनुमान जी ऐसा कर्म करना चाहते थे, जो दूसरों के लिए दुष्कर था तथा उस कार्य में उन्हें किसी और की सहायता भी प्राप्त नहीं थी। उन्होंने मस्तक और ग्रीवा ऊँची की। उस समय वे हृष्ट–पुष्ट साँड के समान प्रतीत होने लगे।

ततः स मध्यंगतमंशुमन्तं
ज्योत्स्नावितानं मुहुरुद्वमन्तम्।
ददर्श धीमान् भुवि भानुमन्तं
गोष्ठे वृषं मत्तमिव भ्रमन्तम्।। (5/5/1)

तत्पश्चात् बुद्धिमान हनुमान जी ने देखा, जिस प्रकार गोशाला के भीतर गौओं के झुण्ड में मतवाला साँड़ विचरता है, उसी प्रकार पृथ्वी के ऊपर बारम्बर अपनी चाँदनी का चँदोवा तानते हुए चन्द्रदेव आकाश के मध्य भाग में तारिकाओं के बीच विचरण कर रहे हैं।

गजश्च गिरिसंकाशो गवयश्च महाबलः।
गवाक्षश्चाग्रतो यातु गवां दृप्त इवर्षभः।। (6/4/15)

पर्वत के समान विशालकाय गज, महाबली बवय तथा मतवाले साँड़ की भाँति पराक्रमी गवाक्ष सेना के आगे–आगे चलें।

यश्चैष शूलं निशितं प्रगृह्य
विद्युत्प्रभं किंकरवज्रवेगम्।
वृषेन्द्रमास्थाय शशिप्रकाश–
मायाति योऽसौ त्रिशिरा यशस्वी।। (6/59/19)

जिसने वज्र के वेग को भी अपना दास बना लिया है और जिससे बिजली की सी प्रभा छिटकती है, ऐसे तीखे त्रिशूल को हाथ में लिए जो यह चन्द्रमा के समान श्वेत कान्ति वाले साँड़ पर चढ़कर युद्धभूमि में आ रहा है, वह यशस्वी वीर त्रिशिरा है।

गदा परिघ हस्तौ तौ युधि वीरौ समीयतुः।
नर्दन्तौ गोवृषप्रख्यौ घनाविव सविद्युतौ।। (6/97/19)

एक के हाथ में गदा थी और दूसरे के हाथ में परिघ। वे दोनों वीर युद्धस्थल में दो साँड़ों और बिजली सहित दो मेघों के समान गर्जना करते हुए एक–दूसरे से भिड़ गये।

सिंहर्क्षलाङ्गूलककुद्विषाणः
पराभिजिद्गन्धनगन्धवाहः।
रक्षोवृषश्चापलकर्णचक्षुः
क्षितीश्वरव्याघ्रहतोऽवसन्नः।। (6/109/12)

राक्षस सैनिक जिनकी पूँछ, ककुद् और सींग थे, जो शत्रुओं पर विजय पाने वाला था तथा पराक्रम और उत्साह आदि प्रकट करने में जो वायु के समान था, चपलतारूपी आँख तथा कान से युक्त वह राक्षसराज रावणरूपी साँड़ महाराज श्रीराम रूपी व्याघ्र द्वारा मारा जाकर नष्ट हो गया।

सहस्रशतमश्वानां धेनूनां च गवां तथा।। (6/128/73)
ददौ शतवृषान् पूर्वं द्विजेभ्यो मनुजर्षभः।

महाराज श्रीराम ने उस समय पहले ब्राह्मणों को एक लाख घोड़े, उतनी ही दूध देने वाली गौएँ तथा एक सौ साँड़ दान दिये।

सागराविव संक्षुब्धौ चलमूलाविवाचलौ।
तेजोयुक्ताविवादित्यौ प्रदहन्ताविवानलौ।। (7/32/51)
बलोद्धतौ यथा नागौ वासितार्थे यथा वृषौ।
मेघाविव विनर्दन्तौ सिंहाविव बलोत्कटौ।। (7/32/52)
रुद्रकालविव क्रुद्धौ तौ तदा राक्षसार्जुनौ।
परस्परं गदा गृह्य ताडयामासतुर्भृशम्।। (7/32/53)

विक्षुब्ध हुए दो समुद्रों, जिनकी जड़ हिल रही हो ऐसे दो पर्वतों, दो तेजस्वी आदित्यों, दो दाहक अग्नियों, बल से उन्मत्त हुए दो गजराजों, कामवासना वाली गाय के लिए लड़ते दो साँड़ों, ज़ोर–ज़ोर से गर्जने वाले दो मेघों, उत्कट बलशाली दो सिंहों तथा क्रोध से भरे हुए रुद्र और कालदेव के समान वे रावण और अर्जुन गदा लेकर एक–दूसरे पर गहरी चोटें करने लगे।

शृंङ्गैरिव वृषायुध्यन् दन्ताग्रैरिव कुंजरौ।
परस्परं विनिघ्नन्तौ नरराक्षससत्तमौ।। (7/32/59)

जैसे साँड़ अपने सीगों से और हाथी अपने दाँतों के अग्र भाग से परस्पर प्रहार करते हैं, उसी प्रकार वे नरेश और निशाचरराज एक–दूसरे पर गदाओं से चोट करते थे।

44. गाय

Cow

वाल्मीकि रामायण में इसके लिए गो, गवा एवं धेनु शब्द का प्रयोग किया गया है। इसका वैज्ञानिक नाम 'Bos taurus' है। यह प्राचीन काल से ही दूध का प्रमुख स्रोत रही है। भारत में गाय को माँ के समान माना जाता है। इसका दूध पूर्ण आहार माना गया है। सामान्यतः गाय के दूध में 3.39 प्रतिशत प्रोटीन, 3.68 प्रतिशत चर्बी, 4.94 प्रतिशत सुगर, 0.74 प्रतिशत मिनरल तथा 87.27 प्रतिशत जल पाया जाता है। गाय का दूध पीने के लिए सर्वश्रेष्ठ है। बैल का उपयोग खेती, बैलगाड़ी आदि के लिए किया जाता है। हमारे देश में गाय की अनेक जातियाँ पायी जाती हैं जैसे हरियाणवी, साहीवाल आदि।

वाल्मीकि रामायण में इसका उल्लेख निम्न प्रकार है–

दुर्गगम्भीरपरिखां दुर्गामन्यैर्दुरासदाम्।
वाजिवारणसम्पूर्णा गोभिरुष्ट्रैः खरैस्तथा।। (1/5/13)

उसके चारों ओर गहरी खाई खुदी थी, जिसमें प्रवेश करना या जिसे लाँघना अत्यन्त कठिन था। वह नगरी दूसरों के लिए सर्वथा दुर्गम एवं दुर्जय थी। घोड़े, हाथी, गाय–बैल, ऊँट तथा गदहे आदि उपयोगी पशुओं से वह पुरी भरी–पूरी थी।

गवां शतसहस्त्रं च ब्राह्मणेभ्यो नराधिपः।
एकैकशौ ददौ राजा पुत्रानुद्दिश्य धर्मतः।। (1/72/22)

राजा दशरथ ने अपने एक–एक पुत्र के मङ्गल के लिए धर्मानुसार एक–एक लाख गौएँ ब्राह्मणों को दान कीं।

कथं हि धेनुः स्वं वत्सं गच्छन्तमनुगच्छति।
अहं त्वानुगमिष्यामि यत्र वत्स गमिष्यसि।। (2/24/9)

वत्स! धेनु आगे जाते हुए अपने बछड़े के पीछे–पीछे कैसे चली जाती है, उसी प्रकार मैं भी तुम जहाँ भी जाओगे, तुम्हारे पीछे–पीछे चली चलूँगी।

नाग्निहोत्राण्यहूयन्त नापचन् गृहमेधिनः।
अकुर्वन् न प्रजाः कार्यं सूर्यश्चान्तरधीयत।। (2/41/9)
व्यसृजन् कवलान् नागा गावो वत्सान् न पाययन्।
पुत्रं प्रथमजं लब्ध्वा जननी नाभ्यनन्दत।। (2/41/10)

उस दिन अग्निहोत्र बन्द हो गया, गृहस्थों के घर भोजन नहीं बना, प्रजाओं ने कोई काम नहीं किया, सूर्यदेव अस्ताचल को चले गये, हाथियों ने मुँह में लिया हुआ चारा छोड़ दिया, गौओं ने बछड़ों को दूध नहीं पिलाया और पहले–पहल पुत्र को जन्म देकर भी कोई माता प्रसन्न नहीं हुई।

निःसंशयं मया मन्ये पुरा वीर कदर्यया।
पातुकामेषु वत्सेषु मातृणां शातिताः स्तनाः।। (2/43/17)

वीर! इसमें सन्देह नहीं कि पूर्व जन्म में मुझ नीच आचार–विचार वाली नारी ने बछड़ों के दूध पीने के लिए उद्यत होते ही उनकी माताओं के स्तन काट दिये होंगे।

साहं गौरिव सिंहेन विवत्सा वत्सला कृता।
कैकेय्या पुरुषव्याघ्र बालवत्सेव गौर्बलात्।। (2/43/18)

पुरुषसिंह! जैसे किसी सिंह ने छोटे से बछड़े वाली वत्सला गौ को बलपूर्वक बछड़े से हीन कर दिया हो, उसी प्रकार कैकेयी ने मुझे बलात् अपने बेटे से विलग कर दिया है।

ततो धान्यधनोपेतान् दानशीलजनाशिवान्।
अकुतश्चिद्रभ्यान् रम्यांश्चैत्ययूपसमावृतान्।। (2/50/8)
उद्यानाम्रवणोपेतान् सम्पन्नसलिलाशयान्।
तुष्टपुष्टजनाकीर्णान् गोकुलाकुलसेवितान्।। (2/50/9)
रक्षणीयान् नरेन्द्राणां ब्रह्माघोषाभिनादितान्।
रथेन पुरुषव्याघ्रः कोसलानत्यवर्तत।। (2/50/10)

इसके बाद पुरुषसिंह श्रीराम रथ के द्वारा ही उस कोसल जनपद को लाँघ गये, जो धन–धान्य से सम्पन्न और सुखदायक था। वहाँ के सब लोग दानशील थे। उस जनपद में कहीं से कोई भय नहीं था। वहाँ के भूभाग रमणीय एवं चैत्य वृक्षों तथा यज्ञसम्बन्धी यूपों से व्याप्त थे। बहुत से उद्यान और आमों के वन उस जनपद की शोभा बढ़ाते थे। वहाँ जल से भरे हुए बहुत से जलाशय सुशोभित थे। सारा जनपद ह्रष्ट–पुष्ट मनुष्यों से भरा था; गौओ के समूहों से व्याप्त और सेवित था। वहाँ के ग्रामों की बहुत से नरेश रक्षा करते थे तथा वहाँ वेदमन्त्रों की ध्वनि गूँजती रहती थी।

यथा ह्यनुदका नद्यो यथा वाप्यतृणं वनम्।
अगोपाला यथा गावस्तथा राष्ट्रमराजकम्।। (2/67/29)

जैसे जल के बिना नदियां, घास के बिना वन और ग्वालों के बिना गौओं की शोभा नहीं होती, उसी प्रकार राजा के बिना राज्य शोभा नहीं पाता है।

कच्चिन्नागवनं गुप्तं कच्चित् ते सन्ति धेनुकाः।
कच्चिन्न गणिकाश्वानां कुंजराणां च तृप्यसि।। (2/100/50)

जहाँ हाथी उत्पन्न होते हैं, वे जंगल तुम्हारे द्वारा सुरक्षित हैं न? तुम्हारे पास दूध देने वाली गौएँ तो अधिक संख्या में हैं न? (अथवा हाथियों को फँसाने वाली हथिनियों की तो तुम्हारे पास कमी नहीं है?) तुम्हें हथिनियों, घोड़ों और हाथियों के संग्रह से कभी तृप्ति तो नहीं होती?

गोष्ठमध्ये स्थितामार्तामचरन्तीं नवं तृणम्।
गोवृषेण परित्यक्तां गवां पत्नीमिवोत्सुकाम्।। (2/114/9)

जैसे कोई गाय साँड़ के साथ समागम के लिए उत्सुक हो, उसी अवस्था में उसे साँड़ से अलग कर दिया गया हो और वह नूतन घास चरना छोड़कर आर्त भाव से गोष्ठ में बँधी हुई खड़ी हो, उसी तरह अयोध्यापुरी भी आन्तरिक वेदना से पीड़ित थी।

हते तु वीरे प्लवगाधिपे तदा
प्लवङ्गमास्तत्र न शर्म लेभिरे।
वनेचराः सिंहयुते महावने
यथा हि गावो निहते गवां पतौ।। (4/22/31)

उस समय वीर वानरराज वाली के मारे जाने पर वनों में विचरने वाले वानर वहाँ चैन न पा सके। जैसे सिंह से युक्त विशाल वन में साँड़ के मारे जाने पर गौएँ दुःखी हो जाती हैं, वही दशा उन वानरों की हुई।

अहं पुत्रसहाया त्वामुपासे गतचेतनम्।
सिंहेन पातितं सद्यो गौः सवत्सेव गोवृषम्।। (4/23/26)

जैसे कोई बछड़े सहित गाय सिंह के द्वारा तत्काल मार गिराये हुए साँड़ के पास खड़ी हो, उसी प्रकार पुत्र सहित मैं प्राणहीन हुए आपकी सेवा में बैठी हूँ।

जाता वनान्ताः शिखिसुप्रनृत्ता
जाताः कदम्बाः सकदम्बशाखाः।
जाता वृषा गोषु समानकामा
जाता मही सस्यवनाभिरामा।। (4/28/26)

वन प्रान्त मोरों के सुन्दर नृत्य से सुशोभित हो गये हैं। कदम्ब वृक्ष फूलों और शाखाओं से सम्पन्न हो गये हैं। साँड़ गौओं के प्रति उन्हीं के समान कामभाव से आसक्त हैं और पृथ्वी हरी–हरी खेती तथा हरे–भरे वनों से अत्यन्त रमणीय प्रतीत होने लगी है।

शरद्गुणाप्यायितरूपशोभाः
प्रहर्षिताः पांसुसमुत्थिताङ्गाः।
मदोत्कटाः सम्प्रति युद्धलुब्धा
वृषा गवां मध्यगता नदन्ति।। (4/30/38)

शरद्–ऋतु के गुणों ने जिनके रूप और शोभा को बढ़ा दिया है, जिनके सारे अंगों पर धूल छा रही है, जिनके मद की अधिक वृद्धि हुई है तथा जो युद्ध के लिए लुभाये हुए हैं, वे साँड़ इस समय गौओं के बीच में खड़े होकर अत्यन्त हर्षपूर्वक हँकड़ रहे हैं।

व्यपेतपङ्कासु सवालुकासु
प्रसन्नतोयासु सगोकुलासु।

ससारसारावविनादितासु

नदीषु हंसा निपतन्ति ह्रष्टाः।। (4/30/42)

जिनके कीचड़ दूर हो गये हैं। जो बालुकाओं से सुशोभित हैं, जिनका जल बहुत ही स्वच्छ है तथा गौओं के समुदाय जिनके जल का सेवन करते हैं, सारसों के कलरवों से गूँजती हुई उन सरिताओं में हंस बड़े हर्ष के साथ उतर रहे हैं।

त्तः स मध्यंगतमंशुमन्तं

ज्योत्स्नावितानं मुहुरुद्धमन्तम्।

ददर्श धीमान् भुवि भानुमन्तं

गोष्ठे वृषं मत्तमिव भ्रमन्तम्।। (5/5/1)

तत्पश्चात् बुद्धिमान हनुमान जी ने देखा, जिस प्रकार गोशाला के भीतर गौओं के झुण्ड में मतवाला साँड़ विचरता है, उसी प्रकार पृथ्वी के ऊपर बारम्बर अपनी चाँदनी का चँदोवा तानते हुए चन्द्रदेव आकाश के मध्य भाग में तारिकाओं के बीच विचरण कर रहे हैं।

एकहस्तैकपादाश्च खरकर्ण्यश्वकर्णिकाः।

गोकर्णीर्हस्तिकर्णीश्च हरिकर्णीस्तथापराः।। (5/17/11)

किन्हीं के एक हाथ थे तो किन्हीं के एक पैर। किन्हीं के कान गदहों के समान थे तो किन्हीं के घोड़ों के समान। किन्हीं–किन्हीं के कान गौओं, हाथियों और सिंहों के समान दृष्टिगोचर होते थे।

हस्तिपादा महापादा गोपादाः पादचूलिकाः।

अतिमात्रशिरोग्रीवा अतिमात्रकुचोदरीः।। (5/17/13)

किन्हीं के पैर हाथियों के समान थे और किन्हीं के गौओं के समान। कोई बड़े–बड़े पैर धारण करती थीं और कितनी ही ऐसी थीं जिनके पैरों में चोटी के समान केश उगे हुए थे। बहुत–सी राक्षसियाँ बेहद लम्बे सिर और गर्दनवाली थीं और कितनों के पेट तथा स्तन बहुत बड़े–बड़े थे।

अतिमात्रास्यनेत्राश्च दीर्घजिह्वाननास्तथा।

अजामुखीर्हस्तिमुखीर्गोमुखीः सूकरीमुखीः।। (5/17/14)

हयोष्ट्रखरवक्त्राश्च राक्षसीर्घोरदर्शनाः।

किन्हीं के मुँह और नेत्र सीमा से अधिक बड़े थे, किन्हीं–किन्हीं के मुखों में बड़ी–बड़ी जिह्वाएँ थीं और कितनी ही ऐसी राक्षसियाँ थीं, जो बकरी, हाथी, गाय, सुअर, घोड़े, ऊँट और गदहों के समान मुँह धारण करती थीं। इसीलिए वे देखने में बड़ी भयंकर थी।

शतयोजनविस्तीर्णः सागरो मकरालयः।

विक्रमश्लाघनीयेन क्रमता गोष्पदीकृतः।। (5/36/8)

तुम अपने पराक्रम के कारण प्रशंसा के योग्य हो, क्योंकि तुमने मगर आदि जन्तुओं से भरे हुए सौ योजन विस्तार वाले महासागर को लाँघते समय उसे गाय की खुरी के बराबर समझा है। इसलिए प्रशंसा के पात्र हो।

गवां पयांसि स्कन्नानि विमदा वरकुंजराः।

दीनमश्वाः प्रहेषन्ते नव ग्रासाभिनन्दिनः।। (6/10/17)

गायों का दूध सूख गया है, बड़े–बड़े गजराज मदरहित हो गये हैं, घोड़े नये ग्रास से आनन्दित (भोजन से संतुष्ट) होने पर भी दीनतापूर्ण स्वर में हिनहिनाते हैं।

सा श्वश्रूर्मम कौसल्या त्वया पुत्रेण राघव।
वत्सेनेव यथा धेनुर्विवत्सा वत्सला कृता।। (6/32/11)

रघुनन्दन! जैसे कोई बछड़े के प्रति स्नेह से भरी हुई गाय को उस बछड़े से विलग कर दे, यही दशा मेरी सास कौसल्या की हुई है। वे दयामयी जननी आप जैसे पुत्र से बिछुड़ गयी हैं।

मम हेतोरनार्याया अनघः पार्थिवात्मजः।
रामः सागरमुत्तीर्य वीर्यवान् गोष्पदे हतः।। (6/32/28)

हाय! मुझ अनार्या के लिए निष्पाप राजकुमार श्रीराम, जो महान पराक्रमी थे, समुद्रलंघन–जैसा–महान कर्म करके भी गाय की खुरी के बराबर जल में डूब गये–बिना युद्ध किये सोते समय मारे गये।

गृहाणां बलिकर्माणि श्वानः पर्युपभुंजते।
खरा गोषु प्रजायन्ते मूषका नकुलेषु च।। (6/35/29)

घरों में जो बलिकर्म किये जाते हैं, उस बलि–सामग्री को कुत्ते खा जाते हैं। गौओं से गधे और नेवले से चूहे पैदा होते हैं।

किं नु वक्ष्यामि कौसल्यां मातरं किं नु कैकयीम्।
कथमम्बां सुमित्रां च पुत्रदर्शनलालसाम्।। (6/49/8)
विवत्सां वेपमानां च वेपन्तीं कुररीमिव।
कथमाश्वासयिष्यामि यदि यास्यामि तं विना।। (6/49/9)

लक्ष्मण के बिना यदि मैं अयोध्या को लौटूँ तो माता कौसल्या और कैकेयी को क्या जवाब दूँगा तथा अपने पुत्र को देखने के लिए उत्सुक हो बछड़े से बिछुड़ी गाय के समान काँपती और कुररी की भाँति रोती–बिलखती माता सुमित्रा से क्या कहूँगा? उन्हें किस तरह धैर्य बँधाऊँगा?

45. याक

Yak

वाल्मीकि रामायण की गीता प्रेस की टीका में चमर शब्द का अर्थ चमरी गाय लिया गया है। प्रसिद्ध संस्कृत ग्रंथों में चमर का अर्थ याक बताया गया है। इसका वैज्ञानिक नाम Bos mutus या Bos grunniens है। जंगली याक 1.6 मीटर से 2.2 मीटर तक ऊँचे होते हैं। इनका वजन 305 से 1000 किग्रा तक होता है। यह अधिकतर गहरे भूरे रंग या क्रीम के रंग के होते हैं। यह प्रायः झुण्ड में रहते हैं।

वाल्मीकि रामायण में इसका उल्लेख निम्नानुसार आता है–

मृगाः सिंहा गजाश्चैव शार्दूलाः शरभास्तथा।
चमराः सृमराश्चैव ये चान्ये वनचारिणः।। (2/29/3)
अदृष्टपर्वरूपत्वात् सर्वे ते तब राघव।
रूपं दृष्ट्वापसर्पेयुस्तव सर्वे हि बिभ्यति।। (2/29/4)

रघुनन्दन! मृग, सिंह, हाथी, शेर, शरभ, चमरी गाय, नीलगाय तथा जो अन्य जंगली जीव हैं, वे सब–के–सब आपका रूप देखकर भाग जायेंगे; क्योंकि ऐसा प्रभावशाली स्वरूप उन्होंने पहले कभी नहीं देखा होगा। आपसे तो सभी डरते हैं; फिर वे पशु क्यों नहीं डरेंगे?

46. गौर

Gaur, Indian Bison

वाल्मीकि रामायण में इसके लिए गवय शब्द का प्रयोग किया गया है। इसका वैज्ञानिक नाम 'Bos frontolis' है। यह अत्यन्त विशाल जीव है। इसकी लम्बाई 250 से 330 से.मी. तक होती है। इसका वजन 650 से 1000 कि.ग्रा. तक होता है। यह बहुत मज़बूत जानवर है। वयस्क नर गौर भूरे रंग का होता है। मादा एवं अवयस्क नर पीलापन लिए होते हैं। इसकी सींग विशाल तथा पूँछ छोटी होती है।

गवय नामक एक पराक्रमी सेनापति भी रावण की सेना में था।

वाल्मीकि रामायण में इसका उल्लेख निम्नानुसार आता है–

गजश्च गिरिसंकाशो गवयश्च महाबलः।
गवाक्षश्चाग्रतो यातु गवां दृप्त इवर्षभः।। (6/4/15)

पर्वत के समान विशालकाय गज, महाबली गवय तथा मतवाले साँड़ की भाँति पराक्रमी गवाक्ष सेना के आगे–आगे चले।

47. खच्चर

Mule

वाल्मीकि रामायण की गीता प्रेस की टीका में गधा एवं खच्चर दोनों के लिए खर शब्द का प्रयोग किया गया है। प्रसंगवश जहाँ पर खर का अर्थ खच्चर लिया गया है, उसका उल्लेख यहाँ पर किया जा रहा है। गधा और घोड़ी (Male donkey and mare) के संयोग से खच्चर उत्पन्न होता है। गधी और घोड़ा के बीच संयोग प्रायः नहीं होता है। नर और मादा दोनों प्रकार के खच्चर प्रायः नपुंसक होते हैं। प्रतिकूल जलवायु एवं भोजन की स्थिति को सह सकने के कारण खच्चर हमारे लिए बहुत उपयोगी हैं। कंकरी एवं पहाड़ी रास्तों में सामान ढोने के लिए खच्चर बहुत उपयोगी हैं। आजकल खच्चर की सैनिक उपयोगिता बढ़ गयी है।

वाल्मीकि रामायण में इसका प्रयोग निम्नानुसार आया है–

ऐरावतानैन्द्रशिरान् नागान् वै प्रियदर्शनान्।
खरांशीघ्रान् सुसंयुक्तान् मातुलोऽस्मै धनं ददौ।। (2/70/23)

भरत के मामा ने उन्हें उपहार में दिये जाने वाले फल के रूप में इरावान् पर्वत और इन्द्रशिर नामक स्थान के आस–पास उत्पन्न होने वाले बहुत से सुन्दर–सुन्दर हाथी तथा तेज चलने वाले सुशिक्षित खच्चर दिये।

खरोष्ट्राश्वतरा राजन् भिन्नरोमाः स्रवन्ति च।
न स्वभावेऽवतिष्ठन्ते विधानैरपि चिन्तिताः।। (6/10/18)

राजन! गधों, ऊँटों और खच्चरों के रोंगटे खड़े हो जाते हैं। उनके नेत्रों से आँसू गिरने लगते हैं। विधिपूर्वक चिकित्सा की जाने पर भी वे पूर्णतः स्वस्थ हो नहीं पाते हैं।

48. गधा

Asiatic Wild Ass, Donkey

वाल्मीकि रामायण में इसके लिए खर शब्द का प्रयोग किया गया है। जंगली गधे का वैज्ञानिक नाम 'Equus hemionus khur' तथा पालतू गधे का वैज्ञानिक नाम 'Equus asinus' है। इसका रंग सलेटी से लेकर गहरा भूरा होता है। पेट का निचला हिस्सा सफ़ेद होता है। इसके कान काने सिरे वाले तथा नुक़ीले होते हैं जो सिर पर सीधे खड़े होते हैं। गहरे भूरे रंग की अयाल से बनी एक गहरी लकीर होती है जो इसकी पीठ से लेकर गुच्छेदार पूँछ तक चलती है। ग्रमीण क्षेत्रों में धोबी लोग गधा पालते हैं। जंगली गधे मुख्यतः कच्छ की खाड़ी में पाये जाते हैं।

वाल्मीकि रामायण में इसका उल्लेख निम्न प्रकार है–

दुर्गगम्भीरपरिखां दुर्गामन्यैर्दुरासदाम्।
वाजिवारणसम्पूर्णां गोभिरुष्ट्रैः खरैस्तथा।। (1/5/13)

उसके चारों ओर गहरी खाई खुदी थी, जिसमें प्रवेश करना या जिसे लाँघना अत्यन्त कठिन था। वह नगरी दूसरों के लिए सर्वथा दुर्गम एवं दुर्जय थी। घोड़े, हाथी, गाय–बैल, ऊँट तथा गदहे आदि उपयोगी पशुओं से वह पुरी भरी–पूरी थी।

कुंजराश्च खरोष्ट्राश्च गोऽश्वाश्च मृगपक्षिणः।
बभूवुः सुभृतास्तत्र नातो ह्यन्यमकल्पयत्।। (2/91/65)

हाथी, घोड़े, गदहे, ऊँट, बैल, मृग तथा पक्षी भी वहाँ पूर्ण तृप्त हो गये थे; अतः कोई दूसरी किसी वस्तु की इच्छा नहीं करता था।

प्रतिपानह्रदान् पूर्णान् खरोष्ट्रगजवाजिनाम्।
अवगाह्यसुतीर्थांश्च ह्रदान् सोत्पलपुष्करान्।
आकाशवर्णप्रतिमान् स्वच्छतोयान् सुखोप्लवान्।। (2/91/78)

गधे, ऊँट, हाथी और घोड़ों के पानी पीने के लिए कई जलाशय भरे थे, जिनके घाट बड़े सुन्दर और सुखपूर्वक उतरने योग्य थे। उन जलाशयों में कमल और उत्पल शोभा पा रहे थे। उनका जल आकाश के समान स्वच्छ था।

गतिं खर इवाश्वस्य तार्क्ष्यस्येव पतत्त्रिणः।
अनुगन्तुं न शक्तिर्मे गतिं तव महीपते।। (2/105/6)

पृथ्वीनाथ! जैसे गदहा घोड़े की और अन्य साधारण पक्षी गरुड़ की चाल नहीं चल सकते, उसी प्रकार मुझमें आपकी गति का–आपकी पालन–पद्धति का अनुसरण करने की शक्ति नहीं है।

अमी रुधिरधारास्तु विसृजन्ते खरस्वनाः।
व्योम्नि मेघा निवर्तन्ते परुषा गर्दभारुणा।। (3/24/4)

आकाश में जो गधों के समान धूसर वर्णवाले बादल इधर–उधर विचर रहे हैं, ये प्रचण्ड गर्जना करते हुए ख़ून की धाराएँ बरसा रहे हैं।

एकहस्तैकपादाश्च खरकर्ण्यश्वकर्णिकाः।
गोकर्णीर्हस्तिकर्णीश्च हरिकर्णीस्तथापराः।। (5/17/11)

किन्हीं के एक हाथ थे तो किन्हीं के एक पैर। किन्हीं के कान गदहों के समान थे तो किन्हीं के घोड़ों के समान। किन्हीं–किन्हीं के कान गौओं, हाथियों और सिंहों के समान दृष्टिगोचर होते थे।

अतिमात्रास्यनेत्राश्च दीर्घजिह्वाननास्तथा।
अजामुखीर्हस्तिमुखीर्गोमुखीः सूकरीमुखीः।। (5/17/14)
हयोष्ट्रखरवक्त्राश्च राक्षसीर्घोरदर्शनाः।

किन्हीं के मुँह और नेत्र सीमा से अधिक बड़े थे, किन्हीं–किन्हीं के मुखों में बड़ी–बड़ी जिह्वाएँ थीं और कितनी ही ऐसी राक्षसियाँ थीं, जो बकरी, हाथी, गाय, सुअर, घोड़े, ऊँट और गदहों के समान मुँह धारण करती थीं। इसीलिए वे देखने में बड़ी भयंकर थी।

कृष्यमाणः स्त्रिया मुण्डो दृष्टः कृष्णाम्बरः पुनः।
रथेन खरयुक्तेन रक्तमाल्यानुलेपनः।। (5/27/24)
पिबंस्तैलं हसन्नृत्यन् भ्रान्तचित्ताकुलेन्द्रियः।
गर्दभेन ययौ शीघ्रं दक्षिणां दिशमास्थितः।। (5/27/25)

एक स्त्री उस मुण्डित–मस्तक रावण को कहीं खीचें लिए जा रही थी। उस समय मैंने फिर देखा रावण ने काले कपड़े पहन रखे हैं। वह गधे जुते हुए रथ से यात्रा कर रहा था। लाल फूलों की माला एवं लाल चन्दन से विभूषित था। तेल पीता, हँसता और नाचता था। पागलों की तरह उसका चित्त भ्रान्त और इन्द्रियाँ व्याकुल थीं। वह गधे पर सवार हो शीघ्रतापूर्वक दक्षिण दिशा की ओर जा रहा था।

रथेन खरयुक्तेन तमागतमुदीक्ष्य सः।
हनूमान् वेगसम्पन्नो जहर्ष च ननाद च।। (5/44/5)

वह गधे जुते हुए रथ पर बैठकर आया था। उसे देखकर वेगशाली हनुमान् जी बड़े प्रसन्न हुए और ज़ोर–ज़ोर से गर्जना करने लगे।

खरोष्ट्राश्वतरा राजन् भिन्नरोमाः स्रवन्ति च।
न स्वभावेऽवतिष्ठन्ते विधानैरपि चिन्तिताः।। (6/10/18)

राजन! गधों, ऊँटों और खच्चरों के रोंगटे खड़े हो जाते हैं। उनके नेत्रों से आँसू गिरने लगते हैं। विधिपूर्वक चिकित्सा की जाने पर भी वे पूर्णतः स्वस्थ हो नहीं पाते हैं।

गृहाणां बलिकर्माणि श्वानः पर्युपभुंजते।
खरा गोषु प्रजायन्ते मूषका नकुलेषु च।। (6/35/29)

घरों में जो बलिकर्म किये जाते हैं, उस बलि–सामग्री को कुत्ते खा जाते हैं। गौओं से गधे और नेवले से चूहे पैदा होते हैं।

रथैः कवचिनस्त्वन्ये ध्वजैश्च समलंकृतैः।
सुवर्णजालविहितैः खरैश्च विविधाननैः।। (6/51/26)
हयैः परमशीघ्रैश्च गजैश्चैव मदोत्कटैः।
निर्ययुर्नैर्ऋतव्याघ्रा व्याघ्रा इव दुरासदाः।। (6/51/27)

कितने ही निशाचर ध्वजों से अलंकृत तथा सोने की जाली से आच्छादित रथों द्वारा युद्ध के लिए बाहर आए। वे सब के सब कवच धारण किये हुए थे। कितने ही श्रेष्ठ राक्षस नाना प्रकार के मुखवाले गधों, परम शीघ्रगामी घोड़ों तथा मदमत्त हाथियों पर सवार हो दुर्जय व्याघ्रों के समान युद्ध के लिए नगर से बाहर निकले।

वृकसिंहमुखैर्युक्तं खरैः कनकभूषितैः।
आरुरोह रथं दिव्यं धूम्राक्षः खरनिःस्वनः।। (6/51/28)

धूम्राक्ष के रथ में सोने के आभूषणों से विभूषित ऐसे गधे नधे हुए थे जिनके मुँह भेड़ियों और सिंहो के समान थे। गधे की भाँति रेंकने वाला धूम्राक्ष उस दिव्य रथ पर सवार हुआ।

नागैरश्वैः खरेरुष्ट्रैः संयुक्तः सुसमाहितः।
पताकाध्वजचित्रैश्च बहुभिः समलंकृतः।। (6/53/5)

वह हाथी, घोड़े, गदहे और ऊँट आदि सवारियों से युक्त था, चित्त को पूर्णतः एकाग्र किये हुए था और पताका, ध्वज आदि से विचित्र शोभा पाने वाले बहुत से सेनाध्यक्ष उसकी शोभा बढ़ाते थे।

अन्योन्यमभिसंरब्धा ग्रहाश्च न चकाशिरे।
मेघाश्च खरनिर्घोषा रथस्योपरि रक्षसः।। (6/57/36)
ववर्षू रुधिरं चास्य सिषिचश्च पुरःसरान्।
केतुमूर्धनि गृध्रस्तु विलीनो दक्षिणामुखः।। (6/57/37)
नदन्नुभयतः पार्श्वं समग्रां श्रियमाहरत्।

ग्रह रोषपूर्वक आपस में युद्ध करने लगे, जिससे उनका प्रकाश मन्द पड़ गया तथा मेघ उस राक्षस के ऊपर गधों की सी आवाज में गर्जना करने लगे, रक्त बरसाने लगे और आगे चलने वाले सैनिकों को खींचने लगे। उसके ध्वज के ऊपर गीध दक्षिण की ओर मुँह करके आ बैठा। उसने दोनों ओर अपनी अशुभ बोली बोलकर उस राक्षस की सारी शोभा सम्पत्ति हर ली।

अश्वनुष्ट्रान् खरान् नागांजघ्नुर्दण्डकशाङ्कुशैः।। (6/60/45)
भेरीशंखमृदंगाश्च सर्वप्राणैरवादयन्।
निजघ्नश्चास्य गात्राणि महाकाष्ठकटंकरैः।। (6/60/46)

वे घोड़ों, ऊँटों, गदहों और हाथियों को डंडों, कोड़ों तथा अंकुशों से मार–मार कर उसके ऊपर ठेलने लगे। सारी शक्ति लगाकर भेरी, मृदंग और शंख बजाने लगे।

सर्पैरुष्ट्रैः खरैश्चैव सिंहद्विपमृगद्विजैः।
अनुजग्मश्च तं घोरं कुम्भकर्णं महाबलम्।। (6/65/35)

कितने ही राक्षस साँप, ऊँट, गधे, सिंह, हाथी, मृग और पक्षियों पर सवार हो–होकर उस भयंकर महाबली कुम्भकर्ण के पीछे–पीछे गये।

उल्काशनियुता मेघा बभूवुर्गर्दभारुणाः।
सरसागरवना चैव वसुधा समकम्पत।। (6/65/48)

गदहों के समान भूरे रंग वाले बादल घिर आये। साथ ही उल्कापात हुआ और बिजलियाँ गिरीं। समुद्र और वनों सहित पूरी पृथ्वी काँपने लगी।

ब्रह्मदत्तास्ति ते शक्तिः कवचं सायको धनुः।
सहस्रखरसंयुक्तो रथो मेघसमस्वनः।। (6/69/4)

आपके पास ब्रह्माजी की दी हुई शक्ति, कवच, धनुष तथा बाण हैं, साथ ही मेघ–गर्जना के समान शब्द करने वाला रथ भी है जिसमें एक हज़ार गदहे जोते जाते हैं।

स एवमुक्त्वा त्रिदशेन्द्रशत्रु–
रापृछ्यराजानमदीनसत्वः।
समारुरोहानिलतुल्यवेगं
रथं खरश्रेष्ठसमाधियुक्तम्।। (6/73/8)

ऐसा कहकर उदारचेता इन्द्रशत्रु इन्द्रजीत ने राजा रावण से आज्ञा ली और अच्छे गदहों से जुते हुए, युद्ध सामग्री से सम्पन्न एवं वायु के समान वेगशाली रथ पर वह सवार हुआ।

गजस्कन्धगताः केचित् केचित् परमवाजिभिः।
व्याघ्रवृश्चिकमार्जारखरोष्ट्रैश्च भुजङ्गमै।। (6/73/11)
वराहैः श्वापदैः सिंहैर्जम्बुकैः पर्वतोपमैः।
काकहंसमयूरैश्च राक्षसा भीमविक्रमाः।। (6/73/12)

कोई हाथी पर बैठकर चले तो कोई उत्तम घोड़ों पर। इनके सिवा बाघ, बिच्छू, बिलाव, गदहे, ऊँट, सर्प, सूअर, अन्य हिंसक जन्तु, सिंह, पर्वताकार गीदड़, कौआ, हंस और मोर आदि की सवारियों पर चढ़े हुए भयंकर पराक्रमी राक्षस वहाँ युद्ध के लिए आये।

सिंहव्याघ्रमुखांश्चापि कङ्ककोकमुखानपि।
गृध्रश्येनमुखांश्चापि शृगालवदनांस्तथा।। (6/99/42)
ईहामृगमुखांश्चापि व्यादितास्यान् भयावहान्।
पंचास्याँल्लेलिहानांश्च ससर्ज निशितांशरान्।। (6/99/43)
शरान् खरमुखांश्चान्यान् वराहमुखसंश्रितान्।
श्वान कुक्कुटवक्त्रांश्च मकराशीविषाननान्।। (6/99/44)
एतांश्चान्यांश्च मायाभिः ससर्ज निशितांछरान्।
रामं प्रति महातेजाः क्रुद्धः सर्प इव श्वसन्।। (6/99/45)

उससे सिंह, बाघ, कंक, चक्रवाक, गीध, बाज, सियार, भेड़िये, गदहे, सूअर, कुत्ते, मुर्गे, मगर और जहरीले साँपों के समान मुखवाले बाणों की वृष्टि होने लगी। वे बाण मुँह फैलाये, जबड़े चाटते हुए पाँच मुखवाले भयंकर सर्पों के समान जान पड़ते थे। फुफकारते हुए सर्प की भाँति कुपित हुए महातेजस्वी रावण ने इनका तथा अन्य प्रकार के तीखें बाणों का भी श्रीराम के ऊपर प्रयोग किया।

खराश्च खरनिर्घोषा गगने परुषा घनाः।
औत्पातिकाश्च नर्दन्तः समन्तात् परिचक्रमुः।। (6/102/41)

आकाश में सब ओर उत्पातसूचक गर्दभाकार प्रचण्ड गर्जना करने वाले रूखे बादल गर्जते हुए चक्कर लगाने लगे।

गतिं खर इवाश्वस्य हंसस्येव च वायसः।
नान्वेतुमुत्सहे वीर तव मार्गमरिंदम।। (6/128/5)

शत्रुदमन वीर! जैसे गदहा घोड़े की और कौआ हंस की गति का अनुसरण नहीं कर सकता, उसी तरह मैं आपके मार्ग का–रक्षणरूपी कौशल का अनुसरण नहीं कर सकता।

स्यन्दनैर्वारणैश्चैव हयैश्च करिसंनिभैः।। (7/6/47)
खरैर्गोभिरथोष्ट्रैश्च शिशुमारैर्भुजंगमैः।

मकरैः कच्छपैर्मीनैर्विहंगैर्गरुडोपमैः।। (7/6/48)
सिंहैर्व्याघ्रैर्वराहैश्च सृमरैश्चमरैरपि।
त्यक्त्वा लङ्क.ां गताः सर्वे राक्षसा बलगर्विताः।। (7/6/49)
प्रयाता देवलोकाय योद्धुं दैवतशत्रवः।

अपने बल का घमण्ड रखने वाले वे समस्त देवद्रोही राक्षस रथ, हाथी, घोड़े, गदहे, बैल, ऊँट, शिशुमार, सर्प, मगर, कछुआ, मत्स्य, गरुड़, सिंह, बाघ, सुअर, मृग और नीलगाय आदि वाहनों पर सवार होकर लंका छोड़कर युद्ध के लिए देवलोक की ओर चल पड़े।

खरैरुष्ट्रैर्हयैर्दीप्तैः शिशुमारैर्महोरगैः।। (7/25/36)
राक्षसाः प्रययुः सर्वे कृत्वाऽऽकाशं निरन्तरं।

गदहे, ऊँट, घोड़े, शिशुमार (सूँस) और बड़े–बड़े नाग आदि दीप्तिमान् वाहनों पर आरूढ़ हो सब राक्षस आकाश को अवकाशरहित करते हुए चले।

रथान् नागान् खरानुष्ट्रान् पन्नगांस्तुरगांस्तथा।
शिशुमारान् वराहांश्च पिशाचवदनानपि।। (7/28/40)

कुछ राक्षस रथों, हाथियों, गदहों, ऊँटों, सर्पों, घोड़ों, शिशुमारों, वराहो तथा पिशाचमुख वाहनों को दोनों भुजाओं से पकड़कर उनसे लिपटे हुए निश्चेष्ट हो गये थे।

49. अश्व (घोड़ा)

Horse

वाल्मीकि रामायण में इसके लिए वाजि, अश्व, हय, तुरंग एवं वडवा शब्द का प्रयोग किया गया है। इसका वैज्ञानिक नाम 'Equus caballus' है। इसे प्राचीन काल से ही मानव द्वारा सवारी हेतु पाला जाता रहा है। घोड़ा, गधा और खच्चर एक ही जाति के हैं। तेज़ और आसान सवारी हेतु घोड़ा बहुत उपयोगी है। भारत में अनेक जाति के घोड़े पाये जाते हैं जिसमें कठियावाड़ी, मारवाड़ी, भूटिया, मनिपुरी एवं स्पीती प्रमुख हैं। काठियावाड़ी घोड़े का मुख अरबी घोड़े की तरह होता है। ये पश्चिमी तट पर मुख्यतः गुजरात में पाये जाते हैं तथा तेज गति के लिए विख्यात हैं। मारवाड़ी घोडों की वीरता का राजपूताना इतिहास साक्षी है। ये चुस्त और तीव्र गति वाले होते हैं। भूटिया घोड़े पंजाब से दार्जिलिंग तक पाये जाते हैं। पहाड़ी क्षेत्रों के लिए ये सबसे उपयुक्त घोड़े हैं। मनिपुरी घोड़े छोटे और मज़बूत होते हैं। स्पीती घोड़े कांगड़ा और कुल्लू में पाये जाते हैं।

वाल्मीकि रामायण में इसका उल्लेख निम्न प्रकार है–

दुर्गगम्भीरपरिखां दुर्गामन्यैर्दुरासदाम्।
वाजिवारणसम्पूर्णां गोभिरुष्ट्रैः खरैस्तथा।। (1/5/13)

उसके चारों ओर गहरी खाई खुदी थी, जिसमें प्रवेश करना या जिसे लाँघना अत्यन्त कठिन था। वह नगरी दूसरों के लिए सर्वथा दुर्गम एवं दुर्जय थी। घोड़े, हाथी, गाय–बैल, ऊँट तथा गदहे आदि उपयोगी पशुओं से वह पुरी भरी–पूरी थी।

काम्बोजविषये जातैर्बाहीकैश्च हयोत्तमैः।
वनायुजैर्नदीजैश्च पूर्णा हरिहयोत्तमैः।। (1/6/22)

काम्बोज और ब्राहीक देश में उत्पन्न हुए उत्तम घोड़ों से, वनायु देश के अश्वों से तथा

सिन्धु नद के तट निकट पैदा होने वाले दरियाई घोड़ों से, जो इन्द्र के अश्व उच्चैःश्रवा के समान श्रेष्ठ थे, अयोध्यापुरी भरी रहती थी।।

इष्टः सर्वस्य लोकस्य शशाङ्क इव निर्मलः।
गजस्कन्धेऽश्वपृष्ठे च रथचर्यासु सम्मतः।। (1/18/27)
धनुर्वेदे च निरतः पितुः शुश्रूषणे रतः।

सभी ज्ञानवान् और समस्त सद्गुणों से सम्पन्न थे। उनमें भी सत्यपराक्रमी श्रीरामचन्द्रजी सबसे अधिक तेजस्वी और सब लोगों के विशेष प्रिय थे। वे निष्कलंक चन्द्रमा के समान शोभा पाते थे। उन्होंने हाथी के कंधे और घोड़े की पीठ पर बैठने तथा रथ हाँकने की कला में भी सम्मानपूर्ण स्थान प्राप्त किया था। वे सदा धनुर्वेद का अभ्यास करते और पिता की सेवा में लगे रहते थे।

पाण्डुरश्च वृषः सज्जः पाण्डुराश्वश्च संस्थितः। (2/15/11)
सुसज्जित श्वेत वृषभ और श्वेत अश्व भी खड़े थे।

स घोषवभि्दश्च हयैः सनागैः
पुरःसरैः स्वस्तिकसूतमागधैः।
महीयमानः प्रवरैश्च वादकै
राभिष्टुतो वैश्रवणो यथा ययौ।। (2/16/46)

हिनहिनाते हुए घोड़ों, चिग्घाड़ते हुए हाथियों, जय–जयकार करते हुए आगे–आगे चलने वाले वन्दियों, स्तुतिपाठ करने वाले सूतों, वंश की विरुदावलि बखानने वाले मागधों तथा सर्वश्रेष्ठ गुणगायकों के तुमुल घोष के बीच उन वन्दी आदि से पूजित एवं प्रशंसित होते हुए श्रीरामचन्द्र जी कुबेर के समान चल रहे थे।

करेणुमातङ्ग.रथाश्वसंकुलं
महाजनौघैः परिपूर्णचत्वरम्।
प्रभूतरत्नं बहुपण्यसंचयं
ददर्श रामो विमलं महापथम्।। (2/16/47)

यात्रा करते हुए श्रीराम ने उस विशाल राजमार्ग को देखा, जो हथिनियों, मतवाले हाथियों, रथों और घोड़ों से खचाखच भरा हुआ था। उसके प्रत्येक चौराहे पर मनुष्यों की भारी भीड़ इकट्ठी हो रही थी। उसके दोनों पार्श्व भागों में प्रचुर रत्नों से भरी हुई दुकानें थीं तथा विक्रय के योग्य और भी बहुत–से द्रव्यों के ढेर वहाँ दिखाई देते थे। वह राजमार्ग बहुत साफ़–सुथरा था।।

तत् समाकुलसम्भ्रान्तं मत्तसंकुपितद्विपम्।
हयसिञ्जितनिर्घोषं पुरमासीन्महास्वनम्।। (2/40/19)

उस समय सारी अयोध्या में महान् कोलाहल मच गया। सब लोग व्याकुल होकर घबरा उठे। मतवाले हाथी श्रीराम के वियोग से कुपित हो उठे और इधर–उधर भागते हुए, घोड़ों के हिनहिनाने एवं उनके आभूषणों के खनखनाने की आवाज सब ओर गूँजने लगी।

वहन्तो जवना रामं भो भो जात्यास्तुरंगमाः।
निवर्तध्वं न गन्तव्यं हिता भवत भर्तरि।। (2/45/14)

अरे! ओ तेज़ चलने वाले अच्छी जाति के घोड़ों! तुम बड़े वेगशाली हो और श्रीराम को वन की ओर लिए जा रहे हो, लौटो! अपने स्वामी के हितैषी बनो! तुम्हें वन में नहीं जाना चाहिए।

गोमतीं चाप्यतिक्रम्य राघवः शीघ्रगैर्हयैः।
मयूरहंसाभिरुतां ततार स्यन्दिकां नदीम्।। (2/49/12)

शीघ्रगामी घोड़ों द्वारा गोमती नदी को लाँघ करके श्रीरघुनाथ जी ने मोरों और हंसों के कलरवों से व्याप्त स्यन्दिका नामक नदी को भी पार किया।

लक्ष्मणश्च सुमन्त्रश्च बाढमित्येव राघवम्।
उक्त्वा तमिङ्गुदी वृक्षं तदोपययतुर्हयैः।। (2/50/30)

तब लक्ष्मण और सुमन्त्र भी श्रीरामचन्द्रजी से बहुत अच्छा कहकर अश्वों द्वारा उस इङ्गुदी वृक्ष के समीप गये।।

स तांस्तु प्रियकान् प्राप्य शीघ्रानास्थाय वाजिनः।
अनुज्ञाप्याथ भरतो वाहिनीं त्वरितो ययौ।। (2/71/13)

उन कदम्बों के स्थान में पहुँचकर अपने रथ में शीघ्रगामी घोड़ों को जोतकर सेना को धीरे–धीरे आने की आज्ञा दे भरत तीव्रगति से चल दिये।

इदं हि तव विस्तीर्णं धनधान्यसमाचितम्।
हस्त्यश्वरथसम्पूर्णं राज्यं निर्यातितं तया।। (2/75/16)

यह धन–धान्य से सम्पन्न तथा हाथी, घोड़े एवं रथों से भरा–पूरा विस्तृत राज्य कैकेयी ने (श्रीराम से छीनकर) तुम्हें दिलाया है।

प्रतिपानह्रदान् पूर्णान् खरोष्ट्रगजवाजिनाम्।
अवगाह्यसुतीर्थांश्च ह्रदान् सोत्पलपुष्करान्।
आकाशवर्णप्रतिमान् स्वच्छतोयान् सुखोप्लवान्।। (2/91/78)

गधे, ऊँट, हाथी और घोड़ों के पानी पीने के लिए कई जलाशय भरे थे, जिनके घाट बड़े सुन्दर और सुखपूर्वक उतरने योग्य थे। उन जलाशयों में कमल और उत्पल शोभा पा रहे थे। उनका जल आकाश के समान स्वच्छ था।

शरैर्निभिन्नहृदयान् कुंजरांस्तुरगांस्तथा।
श्वापदाः परिकर्षन्तु नरांश्च निहतान् मया।। (2/96/29)

मेरे बाणों से विदीर्ण हुए हृदय वाले हाथियों और घोड़ों को तथा मेरे हाथ से मारे गये मनुष्यों को भी गीदड़ आदि मांसभक्षी जन्तु इधर–उधर घसीटें।

कच्चिन्नागवनं गुप्तं कच्चित् ते सन्ति धेनुकाः।
कच्चिन्न गणिकाश्वानां कुंजराणां च तृप्यसि।। (2/100/50)

जहाँ हाथी उत्पन्न होते हैं, वे जंगल तुम्हारे द्वारा सुरक्षित हैं न? तुम्हारे पास दूध देने वाली गौएँ तो अधिक संख्या में हैं न? (अथवा हाथियों को फँसाने वाली हथिनियों की तो तुम्हारे पास कमी नहीं है?) तुम्हें हथिनियों, घोड़ों और हाथियों के संग्रह से कभी तृप्ति तो नहीं होती?

गतिं खर इवाश्वस्य तार्क्ष्यस्येव पतत्त्रिणः।
अनुगन्तुं न शक्तिर्मे गतिं तव महीपते।। (2/105/6)

पृथ्वीनाथ! जैसे गदहा घोड़े की और अन्य साधारण पक्षी गरुड़ की चाल नहीं चल सकते, उसी प्रकार मुझमें आपकी गति का–आपकी पालन–पद्धति का अनुसरण करने की शक्ति नहीं है।

यानप्रवरघोषश्च सुस्निग्धहयनिःस्वनः।
प्रमत्तगजनादश्च महांश्च रथनिःस्वनः।। (2/114/21)

अच्छी–अच्छी सवारियों की आवाज़, घोड़ों के हींसने का सुस्निग्ध शब्द, मतवाले हाथियों का चिग्घाड़ना तथा रथों की घर्घराहट का महान शब्द–ये सब नहीं सुनाई दे रहे हैं।

अगुरूणां च मुख्यानां वनान्युपवनानि च।
तक्कोलानां च जात्यानां फलिनां च सुगन्धिनाम्।। (3/35/22)
पुष्पाणि च तमालस्य गुल्मानि मरिचस्य च।
मुक्तानां च समूहानि शुष्यमाणानि तीरतः।। (3/35/23)
शैलानि प्रवरांश्चैव प्रवालनिचयांस्तथा।
कांचनानि च शृङ्ग.ाणि राजतानि तथैव च।। (3/35/24)
प्रस्रवाणि मनोज्ञानि प्रसन्नान्यद्भुतानि च।
धनधान्योपपन्नानि स्त्रीरत्नैरावृतानि च।। (3/35/25)
हस्त्यश्वरथगाढानि नगराणि विलोकयन्।

कहीं श्रेष्ठ अगुरू के वन थे, कहीं उत्तम जाति के सुगन्धित फलवाले तक्कोलों (वृक्षविशेषों) के उपवन थे। कहीं तमाल के फूल खिले हुए थे। कहीं गोल मिर्च की झाड़ियाँ शोभा पाती थीं और कहीं समुद्र के तट पर ढेर–के–ढेर मोती सूख रहे थे। कहीं श्रेष्ठ पर्वतमालाएँ, कहीं मृगों की राशियाँ, कहीं सोने–चाँदी के शिखर तथा कहीं सुन्दर, अद्भुत और स्वच्छ पानी के झरने दिखाई देते थे। कहीं धन–धान्य से सम्पन्न, स्त्री–रत्नों से भरे हुए तथा हाथी, घोड़े और रथों से व्याप्त नगर–दृष्टिगोचर होते थे। इन सबको देखता हुआ रावण आगे बढ़ा।

हस्त्यश्वरथसम्बाधा तूर्यनादविनादिता।
सर्वकामफलैर्वृक्षैः संकुलोद्यानभूषिता।। (3/48/12)

हाथी, घोड़े और रथों से वहाँ की सड़के भरी रहती हैं। भाँति–भाँति के वाद्यों की ध्वनि गूँजा करती है। सब प्रकार के मनोवांछित फल देने वाले वृक्षों से लंकापुरी व्याप्त है। नाना प्रकार के उद्यान उसकी शोभा बढ़ाते हैं।

महारत्नसमाकीर्णं ददर्श स महाकपिः।
विराजमानं वपुषा गजाश्वररथसंकुलम्।। (5/6/14)

उसमें हाथी–घोड़े और रथ भरे हुए थे तथा वह महान रत्नों से व्याप्त होने के कारण अपने स्वरूप से प्रकाशित हो रहा था। महाकपि हनुमान ने उसे देखा।

राक्षसांश्च महाकायान् नानाप्रहरणोद्यतान्।
रक्तांश्वेतान् सितांश्चापि हरींश्चापि महाजवान्।। (5/6/31)

उनके सिवा, वहाँ बहुत–से विशालकाय राक्षस भी दिखायी दिये, जो नाना प्रकार के

हाथियों से लैस थे। इतना ही नहीं, वहाँ लाल और सफ़ेद रंग के बहुत से अत्यन्त वेगशाली घोड़े भी बँधे हुए थे।

वराहमृगशार्दूलमहिषाजशिवामुखाः।
गजोष्ट्रहयपादाश्च निखातशिरसोऽपराः।। (5/17/10)

कितनी ही राक्षसियों के मुख, सुअर, मृग, सिंह, भैंस, बकरी और सियारिनों के समान थे। किन्हीं के पैर हाथियों के समान, किन्हीं के ऊँटों के समान और किन्हीं के घोड़ों के समान थे। किन्हीं–किन्हीं के सिर कबन्ध की भाँति छाती में स्थित थे; अतः गड्ढे के समान दिखायी देते थे। (अथवा किन्हीं–किन्हीं के सिर में गड्ढे थे)।

एकहस्तैकपादाश्च खरकर्ण्यश्वकर्णिकाः।
गोकर्णीर्हस्तिकर्णीश्च हरिकर्णीस्तथापराः।। (5/17/11)

किन्हीं के एक हाथ थे तो किन्हीं के एक पैर। किन्हीं के कान गदहों के समान थे तो किन्हीं के घोड़ों के समान। किन्हीं–किन्हीं के कान गौओं, हाथियों और सिंहों के समान दृष्टिगोचर होते थे।

अतिमात्रास्यनेत्राश्च दीर्घजिह्वाननास्तथा।
अजामुखीर्हस्तिमुखीर्गोमुखीः सूकरीमुखीः।। (5/17/14)
हयोष्ट्रखरवक्त्राश्च राक्षसीर्घोरदर्शनाः।

किन्हीं के मुँह और नेत्र सीमा से अधिक बड़े थे, किन्हीं–किन्हीं के मुखों में बड़ी–बड़ी जिह्वाएँ थीं और कितनी ही ऐसी राक्षसियाँ थीं, जो बकरी, हाथी, गाय, सुअर, घोड़े, ऊँट और गदहों के समान मुँह धारण करती थीं। इसीलिए वे देखने में बड़ी भयंकर थी।

राजा दशरथो नाम रथकुंजरवाजिमान्।
पुण्यशीलो महाकीर्तिरिक्ष्वाकूणां महायशाः।। (5/31/2)

इक्ष्वाकु वंश में राजा दशरथ नाम से प्रसिद्ध एक पुण्यात्मा राजा हो गये हैं। वे अत्यन्त कीर्तिमान् और महान् यशस्वी थे। उनके यहाँ रथ, हाथी और घोड़े बहुत अधिक थे।

ततो महत्साश्वमहारथद्विपं
बलं समानेष्यति राक्षसाधिपः।
त्रिशूलकालायसपट्टिशायुधं
ततो महद्युद्धमिदं भविष्यति।। (5/41/12)

तत्पश्चात् वह राक्षसराज हाथी, घोड़े तथा विशाल रथों से युक्त और त्रिशूल, कालायश एवं पट्टिश आदि अस्त्र–शस्त्रों से सुसज्जित बहुत बड़ी सेना लेकर आएगा। फिर तो यहाँ महान् संग्राम छिड़ जाएगा।

विनेदुर्विस्वरं नागा निपेतुर्भुवि वाजिनः।
भग्ननीडध्वजच्छत्रैर्भूश्च कीर्णाभवद् रथैः।। (5/45/15)

उस समय हाथी वेदना के मारे बुरी तरह से चिग्घाड़ रहे थे, घोड़े धरती पर मरे पड़े थे तथा जिनके बैठक, ध्वज और छत्र आदि खण्डित हो गये थे, ऐसे टूटे हुए रथों से समूची रणभूमि पट गयी थी।

अश्वैरश्वान् गजैर्नागान् योधैर्योधान् रथै रथान्।
स कपिर्नाशयामास सहस्राक्ष इवासुरान्।। (5/46/39)

जैसे देवराज इन्द्र असुरों का विनाश करते हैं, उसी प्रकार उन वानरवीर ने घोड़ों से घोंड़ो का, हाथियों से हाथियों का, योद्धाओं से योद्धाओं का और रथों से रथों का संहार कर डाला।

ततस्तु लङ्क.ा सहसा प्रदग्धा
सराक्षसा साश्वरथा सनागा।
सपक्षिसंघा समृगा सवृक्षा
रुरोद दीना तुमुलं सशब्दम्।। (5/54/39)

इस प्रकार घोड़े, हाथी, रथ, पशु, पक्षी, वृक्ष तथा कितने ही राक्षसों सहित लंकापुरी सहसा दग्ध हो गयी। वहाँ के निवासी दीनभाव से तुमुल नाद करते हुए फूट–फूटकर रोने लगे।

शक्तितोमरमीनं च विनिकीर्णान्त्रशैवलम्।
गजकच्छपसम्बाधमश्वमण्डूकसंकुलम्।। (6/7/20)
रुद्रादित्यमहाग्राहं मरुद्वसुमहोरगम्।
रथाश्वगजतोयौघं पदातिपुलिनं महत्।। (6/7/21)
अनेन हि समासाद्य देवानां बलसागरम्।
गृहीतो दैवतपतिर्लङ्कां चापि प्रवेशितः।। (6/7/22)

देवताओं की सेना समुद्र के समान थी। शक्ति और तोमर ही उसमें मत्स्य थे। निकालकर फेंकी हुई आँतें सेवार का काम देती थीं। हाथी ही उस सैन्य–सागर में कछुओं के समान भरे पड़े थे। घोड़े मेढकों के समान उसमें सब ओर व्याप्त थे। रुद्रगण और आदित्यगण उस सेनारूपी समुद्र के बड़े–बड़े ग्राह थे। मरुद्गण और वसुगण वहाँ के विशाल नाग थे। रथ, हाथी और घोड़े जलराशि के समान थे और पैदल सैनिक उसके विशाल तट थे; परन्तु इस इन्द्रजीत ने देवताओं के उस सैन्य समुद्र में घुसकर देवराज इन्द्र को क़ैद कर लिया और उन्हें लंकापुरी में लाकर बन्द कर दिया।

गवां पयांसि स्कन्नानि विमदा वरकुंजराः।
दीनमश्वाः प्रहेषन्ते नव ग्रासाभिनन्दिनः।। (6/10/17)

गायों का दूध सूख गया है, बड़े–बड़े गजराज मदरहित हो गये हैं, घोड़े नये ग्रास से आनन्दित (भोजन से संतुष्ट) होने पर भी दीनतापूर्ण स्वर में हिनहिनाते हैं।

ते रथान्तचरा एके दृप्तानेके दृढान् हयान्।
नागानेकेऽधिरुरुहुर्जग्मुश्चैके पदातयः।। (6/11/20)

तब उन राक्षसों से कोई रथ पर चढ़कर चले, कोई मतवाले हाथियों पर और कोई मज़बूत घोड़ों पर सवार होकर अपने–अपने स्थान से प्रस्थित हुए। बहुत–से राक्षस पैदल ही चल दिये।

सा पुरी परमाकीर्णा रथकुंजरवाजिभिः।
संपतद्भिर्विरुरुचे गरुत्मद्भिरिवाम्बरम्।। (6/11/21)

उस समय दोनों दौड़ते हुए रथों, हाथियों और घोड़ों से व्याप्त हुई वह पुरी बहुसंख्यक गरुड़ों से आच्छादित हुए आकाश की भाँति शोभा पा रही थी।

सा ददर्श सखी सीतां सरमा नष्टचेतनाम्।
उपावृत्योत्थितां ध्वस्तां वडवामिव पांसुषु।। (6/33/4)

सामने सखी सीता को देखा। उनकी चेतना नष्ट सी हो रही थी। जैसे परिश्रम से थकी हुई घोड़ी धरती की धूल में लोटकर खड़ी हो, उसी प्रकार सीता भी पृथ्वी पर लोटकर रोने और विलाप करने के कारण धूलि धूसरित हो रही थीं।

घण्टानां शृणु निर्घोषं रथानां शृणु निःस्वनम्।
हयानां हेषमाणानां शृणु तूर्यध्वनिं तथा।। (6/33/27)

हाथियों पर बजते हुए घण्टों का गम्भीर घोष सुनो, रथों की घर्घराहट सुनो और हिनहिनाते हुए घोड़ों तथा भाँति–भाँति के बाजों की आवाज़ भी सुन लो।

रुदतां वाहनानां च प्रपतन्त्यश्रुविन्दवः।
रजोध्वस्ता विवर्णाश्च न प्रभान्ति यथापुरम्।। (6/35/26)

घोड़े–हाथी आदि वाहन रो रहे हैं और उनके नेत्रों से अश्रुविन्दु झर रहे हैं। दिशायें धूल भर जाने से मलिन हो अब पहले की भाँति प्रकाशित नहीं हो रही है।

स शरैरभिविद्धाङ्गो द्विविदः क्रोधमूर्छितः।
सालेन सरथं साश्वं निजघानाशनिप्रभम्।। (6/43/34)

द्विविद का सारा शरीर बाणों से क्षत–विक्षत हो गया था। इससे उन्हें बड़ा क्रोध हुआ और उन्होंने एक साल वृक्ष से रथ और घोड़ों सहित अशनिप्रभ को मार गिराया।

ते हयान् कांचनापीडान् ध्वजांश्चाशीविषोपमान्।
आप्तुल्य दशनैस्तीक्ष्णैर्भीमकोपा व्यदारयन्।। (6/44/7)

तब वानरों का कोप बड़ा भयानक हो उठा। वे उछल–उछलकर अपने तीखें दाँतों द्वारा सुनहरे साज से सजे हुए राक्षसदल के घोड़ों को और विषधर सर्पों के समान दिखाई देने वाले उनके ध्वजों को भी विदीर्ण कर देते थे।

रथैः कवचिनस्त्वन्ये ध्वजैश्च समलंकृतैः।
सुवर्णजालविहितैः खरैश्च विविधाननैः।। (6/51/26)
हयैः परमशीघ्रैश्च गजैश्चैव मदोत्कटैः।
निर्ययुर्नैऋतव्याघ्रा व्याघ्रा इव दुरासदाः।। (6/51/27)

कितने ही निशाचर ध्वजों से अलंकृत तथा सोने की जाली से आच्छादित रथों द्वारा युद्ध के लिए बाहर आये। वे सब–के–सब कवच धारण किये हुए थे। कितने ही श्रेष्ठ राक्षस नाना प्रकार के मुखवाले गधों, परम शीघ्रगामी घोड़ों तथा मदमत्त हाथियों पर सवार हो दुर्जय व्याघ्रों के समान युद्ध के लिए नगर से बाहर निकले।

नागैरश्वैः खरेरुष्ट्रैः संयुक्तः सुसमाहितः।
पताकाध्वजचित्रैश्च बहुभिः समलंकृतः।। (6/53/5)

वह हाथी, घोड़े, गदहे और ऊँट आदि सवारियों से युक्त था, चित्त को पूर्णतः एकाग्र किये हुए था और पताका, ध्वज आदि से विचित्र शोभा पाने वाले बहुत से सेनाध्यक्ष उसकी शोभा बढ़ाते थे।

रोषितः शरवर्षेण सालेन महता महान्।
प्रजघान हयान् नीलः प्रहस्तस्य महाबलः।। (6/58/43)

प्रहस्त की बाणवर्षा से कुपित हो महाबली महाकपि नील ने एक विशाल साल वृक्ष के द्वारा उसके घोड़ों को मार डाला।

यश्चैष नानाविधघोररूपै
व्यांघ्रोष्ट्रनागेन्द्रमृगाश्ववक्त्रैः।
भूतैर्वृतौ भाति विवृत्तनेत्रै–
र्योऽसो सुराणामपि दर्पहन्ता।। (6/59/23)
यत्रैतदिन्दुप्रतिमं विभाति
च्छत्रं सितं सूक्ष्मशलाकमग्र्यम।
अत्रैष रक्षोधिपतिर्महात्मा
भूतैर्वृतो रुद्र इवावभाति।। (6/59/24)

यह जो व्याघ्र, ऊँट, हाथी, हिरन और घोड़े के से मुँह वाले, चढ़ी हुई आँख वाले तथा अनेक प्रकार के भयंकर रूप वाले भूतों से घिरा है, जो देवताओं का भी दर्प दलन करने वाला है तथा जिसके ऊपर पूर्ण चन्द्रमा के समान श्वेत एवं पतली कमानी वाला सुन्दर छत्र शोभा पाता है, वही यह राक्षसराज महामना रावण है, जो भूतों से घिरे हुए रुद्रदेव के समान सुशोभित होता है।

अश्वनुष्ट्रान् खरान् नागांजघ्नुर्दण्डकशाङ्कुशैः।। (6/60/45)
भेरीशंखमृदंगाश्च सर्वप्राणैरवादयन्।
निजघ्नुश्चास्य गात्राणि महाकाष्ठकटंकरैः।। (6/60/46)

वे घोड़ों, ऊँटों, गदहों और हाथियों को डंडों, कोड़ों तथा अंकुशों से मार–मारकर उसके ऊपर ठेलने लगे। सारी शक्ति लगाकर भेरी, मृदंग और शंख बजाने लगे।

वानराश्च महात्मानः समुत्पाट्य महाद्रुमान्।
रथानश्वान् गजानुष्ट्रान् राक्षसानभ्यसूदयन्।। (6/67/14)

महामनस्वी वानर भी बड़े–बड़े पेड़ उखाड़कर शत्रु सेना के रथ, घोड़े, हाथी, ऊँट और राक्षसों का संहार करने लगे।

ततो हयं मारुततुल्यवेग–
मारुह्य शक्तिं निशितां प्रगृह्य।
नरान्तको वानरसैन्यमुग्रं
महार्णवं मीन इवाविशेष।। (6/69/66)

तदनन्तर वायु के समान तीव्र वेगवाले घोड़े पर सवार हो हाथ में तीखी शक्ति लिये नरान्तक वानरों की भयंकर सेना में उसी तरह घुसा, जैसे कोई मत्स्य महासागर में प्रवेश कर रहा हो।

तं प्रासमालोक्य तदा विभग्नं
सुपर्णकृत्तोरगभोगकल्पम्।
तलं समुद्यम्य स वालिपुत्र–
स्तुरंगमस्याभिजघान मूर्ध्नि।। (6/69/89)

उस भाले को गरुड़ के द्वारा खण्डित किये गये सर्प के शरीर की भाँति टूक–टूक होकर पड़ा देख वालिपुत्र अंगद ने हथेली ऊँची करके नरान्तक के घोड़े के मस्तक पर बड़े ज़ोर से थप्पड़ मारा।

कोऽसौ पर्वतसंकाशौ धनुष्मान् हरिलोचनः।
युक्ते हयसहस्रेण विशाले स्यन्दने स्थितः।। (6/71/12)

विभीषण! हज़ार घोड़ों से जुते हुए विशाल रथ पर बैठा हुआ वह पर्वताकार निशाचर कौन है? उसके हाथ में धनुष है और आँखें सिंह के समान दिखाई देती हैं।

गजस्कन्धगताः केचित् केचित् परमवाजिभिः।
व्याघ्रवृश्चिकमार्जारखरोष्ट्रैश्च भुजङ्गमै।। (6/73/11)
वराहैः श्वापदैः सिंहैर्जम्बुकैः पर्वतोपमैः।
काकहंसमयूरैश्च राक्षसा भीमविक्रमाः।। (6/73/12)

कोई हाथी पर बैठकर चले तो कोई उत्तम घोड़ों पर। इनके सिवा बाघ, बिच्छू, बिलाव, गदहे, ऊँट, सर्प, सूअर, अन्य हिंसक जन्तु, सिंह, पर्वताकार गीदड़, कौआ, हंस और मोर आदि की सवारियों पर चढ़े हुए भयंकर पराक्रमी राक्षस वहाँ युद्ध के लिये आये।

हस्त्यध्यक्षैर्गजैर्मुक्तैश्च तुरगैरपि।
बभूव लङ्का लोकान्ते भ्रान्तग्राह इवार्णवः।। (6/75/27)

हाथियों के अध्यक्षों ने हाथियों को और अश्वाध्यक्षों ने अश्वों को भी खोल दिया था। वे वहाँ इधर–उधर भाग रहे थे, इससे लंकापुरी प्रलयकाल में भ्रान्त होकर घूमते हुए ग्राहों से युक्त महासागर के समान प्रतीत होती थी।

अश्वं मुक्तं गजो दृष्ट्वा क्कचिद् भीतोऽपसर्पति।
भीतो भीतं गजं दृष्ट्वा क्कचिदश्वो निवर्तते।। (6/75/28)

कहीं खुले हुए घोड़े को देखकर हाथी भयभीत होकर भागा था और कहीं डरे हुए हाथी को देखकर घोड़ा भी भागने लगता था।

तमप्रविष्टं न्यग्रोधं बलिनं रावणात्मजम्।
विध्वंसय शरैर्दीप्तैः सरथं साश्वसारथिम्।। (6/87/6)

अतः जब तक यह इस बरगद के नीचे आये, उसके पहले ही आप अपने तेजस्वी बाणों द्वारा इस बलवान् रावणकुमार को रथ, घोड़े और सारथि सहित नष्ट कर दीजिए।

ववर्ष रुधिरं देवश्चस्खलुश्च तुरंगमाः।
ध्वजाग्रे न्यपतद् गृध्रो विनेदुश्चाशिवं शिवाः।। (6/95/44)

बादल रक्त की वर्षा करने लगे। घोड़े लड़खड़ाकर गिर पड़े। ध्वज के अग्रभाग पर गीध आकर बैठ गया और गीदड़ियाँ अमंगलसूचक बोली बोलने लगीं।

रथोद्वहनखिन्नाश्च भग्ना मे रथवाजिनः।
दीना घर्मपरिश्रान्ता गावो वर्षहता इव।। (6/104/16)

मेरे घोड़े भी रथ को खींचते–खींचते थक गये थे। इनके पाँव लड़खड़ा रहे थे। ये धूप से पीड़ित हो वर्षा की मारी हुई गौओं के समान दुखी हो गये थे।

रामस्य तुरगान् दीप्तैः शरैर्विव्याध रावणः।
ते दिव्या हरयस्तत्र नास्खलन्नापि बभ्रमुः।। (6/107/15)
बभूवुः स्वस्थहृदयाः पद्मनालैरिवाहताः।

रावण ने अपने तेजस्वी बाणों से श्रीरामचन्द्रजी के घोड़ों को घायल करना आरम्भ किया, परन्तु वे घोड़े दिव्य थे, इसलिए न तो लड़खड़ाये और न ही अपने स्थान से

विचलित हुए। वे पूर्ववत् स्वस्थचित्त बने रहे, मानो उन पर कमल की नालों से प्रहार किया गया हो।

अपरे हेमकक्षाभिः सगजाभिः करेणुभिः।। (6/127/12)
निर्ययुस्तुरगाक्रान्ता रथैश्च सुमहारथाः।

दूसरे बहुत से महारथी वीर सुनहरे रस्सों से कसी हुई हथिनियों, हाथियों, घोड़ों और रथों पर सवार होकर निकले।

गतिं खर इवाश्वस्य हंसस्येव च वायसः।
नान्वेतुमुत्सहे वीर तव मार्गमरिंदम।। (6/128/5)

शत्रुदमन वीर! जैसे गदहा घोड़े की और कौआ हंस की गति का अनुसरण नहीं कर सकता, उसी तरह मैं आपके मार्ग का–रक्षणरूपी कौशल का अनुसरण नहीं कर सकता।

सहस्रशतमश्वानां धेनूनां च गवां तथा।। (6/128/73)
ददौ शतवृषान् पूर्वं द्विजेभ्यो मनुजर्षभः।

महाराज श्रीराम ने उस समय पहले ब्राह्मणों को एक लाख घोड़े, उतनी ही दूध देने वाली गौएँ तथा एक सौ साँड़ दान दिये।

स्यन्दनैर्वारणैश्चैव हयैश्च करिसंनिभैः।। (7/6/47)
खरैर्गोभिरथोष्ट्रैश्च शिशुमारैर्भुजंगमैः।
मकरैः कच्छपैर्मीनैर्विहंगैर्गरुडोपमैः।। (7/6/48)
सिंहैर्व्याघ्रैर्वराहैश्च सृमरैश्चमरैरपि।
त्यक्त्वा लङ्क.ां गताः सर्वे राक्षसा बलगर्विताः।। (7/6/49)
प्रयाता देवलोकाय योद्धंङ दैवतशत्रवः।

अपने बल का घमण्ड रखने वाले वे समस्त देवद्रोही राक्षस रथ, हाथी, घोड़े, गदहे, बैल, ऊँट, शिशुमार, सर्प, मगर, कछुआ, मत्स्य, गरुड़, सिंह, बाघ, सुअर, मृग और नीलगाय आदि वाहनों पर सवार होकर लंका छोड़कर युद्ध के लिए देवलोक की ओर चल पड़े।

खरैरुष्ट्रैर्हयैर्दीप्तैः शिशुमारैर्महोरगैः।। (7/25/36)
राक्षसाः प्रययुः सर्वे कृत्वाऽऽकाशं निरन्तरं।

गदहे, ऊँट, घोड़े, शिशुमार (सूँस) और बड़े–बड़े नाग आदि दीप्तिमान् वाहनों पर आरूढ़ हो सब राक्षस आकाश को अवकाशरहित करते हुए चले।

रथान् नागान् खरानुष्ट्रान् पन्नगांस्तुरगांस्तथा।
शिशुमारान् वराहांश्च पिशाचवदनानपि।। (7/28/40)

कुछ राक्षस रथों, हाथियों, गदहों, ऊँटों, सर्पों, घोड़ों, शिशुमारों, वराहो तथा पिशाचमुख वाहनों को दोनों भुजाओं से पकड़कर उनसे लिपटे हुए निश्चेष्ट हो गये थे।

अश्वान् यानानि रत्नानि हस्तिनश्च मदोत्कटान्।
चन्दनानि च मुख्यानि दिव्यान्याभरणानि च।। (7/39/9)
मणिमुक्ताप्रवालांस्तु दास्यो रूपसमन्विताः।
अजाविकं च विविधं रथांस्तु विविधान् बहून्।। (7/39/10)

घोड़े, सवारियाँ, रत्न, मतवाले हाथी, उत्तम चन्दन, दिव्य आभूषण, मणि, मोती, मूँगे,

रूपवती दासियाँ, नाना प्रकार की बकरियाँ और भेड़ें तथा तरह–तरह के बहुत से रथ भेंट किये।

तत् सर्वमखिलेनाशु प्रस्थाप्य भरताग्रजः।
हयं लक्षणसम्पन्नं कृष्णसारं मुमोच ह।। (7/92/1)

इस प्रकार सब सामग्री पूर्णरूप से भेजकर भरत के बड़े भाई श्रीराम ने उत्तम लक्षणों से सम्पन्न तथा कृष्णसार मृग के समान काले रंग वाले एक घोड़े को छोड़ा।

50. हाथी

Elephant

वाल्मीकि रामायण में इसके लिए वारण, मातंग, गज, दान्तराज, नाग, द्विप, कुंजर, हस्त, द्विरद, करेणु एवं करि शब्द का प्रयोग किया गया है। इसका वैज्ञानिक नाम 'Elephas maximus indicus' है। हमारे देश में हाथी उत्तर प्रदेश की शिवालिक पहाड़ियों के घने जंगलों, पश्चिम बंगाल, असम व मेघालय के वनों, उड़ीसा, बिहार एवं दक्षिण भारत के पश्चिमी घाट के वनों में पाये जाते हैं। ये झुण्ड बनाकर बनाकर रहते हैं। यह एक विशालकाय जानवर है। इसके दाँत खाने के और तथा दिखाने के और होते हैं। जो दाँत बाहर निकले रहते हैं, वे दोनों दाँत दिखावे के होते हैं। हाथी के मुख में एक–एक दाँत होते हैं। हाथी इन्हीं से खाता है। घासें, पत्तियाँ, बाँस और रोहिनी इनका प्रमुख भोजन है। हाथी दलदली इलाकों में नहीं रहते। हथिनी के बाहरी दाँत 'टस्क' बहुत छोटे होते हैं। किसी–किसी नर हाथी के भी टस्क नहीं होते, इन्हें मकना कहते हैं। हाथी का सबसे उपयोगी अंग सूँड़ है। यह इसी से खाता–पीता है, सूँघता है तथा वजन उठाता है।

हथिनी 20 माह के बाद बच्चे को जन्म देती है। जन्म के समय बच्चो का वजन लगभग 100 किग्रा होता है। इन बच्चों को पालतू बनाकर अनेक कार्य लिये जाते हैं। सर्कस में हाथी के अनेक कौशल दिखाये जाते हैं। प्राचीन काल से ही बोझा ढोने एवं सवारी के कार्य में हाथी उपयोग में लाया जाता रहा है।

वाल्मीकि रामायण में इसका उल्लेख निम्न प्रकार है–

दुर्गगम्भीरपरिखां दुर्गामन्यैर्दुरासदाम्।
वाजिवारणसम्पूर्णां गोभिरुष्ट्रैः खरैस्तथा।। (1/5/13)

उसके चारों ओर गहरी खाई खुदी थी, जिसमें प्रवेश करना या जिसे लाँघना अत्यन्त कठिन था। वह नगरी दूसरों के लिए सर्वथा दुर्गम एवं दुर्जय थी। घोड़े, हाथी, गाय–बैल, ऊँट तथा गदहे आदि उपयोगी पशुओं से वह पुरी भरी–पूरी थी।

विन्ध्यपर्वतजैर्मत्तैः पूर्णा हैमवतैरपि।
मदान्वितैरतिबलैर्मातङ्गैः पर्वतोपमैः।। (1/6/23)

विन्ध्य और हिमालय पर्वतों में उत्पन्न होने वाले अत्यन्त बलशाली पर्वताकार मदमत्त गजराजों से भी वह नगरी परिपूर्ण रहती थी।

ऐरावतकुलीनैश्च महापद्मकुलैस्तथा।
अंजनादपि निष्क्रान्तैर्वामनादपि च द्विपैः।। (1/6/24)

ऐरावत कुल में उत्पन्न, महापद्म के वंश में पैदा हुए तथा अंजन और वामन नामक दिग्गजों से भी प्रकट हुए हाथी उस पुरी की पूर्णता में सहायक हो रहे थे।

इष्टः सर्वस्य लोकस्य शशाङ्क इव निर्मलः।
गजस्कन्धेऽश्वपृष्ठे च रथचर्यासु सम्मतः।। (1/18/27)
धनुर्वेदे च निरतः पितुः शुश्रूषणे रतः।

सभी ज्ञानवान् और समस्त सद्गुणों से सम्पन्न थे। उनमें भी सत्यपराक्रमी श्रीरामचन्द्रजी सबसे अधिक तेजस्वी और सब लोगों के विशेष प्रिय थे। वे निष्कलंक चन्द्रमा के समान शोभा पाते थे। उन्होंने हाथी के कन्धे और घोड़े की पीठ पर बैठने तथा रथ हाँकने की कला में भी सम्मानपूर्ण स्थान प्राप्त किया था। वे सदा धनुर्वेद का अभ्यास करते और पिता की सेवा में लगे रहते थे।

सिंहव्याघ्रवराहैश्च वारणैश्चापि शोभितम्।
धवाश्वकर्णककुभैर्बिल्वतिन्दुकपाटलैः।। (1/24/15)
संकीर्णं बदरीभिश्च किं न्विदं दारुणं वनम्।

सिंह, व्याघ्र, सुअर और हाथी भी इस जंगल की शोभा बढ़ा रहे हैं। धव(धौरा), अश्वकर्ण (एक प्रकार के शालवृक्ष), ककुभ (अर्जुन), बेल, तिन्दुक (तेन्दू), पाटल (पाड़र) तथा बेर के वृक्षों से भरा हुआ यह भयंकर वन क्या है? इसका क्या नाम है?

अभिद्रुतमिवारण्ये सिंहेन गजयूथपम्।
प्रच्छाद्यमानं रामेण भरतं त्रातुमर्हसि।। (2/8/36)

जैसे वन में सिंह हाथियों के यूथपति पर आक्रमण करता है और वह भागा फिरता है, उसी प्रकार राजा राम भरत का तिरस्कार करेंगे; अतः उस तिरस्कार से तुम भरत की रक्षा करो।

दान्तराजत सौवर्णवेदिकाभिः समायुतम्।
नित्यपुष्पफलैर्वृक्षैर्वापीभिरुपशोभितम्।। (2/10/14)

हाथी दाँत, चाँदी और सोने की बनी हुई वेदियों से संयुक्त उस भवन को नित्य फलने–फूलने वाले वृक्ष और बहुत सी बावड़ियाँ सुशोभित कर रही थीं।

करेणुमिव दिग्धेन विद्धां मृगयुना वने।
महागज इवारण्ये स्नेहात् परमदुःखिताम्।। (2/10/26)
परिमृज्य च पाणिभ्यामभिसंत्रस्तचेतनः।
कामी कमलपत्राक्षीमुवाच वनितामिदम्।। (2/10/27)

जैसे कोई महान् गजराज वन में व्याध के द्वारा विषलिप्त बाण से विद्ध होकर गिरी हुई अत्यन्त दुःखित हथिनी का स्नेहवश स्पर्श करता है, उसी प्रकार कामी राजा दशरथ ने महान् दुःख में पड़ी हुई कमलनयनी भार्या कैकेयी का स्नेहपूर्वक दोनों हाथों से स्पर्श किया।

याश्चान्याः सरितः पुण्या ह्रदाः कूपाः सरांसि च।
प्राग्वहाश्चोर्ध्ववाहाश्च तिर्यग्वाहाश्च क्षीरिणः।। (2/15/6)
ताभ्यश्चैवाहृतं तोयं समुद्रेभ्यश्च सर्वशः।
क्षौद्रं दधि घृतं लाजा दर्भा सुमनसः पयः।। (2/15/7)

अष्टौ च कन्या रुचिरा मत्तश्च वरवारणः।
सजलाः क्षीरिभिश्छन्ना घटाः कांचनराजताः।। (2/15/8)
पद्मोत्पलयुता भान्ति पूर्णाः परमवारिणा।

इनके सिवा जो अन्य नदियां, पवित्र जलाशय, कूप और सरोवर हैं तथा जो पूर्व की ओर बहने वाली (गोदावरी और कावेरी आदि) नदियाँ हैं, ऊपर की ओर प्रवाह वाले जो (ब्रह्मावर्त आदि) सरोवर हैं तथा दक्षिण और उत्तर की ओर बहने वाली जो (गण्डकी एवं शोणभद्र आदि) नदियाँ हैं, जिनमें दूध के समान निर्मल जल भरा रहता है, उन सबसे और समस्त समुद्रों से भी लाया हुआ जल वहाँ संग्रह करके रखा गया था। इनके अतिरिक्त दूध, दही, घी, मधु, लावा, कुश, फूल, आठ सुन्दर कन्याएँ, मदमत्त गजराज और दूधवाले वृक्षों के पल्लवों से ढके हुए सोने–चाँदी के जलपूर्ण कलश भी वहाँ विराजमान थे, जो उत्तम जल से भरे होने के कारण ही पद्म और उत्पलों से संयुक्त होने के कारण बड़ी शोभा पा रहे थे।

स घोषवभ्दिश्च हयैः सनागैः
पुरःसरैः स्वस्तिकसूतमागधैः।
महीयमानः प्रवरैश्च वादकै
राभिष्टुतो वैश्रवणो यथा ययौ।। (2/16/46)

हिनहिनाते हुए घोड़ों, चिग्घाड़ते हुए हाथियों, जय–जयकार करते हुए आगे–आगे चलने वाले वन्दियों, स्तुतिपाठ करने वाले सूतों, वंश की विरुदावलि बखानने वाले मागधों तथा सर्वश्रेष्ठ गुणगायकों के तुमुल घोष के बीच उन वन्दी आदि से पूजित एवं प्रशंसित होते हुए श्रीरामचन्द्र जी कुबेर के समान चल रहे थे।

करेणुमातङ्ग.रथाश्वसंकुलं
महाजनौघैः परिपूर्णचत्वरम्।
प्रभूतरत्नं बहुपण्यसंचयं
ददर्श रामो विमलं महापथम्।। (2/16/47)

यात्रा करते हुए श्रीराम ने उस विशाल राजमार्ग को देखा, जो हथिनियों, मतवाले हाथियों, रथों और घोड़ों से खचाखच भरा हुआ था। उसके प्रत्येक चौराहे पर मनुष्यों की भारी भीड़ इकट्ठी हो रही थी। उसके दोनों पार्श्व भागों में प्रचुर रत्नों से भरी हुई दुकानें थीं तथा विक्रय के योग्य और भी बहुत–से द्रव्यों के ढेर वहाँ दिखाई देते थे। वह राजमार्ग बहुत साफ़–सुथरा था।

महाद्विपाश्च सिंहाश्च व्याघ्रा ऋक्षाश्च दंष्ट्रिणः।
महिषाः श्रृङ्ग.णो रौद्रा न ते द्रुह्यान्तु पुत्रक।। (2/25/19)

पुत्र! बड़े–बड़े हाथी, सिंह, व्याघ्र, रीछ, दाढ़वाले अन्य जीव तथा विशाल सींगवाले भयंकर भैंसे वन में तुमसे द्रोह न करें।

अहं गमिष्यामि वनं सदुर्गमं
मृगायुतं वानरवारणैश्च।
वने निवत्स्यामि यथा पितुर्गृहे
तवैव पादावुपगृह्य सम्मता।। (2/27/22)

प्राणनाथ! अतः उस अत्यन्त दुर्गम वन में, जहाँ सहस्त्रों मृग, वानर और हाथी निवास

करते हैं, मैं अवश्य चलूँगी और आपके ही चरणों की सेवा में रहकर आपके अनुकूल चलती हुई उस वन में उसी तरह सुख से रहूँगी, जैसे पिता के घर में रहा करती थी।

सग्राहा सरितश्चैव पङ्क.वत्यस्तु दुस्तराः।
मत्तैरपि गजैर्नित्यमतो दुःखतरं वनम्।। (2/28/9)

वन में जो नदियाँ होती हैं, उनके भीतर ग्राह निवास करते हैं, उनमें कीचड़ अधिक होने के कारण उन्हें पार करना अत्यन्त कठिन होता है। इसके सिवा वन में मतवाले हाथी सदा घूमते रहते हैं। इस सब कारणों से वन बहुत ही दुःखदायक होता है।

मृगाः सिंहा गजाश्चैव शार्दूलाः शरभास्तथा।
चमराः सृमराश्चैव ये चान्ये वनचारिणः।। (2/29/3)
अदृष्टपर्वरूपत्वात् सर्वे ते तब राघव।
रूपं दृष्ट्वपसर्पेयुस्तव सर्वे हि बिभ्यति।। (2/29/4)

रघुनन्दन! मृग, सिंह, हाथी, शेर, शरभ, चमरी गाय, नीलगाय तथा जो अन्य जंगली जीव हैं, वे सब–के–सब आपका रूप देखकर भाग जायेंगे; क्योंकि ऐसा प्रभावशाली स्वरूप उन्होंने पहले कभी नहीं देखा होगा। आपसे तो सभी डरते हैं; फिर वे पशु क्यों नहीं डरेंगे?

यदि गन्तुं कृता बुद्धिर्वनं मृगगजायुतम्।
अहं त्वानुगमिष्यामि वनमग्रे धनुर्धरः।। (2/31/3)

आर्य! यदि आपने वन्य पशुओं तथा हाथियों से भरे हुए वन में जाने का निश्चय कर ही लिया है तो मैं भी आपका अनुसरण करूँगा। धनुष हाथ में लेकर आगे–आगे चलूँगा।

बिलानि दंष्ट्रिणः सर्वे सानूनि मृगपक्षिणः।
त्यजन्त्वस्मद्भयाभ्दीता गजाः सिंहा वनान्यपि।। (2/33/23)

वन में हम लोगों के भय से साँप अपने बिल छोड़कर भाग जायँ। पर्वत पर रहने वाले मृग और पक्षी उसके शिखरों को छोड़ दें तथा हाथी और सिंह भी उन वनों को त्यागकर दूर चले जायँ।

निघ्नन् मृगान् कुजंरांश्च पिबंश्चारण्यकं मधु।
नदीश्च विविधाः पश्यन् न राज्यं संस्मरिष्यति।। (2/36/6)

वे रास्ते में आये हुए मृगों एवं हाथियों को पीछे लौटाते, जंगली मधु का पान करते और नाना प्रकार की नदियों को देखते हुए अपने राज्य का स्मरण नहीं करेंगे।

तत् समाकुलसम्भ्रान्तं मत्तसंकुपितद्विपम्।
हयसिंजितनिर्घोषं पुरमासीन्महास्वनम्।। (2/40/19)

उस समय सारी अयोध्या में महान् कोलाहल मच गया। सब लोग व्याकुल होकर घबरा उठे। मतवाले हाथी श्रीराम के वियोग से कुपित हो उठे और इधर–उधर भागते हुए, घोड़ों के हिनहिनाने एवं उनके आभूषणों के खनखनाने की आवाज़ सब ओर गूँजने लगी।

नाग्निहोत्राण्यहूयन्त नापचन् गृहमेधिनः।
अकुर्वन् न प्रजाः कार्यं सूर्यश्चान्तरधीयत।। (2/41/9)
व्यसृजन् कवलान् नागा गावो वत्सान् न पाययन्।
पुत्रं प्रथमजं लब्ध्वा जननी नाभ्यनन्दत।। (2/41/10)

उस दिन अग्निहोत्र बन्द हो गया, गृहस्थों के घर भोजन नहीं बना, प्रजाओं ने कोई काम नहीं किया, सूर्यदेव अस्ताचल को चले गये, हाथियों ने मुँह में लिया हुआ चारा छोड़ दिया, गौओं ने बछड़ों को दूध नहीं पिलाया और पहले–पहल पुत्र को जन्म देकर भी कोई माता प्रसन्न नहीं हुई।

व्यपेतमलसंघातां मणिनिर्मलदर्शनाम्।
दिशागजैर्वनगजैर्मत्तैश्च वरवारणैः। (2/50/22)
देवराजोपवाह्यैश्च संनादितवनान्तराम्।।

वे मलसमूह (पापराशि) दूर कर देती हैं। उनका जल इतना स्वच्छ है कि मणि के समान निर्मल दिखायी देता है। उनके तटवर्ती वन का भीतरी भाग मदमत्त दिग्गजों, जंगली हाथियों तथा देवराज की सवारी में आने वाले श्रेष्ठ गजराजों से कोलाहलपूर्ण बना रहता है।

नानानगगणोपेतः किन्नरोरगसेवितः।। (2/55/39)
मयूरनादाभिरतो गजराजनिषेवितः।
गम्यतां भवता शैलश्चित्रकूटः स विश्रुतः।। (2/54/40)

वह सुविख्यात चित्रकूट पर्वत नाना प्रकार के वृक्षों से हरा–भरा है। वहाँ बहुत से किन्नर और सर्प निवास करते हैं। मोरों के कलरवों से वह और भी रमणीय प्रतीत होता है। बहुत से गजराज उस पर्वत का सेवन करते हैं। तुम वहीं चले जाओ।

पुण्यश्च रमणीयश्च बहुमूलफलायुतः।
तत्र कुंजरयूथानि मृगयूथानि चैव हि।। (2/54/41)
विचरन्ति वनान्तेषु तानि द्रक्ष्यसि राघव।
सरित्पस्त्रवणप्रस्थान् दरीकन्दरनिर्झरान्।
चरतः सीतया सार्धं नन्दिष्यति मनस्तव।। (2/54/42)

वह पर्वत परम पवित्र, रमणीय तथा बहुसंख्यक फल–मूलों से सम्पन्न है। वहाँ झुण्ड–के–झुण्ड हाथी और हिरन वन के भीतर विचरते रहते हैं। रघुनन्दन! तुम उन सबको प्रत्यक्ष दिखोगे। मन्दाकिनी नदी, अनेकानेक जलस्रोत, पर्वतशिखर, गुफा, कन्दरा और झरने भी तुम्हारे देखने में आयेंगे। वह पर्वत सीता के साथ विचरते हुए तुम्हारे मन को आनन्द प्रदान करेगा।

प्रहृभटकोयष्टिभकोकिलस्वनै–
र्विनोदयन्तं च सुखं परं शिवम्।
मृगैश्च मत्तैर्बहुभिश्च कुंजरैः
सुरम्यमासाद्य समावसाश्रयम्।। (2/54/43)

हर्ष में भरे हुए टिट्टिभ और कोकिलों के कलरवों द्वारा वह पर्वत यात्रियों का मनोरंजन सा करता है। वह परम सुखद एवं कल्याणकारी है, मदमत्त मृगों और बहुसंख्यक मतवाले हाथियों ने उसकी रमणीयता को और बढ़ा दिया है। तुम उसी पर्वत पर जाकर डेरा डालो और उसमें निवास करो।

विहृत्य ते बर्हिणपूगनादिते
शुभे वने वारणवानरायुते।

समं नदीवप्रमुपेत्य सत्वरं
निवासमाजग्मुरदीनदर्शनाः।। (2/55/33)

उदार दृष्टि वाले वे सीता, लक्ष्मण और श्रीराम मोरों के झुण्डों की मीठी बोली से गूँजते तथा हाथियों और वानरों से भरे हुए उस सुन्दर वन में घूम–फिरकर शीघ्र ही यमुना नदी के समतल तट पर आ गये और रात में उन्होंने वहीं निवास किया।

मातङ्ग.यूथानुसृतं पक्षिसंघनुनादितम्।
चित्रकूटमिमं पश्य प्रवृद्धशिखरं गिरिम्।। (2/56/10)

यह रहा चित्रकूट पर्वत–इसका शिखर बहुत ऊँचा है। झुण्ड–के–झुण्ड हाथी उसी ओर जा रहे हैं और वहाँ बहुत से पक्षी चहक रहे हैं।

पतितेनाम्भसाऽऽच्छन्नः पतमानेन चासकृत्।
आबभौ मत्तसारङ्ग.स्तोयराशिरिवाचलः।। (2/63/18)

गिरे हुए बारम्बार गिरते हुए जल से आच्छादित हुआ मतवाला हाथी तरंग रहित प्रशान्त समुद्र तथा भीगे पर्वत के समान प्रतीत होता था।

निपाने महिषं रात्रौ गजं वाभ्यागतं मृगम्।
अन्यद् वा श्वापदं किंचिज्जिघांसुरजितेन्द्रियः।। (2/63/21)

मेरी इन्द्रियाँ मेरे वश में नहीं थीं। मैंने सोचा था कि पानी पीने के घाट पर रात के समय जब कोई उपद्रवकारी भैंसा, मतवाला हाथी अथवा सिंह–व्याघ्र आदि दूसरा कोई हिंसक जन्तु आवेगा तो उसे मारूँगा।

विष्णोः पदं प्रेक्ष्यमाणा विपाशां चापि शाल्मलीम्।
नदीर्वापीतटाकानि पल्लवानि सरांसि च।। (2/68/19)
पश्यन्तो विविधांश्चापि सिंहान् व्याघ्रान् मृगान् द्विपान्।
ययुः पथातिमहता शासनं भर्तुरीप्सवः।। (2/68/20)

उस पर्वत के शिखर पर स्थित भगवान विष्णु के चरण चिह्न का दर्शन करके वे विपासा (व्यास) नदी और उसके तटवर्ती शाल्मली वृक्ष के नीचे गये। वहाँ से आगे बढ़ने पर बहुत–सी नदियों, बावड़ियों, पोखरों, छोटे तालाबों, सरोवरों तथा भाँति–भाँति के वन्य जन्तुओं–सिंह, व्याघ्र, मृग और हाथियों का दर्शन करते हुए वे दूत अत्यन्त विशाल मार्ग के द्वारा आगे बढ़ने लगे। वे अपने स्वामी की आज्ञा का शीघ्र पालन करने की इच्छा रखते थे।

ऐरावतानैन्द्रशिरान् नागान् वै प्रियदर्शनान्।
खरांशीघ्रान् सुसंयुक्तान् मातुलोऽस्मै धनं ददौ।। (2/70/23)

भरत के मामा ने उन्हें उपहार में दिये जाने वाले फल के रूप में इरावान् पर्वत और इन्द्रशिर नामक स्थान के आसपास उत्पन्न होने वाले बहुत से सुन्दर–सुन्दर हाथी तथा तेज़ चलने वाले सुशिक्षित खच्चर दिये।

तमार्तं देवसंकाशं समीक्ष्य पतितं भुवि।
निकृत्तामिव सालस्य स्कन्धं परशुना वने। (2/72/22)
माता मातङ्गसंकाशं चन्द्रार्कसदृशं सुतम्।
उत्थापयित्वा शोकार्तं वचनं चेदमब्रवीत्।। (2/72/23)

देवतुल्य भरत शोक से व्याकुल हो वन में फरसे से काटे गये साखू के तने की भाँति

पृथ्वी पर पड़े थे, मतवाले हाथी के समान पुष्ट तथा चन्द्रमा या सूर्य के समान तेजस्वी अपने शोकाकुल पुत्र को इस तरह भूमि पर पड़ा देख माता कैकेयी ने उन्हें उठाया और इस प्रकार कहा–।

इतीमां पश्चिमां वाचं व्याजहार पिता तव।
कालधर्म परिक्षिप्तः पाशैरिव महागजः।। (2/72/37)

जैसे पाशों से बँधा हुआ महान गज विवश हो जाता है, उसी प्रकार कालधर्म के वशीभूत हुए तुम्हारे पिता ने अन्तिम वचन इस प्रकार कहा था।

इदं हि तव विस्तीर्ण धनधान्यसमाचितम्।
हस्त्यश्वरथसम्पूर्ण राज्यं निर्यातितं तया।। (2/75/16)

यह धन–धान्य से सम्पन्न तथा हाथी, घोड़े एवं रथों से भरा–पूरा विस्तृत राज्य कैकेयी ने (श्रीराम से छीनकर) तुम्हें दिलाया है।

कुंजराश्च खरोष्ट्राश्च गोऽश्वाश्च मृगपक्षिणः।
बभूवुः सुभृतास्तत्र नातो ह्यन्यमकल्पयत्।। (2/91/65)

हाथी, घोड़े, गदहे, ऊँट, बैल, मृग तथा पक्षी भी वहाँ पूर्ण तृप्त हो गये थे; अतः कोई दूसरी किसी वस्तु की इच्छा नहीं करता था।

प्रतिपानह्रदान् पूर्णान् खरोष्ट्रगजवाजिनाम्।
अवगाह्यसुतीर्थांश्च ह्रदान् सोत्पलपुष्करान्।
आकाशवर्णप्रतिमान् स्वच्छतोयान् सुखोप्लवान्।। (2/91/78)

गधे, ऊँट, हाथी और घोड़ों के पानी पीने के लिए कई जलाशय भरे थे, जिनके घाट बड़े सुन्दर और सुखपूर्वक उतरने योग्य थे। उन जलाशयों में कमल और उत्पल शोभा पा रहे थे। उनका जल आकाश के समान स्वच्छ था।

जलप्रपातैरुद्भेदैर्निष्पन्दैश्च क्वचित् क्वचित्।
स्रवद्भिर्भात्ययं शैलः स्रवन्मद इव द्विपः।। (2/94/13)

इसके ऊपर कहीं ऊँचे से झरने गिर रहे हैं, कहीं जमीन के भीतर से सोते निकले हैं और कहीं–कहीं छोटे–छोटे स्रोत प्रवाहित हो रहे हैं। इन सबके द्वारा यह पर्वत मद की धारा बहाने वाले हाथी के समान शोभा पाता है।

इमां हि रम्यां गजयूथलोडितां
निपीततोयां गजसिंहवानरैः।
सुपुष्पितां पुष्पभरैरलंकृतां
न सोऽस्ति यः स्यान्न गतक्लमः सुखी।। (2/95/18)

जिसे हाथियों के समूह मथे डालते हैं तथा सिंह और वानर जिसका जल पिया करते हैं, जिसके तट पर सुन्दर पुष्पों से लदे वृक्ष शोभा पाते हैं तथा जो पुष्पसमूहों से अलंकृत है, ऐसी इस रमणीय मन्दाकिनी नदी में स्नान करके जो ग्लानि रहित और सुखी न हो जाये–ऐसा मनुष्य इस संसार में नही है।

गजयूथानि वारण्ये महिषा वा महावने।
वित्रासिता मृगाः सिंहैः सहसा प्रद्रुता दिशः।। (2/96/8)

राजा वा राजपुत्रो वा मृगयामटते वने।
अन्यद्वा श्वापदं किंचित् सौमित्रे ज्ञातुमर्हसि।। (2/96/9)

सुमित्रानन्दन! पता तो लगाओ, इस विशाल वन में ये जो हाथियों के झुण्ड अथवा भैंसे या मृग जो सहसा सम्पूर्ण दिशाओं की ओर भाग चले हैं, इसका क्या कारण है? इन्हें सिंहों ने तो नहीं डरा दिया है अथवा कोई राजा या राजकुमार इस वन में आकर शिकार तो नहीं खेल रहा है या दूसरा कोई हिंसक जन्तु तो नहीं प्रकट हो गया है?

शरैर्निभिन्नहृदयान् कुंजरांस्तुरगांस्तथा।
श्वापदाः परिकर्षन्तु नरांश्च निहतान् मया।। (2/96/29)

मेरे बाणों से विदीर्ण हुए हृदय वाले हाथियों और घोड़ों को तथा मेरे हाथ से मारे गये मनुष्यों को भी गीदड़ आदि मांसभक्षी जन्तु इधर–उधर घसीटें।

कच्चिन्नागवनं गुप्तं कच्चित् ते सन्ति धेनुकाः।
कच्चिन्न गणिकाश्वानां कुंजराणां च तृप्यसि।। (2/100/50)

जहाँ हाथी उत्पन्न होते हैं, वे जंगल तुम्हारे द्वारा सुरक्षित हैं न? तुम्हारे पास दूध देने वाली गौएँ तो अधिक संख्या में हैं न? (अथवा हाथियों को फँसाने वाली हथिनियों की तो तुम्हारे पास कमी नहीं है?) तुम्हें हथिनियों, घोड़ों और हाथियों के संग्रह से कभी तृप्ति तो नहीं होती?

यानप्रवरघोषश्च सुस्निग्धहयनिःस्वनः।
प्रमत्तगजनादश्च महांश्च रथनिःस्वनः।। (2/114/21)

अच्छी–अच्छी सवारियों की आवाज़, घोड़ों के हींसने का सुस्निग्ध शब्द, मतवाले हाथियों का चिग्घाड़ना तथा रथों की घर्घराहट का महान शब्द–ये सब नहीं सुनाई दे रहे हैं।

यूथबद्धांश्च पृषतान् मदोन्मत्तान् विषाणिनः।
महिषांश्च वराहांश्च गजांश्च द्रुमवैरिणः।। (3/11/4)

कहीं चितकबरे मृग यूथ बाँधे चले जा रहे थे, कहीं बड़े–बड़े सींगवाले मदमत्त भैंसे तथा बढ़े हुए दाँत वाले जंगली सुअर और वृक्षों के वैरी दन्तार हाथी दिखाई देते थे।

पद्मपुष्करसम्बाधं गजयूथैरलंकृतम्।
सारसैर्हंसकादम्बैः संकुलं जलजातिभिः।। (3/11/6)

वह सरोवर लाल और श्वेत कमलों से भरा हुआ था। उसमें क्रीड़ा करते हुए झुण्ड के झुण्ड हाथी उसकी शोभा बढ़ाते थे तथा सारस, राजहंस और कलहंस आदि पक्षियों एवं जल में उत्पन्न होने वाले मत्स्य आदि जन्तुओं से वह व्याप्त दिखाई देता था।

नीवारान् पनसान् सालान् वंजुलांस्तिनिशांस्तथा।
चिरिबिल्वान् मधूकांश्च बिल्वानथ च तिन्दुकान्।। (3/11/74)
पुष्पितान् पुष्पिताग्राभिर्लताभिरुपशोभितान्।
ददर्श रामः शतशस्तत्र कान्तारपादपान्।। (3/11/75)
हस्तिहस्तैर्विमृदितान् वानरैरुपशोभितान्।
मत्तैः शकुनिसंघैश्च शतशः प्रतिनादितान्।। (3/11/76)

श्रीराम ने वहाँ मार्ग में नीवार(जलकदम्ब), कटहल, साखू, अशोक, तिनिश, चिरिबिल्व, महुआ, बेल, तेंदू तथा और भी सैकड़ों जंगली वृक्ष देखे, जो फूलों से भरे थे तथा खिली हुई

लताओं से परिवेष्ठित हो बड़ी शोभा पा रहे थे। उनमें से कई वृक्षों को हाथियों ने अपनी सूड़ों से तोड़कर मसल डाला था और बहुत से वृक्षों पर बैठे हुए वानर उसकी शोभा बढ़ाते थे। सैकड़ों मतवाले पक्षी उनकी डालियों पर चहक रहे थे।

सौवर्णे राजतैस्ताम्रैर्देशे देशे तथा शुभैः।
गवाक्षिता इवाभान्ति गजाः परमभक्तिभिः।। (3/15/15)

स्थान–स्थान पर सोने, चाँदी तथा ताँबे के समान रंगवाले सुन्दर गैरिक धातुओं से उपलक्षित ये पर्वत ऐसे प्रतीत हो रहे हैं, मानों झरोखे के आकार में की गयी नीले, पीले और सफ़ेद आदि रंगों की उत्तम श्रृंगार रचनाओं से अलंकृत हाथी शोभा पा रहे हों।

स्पृशन् सुविपुलं शीतमुदकम् द्विरदः सुखम्।
अत्यन्ततृषितो वन्यः प्रतिसंहरते करम्।। (3/16/21)

यह जंगली हाथी बहुत प्यासा हुआ है। यह सुखपूर्वक प्यास बुझाने के लिए अत्यन्त शीतल जल का स्पर्श तो करता है, किन्तु उसकी ठण्डक असह्य होने के कारण अपनी सूँड़ को तुरन्त ही सिकोड़ लेता है।

अगुरूणां च मुख्यानां वनान्युपवनानि च।
तक्कोलानां च जात्यानां फलिनां च सुगन्धिनाम्।। (3/35/22)
पुष्पाणि च तमालस्य गुल्मानि मरिचस्य च।
मुक्तानां च समूहानि शुष्यमाणानि तीरतः।। (3/35/23)
शैलानि प्रवरांश्चैव प्रवालनिचयांस्तथा।
कांचनानि च शृङ्ग.ाणि राजतानि तथैव च।। (3/35/24)
प्रस्रवाणि मनोज्ञानि प्रसन्नान्यद्भुतानि च।
धनधान्योपपन्नानि स्त्रीरत्नैरावृतानि च।। (3/35/25)
हस्त्यश्वरथगाढानि नगराणि विलोकयन्।

कहीं श्रेष्ठ अगुरू के वन थे, कहीं उत्तम जाति के सुगन्धित फलवाले तक्कोलों (वृक्षविशेषों) के उपवन थे। कहीं तमाल के फूल खिले हुए थे। कहीं गोल मिर्च की झाड़ियाँ शोभा पाती थीं और कहीं समुद्र के तट पर ढेर–के–ढेर मोती सूख रहे थे। कहीं श्रेष्ठ पर्वतमालाएँ, कहीं मृगों की राशियाँ, कहीं सोने–चाँदी के शिखर तथा कहीं सुन्दर, अद्भुत और स्वच्छ पानी के झरने दिखायी देते थे। कहीं धन–धान्य से सम्पन्न, स्त्री–रत्नों से भरे हुए तथा हाथी, घोड़े और रथों से व्याप्त नगर–दृष्टिगोचर होते थे। इन सबको देखता हुआ रावण आगे बढ़ा।

यदन्तरं कांचनसीसलोहयो–
र्यदन्तरं चन्दनवारिपङ्कयोः।
यदन्तरं हस्तिबिडालयोर्वने
तदन्तरं दाशरथेस्तवैव च।। (3/47/46)

सोने और सीसे में, चन्दनमिश्रित जल और कीचड़ में तथा वन में रहने वाले हाथी और बिलाव में जो अन्तर है, वही अन्तर दशरथनन्दन श्रीराम और तुझमें है।

हस्त्यश्वरथसम्बाधा तूर्यनादविनादिता।
सर्वकामफलैर्वृक्षैः संकुलोद्यानभूषिता।। (3/48/12)

हाथी, घोड़े और रथों से वहाँ की सड़के भरी रहती हैं। भाँति–भाँति के वाद्यों की ध्वनि गूँजा करती है। सब प्रकार के मनोवांछित फल देने वाले वृक्षों से लंकापुरी व्याप्त है। नाना प्रकार के उद्यान उसकी शोभा बढ़ाते हैं।

गज सा गजनासोरुर्यदि दृष्टा त्वया भवेत्।
तां मन्ये विदितां तुभ्यमाख्याहि वरवारण।। (3/60/24)

श्रेष्ठ गजराज! तुम्हारी सूँड़ के समान ही जिसके दोनों ऊरु हैं, उस सीता को सम्भवतः तुमने देखा होगा। मालूम होता है, तुम्हें उसका पता विदित है, अतः बताओ! वह कहाँ है?

न तानि कश्चिन्माल्यानि तत्रारोपयिता नरः।। (3/73/22)
न च वै म्लानतां यान्ति न च शीर्यन्ति राघव।
तत्रापि शिशुनागानामाक्रन्दः श्रूयते महान्।
क्रीडतां राम पम्पायां मतङ्गाश्रमवासिनाम्।। (3/73/35)

श्रीराम! मतंग मुनि के आश्रम के आसपास के वन में रहने और पम्पासरोवर में क्रीड़ा करने वाले छोटे–छोटे हाथियों के चिग्घाड़ने का महान शब्द उस पर्वत पर भी सुनाई देता है।

सक्ता रुधिरधाराभिः संहत्य परमद्विपाः।
प्रचरन्ति पृथक्कीर्णा मेघवर्णास्तरस्विनः।। (3/73/36)
ते तत्र पीत्वा पानीयं विमलं चारु शोभनम्।
अत्यन्तसुखसंस्पर्शं सर्वगन्धसमन्वितम्।। (3/73/37)
निर्वृत्ताः संविगाहन्ते वनानि वनगोचराः।

जिनके गण्डस्थलों पर कुछ लाल रंग की मद की धाराएँ बहती हैं, वे वेगशाली और मेघ के समान काले बड़े–बड़े गजराज के झुण्ड के झुण्ड एक साथ होकर दूसरी जाति वाले हाथियों से पृथक होकर वहाँ विचरते रहते हैं। वन में विचरने वाले वे हाथी जब पम्पासरोवर का निर्मल, मनोहर, सुन्दर, छूने में अत्यन्त सुखद तथा सब प्रकार की सुगन्ध से सुवासित जल पीकर लौटते हैं तब उन वनों में प्रवेश करते हैं।

चक्रवाकयुता नित्यं चित्रप्रस्थवनान्तरा।
मातङ्गमृगयूथैश्च शोभते सलिलार्थिभिः।। (4/1/65)

इसमें चक्रवाक सदा निवास करते हैं। यहाँ के वनों में विचित्र–विचित्र स्थान हैं तथा पानी पीने के लिये आये हुए हाथियों और मृगों के समूहों से इस पम्पा की शोभा और भी बढ़ जाती है।

श्रीमन्तौ रूपसम्पन्नौ वृषभश्रेष्ठविक्रमौः।
हस्तिहस्तोपमभुजौ द्युतिमन्तौ नरर्षभौ।। (4/3/10)

आप कान्तिमान् तथा रूपवान् हैं। आप विशालकाय साँड के समान मन्दगति से चलते हैं। आप दोनों की भुजाएँ हाथी की सूँड़ के समान जान पड़ती है। आप मनुष्यों में श्रेष्ठ और परम तेजस्वी हैं।

महिषो दुन्दुभिर्नाम कैलासशिखरप्रभः।
बलं नागसहस्रस्य धारयामास वीर्यवान्।। (4/11/7)

पहले की बात है यहाँ एक दुन्दुभि नामक असुर रहता था, जो भैंसे के रूप में दिखाई

देता था। वह ऊँचाई में कैलास पर्वत के समान जान पड़ता था। पराक्रमी दुन्दुभि अपने शरीर में एक हज़ार हाथियों का बल रखता था।

विद्युत्पताकाः सबलाकमालाः
शैलेन्द्रकूटाकृतिसंनिकाशाः।
गर्जन्ति मेघाः समुदीर्णनादा
मत्ता गजेन्द्रा इव संयुगस्था।। (4/28/20)

जैसे युद्धस्थल में खड़े हुए मतवाले गजराज उच्च स्वर से चिंघाड़ते हैं, उसी प्रकार गिरिराज के शिखरों की–सी आकृतिवाले मेघ ज़ोर–ज़ोर से गर्जना कर रहे हैं। चमकती हुई बिजलियाँ इन मेघरूपी गजराजों पर पताकाओं के समान फहरा रही हैं और बगुलों की पंक्तियाँ माला के समान शोभा देती है।

प्रहर्षिताः केतकिपुष्पगन्ध–
माघ्राय मत्ता वननिर्झरेषु।
प्रपातशब्दाकुलिता गजेन्द्राः
सार्धं मयूरैः समदा नदन्ति।। (4/28/28)

वन के झरनों के समीप क्रीड़ा से उल्लसित हुए मदवर्षी गजराज केवड़े के फूल की सुगन्ध को सूँघकर मतवाले हो उठे हैं और झरने के जल के गिरने से जो शब्द होता है, उससे आकुल हो ये मोरों के बोलने के साथ–साथ स्वयं भी गर्जना करते हैं।

क्वचित् प्रगीता इव भाट्पदोघैः
क्वचित् प्रनृत्ता इव नीलकण्ठैः।
क्वचित् प्रमत्ता इव वारणेन्द्रै–
र्विभान्त्यनेकाश्रयिणो वनान्ताः।। (4/28/33)

कहीं भ्रमरों के समूह गीत गा रहे हैं, कहीं मोर नाच रहे हैं और कहीं गजराज मदमत्त होकर विचर रहे हैं। इस प्रकार ये वनप्रान्त अनेक भावों के आश्रय बनकर शोभा पा रहे हैं।

प्रमत्तसंनादितबर्हिणानि
सशक्रगोपाकुलशाद्वलानि।
चरन्ति नीपार्जुनवासितानि
गजाः सुरम्याणि वनान्तराणि।। (4/28/41)

जहाँ मतवाले मोर कलनाद कर रहे हैं, जहाँ की हरी–हरी घासें वीरबहूटियों के समुदाय से व्याप्त हो रही हैं तथा जो नीप और अर्जुन–वृक्षों के फूलों की सुगन्ध से सुवासित हैं, उन परम रमणीय वन प्रान्तों में बहुत से हाथी विचरा करते हैं।

मत्ता गजेन्द्रा मुदिता गवेन्द्रा
वनेषु विक्रान्तरा मृगेन्द्राः।
रम्या नगेन्द्राः निभृता नरेन्द्राः
प्रक्रीडितो वारिधरैः सुरेन्द्रः।। (4/28/43)

गजेन्द्र (हाथी) मतवाले हो रहे हैं। गवेन्द्र (वृषभ) आनन्द में मग्न हैं, मृगेन्द्र (सिंह) वनों में अत्यन्त पराक्रम प्रकट करते हैं, नगेन्द्र (बड़े–बड़े पर्वत) रमणीय दिखाई देते हैं, नरेन्द्र

(राजालोग) मौन हैं—युद्धविषयक उत्साह छोड़ बैठे हैं और सुरेन्द्र (इन्द्रदेव) जलधरों के साथ क्रीड़ा कर रहे हैं।

सप्तच्छदानां कुसुमोपगन्धी
भाट्पादवृन्दैरनुगीयमानः।
मत्तद्विपानां पवनानुसारी
दर्पं विनेष्यन्नधिकं विभाति।। (4/30/30)

छितवन के फूलों की सुगन्ध धारण करने वाला शरत्काल स्वभावतः वायु का अनुसरण कर रहा है। भ्रमरों के समूह उसके गुणगान कर रहे हैं। वह मार्ग के जल को सोखता और मतवाले हाथियों के दर्प को बढ़ाता हुआ अधिक शोभा पा रहा है।

मदप्रगल्भेषु च वारणेषु
गवां समूहेषु च दर्पितेषु।
प्रसन्नतोयासु च निम्नगासु
विभाति लक्ष्मीर्बहुधा विभक्ता।। (4/30/32)

मदमत्त गजराजों में, दर्प—भरे वृषभों के समूहों में तथा स्वच्छ जल वाली सरिताओं में नाना रूपों में विभक्त हुई लक्ष्मी विशेष शोभा पा रही है।

प्रियान्वितानां नलिनीप्रियाणां
वने प्रियाणां कुसुमो०तानाम्।
मदोत्कटानां मदलालसानां
गजोत्तमानां गतयोऽद्य मन्दाः।। (4/30/35)

जो अपनी प्रियतमाओं के साथ विचरते हैं, जिन्हें कमल के पुष्प तथा वन अधिक प्रिय हैं, जो छितवन के फूलों को सूँघकर उन्मत्त हो उठे हैं, जिनमें अधिक मद है तथा जिन्हें मदजनित कामभोग की लालसा बनी हुई है, उन गजराजों की गति आज मन्द हो गयी है।

वित्रास्य कारण्डवचक्रवाकान्
महारवैर्भिन्नकटा गजेन्द्राः।
सरस्सुबद्धाम्बुजभूषणेषु
विक्षोभ्य विक्षोभ्य जलं पिबन्ति।। (4/30/41)

जिनके गण्डस्थल से मद की धारा बह रही हैं, वे गजराज अपनी महती गर्जना से कारण्डवों तथा चक्रवाकों को भयभीत करके विकसित कमलों से विभूषित सरोवरों में जल को हिलोर—हिलोरकर पी रहे हैं।

तं गजाश्च वराहाश्च सिंहा व्याघ्राश्च सर्वतः।
अभिगर्जन्ति सततं तेन शब्देन दर्पिताः।। (4/42/34)

उसके चारों ओर हाथी, सुअर, सिंह और व्याघ्र सदा गर्जना करते हैं और अपनी ही गर्जना की प्रतिध्वनि के शब्द से दर्प में भरकर पुनः दहाड़ने लगते हैं।

विशाला नलिनी यत्र प्रभूतकमलोत्पला।
औपवाह्यः कुबेरस्य सार्वभौम इति स्मृतः।। (4/43/34)
गजः पर्येति तं देशं सदा सह करेणुभिः।

कुबेर की सवारी में काम आने वाला सार्वभौमक गजराज अपनी हथिनियों के साथ उस देश में सदा घूमता रहा है।

पतत्पतङ्गसंकाशो व्यायतः शुशुभे कपिः।
प्रवृद्ध इव मातङ्गः कक्ष्यया बध्यमान्यया।। (5/1/66)

चलते हुए सूर्य के समान विशालकाय हनुमान जी अपनी पूँछ के कारण ऐसी शोभा पा रहे थे, मानो कोई दूसरा बड़ा गजराज अपनी कमर में बँधी हुई रस्सी से सुशोभित हो रहा हो।

सिंहकुंजरशार्दूलपतगोरगवाहनैः।
विमानैः सम्पतद्भिश्च विमलैः समलंकृते।। (5/1/175)

सिंह, हाथी, बाघ, पक्षी और सर्प आदि वाहनों से जुते और उड़ते हुए निर्मल विमान जिसकी शोभा बढ़ाते हैं।

हंसो यथा राजतपंजरस्थः
सिंहो यथा मन्दरकन्दरस्थः।
वीरो यथा गर्वितकुंजरस्थ–
श्चन्द्रोऽपि बभ्राज तथाम्बरस्थः।। (5/5/4)

जैसे चाँदी के पिंजरे में हंस, मन्दराचल की कन्दरा में सिंह तथा मदमत्त हाथी की पीठ पर वीर पुरुष शोभा पाते हैं, उसी प्रकार आकाश में चन्द्रदेव सुशोभित हो रहे थे।

स्थितः कुकुद्मानिव तीक्ष्णश्रृङ्गो
महाचलः श्वेत इवोर्ध्वश्रृङ्गः।
हस्तीव जाम्बूनदबद्धश्रृङ्गा
विभाति चन्द्रः परिपूर्णश्रृङ्ग।। (5/5/5)

जैसे तीखे सींगवाला बैल खड़ा हो, जैसे ऊपर को उठे शिखरवाला महान् पर्वत श्वेत (हिमालय) शोभा पाता हो और जैसे सुवर्णजटित दाँतों से युक्त गजराज सुशोभित होता हो, उसी प्रकार हरिण के श्रृंगरूपी चिह्न से युक्त परिपूर्ण चन्द्रमा छबि पा रहे थे।

शिलातलं प्राप्य यथा मृगेन्द्रो
महारणं प्राप्य यथा गजेन्द्रः।
राज्यं समासाद्य यथा नरेन्द्र–
स्तथा प्रकाशो विरराज चन्द्रः।। (5/5/7)

जैसे गुफा के बाहर शिलातल पर बैठा हुआ मृगराज (सिंह) शोभा पाता है, जैसे विशाल वन में पहुँचकर गजराज सुशोभित होता है तथा जैसे राज्य पाकर राजा अधिक शोभा से सम्पन्न हो जाता है, उसी प्रकार निर्मल प्रकाश से युक्त होकर चन्द्रदेव सुशोभित हो रहे थे।

महागजैश्चापि तथा नदद्भिः
सुपूजितैश्चापि तथा सुसद्भिः।
रराज वीरैश्च विनिःश्वसद्भि–
र्ह्रदा भुजंगैरिव निःश्वसद्भिः।। (5/5/14)

चिग्घाड़ते हुए महान् गजराजों, अत्यन्त सम्मानित श्रेष्ठ सभासदों तथा लम्बी साँसे छोड़ने वाले वीरों के कारण वह लंकापुरी फुफकारते हुए सर्पों से युक्त सरोवरों के समान शोभा पा रही थी।

महारत्नसमाकीर्णं ददर्श स महाकपिः।
विराजमानं वपुषा गजाश्वररथसंकुलम्।। (5/6/14)

उसमें हाथी–घोड़े और रथ भरे हुए थे तथा वह महान रत्नों से व्याप्त होने के कारण अपने स्वरूप से प्रकाशित हो रहा था। महाकवि हनुमान ने उसे देखा।

राक्षसांश्च महाकायान् नानाप्रहरणोद्यतान्।
रक्तांश्वेतान् सितांश्चापि हरींश्चापि महाजवान्।। (5/6/31)

उनके सिवा, वहाँ बहुत–से विशालकाय राक्षस भी दिखायी दिये, जो नाना प्रकार के हाथियों से लैस थे। इतना ही नहीं, वहाँ लाल और सफ़ेद रंग के बहुत से अत्यन्त वेगशाली घोड़े भी बँधे हुए थे।

कुलीनान् रूपसम्पन्नान् गजान् परगजारुजान्।
शिक्षितान् गजशिक्षायामैरावतसमान् युधि।। (5/6/32)
निहन्तॄन् परसैन्यानां गृहे तस्मिन् ददर्श सः।
क्षरतश्च यथा मेघान् स्रवतश्च यथा गिरीन्।। (5/6/33)
मेघस्तनितनिर्घोषान् दुर्धर्षान् समरे परैः।

साथ ही अच्छी जाति के रूपवान् हाथी भी थे, जो शत्रु सेना के हाथियों को मार भगाने वाले थे। वे सब–के–सब गजशिक्षा में सुशिक्षित, युद्ध में ऐरावत के समान पराक्रमी तथा शत्रुसेनाओं का संहार करने में समर्थ थे। वे बरसते हुए मेघों और झरने बहाते हुए पर्वतों के समान मद की धारा बहा रहे थे। उनकी गर्जना मेघ–गर्जना के समान जान पड़ती थी। वे समरांगण में शत्रुओं के लिए दुर्जय थे। हनुमान जी ने रावण के भवन में उन सबको देखा।

स राक्षसेन्द्रः शुशुभे ताभिः परिवृतः स्वयम्।
करेणुभिर्यथारण्ये परिकीर्णो महाद्विपः।। (5/11/12)

जैसे वन में हाथियों से घिरा हुआ कोई महान् गजराज सो रहा हो, उसी प्रकार उस भवन में उन सुन्दरियों से घिरा हुआ स्वयं राक्षसराज रावण सुशोभित हो रहा था।

वराहमृगशार्दूलमहिषाजशिवामुखाः।
गजोष्ट्रहयपादाश्च निखातशिरसोऽपराः।। (5/17/10)

कितनी ही राक्षसियों के मुख, सुअर, मृग, सिंह, भैंस, बकरी और सियारिनों के समान थे। किन्हीं के पैर हाथियों के समान, किन्हीं के ऊँटों के समान और किन्हीं के घोड़ों के समान थे। किन्हीं–किन्हीं के सिर कबन्ध की भाँति छाती में स्थित थे; अतः गड्ढे के समान दिखायी देते थे। (अथवा किन्हीं–किन्हीं के सिर में गड्ढे थे)।

एकहस्तैकपादाश्च खरकर्ण्यश्वकर्णिकाः।
गोकर्णीर्हस्तिकर्णीश्च हरिकर्णीस्तथापराः।। (5/17/11)

किन्हीं के एक हाथ थे तो किन्हीं के एक पैर। किन्हीं के कान गदहों के समान थे तो किन्हीं के घोड़ों के समान। किन्हीं–किन्हीं के कान गौओं, हाथियों और सिंहों के समान दृष्टिगोचर होते थे।

अतिनासाश्च काश्चिच्च तिर्यङ्नासा अनासिकाः।
गजसंनिभनासाश्च ललाटोच्छ्वासनासिकाः।। (5/17/12)

किन्हीं की नासिकायें बहुत बड़ी थीं और किन्हीं की तिरछी। किन्हीं–किन्हीं के नाक

ही नहीं थी। कोई–कोई हाथी की सूँड़ के समान नाकवाली थीं और किन्हीं–किन्हीं की नासिकाएँ ललाट में ही थीं, जिनमें वे साँस लिया करती थीं।

हस्तिपादा महापादा गोपादाः पादचूलिकाः।
अतिमात्रशिरोग्रीवा अतिमात्रकुचोदरीः।। (5/17/13)

किन्हीं के पैर हाथियों के समान थे और किन्हीं के गौओं के समान। कोई बड़े–बड़े पैर धारण करती थीं और कितनी ही ऐसी थीं जिनके पैरों में चोटी के समान केश उगे हुए थे। बहुत–सी राक्षसियाँ बेहद लम्बे सिर और गर्दनवाली थीं और कितनों के पेट तथा स्तन बहुत बड़े–बड़े थे।

अतिमात्रास्यनेत्राश्च दीर्घजिह्वाननास्तथा।
अजामुखीर्हस्तिमुखीर्गोमुखीः सूकरीमुखीः।। (5/17/14)
हयोष्ट्रखरवक्त्राश्च राक्षसीर्घोरदर्शनाः।

किन्हीं के मुँह और नेत्र सीमा से अधिक बड़े थे, किन्हीं–किन्हीं के मुखों में बड़ी–बड़ी जिह्वाएँ थीं और कितनी ही ऐसी राक्षसियाँ थीं, जो बकरी, हाथी, गाय, सुअर, घोड़े, ऊँट और गदहों के समान मुँह धारण करती थीं। इसीलिए वे देखने में बड़ी भयंकर थी।

उत्कृष्टपर्णकमलां वित्रासितविहङ्ग.माम्।
हस्तिहस्तपरामृष्टामाकुलामिव पद्मिनीम्।। (5/19/15)

जिसे हाथी ने अपनी सूँड़ से हुँड़ेर डाला हो; अतएव जिसके पत्ते और कमल उखड़ गये हों तथा जलपक्षी भय से थर्रा उठे हों, उस मथित एवं मलिन हुई पुष्करिणी के समान सीता श्रीहीन दिखायी देती थी।

गृहीतामालिनां स्तम्भे यूथपेन विनाकृताम्।
निःश्वसन्तीं सुदुःखार्ता गजराजवधूमिव।। (5/19/18)

जिसे यूथपति से अलग करके पकड़कर खम्भे में बाँध दिया गया हो, उस हथिनी के समान वे अत्यन्त दुःख से आतुर होकर लम्बी साँस खींच रही थीं।

यथा दृप्तश्च मातङ्ग.ः शशश्च सहितौ वने।
तथा द्विरदवद् रामस्त्वं नीच शशवत् स्मृतः।। (5/22/16)

जिस प्रकार वन में कोई मतवाला हाथी और कोई खरगोश दैववश एक–दूसरे के साथ युद्ध के लिए तुल जायँ, वैसे ही भगवान् श्रीराम और तू है। नीच निशाचर! भगवान राम तो गजराज के समान हैं और तू खरगोश के तुल्य है।

सा राक्षसेन्द्रस्य वचो निशम्य
तद् रावणस्य प्रियमप्रियार्ता।
सीता वितत्रास यथा वनान्ते
सिंहाभिपन्ना गजराजकन्या।। (5/28/1)

पति के विरह के दुःख से व्याकुल हुई सीता राक्षसराज रावण के उन अप्रिय वचनों को याद करके उसी तरह भयभीत हो गयीं, जैसे वन में सिंह के पंजे में पड़ी हुई कोई गजराज की बच्ची।

राजा दशरथो नाम रथकुंजरवाजिमान्।
पुण्यशीलो महाकीर्तिरिक्ष्वाकूणां महायशाः।। (5/31/2)

इक्ष्वाकु वंश में राजा दशरथ नाम से प्रसिद्ध एक पुण्यात्मा राजा हो गये हैं। वे अत्यन्त कीर्तिमान् और महान् यशस्वी थे। उनके यहाँ रथ, हाथी और घोड़े बहुत अधिक थे।

केन ते नागनासोरु विक्षतं वै स्तनान्तरम्।
कः क्रीडति सरोषेण पंचवक्त्रेण भोगिना।। (5/38/25)

हाथी की सूँड़ के समान जाँघों वाली सुन्दरी! किसने तुम्हारी छाती को क्षत–विक्षत किया है? कौन रोष से भरे हुए पाँच मुख वाले सर्प के साथ खेल रहा है?

स तु मर्मणि घोरेण ताडितो मन्मथेषुणा।
न शर्म लभते रामः सिंहार्दित इव द्विपः।। (5/39/51)

श्रीरामचन्द्र जी के मर्मस्थल में कामदेव के भयंकर बाणों से चोट पहुँची है। इसलिये वे सिंह से पीड़ित हुए गजराज की भाँति चैन नहीं पाते हैं।

ततो महत्साश्वमहारथद्विपं
बलं समानेष्यति राक्षसाधिपः।
त्रिशूलकालायसपट्टिशायुधं
ततो महद्युद्धमिदं भविष्यति।। (5/41/12)

तत्पश्चात् वह राक्षसराज हाथी, घोड़े तथा विशाल रथों से युक्त और त्रिशूल, कालायश एवं पट्टिश आदि अस्त्र–शस्त्रों से सुसज्जित बहुत बड़ी सेना लेकर आएगा। फिर तो यहाँ महान् संग्राम छिड़ जाएगा।

अटन्ति वसुधां कृत्स्नां वयमन्ये च वानराः।
दशनागबलाः केचित् केचिद् दशगुणोत्तराः।
केचिन्नागसहस्रस्य बभूवुस्तुल्यविक्रमाः।। (5/43/22)

हम तथा दूसरे सभी वानर समूची पृथ्वी पर घूम रहे हैं। किन्हीं में दस हज़ार हाथियों का बल है तो किन्हीं में सौ हाथियों का। कितने ही वानर एक सहस्र हाथियों के समान बल–विक्रम से सम्पन्न हैं।

विनेदुर्विस्वरं नागा निपेतुर्भुवि वाजिनः।
भग्ननीडध्वजच्छत्रैर्भूश्च कीर्णाभवद् रथैः।। (5/45/15)

उस समय हाथी वेदना के मारे बुरी तरह से चिग्घाड़ रहे थे, घोड़े धरती पर मरे पड़े थे तथा जिनके बैठक, ध्वज और छत्र आदि खण्डित हो गये थे, ऐसे टूटे हुए रथों से समूची रणभूमि पट गयी थी।

अश्वैरश्वान् गजैर्नागान् योधैर्योधान् रथै रथान्।
स कपिर्नाशयामास सहस्राक्ष इवासुरान्।। (5/46/39)

जैसे देवराज इन्द्र असुरों का विनाश करते हैं, उसी प्रकार उन वानरवीर ने घोड़ों से घोंड़ो का, हाथियों से हाथियों का, योद्धाओं से योद्धाओं का और रथों से रथों का संहार कर डाला।

ततस्तु लङ्का सहसा प्रदग्धा
सराक्षसा साश्वरथा सनागा।
सपक्षिसंघा समृगा सवृक्षा
रुरोद दीना तुमुलं सशब्दम्।। (5/54/39)

इस प्रकार घोड़े, हाथी, रथ, पशु, पक्षी, वृक्ष तथा कितने ही राक्षसों सहित लंकापुरी सहसा दग्ध हो गई। वहाँ के निवासी दीनभाव से तुमुल नाद करते हुए फूट–फूटकर रोने लगे।

आप्लुत्य च महावेगः पक्षवाविन पर्वतः।
भुजङ्ग.यक्षगन्धर्वप्रबुद्धकमलोत्पलं।। (5/57/1)
स चन्द्रकुमुदं रम्यं सार्ककारण्डवं शुभम्।
तिष्यश्रवणकादम्बमभ्रशैवलशाद्वलम्।। (5/57/2)
पुनर्वसुमहामीनं लोहिताङ्ग.महाग्रहम्।
ऐरावतमहाद्वीपं स्वातीहंसविलासितम्।। (5/57/3)
वातसंघातजालोर्मिचन्द्रांशुशिशिराम्बुमत्।
हनूमानपरिश्रान्तः पुप्लुवे गगनार्वणम्।। (5/57/4)

पंखधारी पर्वत के समान महान् वेगशाली हनुमान् जी बिना थके–माँदे उस सुन्दर एवं रमणीय आकाशरूपी समुद्र को पार करने लगे, जिसमें नाग, यक्ष और गन्धर्व खिले हुए कमल और उत्पल के समान थे। चन्द्रमा, कुमुद और सूर्य जलकुक्कुट के समान थे। पुष्य एवं श्रवण नक्षत्र कलहंस तथा बादल सेवार और घास के तुल्य थे। पुनर्वसु विशाल मत्स्य और मंगल बड़े भारी ग्राह के सदृश थे। ऐरावत हाथी वहाँ महान् द्वीप सा प्रतीत होता था। वह आकाश रूपी समुद्र स्वाती रूप हंस के विलास से सुशोभित था तथा वायुसमूहरूप तरङ्गों और चन्द्रमा की किरण रूप शीतल जल से भरा था।

गजश्च गिरिसंकाशो गवयश्च महाबलः।
गवाक्षश्चाग्रतो यातु गवां दृप्त इवर्षभः।। (6/4/15)

पर्वत के समान विशालकाय गज, महाबली गवय तथा मतवाले साँड़ की भाँति पराक्रमी गवाक्ष सेना के आगे–आगे चलें।

ऋक्षैस्तरक्षुभिः सिंहैः शार्दूलैश्च भयावहैः।
व्यालैश्च बहुभिर्भीमैः सेव्यमानाः समन्ततः।। (6/4/84)

रीछ, लकड़बग्घे, सिंह, भयंकर बाघ तथा बहुसंख्यक दुष्ट हाथी, जो बड़े भीषण थे, सब ओर से आ–आकर उन जलाशयों का सेवन करते थे।

शक्तितोमरमीनं च विनिकीर्णान्त्रशैवलम्।
गजकच्छपसम्बाधमश्वमण्डूकसंकुलम्।। (6/7/20)
रुद्रादित्यमहाग्राहं मरुद्वसुमहोरगम्।
रथाश्वगजतोयौघं पदातिपुलिनं महत्।। (6/7/21)
अनेन हि समासाद्य देवानां बलसागरम्।
गृहीतो दैवतपतिर्लङ्कां चापि प्रवेशितः।। (6/7/22)

देवताओं की सेना समुद्र के समान थी। शक्ति और तोमर ही उसमें मत्स्य थे। निकालकर फेंकी हुई आँतें सेवार का काम देती थीं। हाथी ही उस सैन्य–सागर में कछुओं के समान भरे पड़े थे। घोड़े मेढकों के समान उसमें सब ओर व्याप्त थे। रुद्रगण और आदित्यगण उस सेनारूपी समुद्र के बड़े–बड़े ग्राह थे। मरुद्गण और वसुगण वहाँ के विशाल नाग थे। रथ, हाथी और घोड़े जलराशि के समान थे और पैदल सैनिक उसके विशाल तट थे;

परन्तु इस इन्द्रजीत ने देवताओं के उस सैन्य समुद्र में घुसकर देवराज इन्द्र को क़ैद कर लिया और उन्हें लंकापुरी में लाकर बन्द कर दिया।

गवां पयांसि स्कन्नानि विमदा वरकुंजराः।
दीनमश्वाः प्रहेषन्ते नव ग्रासाभिनन्दिनः।। (6/10/17)

गायों का दूध सूख गया है, बड़े–बड़े गजराज मदरहित हो गये हैं, घोड़े नये ग्रास से आनन्दित (भोजन से संतुष्ट) होने पर भी दीनतापूर्ण स्वर में हिनहिनाते हैं।

ते रथान्तचरा एके दृप्तानेके दृढान् हयान्।
नागानेकेऽधिरुरुहुर्जग्मुश्चैके पदातयः।। (6/11/20)

तब उन राक्षसों से कोई रथ पर चढ़कर चले, कोई मतवाले हाथियों पर और कोई मज़बूत घोड़ों पर सवार होकर अपने–अपने स्थान से प्रस्थित हुए। बहुत–से राक्षस पैदल ही चल दिये।

सा पुरी परमाकीर्णा रथकुंजरवाजिभिः।
संपतद्भिर्विरुरुचे गरुत्मद्भिरिवाम्बरम्।। (6/11/21)

उस समय दोनों दौड़ते हुए रथों, हाथियों और घोड़ों से व्याप्त हुई वह पुरी बहुसंख्यक गरुड़ों से आच्छादित हुए आकाश की भाँति शोभा पा रही थी।

क्षिप्रं वज्रसमैर्बाणैः शतधा कार्मुकच्युतैः।
राममादीपयिष्यामि उल्काभिरिव कुंजरम्।। (6/13/19)

मैं अपने धनुष से शीघ्रतापूर्वक छूटे हुए सैकड़ों वज्रसदृश बाणों द्वारा राम को उसी प्रकार जला डालूँगा, जैसे लोग उल्काओं द्वारा हाथी को उसे भगाने के लिए जलाते हैं।

यथा पूर्वं गजः स्नात्वा गृह्य हस्तेन वै रजः।
दूषयत्यात्मनो देहं तथानार्येषु सौहृदम्।। (6/16/15)

जैसे हाथी पहले स्नान करके फिर सूँड़ से धूल उछालकर अपने शरीर को गँदलाकर लेता है, उसी प्रकार दुर्जनों की मैत्री दूषित होती है।

कदा शोणितदिग्धाङ्गं. दीप्तैः कार्मुकविच्युतैः।
शरैरादीपयिष्यामि उल्काभिरिव कुंजरम्।। (6/24/38)

वह अवसर कब आयेगा जब मेरे धनुष से छूटे हुए तेजस्वी बाणों द्वारा घायल होकर राम का शरीर लहूलुहान हो जायेगा और जैसे जलती हुई लुकारी से लोग हाथी को जलाते हैं, उसी तरह मैं उन बाणों से राम को दग्ध कर डालूँगा।

ऋक्षाः सिंहाश्च महिषा वारणाश्च मृगाः खगाः।
तेन शब्देन वित्रस्ता जग्मुर्भीता दिशो दश।। (6/39/16)

वानरों के उस सिंहनाद से त्रस्त एवं भयभीत हुए रीछ, सिंह, भैंसे, हाथी, मृग और पक्षी दसों दिशाओं की ओर भाग गये।

रथैः कवचिनस्त्वन्ये ध्वजैश्च समलंकृतैः।
सुवर्णजालविहितैः खरैश्च विविधाननैः।। (6/51/26)
हयैः परमशीघ्रैश्च गजैश्चैव मदोत्कटैः।
निर्ययुर्नैऋतव्याघ्रा व्याघ्रा इव दुरासदाः।। (6/51/27)

कितने ही निशाचर ध्वजों से अलंकृत तथा सोने की जाली से आच्छादित रथों द्वारा

युद्ध के लिए बाहर आए। वे सब के सब कवच धारण किये हुए थे। कितने ही श्रेष्ठ राक्षस नाना प्रकार के मुखवाले गधों, परम शीघ्रगामी घोड़ों तथा मदमत्त हाथियों पर सवार हो दुर्जय व्याघ्रों के समान युद्ध के लिए नगर से बाहर निकले।

नागैरश्वैः खरेरुष्ट्रैः संयुक्तः सुसमाहितः।
पताकाध्वजचित्रैश्च बहुभिः समलंकृतः।। (6/53/5)

वह हाथी, घोड़े, गदहे और ऊँट आदि सवारियों से युक्त था, चित्त को पूर्णतः एकाग्र किये हुए था और पताका, ध्वज आदि से विचित्र शोभा पाने वाले बहुत से सेनाध्यक्ष उसकी शोभा बढ़ाते थे।

यश्चैष नानाविधघोररूपै
र्व्याघ्रोष्ट्रनागेन्द्रमृगाश्ववक्त्रैः।
भूतैर्वृतौ भाति विवृत्तनेत्रै–
र्योऽसो सुराणामपि दर्पहन्ता।। (6/59/23)
यत्रैतदिन्दुप्रतिमं विभाति
च्छत्रं सितं सूक्ष्मशलाकमग्र्यम।
अत्रैष रक्षोधिपतिर्महात्मा
भूतैर्वृतो रुद्र इवावभाति।। (6/59/24)

यह जो व्याघ्र, ऊँट, हाथी, हिरन और घोड़े के से मुँह वाले, चढ़ी हुई आँख वाले तथा अनेक प्रकार के भयंकर रूप वाले भूतों से घिरा है, जो देवताओं का भी दर्प दलन करने वाला है तथा जिसके ऊपर पूर्ण चन्द्रमा के समान श्वेत एवं पतली कमानी वाला सुन्दर छत्र शोभा पाता है, वही यह राक्षसराज महामना रावण है, जो भूतों से घिरे हुए रुद्रदेव के समान सुशोभित होता है।

मातंग इव सिंहेन गरुडेनेव पन्नगः।
अभिभूतोऽभवद् राजा राघवेण महात्मना।। (6/60/2)

जैसे सिंह गजराज को और गरुड़ विशाल नाग को पीड़ित एवं पराजित कर देता है, उसी प्रकार महात्मा रघुनाथ जी ने राजा रावण को अभिभूत कर दिया था।

अश्वनुष्ट्रान् खरान् नागांजघ्नुर्दण्डकशाङ्कुशैः।। (6/60/45)
भेरीशंखमृदंगाश्च सर्वप्राणैरवादयन्।
निजघ्नुश्चास्य गात्राणि महाकाष्ठकटंकरैः।। (6/60/46)

वे घोड़ों, ऊँटों, गदहों और हाथियों को डंडों, कोड़ों तथा अंकुशों से मार–मार कर उसके ऊपर ठेलने लगे। सारी शक्ति लगाकर भेरी, मृदंग और शंख बजाने लगे।

सर्पैरुष्ट्रैः खरैश्चैव सिंहद्विपमृगद्विजैः।
अनुजग्मुश्च तं घोरं कुम्भकर्णं महाबलम्।। (6/65/35)

कितने ही राक्षस साँप, ऊँट, गधे, सिंह, हाथी, मृग और पक्षियों पर सवार हो–होकर उस भयंकर महाबली कुम्भकर्ण के पीछे–पीछे गये।

वानराश्च महात्मानः समुत्पाट्य महाद्रुमान्।
रथानश्वान् गजानुष्ट्रान् राक्षसानभ्यसूदयन्।। (6/67/14)

महामनस्वी वानर भी बड़े–बड़े पेड़ उखाड़कर शत्रु सेना के रथ, घोड़े, हाथी, ऊँट और राक्षसों का संहार करने लगे।

गजेन समभिद्रुत्य वालिपुत्रं महोदरः।
जघानोरसि संक्रुद्धस्तोमरैर्वज्रसंनिभैः।। (6/70/10)

साथ ही कुपित हुए महोदर ने हाथी के द्वारा आक्रमण करके वालिकुमार की छाती में वज्रतुल्य तोमरों का प्रहार किया।

हनूमांस्तु समुत्पत्य हयं त्रिशिरसस्तदा।
विददार नखैः क्रुद्धो नागेन्द्रं मृगराडिव।। (6/70/37)

तब हनुमान् जी कूदकर त्रिशिरा के पास जा पहुँचे और जैसे कुपित सिंह गजराज को अपने पंजो से चीर डालता है, उसी प्रकार रोष से भरे हुए उन पवनकुमार ने त्रिशिरा के घोड़े को विदीर्ण कर डाला।

गजस्कन्धगताः केचित् केचित् परमवाजिभिः।
व्याघ्रवृश्चिकमार्जारखरोष्ट्रैश्च भुजङ्गमै।। (6/73/11)
वराहैः श्वापदैः सिंहैर्जम्बुकैः पर्वतोपमैः।
काकहंसमयूरैश्च राक्षसा भीमविक्रमाः।। (6/73/12)

कोई हाथी पर बैठकर चले तो कोई उत्तम घोड़ों पर। इनके सिवा बाघ, बिच्छू, बिलाव, गदहे, ऊँट, सर्प, सूअर, अन्य हिंसक जन्तु, सिंह, पर्वताकार गीदड़, कौआ, हंस और मोर आदि की सवारियों पर चढ़े हुए भयंकर पराक्रमी राक्षस वहाँ युद्ध के लिए आये।

हस्त्यध्यक्षैर्गजैर्मुक्तैश्च तुरगैरपि।
बभूव लङ्का लोकान्ते भ्रान्तग्राह इवार्णवः।। (6/75/27)

हाथियों के अध्यक्षों ने हाथियों को और अश्वाध्यक्षों ने अश्वों को भी खोल दिया था। वे वहाँ इधर–उधर भाग रहे थे, इससे लंकापुरी प्रलयकाल में भ्रान्त होकर घूमते हुए ग्राहों से युक्त महासागर के समान प्रतीत होती थी।

अश्वं मुक्तं गजो दृष्ट्वा क्वचिद् भीतोऽपसर्पति।
भीतो भीतं गजं दृष्ट्वा क्वचिदश्वो निवर्तते।। (6/75/28)

कहीं खुले हुए घोड़े को देखकर हाथी भयभीत होकर भागता था और कहीं डरे हुए हाथी को देखकर घोड़ा भी भागने लगता था।

घनगजमहिषाङ्ग.तुल्यवर्णाः
समरमुखेष्वसकृद्गदासिभिन्नाः।
अहमहमिति युद्धकौशलास्ते
रजनिचराः परिबभ्रमुर्मुहुस्ते।। (6/78/21)

उन राक्षसों की अंगकान्ति मेघ, हाथी और भैंसों के समान काली थी। वे युद्ध के मुहाने पर अनेक बार गदाओं और तलवारों की चोट से घायल हो चुके थे। उनमें युद्ध विषयक कौशल विद्यमान था। वे निशाचर 'पहले मैं युद्ध करूँगा, पहले मैं युद्ध करूँगा' ऐसा बारम्बार कहते हुए वहाँ सब ओर चक्कर लगाने लगे।

तौ धन्विनौ जिघांसन्तावन्योन्यमिषुभिर्भृशम्।
विजयेनाभिनिष्क्रान्तौ वने गजवृषाविव।। (6/90/2)

इन्द्रजीत और लक्ष्मण दोनों के हाथ में धनुष थे। दोनों ही अपनी–अपनी विजय के लिये एक–दूसरे के सम्मुख युद्ध में प्रवृत्त हुए थे। वे अपने बाणों द्वारा परस्पर वध की इच्छा

रखकर वन में लड़ने के लिए निकले हुए दो गजराजों के समान एक–दूसरे पर गहरी चोट करने लगे।

अद्य नैर्ऋतकन्यानां श्रोष्याम्यन्तःपुरे रवम्।
करेणुसंघस्य यथा निनादं गिरिगह्वरे।। (6/92/12)

जैसे गजराज के मारे जाने पर पर्वत की कन्दरा में हथिनियों का आर्तनाद सुनाई पड़ता है, उसी प्रकार आज अन्तः पुर में मुझे राक्षस कन्याओं का करुण–क्रन्दन सुनना पड़ेगा।

मातंगरथकूलाश्च शरमत्स्या ध्वजद्रुमाः।। (6/93/11)
शरीरसंघाटवहाः प्रसस्रुः शोणितापगाः।

रणभूमि में ख़ून की कितनी ही नदियाँ बह चलीं, जो काष्ठ समूह की भाँति शरीरसमुदाय को ही बहाये लिये जाती थीं। गिरे हुए हाथी और रथ उन नदियों के किनारे जान पड़ते थे। बाण मत्स्य के समान प्रतीत होते थे और ऊँचे–ऊँचे ध्वज ही उनके तटवर्ती वृक्ष थे।

व्याकोशपद्मवक्त्राणि पद्मकेसरवर्चसाम्।
अद्य यूथतटाकानि गजवत् प्रमथाम्यहम्।। (6/95/15)

कमल–केसर की सी कान्ति वाले वानरों के यूथ सरोवरों के समान हैं। उनके मुख ही उन सरोवरों के भीतर प्रफुल्ल कमल के समान सुशोभित होते हैं। आज मैं हाथी के समान उसमें प्रवेश करके उन वानर यूथरूपी सरोवरों को मथ डालूँगा।

तेऽर्दिता निशितैर्बाणैः क्रोशन्तो विप्रदुद्रुवः।
पावकार्चिःसमाविष्टा दह्यमाना यथा गजाः।। (6/96/3)

राक्षसराज के तीखे बाणों की मार से पीड़ित होकर वे वानर उसी तरह चीखते–चिल्लाते हुए भागे, जैसे दावानल की ज्वालाओं से घिरकर जलते हुए हाथी चीत्कार करते हुए भागते हैं।

ततः प्रियार्हश्रवणा तदप्रियं
प्रियादुपश्रुत्य चिरस्य मानिनी।
मुमोच बाष्पं रुदती तदा भृशं
गजेन्द्रहस्ताभिहतेव वल्लरी।। (6/115/25)

जो सदा प्रिय वचन सुनने के ही योग्य थीं, वे मानिनी सीता चिरकाल के बाद मिले हुए प्रियतम के मुख से ऐसी अप्रिय बात सुनकर उस समय हाथी की सूँड़ से आहत हुई लता के समान आँसू बहाने और रोने लगीं।

अपयाते त्वयि तदा समुद्भ्रान्तमृगद्विजम्।
परिद्यूनमिवात्यर्थं तद् वनं समपद्यत।। (6/126/10)
तद्धस्तिमृदितं घोरं सिंहव्याघ्रमृगाकुलम्।
प्रविवेशाथ विजनं स महद् दण्डकावनम्।। (6/126/11)

आपके लौट आने पर वह वन सब ओर क्षीण सा हो चला। वहाँ के पशु–पक्षी भय से घबरा उठे थे, तब उस वन को छोड़कर श्रीराम ने विशाल दण्डकारण्य में प्रवेश किया, जो निर्जन था। उस घोर वन को हाथियों ने रौंद डाला था। उसमें सिंह, व्याघ्र और मृग भरे हुए थे।

अपरे हेमकक्षाभिः सगजाभिः करेणुभिः।। (6/127/12)
निर्ययुस्तुरगाक्रान्ता रथैश्च सुमहारथाः।

दूसरे बहुत से महारथी वीर सुनहरे रस्सों से कसी हुई हथिनियों, हाथियों, घोड़ों और रथों पर सवार होकर निकले।

स्यन्दनैर्वारणैश्चैव हयैश्च करिसंनिभैः।। (7/6/47)
खरैर्गोभिरथोष्ट्रैश्च शिशुमारैर्भुजंगमैः।
मकरैः कच्छपैर्मीनैर्विहंगैर्गरुडोपमैः।। (7/6/48)
सिंहैर्व्याघ्रैर्वराहैश्च सृमरैश्चमरैरपि।
त्यक्त्वा लङ्क.ां गताः सर्वे राक्षसा बलगर्विताः।। (7/6/49)
प्रयाता देवलोकाय योद्धंझ दैवतशत्रवः।

अपने बल का घमण्ड रखने वाले वे समस्त देवद्रोही राक्षस रथ, हाथी, घोड़े, गदहे, बैल, ऊँट, शिशुमार, सर्प, मगर, कछुआ, मत्स्य, गरुड़, सिंह, बाघ, सुअर, मृग और नीलगाय आदि वाहनों पर सवार होकर लंका छोड़कर युद्ध के लिए देवलोक की ओर चल पड़े।

कपोता रक्तपादाश्च सारिका विद्रुता ययुः।। (7/6/57)
काका वाश्यन्ति तत्रैव विडाला वै द्विपादयः।

कबूतर, तोते और मैना लंका छोड़कर भाग चले। कौए वहीं काँव–काँव करने लगे। बिल्लियाँ भी वहीं गुर्राने लगीं तथा हाथी आदि पशु आर्तनाद करने लगे।

शरभेण यथा सिंहाः सिंहेन द्विरदा यथा।
द्विरदेन यथा व्याघ्रा व्याघ्रेण द्वीपिनो यथा।। (7/7/20)
द्वीपिनेव यथा श्वानः शुना मार्जारको यथा।
मार्जारेण यथा सर्पाः सर्पेण च यथाखवः।। (7/7/21)
तथा ते राक्षसाः सर्वे विष्णुना प्रभविष्णुना।
द्रवन्ति द्राविताश्चान्ये शायिताश्च महीतले।। (7/7/22)

जैसे शरभ से सिंह, सिंह से हाथी, हाथी से बाघ, बाघ से चीते, चीते से कुत्ते, कुत्ते से बिलाव, बिलाव से साँप और साँप से चूहे डरकर भागते हैं, उसी प्रकार वे सब राक्षस प्रभावशाली भगवान् विष्णु की मार खाकर भागने लगे। उनके भगाये हुए बहुत से राक्षस धराशायी हो गये।

उत्क्षिप्य लम्बाभरणं धुन्वन् करमिव द्विपः।
ररास राक्षसो हर्षात् सतडित्तोयदो यथा।। (7/7/28)

जैसे हाथी सूँड़ को उठाकर हिलाता हो, उसी तरह लटकते हुए आभूषण से युक्त हाथ को ऊपर उठाकर हिलाता हुआ वह राक्षस विद्युत्सहित सजल जलधर के समान बड़े हर्ष से गर्जना करने लगा।

सिंहार्दितानामिव कुंजराणां
निशाचराणां सह कुंजराणाम्।
रवाश्च वेगाश्च समं बभूवुः
पुराणसिंहेन विमर्दितानाम्।। (7/7/52)

जैसे सिंहों द्वारा पीड़ित हुए हाथियों के चीत्कार और वेग एक साथ ही प्रकट होते हैं, उसी प्रकार उन पुराण प्रसिद्ध नृसिंहरूपधारी श्रीहरि के द्वारा रौंदे गये उन निशाचररूपी गजराजों के हाहाकार और वेग साथ–साथ प्रकट हो गये।

वैनतेयस्ततः क्रुद्धः पक्षवातेन राक्षसम्।
व्यपोहद् बलवान् वायुः शुष्कपर्णचयं यथा।। (7/8/18)

यह देख विनतानन्दन गरुड़ कुपित हो उठे और उन्होंने अपने पंखों की हवा से उस राक्षस को उसी तरह उड़ा दिया, जैसे प्रबल हाथी सुखे पत्ते के ढेर को उड़ा देती है।

अपविद्धास्तु ते वीरा विनिष्पेतुः पदातयः।। (7/23/45)
ततस्तेनैव सहसा सीदन्ति स्म पदातिनः।
महापङ्कमिवासाद्य कुंजराः भाष्टिहायनाः।। (7/23/46)

उन अस्त्र–शस्त्रों से घायल हो वे पैदल वीर पुनः युद्ध के लिए आगे बढ़े, परन्तु पैदल होने के कारण रावण की उस अस्त्र वर्षा से सहसा संकट में पड़कर भारी कीचड़ में फँसे हुए साठ वर्ष के हाथी के समान कष्ट पाने लगे।

कर्णिकारवनैर्दीप्तैः कदम्बबकुलैस्तथा।
ऊरू करिकराकारौ करौ पल्लवकोमलौ।
सैन्यमध्येन गच्छन्ती रावणेनोपलक्षिताः।। (7/26/19)

उसकी जाँघों का चढ़ाव–उतार हाथी की सूँड़ के समान था। दोनों हाथ ऐसे कोमल थे, मानो (देहरूपी रसाल की डाल के) नये–नये पल्लव हों। वह सेना के बीच से होकर जा रही थी, अतः रावण ने उसे देख लिया।

सा विमुक्ता ततो रम्भा भ्रष्टमाल्यविभूषणा।। (7/26/41)
गजेन्द्रक्रीडमथिता नदीवाकुलतां गता।

उसके पुष्पहार टूटकर गिर गये, सारे आभूषण अस्त–व्यस्त हो गये। उपभोग के बाद रावण ने रम्भा को छोड़ दिया। उसकी दशा उस नदी के समान हो गयी जिसे किसी गजराज ने क्रीड़ा करके मथ डाला हो, वह अत्यन्त व्याकुल हो उठी।

रथान् नागान् खरानुष्ट्रान् पन्नगांस्तुरगांस्तथा।
शिशुमारान् वराहांश्च पिशाचवदनानपि।। (7/28/40)

कुछ राक्षस रथों, हाथियों, गदहों, ऊँटों, सर्पों, घोड़ों, शिशुमारों, वराहो तथा पिशाचमुख वाहनों को दोनों भुजाओं से पकड़कर उनसे लिपटे हुए निश्चेष्ट हो गये थे।

पश्यमानस्ततो विन्ध्यं रावणो नर्वदां ययौ।
चलोपलजलां पुण्यां पश्चिमोदधिगामिनीम्।। (7/31/19)
महिषैः सृमरैः सिंहैः शार्दूलर्क्षगजोत्तमैः।
उष्णाभितप्तैस्तृषितैः संक्षोभितजलाशयाम्।। (7/31/20)

विन्ध्याचल की शोभा को देखता हुआ रावण पुण्यसलिला नर्मदा नदी के तट पर गया, जिसमें शिलाखण्डों से युक्त चंचल जल प्रवाहित हो रहा था। वह नदी पश्चिम समुद्र की ओर चली जा रही थी। धूप से तपे हुए प्यासे भैंसे, हिरन, सिंह, व्याघ्र, रीछ और गजराज उसके जलाशय को विक्षुब्ध कर रहे थे।

स तत्र स्त्रीपरिवृतं वासिताभिरिव द्विपम्।। (7/32/24)
नरेन्द्रं पश्यते राजा राक्षसानां तदार्जुनम्।

वहाँ पहुँचकर राक्षसों के राजा रावण ने मैथुन की इच्छा वाली हथिनियों से घिरे हुए गजराज के समान सुन्दरी स्त्रियों से परिवेष्टित महाराज अर्जुन को देखा।

सागराविव संक्षुब्धौ चलमूलाविवाचलौ।
तेजोयुक्ताविवादित्यौ प्रदहन्ताविवानलौ।। (7/32/51)
बलोद्धतौ यथा नागौ वासितार्थे यथा वृषौ।
मेघाविव विनर्दन्तौ सिंहाविव बलोत्कटौ।। (7/32/52)
रुद्रकालविव क्रुद्धौ तौ तदा राक्षसार्जुनौ।
परस्परं गदा गृह्य ताडयामासतुर्भृशम्।। (7/32/53)

विक्षुब्ध हुए दो समुद्रों, जिनकी जड़ हिल रही हो ऐसे दो पर्वतों, दो तेजस्वी आदित्यों, दो दाहक अग्नियों, बल से उन्मत्त हुए दो गजराजों, कामवासना वाली गाय के लिए लड़ते दो साँड़ों, ज़ोर–ज़ोर से गर्जने वाले दो मेघों, उत्कट बलशाली दो सिंहों तथा क्रोध से भरे हुए रुद्र और कालदेव के समान वे रावण और अर्जुन गदा लेकर एक–दूसरे पर गहरी चोटें करने लगे।

शृंङ्गैरिव वृषायुध्यन् दन्ताग्रैरिव कुंजरौ।
परस्परं विनिघ्नन्तौ नरराक्षससत्तमौ।। (7/32/59)

जैसे साँड़ अपने सीगों से और हाथी अपने दाँतों के अग्र भाग से परस्पर प्रहार करते हैं, उसी प्रकार वे नरेश और निशाचरराज एक दूसरे पर गदाओं से चोट करते थे।

व्याघ्रो मृगमिवादाय मृगराडिव कुंजरम्।
ररास हैहयो राजा हर्षादम्बुदवन्मुहुः।। (7/32/66)

जैसे व्याघ्र किसी हिरण को दबोच लेता है अथवा सिंह हाथी को धर दबाता है, उसी प्रकार रावण को अपने वश में करके हैहयराज अर्जुन हर्षातिरेक से मेघ के समान बारम्बार गर्जना करने लगा।

अश्वान् यानानि रत्नानि हस्तिनश्च मदोत्कटान्।
चन्दनानि च मुख्यानि दिव्यान्याभरणानि च।। (7/39/9)
मणिमुक्ताप्रवालांस्तु दास्यो रूपसमन्विताः।
अजाविकं च विविधं रथांस्तु विविधान् बहून्।। (7/39/10)

घोड़े, सवारियाँ, रत्न, मतवाले हाथी, उत्तम चन्दन, दिव्य आभूषण, मणि, मोती, मूँगे, रूपवती दासियाँ, नाना प्रकार की बकरियाँ और भेड़ें तथा तरह–तरह के बहुत से रथ भेंट किये।

51. बकरी

Goat

वाल्मीकि रामायण में इसके लिए प्रवेण, छाग एवं अजा शब्द का प्रयोग किया गया है। इसका वैज्ञानिक नाम 'Capra hircus' है। बकरी गरीबों की कामधेनु कही जाती है। बकरे का मांस पूरे विश्व में बहुत पसन्द किया जाता है। आसानी से पचने के कारण इसका दूध अशक्त लोगों के लिए उपयोगी होता है। इसकी खाल का उपयोग जूते बनाने में किया जाता है। कश्मीरी बकरियों का पाशमीना शाल पूरे विश्व में प्रसिद्ध हैं।

वाल्मीकि रामायण में इसका उल्लेख निम्नानुसार आया है–

न कादली न प्रियकी न प्रवेणी न चाविकी।
भवेदेतस्य सदृशी स्पर्शेऽनेनेति मे मतिः।। (3/43/36)

कदली (कोमल ऊँचे चितकबरे और नीलाग्ररोमवाले मृगविशेष), प्रियक (कोमल ऊँचे चिकने और घने रोमवाले मृगविशेष), प्रवेण (विशेष प्रकार के बकरे) और अवि (भेड़) की त्वचा भी स्पर्श करने में इस काञ्चन मृग के छाले के समान कोमल एवं सुखद नहीं हो सकती, ऐसा मेरा विश्वास है।

कृकलान् विविधांश्छागांछशकानर्धभक्षितान्।
महिषानेकशल्यांश्च मेषांश्च कृतनिष्ठितान्।। (5/11/17)

कृकल नामक पक्षी भाँति–भाँति के बकरे, खरगोश, आधे खाये हुए भैंसे, एकशल्य नामक मत्स्य और भेड़ें–ये सब–के–सब राँध–पकाकर रखे हुए थे।

वराहमृगशार्दूलमहिषाजशिवामुखाः।
गजोष्ट्रहयपादाश्च निखातशिरसोऽपराः।। (5/17/10)

कितनी ही राक्षसियों के मुख, सुअर, मृग, सिंह, भैंस, बकरी और सियारिनों के समान थे। किन्हीं के पैर हाथियों के समान, किन्हीं के ऊँटों के समान और किन्हीं के घोड़ों के समान थे। किन्हीं–किन्हीं के सिर कबन्ध की भाँति छाती में स्थित थे; अतः गड्ढे के समान दिखाई देते थे। (अथवा किन्हीं–किन्हीं के सिर में गड्ढे थे)।

अतिमात्रास्यनेत्राश्च दीर्घजिह्वाननास्तथा।
अजामुखीर्हस्तिमुखीर्गोमुखीः सूकरीमुखीः।। (5/17/14)
हयोष्ट्रखरवक्त्राश्च राक्षसीर्घोरदर्शनाः।

किन्हीं के मुँह और नेत्र सीमा से अधिक बड़े थे, किन्हीं–किन्हीं के मुखों में बड़ी–बड़ी जिह्वाएँ थीं और कितनी ही ऐसी राक्षसियाँ थीं, जो बकरी, हाथी, गाय, सुअर, घोड़े, ऊँट और गदहों के समान मुँह धारण करती थीं। इसीलिए वे देखने में बड़ी भयंकर थी।

स तत्राग्निं समास्तीर्य शरपत्रैः सतोमरैः।। (6/73/24)
छागस्य कृष्णवर्णस्य गलं जग्राह जीवतः।

उसने वहाँ तोमरसहित शस्त्ररूपी कास के पत्तों को अग्नि के चारों ओर फैलाकर होम के लिए काले रंग के जीवित बकरे का गला पकड़ा।

सर्वतोऽग्निं समास्तीर्य शरपत्रैः सतोमरैः।
छागस्य सर्वकृष्णस्य गलं जग्राह जीवतः।। (6/80/8)

उसने तोमरसहित शस्त्ररूपी सरपत अग्नि के चारों ओर बिछा दिये। उसके बाद काले रंग के जीवित बकरे का गला पकड़कर उस अग्नि में होम दिया।

अश्वान् यानानि रत्नानि हस्तिनश्च मदोत्कटान्।
चन्दनानि च मुख्यानि दिव्यान्याभरणानि च।। (7/39/9)
मणिमुक्ताप्रवालांस्तु दास्यो रूपसमन्विताः।
अजाविकं च विविधं रथांस्तु विविधान् बहून्।। (7/39/10)

घोड़े, सवारियाँ, रत्न, मतवाले हाथी, उत्तम चन्दन, दिव्य आभूषण, मणि, मोती, मूँगे, रूपवती दासियाँ, नाना प्रकार की बकरियाँ और भेड़ें तथा तरह–तरह के बहुत से रथ भेंट किये।

52. हरिण, हिरण एवं मृग

वाल्मीकि रामायण में इसके लिये मृग, हरिण, सृमर, रुरू, पृबत, क्षुद्रमृग, रंकु, सृमर, काढली, प्रियकी, प्रवेणी एवं चाबिकी शब्द का प्रयोग किया गया है। बोलचाल की भाषा में हिरण

(Deer) एवं मृग (Antelope) एक दूसरे की पर्यायवाची माने जाते हैं किन्तु हिरण एवं मृग दो अलग–अलग जातियाँ हैं।

हिरण (Deer) के कुछ गुण बैल, भैंस आदि से मिलते हैं। इनके सींग के दो भाग होते हैं–अन्दर की हड्डी एवं बाहर की खोल। इनका मुख्य बचाव इनकी गति है। इनके मुख्य सदस्य काला हिरण, चिंकारा आदि हैं।

मृग (Antelope) की सींग के दो भाग नहीं होते। इनके सींग प्रतिवर्ष गिरते एवं निकलते हैं। इनकी मुख्य प्रतातियाँ साँभर चीतल आदि हैं।

भारत में पायी जाने वाली हिरण एवं मृग की प्रमुख प्रजातियाँ निम्न प्रकार हैं–

(i) चीतल (Cheetal or Spoteed deer)–इसका वैज्ञानिक नाम 'Cervus axis or axis axis' है। यह सबसे सुन्दर मृग माना गया है। इसके शरीर पर सफ़ेद चित्तियाँ होती हैं, इसलिए इसे चीतल कहा जाता है। यह हिमालय की तलहटी से लेकर दक्षिण भारत के जंगलों में पाया जाता है। जहाँ वन क्षेत्र में चारा एवं पानी उपलब्ध है, वहाँ चीतल के झुण्ड पाये जाते हैं। भारत में अन्य मृगों की तुलना में ये अधिक संख्या में पाये जाते हैं। ये घास के मैदानों और नदी नालों के छायादार किनारों पर रहना पसन्द करते हैं। इसकी ऊँचाई लगभग एक मीटर होती है। इसका रंग भूरा बादामी होता है जिस पर सुन्दर सफ़ेद चित्तियाँ होती हैं। ये चित्तियाँ छाती एवं पैर पर नहीं होती। चीतल सदा झुण्ड में रहते हैं। एक झुण्ड में प्रायः 15 से 20 चीतल होते हैं। इनके सींग वास्तविक नहीं होते। ये हर साल उगते और गिरते हैं। जाड़ा समाप्त होते ही ये गिर जाते हैं और नये सींग (एंटलर) उगने लगते हैं। ये नए एंटलर नवम्बर–दिसम्बर तक पक कर कड़े हो जाते हैं। प्रत्येक एंटलर में तीन शाखाएँ होती हैं। चीतल शरद ऋतु में जोड़ा बनाते हैं। मादा चीतल एक बार में एक बच्चे को जन्म देती है।

(ii) चिंकारा (Chinkara or Indian Gazzelle)–इसका वैज्ञानिक नाम 'Gazella bennettii' है। यह छोटे क़द का जानवर है जो लगभग पूरे देश में पाया जाता है। इसके शरीर का ऊपरी भाग गहरे भूरे रंग का होता है तथा पेट का रंग सफ़ेद होता है। मुख के दोनों ओर सफ़ेद पट्टी होती है। नर के सींग 10 से 12 इंच लम्बे तथा मादा के सींग 4 से 5 इंच लम्बे होते हैं। सामने से नर के सींग सीधे दिखते हैं लेकिन बगल से देखने पर उनमें लहर सी होती है। नर के सींग में 15 से 20 घेरे होते हैं किन्तु मादा के सींग चिकने होते हैं। चिंकारा 10 से 20 के झुण्ड में सायंकाल चरने निकलते हैं। इनमें देखने, सुनने और सूँघने की अद्‌भुत क्षमता होती है।

(iii) चौसिंगा (Four horned antilopes; Tetracerus quadricornis)–चौसिंगा (जैसा कि नाम से ही स्पष्ट है) के दो जोड़ी सींग होती है। आगे की सींग का जोड़ा अपेक्षाकृत छोटा होता है। ये लाल–भूरे रंग के होते हैं। पेट का भाग सफ़ेद होता है। यह दक्षिण एवं मध्य भारत के जंगलों में पहाड़ी क्षेत्रों में पाया जाता है।

(iv) बारहसिंघा, साँभर (Sambhar: Cervus unicolor)– यह बड़े, शाखादार सींगों वाला सुन्दर मृग है। यह केवल हमारे देश में पाया जाता है। ख़ूबसूरत सींगों, मांस और खाल के कारण इसका निर्ममतापूर्वक शिकार किया गया है जिससे इसकी संख्या कम रह गई है। इसे उत्तर प्रदेश का राजकीय वन्य जन्तु घोषित किया गया है। इसका रंग हल्का

पीलापन लिए भूरा होता है। नर के 10 से 14 शाखा वाले सींग होते हैं, मादा के सींग नहीं होते। इसकी गर्दन में लम्बे बाल होते हैं। बारहसिंघा बड़े–बड़े झुण्डों में रहते हैं। शेर बारहसिंघा का प्रमुख शत्रु है।

(v) काला हिरण, कृष्ण सार (Black buck: Antilope cervicarpa)–काला हिरण हमारे देश के दुर्लभ एवं सुन्दर जानवरों में से एक है। खुले घास के मैदान में इसे सरपट भागते और चौकड़ी भरते देखने की अनुभूति अत्यन्त सुखदायी है। शिकारियों द्वारा इसका व्यापक शिकार किया गया जिससे इनकी संख्या में कमी आ गयी है। यह घने जंगलों में नहीं बल्कि खुले एवं झाड़ीदार घास के मैदान में झुण्ड में रहता है। जवान नर काले हिरन की पूरी पीठ, गर्दन का ऊपरी भाग, चेहरा और पैरों का बाहरी भाग काले रंग का होता है। शरीर के नीचे का भाग सफ़ेद होता है। आँखे काफ़ी बड़ी और सुन्दर होती है। आँखों के आसपास सफ़ेद रंग का खूबसूरत घेरा होता है। मादाओं और बच्चों की पीठ का रंग हल्का पीला तथा नीचे का भाग सफ़ेद होता है। सींग केवल नर के होते हैं, मादा के नहीं। इनके सींग गिरते नहीं।

(vi) कस्तूरी मृग (Musk Deer)–इसका वैज्ञानिक नाम 'Moschus moschiferus' है। यह एक दुर्लभ जीव है। इसकी नाभि से कस्तूरी निकालने के लिए सदियों से निर्ममतापूर्वक इसका शिकार किया गया। यह हिमालय के ऊँचे एवं बर्फीले स्थानों पर लगभग 10,000 फीट से अधिक ऊँचाई पर पाया जाता है। अपनी रक्षा के लिए इसके पास दो बड़े दाँत होते हैं जो जबड़े के दोनों ओर बाहर निकले रहते हैं। इसकी नाभि के पास अखरोट के आकार की एक गाँठ होती है, जिससे एक गाढ़ा द्रव निकलता है। इसे कस्तूरी कहते हैं। इससे कीमती इत्र और औषधियाँ बनायी जाती हैं।

कस्तूरी मृग लगभग 20 इंच ऊँचा, छोटे आकार का बिना सींगों वाला मृग है। मादा लगभग दो वर्ष की आयु में बच्चे देना प्रारम्भ करती है। हर वर्ष जून–जुलाई में मादा कस्तूरी मृग एक बच्चे को जन्म देती है। कस्तूरी केवल नर मृगों में बनती है, मादा में नहीं। लगभग दो वर्ष की आयु से नर कस्तूरी मृग में कस्तूरी बनना प्रारम्भ हो जाता है।

कस्तूरी मृग सुबह एवं शाम के समय चरते हैं तथा दिन में गुफा, खोह या झाड़ियों में छिपकर आराम करते हैं।

वाल्मीकि रामायण में इनका उल्लेख निम्नानुसार आया है–

मा चोत्कण्ठां कृथा देव बने रंस्यामहे वयम्।
प्रशान्तहरिणाकीर्णे नानाशकुनिनादिते।। (2/34/51)

देव! बीच में हमें देखने या हमसे मिलने के लिए आप उत्कण्ठित न होंगे। शान्त स्वभाव वाले हरिण से भरे हुए और भाँति–भाँति के पक्षियों के कलरवों से गूँजते हुए उस वन में हम लोग बड़े आनन्द से रहेंगे।

प्रशान्तहरिणाकीर्णमाश्रमं ह्यवलोकयन्।
स तत्र ब्रह्मणः स्थानमग्ने स्थानं तथैव च।। (3/12/17)

वह आश्रम शान्त भाव से रहने वाले हरिणों से भरा हुआ था। आश्रम की शोभा देखते हुए उन्होंने वहाँ ब्रह्माजी का स्थान और अग्निदेव का स्थान देखा।

मृदुशष्पाङ्कुराहान्निर्भयान् वनगोचरान्।
चरतः सर्वतः पश्यन् स्थलीषु हरिणान् स्थिरान्।। (4/13/9)

स्थलों में सब ओर हरी–हरी कोमल घास के अंकुरों का आहार करने वाले वनचारी हरिण कहीं निर्भय होकर चरते थे और कहीं खड़े दिखाई देते थे (इन सबको देखते हुए श्रीराम आदि किष्किन्धा ओर जा रहे थे।)

तमृक्षाः सृमरा व्याघ्रा सिंहा नानासरीसृपाः।
परिवार्योपगच्छन्ति दातारं प्राणिनो यथा।। (4/60/15)

अनेकानेक रीछ, हरिन, सिंह, बाघ और नाना प्रकार के सर्प उन्हें इस प्रकार घेरे आ रहे थे, जैसे याचना करने वाले प्राणी दाता को घेरकर चलते हैं।

यश्चैष नानाविधघोररूपै
र्व्याघ्रोष्ट्रनागेन्द्रमृगाश्ववक्त्रैः।
भूतैर्वृतौ भाति विवृत्तनेत्रै–
र्योऽसो सुराणामपि दर्पहन्ता।। (6/59/23)
यत्रैतदिन्दुप्रतिमं विभाति
च्छत्रं सितं सूक्ष्मशलाकमग्र्यम।
अत्रैष रक्षोधिपतिर्महात्मा
भूतैर्वृतो रुद्र इवावभाति।। (6/59/24)

यह जो व्याघ्र, ऊँट, हाथी, हिरन और घोड़े के से मुँह वाले, चढ़ी हुई आँख वाले तथा अनेक प्रकार के भयंकर रूप वाले भूतों से घिरा है, जो देवताओं का भी दर्प दलन करने वाला है तथा जिसके ऊपर पूर्ण चन्द्रमा के समान श्वेत एवं पतली कमानी वाला सुन्दर छत्र शोभा पाता है, वही यह राक्षसराज महामना रावण है, जो भूतों से घिरे हुए रुद्रदेव के समान सुशोभित होता है।

दशग्रीववशं प्राप्तास्तास्तु शोकाकुलः स्त्रियः।। (7/24/10)
दीनवक्त्रेक्षणाः श्यामा मृग्यः सिंहवशा इव।

दशग्रीव के वश में पड़ी हुई वे शोकाकुल अबलाएँ सिंह के पंजे में पड़ी हुई हरिणियों के समान दुखी हो रही थी। उनके मुख और नेत्रों में दीनता छा रही थी और उन सबकी अवस्था सोलह वर्ष के लगभग थी।

पश्यमानस्ततो विन्ध्यं रावणो नर्वदां ययौ।
चलोपलजलां पुण्यां पश्चिमोदधिगामिनीम्।। (7/31/19)
महिषैः सृमरैः सिंहैः शार्दूलर्क्षगजोत्तमैः।
उष्णाभितप्तैस्तृषितैः संक्षोभितजलाशयाम्।। (7/31/20)

विन्ध्याचल की शोभा को देखता हुआ रावण पुण्यसलिला नर्मदा नदी के तट पर गया, जिसमें शिलाखण्डों से युक्त चंचल जल प्रवाहित हो रहा था। वह नदी पश्चिम समुद्र की ओर चली जा रही थी। धूप से तपे हुए प्यासे भैंसे, हिरन, सिंह, व्यााघ्र, रीछ और गजराज उसके जलाशय को विक्षुब्ध कर रहे थे।

भद्रैर्मन्द्रैर्मृगैश्चव भद्रमन्द्रमृगैस्तथा।
भद्रमन्द्रैर्भद्रमृगैर्मृगमन्द्रैश्च सा पुरी।। (1/6/25)
नित्यमत्तैः सदा पूर्णा नागैरचलसंनिभैः।

हिमालय पर्वत पर उत्पन्न भद्रजाति के, विन्ध्य पर्वत पर उत्पन्न हुए मन्द्रजाति के तथा सह्यपर्वत पर पैदा हुए मृग जाति के हाथी भी वहाँ मौजूद थे। भद्र, मन्द्र और मृग—इन तीनों के मेल से उत्पन्न हुए संकरजाति के भद्र और मन्द्र—इन दो जातियों के मेल से पैदा हुए संकर जाति के, भद्र और मृग जाति के संयोग से उत्पन्न संकर जाति के तथा मृग और मन्द्र—इन दो जातियों के सम्मिश्रण से पैदा हुए पर्वताकार गजराज भी, जो सदा मदोन्मत्त रहते थे, उस पुरी में भरे हुए थे।

मृगपक्षिगणाश्चैव सिद्धाश्रमनिवासिनः।
अनुजग्मुर्महात्मानं विश्वामित्रं तपोधनम्।। (1/31/18)

सिद्धाश्रम में निवास करने वाले मृग और पक्षी भी तपोधन विश्वामित्र के पीछे—पीछे जाने लगे।

नगराणि च राष्ट्राणि सरितश्च महागिरीन्।
आश्रमन् क्रमशो राजा विचरन्नाजगाम ह।। (1/51/22)
वसिष्ठस्याश्रमपदं नानापुष्पलताद्रुमम्।
नानामृगगणाकीर्णं सिद्धचारणसेवितम्।। (1/51/23)

वे अनेकानेक नगरों, राष्ट्रों, नदियों, बड़े—बड़े पर्वतों और आश्रमों में क्रमशः विचरते हुए महर्षि वशिष्ठ के आश्रम पर आ पहुँचे, जो नाना प्रकार के फूलों, लताओं और वृक्षों से शोभा पा रहा था। नाना प्रकार के मृग (वन्यपशु) वहाँ सब ओर फैले हुए थे तथा सिद्ध और चारण उस आश्रम में निवास करते थे।

वाङ्गात्रेण तदा राजा कैकेया स्ववशे कृतः।
प्रचस्कन्द विनाशाय पाशं मृग इवात्मनः।। (2/11/22)

जैसे मृग बहेलिए की वाणीमात्र से अपने ही विनाश के लिए उसके जाल में फँस जाता है, उसी प्रकार कैकेयी के वशीभूत हुए राजा दशरथ उस समय पूर्वकाल के वरदान—वाक्य का स्मरण कराने मात्र से अपने ही विनाश के लिए प्रतिज्ञा के बन्धन में बँध गये।

यथितो विल्कवश्चैव व्याघ्रीं दृष्टा यथा मृगः।
असंवृतायामासीनो जगत्यां दीर्घमुच्छ्वसन्।। (2/12/4)
मण्डले पन्नगो रुद्धो मन्त्रैरिव महाविषः।

जैसे किसी बाघिन को देखकर मृग व्यथित हो जाता है, उसी प्रकार वे नरेश कैकेयी को देखकर पीड़ित एवं व्याकुल हो उठे। बिस्तररहित खाली भूमि पर बैठे हुए राजा लम्बी साँस खींचने लगे, मानो कोई महा विषैला सर्प किसी मण्डल में मन्त्रों द्वारा अवरुद्ध हो गया हो।

अनृतैर्बत मां सान्त्वैः सान्त्वयन्ती स्त भाषसे।
गीतशब्देन संरुध्य लुब्धो मृगमिवावधीः।। (2/12/77)

अब तक जो तू सान्त्वनापूर्ण मीठे बचन बोलकर मुझे आश्वासन देती हुई बातें किया करती थी, वे तेरी कही सारी बातें झूठी थीं। जैसे व्याध मृग को मधुर संगीत से आकृष्ट करके उसे मार डालता है, उसी प्रकार तू भी पहले मुझे लुभाकर अब मेरे प्राण ले रही है।

ततः समासाद्य महाधनं महत्
प्रहृष्टरोमा स बभूव सारथिः।

मृगैर्मयूरैश्च समाकुलोल्बणं
गृहं वरार्हस्य शचीपतेरिव।। (2/15/41)

उत्तम वस्तु को प्राप्त करने के अधिकारी श्रीराम का वह महान् समृद्धिशाली विशाल भवन शचीपति इन्द्र के भवन की भाँति सुशोभित होता था। इधर–उधर फैले हुए मृगों और मयूरों से उसकी शोभा और भी बढ़ गयी थी। वहाँ पहुँच कर सारथि सुमन्त्र के शरीर में अधिक हर्ष के कारण रोमांच हो आया।

ममैव नूनं मरणं न विद्यते
न चावकाशोऽस्ति यमक्षये मम।
यदन्तकोऽद्यैव न मां जिहीर्षति
प्रसह्य सिंहो रुदतीं मृगीमिव।। (2/20/50)

निश्चय ही मेरे लिए कहीं मौत नहीं है, यमराज के घर में भी मेरे लिए जगह नहीं है, तभी तो जैसे किसी रोती हुई मृगी को सिंह ज़बरदस्ती उठा ले जाता है, उसी प्रकार यमराज मुझे आज ही उठा ले जाना नहीं चाहता है।

अहं गमिष्यामि वनं सदुर्गमं
मृगायुतं वानरवारणैश्च।
वने निवत्स्यामि यथा पितुर्गृहे
तवैव पादावुपगृह्य सम्मता।। (2/27/22)

प्राणनाथ! अतः उस अत्यन्त दुर्गम वन में, जहाँ मृग, वानर और हाथी निवास करते हैं, मैं अवश्य चलूँगी और आपके ही चरणों की सेवा में रहकर आपके अनुकूल चलती हुई उस वन में उसी तरह सुख से रहूँगी, जैसे पिता के घर में रहा करती थी।

मृगाः सिंहा गजाश्चैव शार्दूलाः शरभास्तथा।
चमराः सृमराश्चैव ये चान्ये वनचारिणः।। (2/29/3)
अदृष्टपर्वरूपत्वात् सर्वे ते तब राघव।
रूपं दृष्ध्वपसर्पेयुस्तव सर्वे हि बिभ्यति।। (2/29/4)

रघुनन्दन! मृग, सिंह, हाथी, शेर, शरभ, चमरी गाय, नीलगाय तथा जो अन्य जंगली जीव हैं, वे सब–के–सब आपका रूप देखकर भाग जायेंगे; क्योंकि ऐसा प्रभावशाली स्वरूप उन्होंने पहले कभी नहीं देखा होगा। आपसे तो सभी डरते हैं; फिर वे पशु क्यों नहीं डरेंगे?

बिलानि दंष्ट्रिणः सर्वे सानूनि मृगपक्षिणः।
त्यजन्त्वस्मद्भयाभ्दीता गजाः सिंहा वनान्यपि।। (2/33/23)

वन में हम लोगों के भय से साँप अपने बिल छोड़कर भाग जायँ। पर्वत पर रहने वाले मृग और पक्षी उसके शिखरों को छोड़ दें तथा हाथी और सिंह भी उन वनों को त्यागकर दूर चले जायँ।

निघ्नन् मृगान् कुजरांश्च पिबंश्चारण्यकं मधु।
नदीश्च विविधाः पश्यन् न राज्यं संस्मरिष्यति।। (2/36/6)

वे रास्ते में आये हुए मृगों एवं हाथियों को पीछे लौटाते, जंगली मधु का पान करते और नाना प्रकार की नदियों को देखते हुए अपने राज्य का स्मरण नहीं करेंगे।

द्रक्ष्यस्यद्यैव कैकेयि पशुव्यालमृगद्विजान्।
गच्छतः सह रामेण पादपांश्च तदुन्मुखान्।। (2/37/33)

कैकेयि! तू आज ही देखेगी कि वन को जाते हुए श्रीराम के साथ पशु, सर्प, मृग और पक्षी भी चले जा रहे हैं। औरों की तो बात ही क्या, वृक्ष भी उनके साथ जाने को उत्सुक हैं।

मृगपक्षिभिरासीनो मुनिभिश्च समन्ततः।
राममागतमभ्यर्च्य स्वागतेनागतं मुनिः।। (2/54/19)
प्रतिगृह्य तु तामर्चामुपविष्टं स राघवम्।
भरद्वाजोऽब्रवीद् वाक्यं धर्मयुक्तमिदं तदा।। (2/54/20)

महर्षि के चारों ओर मृग, पक्षी और ऋषि–मुनि बैठै थे और उनके बीच में वे विराजमान थे। उन्होंने अपने आश्रम पर अतिथि रूप में पधारे हुए श्रीराम का स्वागतपूर्वक सत्कार किया। उनके उस सत्कार को ग्रहण करके श्रीरामचन्द्रजी जब आसन पर विराजमान हुए, तब भरद्वाज जी ने उनसे यह धर्मयुक्त वचन कहा।

पुण्यश्च रमणीयश्च बहुमूलफलायुतः।
तत्र कुंजरयूथानि मृगयूथानि चैव हि।। (2/54/41)
विचरन्ति वनान्तेषु तानि द्रक्ष्यसि राघव।
सरित्प्रत्रवणप्रस्थान् दरीकन्दरनिर्झरान्।
चरतः सीतया सार्धं नन्दिष्यति मनस्तव।। (2/54/42)

'वह पर्वत परम पवित्र, रमणीय तथा बहुसंख्यक फल–मूलों से सम्पन्न है। वहाँ झुण्ड–के–झुण्ड हाथी और मृग वन के भीतर विचरते रहते हैं। रघुनन्दन! तुम उन सबको प्रत्यक्ष देखोगे। मन्दाकिनी नदी, अनेकानेक जलस्रोत, पर्वतशिखर, गुफा, कन्दरा और झरने भी तुम्हारे देखने में आयेंगे। वह पर्वत सीता के साथ विचरते हुए तुम्हारे मन को आनन्द प्रदान करेगा।

प्रहृभटकोयष्टिभकोकिलस्वनै–
र्विनोदयन्तं च सुखं परं शिवम्।
मृगैश्च मत्तैर्बहुभिश्च कुंजरैः
सुरम्यमासाद्य समावसाश्रयम्।। (2/54/43)

हर्ष में भरे हुए टिट्टिभ और कोकिलों के कलरवों द्वारा वह पर्वत यात्रियों का मनोरंजन सा करता है। वह परम सुखद एवं कल्याणकारी है, मदमत्त मृगों और बहुसंख्यक मतवाले हाथियों ने उसकी रमणीयता को और बढ़ा दिया है। तुम उसी पर्वत पर जाकर डेरा डालो और उसमें निवास करो।

विष्णोः पदं प्रेक्ष्यमाणा विपाशां चापि शाल्मलीम्।
नदीर्वापीतटाकानि पल्लवानि सरांसि च।। (2/68/19)
पश्यन्तो विविधांश्चापि सिंहान् व्याघ्रान् मृगान् द्विपान्।
ययुः पथातिमहता शासनं भर्तुरीप्सवः।। (2/68/20)

उस पर्वत के शिखर पर स्थित भगवान विष्णु के चरण चिह्न का दर्शन करके वे विपासा (व्यास) नदी और उसके तटवर्ती शाल्मली वृक्ष के नीचे गये। वहाँ से आगे बढ़ने पर बहुत सी नदियों, बावड़ियों, पोखरों, छोटे तालाबों, सरोवरों तथा भाँति–भाँति के वन्य जन्तुओं–सिंह,

व्याघ्र, मृग और हाथियों का दर्शन करते हुए वे दूत अत्यन्त विशाल मार्ग के द्वारा आगे बढ़ने लगे। वे अपने स्वामी की आज्ञा का शीघ्र पालन करने की इच्छा रखते थे।

नाद्यापि श्रूयते शब्दो मत्तानां मृगपक्षिणाम्।
सरक्तां मधुरां वाणीं कलं व्याहरतां बहु।। (2/71/27)

रागयुक्त मधुर कलरव करने वाले मतवाले मृगों और पक्षियों का तुमुल शब्द अभी तक सुनाई नहीं पड़ रहा है।

कुंजराश्च खरोष्ट्राश्च गोऽश्वाश्च मृगपक्षिणः।
बभूवुः सुभृतास्तत्र नातो ह्यन्यमकल्पयत्।। (2/91/65)

हाथी, घोड़े, गदहे, ऊँट, बैल, मृग तथा पक्षी भी वहाँ पूर्ण तृप्त हो गये थे; अतः कोई दूसरी किसी वस्तु की इच्छा नहीं करता था।

ऋक्षाः पृषतमृख्याश्च रुरवश्च समन्ततः।
दृश्यन्ते वनवाटेषु गिरिष्वपि नदीषु च।। (2/93/2)

रीछ, चितकबरे मृग तथा रुरु नामक मृग वन प्रदेशों में, पर्वतों में और नदियों के तटों पर चारों ओर उस सेना से पीड़ित दिखाई देते थे।

एते मृगगणा भान्ति शीघ्रवेगाः प्रचोदिता।
वायुप्रविद्धाः शरदि मेघजाला इवाम्बरे।। (2/93/12)

सैनिकों के खदेड़े हुए ये मृगों के झुण्ड तीव्र वेग से भागते हुए वैसी ही शोभा पा रहे हैं, जैसे शरत् काल के आकाश में हवा से उड़ाये गये बादलों के समूह सुशोभित होते हैं।

मृगा मृगीभिः सहिता बहवः पृषता वने।
मनोज्ञरूपा लक्ष्यन्ते कुसुमैरिव चित्रिताः।। (2/93/19)

इस वन में मृगियों के साथ विचरने वाले बहुत से चितकबरे मृग ऐसे मनोहर दिखाई देते हैं, मानों इन्हें फूलों से चित्रित–सुसज्जित किया गया हो।

नानामृगगणैर्द्वीपितरक्ष्वृक्षगणैर्वृतः।
अदुष्टैर्भात्ययं शैलो बहुपक्षिसमाकुलः।। (2/94/7)

यह पर्वत बहुसंख्यक पक्षियों से व्याप्त है तथा नाना प्रकार के मृगों, बड़े–बड़े व्याघ्रों, चीतों और रीछों से भरा हुआ है। वे व्याघ्र आदि हिंसक जन्तु अपने दुष्ट भाव का परित्याग करके यहाँ रहते हैं और इस पर्वत की शोभा बढ़ाते हैं।

मृगयूथनिपीतानि कलुषाम्भांसि साम्प्रतम्।
तीर्थानि रमणीयानि रतिं संजनयन्ति मे।। (2/95/5)

मृगों के झुण्ड पानी पीकर इस समय यद्यपि यहाँ का जल गँदला कर गये हैं तथापि इसके रमणीय घाट मेरे मन को बड़ा आनन्द दे रहे हैं।

गजयूथानि वारण्ये महिषा वा महावने।
वित्रासिता मृगाः सिंहैः सहसा प्रद्रुता दिशः।। (2/96/8)
राजा वा राजपुत्रो वा मृगयामटते वने।
अन्यद्वा श्वापदं किंचित् सौमित्रे ज्ञातुमर्हसि।। (2/96/9)

सुमित्रानन्दन! पता तो लगाओ, इस विशाल वन में ये जो हाथियों के झुण्ड अथवा भैंसे

या मृग जो सहसा सम्पूर्ण दिशाओं की ओर भाग चले हैं, इसका क्या कारण है? इन्हें सिंहों ने तो नहीं डरा दिया है अथवा कोई राजा या राजकुमार इस वन में आकर शिकार तो नहीं खेल रहा है या दूसरा कोई हिंसक जन्तु तो नहीं प्रकट हो गया है?

गोधांगुलित्रैरासक्तैश्चित्रकांचनभूषितैः।
अरिसंघैरनाधृष्यां मृगैः सिंहगुहामिव।। (2/99/23)

वहाँ गोह के चमड़े के बने हुए बहुत से सुवर्णजटित दस्ताने भी टँगे हुए थे। जैसे मृग, सिंह की गुफा पर आक्रमण नहीं कर सकते, उसी प्रकार वह पर्णशाला शत्रुसमूहों के लिए अगम्य एवं अजेय थी।

पूजितं चोपनृत्तं च नित्यमप्सरसां गणैः।
विशालैरग्निशरणैः स्रुग्भाण्डैरजिनैः कुशैः।। (3/1/4)
समिद्भिस्तोयकलशैः फलमूलैश्च शोभितम्।
आरण्यैश्च महावृक्षैः पुण्यैः स्वादुफलैर्वृतम्।। (3/1/5)

वहाँ का प्रदेश इतना मनोरम था कि वहाँ अप्सराएँ प्रतिदिन आकर नृत्य करती थीं। उस स्थान के प्रति उनके मन में बड़े आदर का भाव था। बड़ी–बड़ी अग्निशालाएँ, स्त्रुवा आदि यज्ञपात्र, मृगचर्म, कुश, समिधा, जलपूर्ण कलश तथा फल–मूल उसकी शोभा बढ़ाते थे। स्वादिष्ट फल देने वाले परम पवित्र तथा बड़े–बड़े वन्य वृक्षों से वह आश्रममण्डल घिरा हुआ था।

नानामृगगणाकीर्णमृक्षशार्दूलसेवितम्।
ध्वस्मवृक्षलतागुल्मं दुर्दर्शसलिलाशयम्।। (3/2/2)
निष्कूजमानशकुनि झिल्लिकागणनादितम्।
लक्ष्मणानुचरो रामो वनमध्यं ददर्श ह।। (3/2/3)

जाते–जाते लक्ष्मण सहित श्रीराम ने वन के मध्यभाग में एक ऐसे स्थान को देखा, जो नाना प्रकार के मृगों से व्याप्त था। वहाँ बहुत से रीछ और बाघ रहा करते थे। वहाँ के वृक्ष, लता और झाड़ियाँ नष्ट–भ्रष्ट हो गयी थीं। उस वन प्रान्त में किसी जलाशय का दर्शन होना कठिन था। वहाँ के पक्षी वहीं चहक रहे थे। झींगुरों की झंकार गूँज रही थी।

इममाश्रममागम्य मृगसंघा महीयसः।
अहत्वा प्रतिगच्छन्ति लोभयित्वाकुतोभयाः।। (3/7/18)

इस आश्रम पर बड़े–बड़े मृगों के झुंड आते और अपने रूप, कान्ति एवं गति से मन को लुभाकर किसी को कष्ट दिये बिना ही यहाँ से लौट जाते हैं। उन्हें यहाँ किसी से कोई भय नहीं प्राप्त होता है।

सुप्राज्यफलमूलानि पुष्पितानि वनानि च।
प्रशस्तमृगयूथानि शान्तपक्षिगणानि च।। (3/8/13)

इस यात्रा में आप प्रचुर फल–मूलों से युक्त तथा फूलों से सुशोभित अनेक वन देखेंगे; वहाँ उत्तम मृगों के झुण्ड विचरते होंगे और पक्षी शान्तभाव से रहते होंगे।

पुरा किल महाबाहो तपस्वी सत्यवांछुचिः।
कस्मिंश्चिदभवत् पुण्ये वने रतमृगद्विजे।। (3/9/16)

महाबाहो! पूर्वकाल की बात है, किसी पवित्र वन में, जहाँ मृग और पक्षी बड़े अन्दाज़ से रहते थे, एक सत्यवादी एवं पवित्र तपस्वी निवास करते थे।

यूथबद्धांश्च पृषतान् मदोन्मत्तान् विषाणिनः।
महिषांश्च वराहांश्च गजांश्च द्रुमवैरिणः।। (3/11/4)

कहीं चितकबरे मृग यूथ बाँधे चले जा रहे थे, कहीं बड़े–बड़े सींगवाले मदमत्त भैंसे तथा बढ़े हुए दाँत वाले जंगली सुअर और वृक्षों के वैरी दन्तार हाथी दिखाई देते थे।

इतो द्वियोजने तात बहुमूलफलोदकः।
देशो बहुमृगः श्रीमान् पंचवट्यभिविश्रुतः।। (3/13/13)

तात! यहाँ से दो योजन की दूरी पर पंचवटी नाम से विख्यात एक बहुत ही सुन्दर स्थान है, जहाँ बहुत से मृग रहते हैं तथा फल–फूल और जल की अधिक सुविधा है।

ततः पंचवटीं गत्वा नानाव्यालमृगायुताम्।
उवाच लक्ष्मणं रामो भ्रातरं दीप्ततेजसम्।। (3/15/1)

नाना प्रकार के सर्पों, हिंसक जन्तुओं और मृगों से भरी हुई पंचवटी में पहुँचकर श्रीराम ने उद्दीप्त तेजवाले अपने भाई लक्ष्मण से कहा–

हंसकारण्डवाकीर्णा चक्रवाकोपशोभिता।
नातिदूरे न चासन्ने मृगयूथनिपीडिता।। (3/15/13)

इसमें हंस और कारण्डव आदि जलपक्षी विचर रहे हैं। चकवे इसकी शोभा बढ़ा रहे हैं तथा पानी पीने के लिये आये हुए मृगों के झुंड इसके तट पर छाये रहते हैं। यह नदी इस स्थान से न तो अधिक दूर है और न अत्यन्त निकट ही।

तं सिंहमिव विक्रान्तं सिंहविक्रान्तगामिनम्।
दृष्ट्वा नोद्विजते रामः सिंहः क्षुद्रमृगं यथा।। (3/28/13)
ततः सूर्यनिकाशेन रथेन महता खरः।
आससादाथ तं रामं पतङ्ग इव पावकम्।। (3/28/14)

यद्यपि वन सिंह के समान चलता और सिंह के ही तुल्य पराक्रम प्रकट करता था तो भी उस खर को देखकर श्रीराम उसी तरह उद्विग्न नहीं होते थे, जैसे छोटे–से–मृग को देखकर सिंह भयभीत नहीं होता है।

इहाश्रमपदेऽस्माकं बहवः पुण्यदर्शनाः।
मृगाश्चरन्ति सहिताश्चमराः सृमरास्तथा।। (3/43/11)
ऋक्षाः पृषतसंघाश्च वानराः किन्नरास्तथा।
विहरन्ति महाबाहो रूपश्रेष्ठा महाबलाः।। (3/43/12)
न चान्यः सदृशो राजन् दृष्टः पूर्वं मृगो मया।
तेजसा क्षमया दीप्त्या यथाथं मृगसत्तमः।। (3/43/13)

राजन! महाबाहो! यद्यपि हमारे इस आश्रम पर बहुत से पवित्र एवं दर्शनीय मृग एकसाथ आकर चरते हैं तथा सृमर (काली पूँछवाली चवँरी गाय), चमर (सफ़ेद पूँछवाली चँवरी गाय), रीछ, चितकबरे मृगों के झुण्ड, वानर तथा सुन्दर रूप वाले महाबली किन्नर भी विचरण करते हैं, तथापि आज के पहले मैंने दूसरा कोई ऐसा तेजस्वी, सौम्य और दीप्तिमान् मृग नहीं देखा था, जैसा कि यह श्रेष्ठ मृग दिखाई दे रहा है।

न कादली न प्रियकी न प्रवेणी न चाविकी।
भवेदेतस्य सदृशी स्पर्शेऽनेनेति मे मतिः।। (3/43/36)

कदली (कोमल ऊँचे चितकबरे और नीलाग्ररोमवाले मृगविशेष), प्रियक (कोमल ऊँचे चिकने और घने रोमवाले मृगविशेष), प्रवेण (विशेष प्रकार के बकरे) और अवि (भेड़) की त्वचा भी स्पर्श करने में इस काञ्चन मृग के छाले के समान कोमल एवं सुखद नहीं हो सकती, ऐसा मेरा विश्वास है।

एष चैव मृगः श्रीमान् यश्च दिव्यो नभश्चरः।
उभावेतौ मृगौ दिव्यौ तारामृगमहीमृगौ।। (3/43/37)

यह सुन्दर मृग और वह जो दिव्य आकाशचारी मृग (मृगशिरानक्षत्र) है, ये दोनों ही दिव्य मृग हैं। इनमें से एक तारामृग और दूसरा महीमृग है।

क्षुधितस्य च सिंहस्य मृगशत्रोस्तरस्विनः।
आशीविषस्य वदनाद् दंष्ट्रामादातुमिच्छसि।। (3/47/39)
मन्दरं पर्वतश्रेष्ठं पाणिना हर्तुमिच्छसि।
कालकूटं विषं पीत्वा स्वस्तिमान् गन्तुमिच्छसि।। (3/47/40)
अक्षि सूच्या प्रमृजसि जिह्वयालेढि च क्षुरम्।
राघवस्य प्रियां भार्यामधिगन्तुं त्वमिच्छसि।। (3/47/41)

तू श्रीराम की प्यारी पत्नी को हस्तगत करना चाहता है। जान पड़ता है, अत्यन्त वेगशाली मृग वैरी भूखे सिंह और पर्वतश्रेष्ठ मन्दराचल को हाथ से उठाकर ले जाने की इच्छा करता है, कालकूट विष को पीकर कुशलपूर्वक लौट जाने की अभिलाषा रखता है तथा आँख को सुई से पोंछता और छुरे को जीभ से चाटता है।

समन्तादभिसम्पत्य सिंहव्याघ्रमृगद्विजाः।
अन्वधावंस्तदा रोषात् सीताच्छायानुगामिनः।। (3/52/36)

उस सीताहारण के समय रावण पर रोष सा करके सिंह, व्याघ्र, मृग और पक्षी सब ओर से सीता की परछाहीं का अनुसरण करते हुए दौड़ रहे थे।

मृगयूथपरिभ्रष्टां मृगीं श्वभिरिवावृताम्।। (3/55/5)

मृगों के यूथ से बिछड़कर कुत्तों से घिरी हुई अकेली हरिणी के समान दिखाई देती है।

तं दीनमानसं दीनमासेदुर्मृगपक्षिणः।
सव्यं कृत्वा महात्मानं घोरांश्च ससृजुः स्वरान्।। (3/57/12)

उनका मन बहुत दुःखी था। वे दीन हो रहे थे। उसी अवस्था में वन के मृग और पक्षी उन्हें बाँये रखते हुए वहाँ आये और भयंकर स्वर में अपनी बोली बोलने लगे।

रुदन्तमिव वृक्षैश्च ग्लानपुष्पमृगद्विजम्।
श्रिया विहीनं विध्वस्तं संत्यक्तं वनदैवतैः।। (3/60/6)

वह स्थान वृक्षों (की सनसनाहट) के द्वारा मानो रो रहा था, फूल मुरझा गये थे, मृग और पक्षी मन मारे बैठे थे। वहाँ की सम्पूर्ण शोभा नष्ट हो गयी थी। सारी कुटी उजाड़ दिखाई देती थी। वन के देवता भी उस स्थान को छोड़कर चले गये थे।

अथवा मृगशावाक्षीं मृग जानासि मैथिलीम्।
मृगविप्रेक्षणी कान्ता मृगीभिः सहिता भवेत्।। (3/60/23)

अपने सामने मृग को देखकर वे बोले–'मृग! अथवा तुम्हीं बताओ! मृगनयनी मैथिली को जानते हो। मेरी प्रिया की दृष्टि भी तुम हरिणों की–सी है, अतः सम्भव है, वह हरिणियों के ही साथ हो।

एते महामृगा वीर मामीक्षन्ते पुनः पुनः।। (3/64/15)
वक्तुकामा इह हि मे इङ्गितान्युपलक्षये।

वीर लक्ष्मण! ये विशाल मृग मेरी ओर बारम्बार देख रहे हैं, मानो यहाँ ये मुझसे कुछ कहना चाहते हैं। मैं इनकी चेष्टाओं को समझ रहा हूँ।

तांस्तु दृष्ट्वा नरव्याघ्रो राघवः प्रत्युवाच ह।। (3/64/16)
क्व सीतेति निरीक्षन् वै बाष्पसंरुद्धया गिरा।
एवमुक्ता नरेन्द्रेण ते मृगाः सहसोत्थिताः।। (3/64/17)
दक्षिणाभिमुखाः सर्वे दर्शयन्तो नभःस्थलम्।

तदन्तर उन सबकी ओर देखकर पुरुषसिंह श्रीरामचन्द्रजी ने उनसे कहा–बताओ, सीता कहाँ है? उन मृगों की ओर देखते हुए राजा श्रीराम ने जब अश्रुगद्‌गद वाणी से इस प्रकार पूछा, तब वे मृग सहसा उठकर खड़े हो गये।

क्रुद्धोऽब्रवीद् गिरिं तत्र सिंहः क्षुद्रमृगं यथा।। (3/64/30)
तां हेमवर्णां हेमाङ्गी सीतां दर्शय पर्वत।
यावत् सानूनि सर्वाणि न ते विध्वंसयाम्यहम्।। (3/64/31)

तदन्तर जैसे सिंह छोटे मृग को देखकर दहाड़ता है, उसी प्रकार वे कुपित हो वहाँ उस पर्वत से बोले–'पर्वत! जब तक मैं तुम्हारे सारे शिखरों का विध्वंस नहीं कर डालता हूँ, इसके पहले ही तुम उस कच्चन की सी काया कान्तिवाली सीता का मुझे दर्शन करा दो।

गुहाश्च विविधा घोरा नानामृगगणाकुलाः।
आवासाः किंनराणां च गन्धर्वभवनानि च।। (3/67/6)

वहाँ भाँति–भाँति की भयंकर गुफाएँ हैं, जो नाना प्रकार के मृग गणों से भरी रहती हैं। यहाँ के पर्वत पर किन्नरों के आवासस्थान और गन्धर्वों के भवन भी है।

भक्षयन्तं महाघोरानृक्षसिंहमृगद्विजान्।
घोरौ भुजौ विकुर्वाणमुभौ योजनमायतौ।। (3/69/31)
कराभ्यां विविधान् गृह्य ऋक्षान् पक्षिगणान् मृगान्।
आकर्षन्तं विकर्षन्तमनेकान् मृगयूथपान्।। (3/69/32)

अत्यन्त भयंकर रीछ, सिंह, हिंसक पशु और पक्षी–ये ही उसके भोजन थे। वह अपनी एक–एक योजन लम्बी दोनों भयानक भुजाओं को दूर तक फैला लेता और उन दोनों हाथों से नाना प्रकार के अनेकों भालू, पक्षी, पशु तथा मृगों के यूथपतियों को पकड़कर खींच लेता था। उनमें से जो उसे भोजन के लिए अभीष्ट नहीं होते थे, उन जन्तुओं को वह उन्हीं हाथों से पीछे ढकेल देता था।

सोऽहं भुजाभ्यां दीर्घाभ्यां संक्षिप्यास्मिन् वनेचरान्।। (3/71/14)
सिंहद्वीपिमृगव्याघ्रान् भक्षयामि समन्ततः।

इस प्रकार मैं विशाल भुजाओं द्वारा वन में रहने वाले सिंह, चीते, मृग और बाघ आदि जन्तुओं को सब ओर से समेटकर लाया करता था।

ऋक्षांश्च द्वीपिनश्चैव नीलकोमलकप्रभान्।। (3/73/38)
रुरूनपेतानजयान् दृष्ट्वा शोकं प्रहास्यसि।

रघुनन्दन! वहीं रीछों, बाघों और नील कोमल कान्तिवाले मनुष्यों को देखकर भागनेवाले तथा दौड़ लगाने में किसी से पराजित न होने वाले मृगों को देखकर आप अपना सारा शोक भूल जायेंगे।

दृष्टो मयाऽऽश्रमः सौम्य बह्वाश्चर्यः कुतात्मनाम्।
विश्वस्तमृगशार्दूलो नानाविहगसेवितः।। (3/75/3)

सौम्य! मैंने उन पुण्यात्मा महर्षियों का यह पवित्र आश्रम देखा। यहाँ बहुत सी आश्चर्यजनक बातें हैं। मृग और बाघ एक दूसरे पर विश्वास करते हैं। नाना प्रकार के पक्षी इस आश्रम का सेवन करते हैं।

नलिरैनपि संछन्ना ह्यत्यर्थशुभदर्शना।
सर्पव्यालानुचरिता मृगद्विजसमाकुला।। (4/1/7)

कमलों से यह सारी पुष्करिणी ढकी हुई है। इसलिए बड़ी सुन्दर दिखाई देती है। इसके आसपास सर्प तथा हिंसक जन्तु विचर रहे हैं। मृग आदि पशु और पक्षी भी सब ओर छा रहे हैं।

चक्रवाकयुता नित्यं चित्रप्रस्थवनान्तरा।
मातङ्गमृगयूथैश्च शोभते सलिलार्थिभिः।। (4/1/65)

इसमें चक्रवाक सदा निवास करते हैं। यहाँ के वनों में विचित्र–विचित्र स्थान हैं तथा पानी पीने के लिये आये हुए हाथियों और मृगों के समूहों से इस पम्पा की शोभा और भी बढ़ जाती है।

पश्य शीतजलां चेमां सौमित्रे पुष्करायुताम्।
चक्रवाकानुचरितां कारण्डवनिवेषिताम्।। (4/1/98)
प्लवैः क्रौंचैश्च सम्पूर्णां महामृगनिवेषिताम्।

सुमित्राकुमार! देखो, इस पम्पा का जल कितना शीतल है। इसमें असंख्य कमल खिले हुए हैं। चकवे विचरते हैं और कारण्डव निवास करते है। इतना ही नहीं, जलकुक्कुट तथा क्रौंच भरे हुए हैं एवं बड़े–बड़े मृग इसका सेवन करते हैं।

पश्य सानुषु चित्रेषु मृगीभिः सहितान् मृगान्।
मां पुनर्मृगशावाक्ष्या वैदेह्या विरहीकृतम्।।
व्यथयन्तीव मे चित्तं संचरन्तस्ततस्ततः।। (4/1/101)

'लक्ष्मण! देखो, पर्वत के विचित्र शिखरों पर ये हरिण अपनी मृगों के साथ विचर रहे हैं और मैं मृगनयनी सीता से बिछुड़ गया हूँ। इधर–उधर विचरते हुए ये मृग मेरे चित्त को व्यथित किये देते हैं।

आप्लवन्तो हरिवराः सर्वतस्तं महागिरिम्।
मृगमार्जारशार्दूलांस्त्रासयन्तो ययुस्तदा।। (4/2/11)

उस बेला में चारों ओर से उस महान पर्वत पर उछलकर आते हुए वे श्रेष्ठ वानर वहाँ रहने वाले मृगों, बिलावों तथ व्याघ्रों को भयभीत करते हुए जा रहे थे।

तस्य ज्यातलघोषेण त्रस्ताः पत्ररथेश्वराः।
प्रदुद्रुवुर्मगाश्चैव युगान्त इव मोहिताः।। (4/16/34)

उसकी प्रत्यञ्चाा की टंकार से भयभीत हो बड़े–बड़े पक्षी और मृग भाग खड़े हुए। वे प्रलयकाल के समय मोहित हुए जीवों के समान किंकर्तव्यविमूढ़ हो गये।

शार्दूलमृगसंघुष्टं सिंहैर्भीमरवैवृर्तम्।
नानागुल्मलतागूढं बहुपादपसंकुलम्।। (4/27/2)

वहाँ चीतों और मृगों की आवाज गूँजती रहती थी। भयंकर गर्जना करने वाले सिंहों से वह स्थान भरा था। नाना प्रकार की झाड़ियाँ और लताएँ उस पर्वत को आच्छादित किये हुए थीं और घने वृक्षों के द्वारा वह सब ओर से व्याप्त था।

निशाम्य तस्मात् सिंहांश्च तांस्तांश्च मृगपक्षिणः।। (4/50/18)
प्रवृष्टा हरिशार्दूला बिलं तिमिरसंवृतम्।

उस बिल से निकलते हुए उन–उन सिंहों, मृगों और पक्षियों को देखकर वे श्रेष्ठ वानर अन्धकार से आच्छादित हुई उस गुफा में प्रवेश करने लगे।

तीक्ष्णकामास्तु गन्धर्वास्तीक्ष्णकोपा भुजङ्ग.माः।
मृगाणां तु भयं तीक्ष्णं ततस्तीक्ष्णक्षुधा वयम्।। (4/59/9)

जैसे गन्धर्वों का कामभाव तीव्र गति से होता है, सर्पों का क्रोध तेज होता है और मृगों को भय अधिक होता है, उसी प्रकार हमारी जाति के लोगों की भूख बड़ी तीव्र होती है।

मृगाणां महिषाणां च वराहाणां च भागशः।
तत्र न्यस्तानि मांसानि पानभूमौ ददर्श सः।। (5/11/14)

उस मधुशाला में अलग–अलग मृगों, भैसों और सूअरों के माँस रखे गये थे, जिन्हें हनुमान् जी ने देखा।

वराहवाध्रीणसकान् दधिसौवर्चलायुतान्।
शल्यान् मृगमयूरांश्च हनुमानन्ववैक्षत।। (5/11/16)

वानरसिंह हनुमान् ने वहाँ सोने के बड़े–बड़े पात्रों में मोर, मुर्गे, सूअर, गेंडा, साही, मृग तथा मयूरों के माँस देखे, जो दही और नमक मिलाकर रखे गये थे। वे अभी खाये नहीं गये थे।

स प्रविश्य विचित्रां तां विहगैरभिनादिताम्।
राजतैः कांचनैश्चैव पादपैः सर्वतोवृताम्।। (5/14/5)
विहगैर्मृगसङ्घैश्च विचित्रां चित्रकाननाम्।
उदितादित्यसंकाशां ददर्श हनुमान् बली।। (5/14/6)

वह विचित्र वाटिका सोने और चाँदी के समान वर्णवाले वृक्षों द्वारा सब ओर से घिरी हुई थी। उसमें नाना प्रकार के पक्षी कलरव कर रहे थे, जिससे वह सारी वाटिका गूँज रही थी। उसके भीतर प्रवेश करके बलवान् हनुमान जी ने उसका निरीक्षण किया। भाँति–भाँति के विहंगमों और मृगसमूहों से उसकी विचित्र शोभा हो रही थी। वह विचित्र काननों से अलंकृत थी और नवोदित सूर्य के समान अरुण रंग की दिखाई देती थी।

प्रहृष्टमनुजां काले मृगपक्षिमदाकुलाम्।
मत्तबर्हिणसंघुष्टां नानाद्विजगणायुताम्।। (5/14/8)

वह वाटिका ऐसी थी, जहाँ जाने से हर समय लोगों के मन में प्रसन्नता होती थी।

मृग और पक्षी मदमत्त हो उठते थे। मतवाले मोरों का कलनाद वहाँ निरन्तर गूँजता रहता था और नाना प्रकार के पक्षी वहाँ निवास करते थे।

वराहमृगशार्दूलमहिषाजशिवामुखाः।
गजोष्ट्रहयपादाश्च निखातशिरसोऽपराः।। (5/17/10)

कितनी ही राक्षसियों के मुख, सुअर, मृग, सिंह, भैंस, बकरी और सियारिनों के समान थे। किन्हीं के पैर हाथियों के समान, किन्हीं के ऊँटों के समान और किन्हीं के घोड़ों के समान थे। किन्हीं–किन्हीं के सिर कबन्ध की भाँति छाती में स्थित थे; अतः गड्ढे के समान दिखाई देते थे। (अथवा किन्हीं–किन्हीं के सिर में गड्ढे थे)।

वेपते स्माधिकं सीता विशन्तीवाङ्ग.मात्मनः।
वने यूथपरिभ्रष्टा मृगी कोकैरिवार्दिता।। (5/25/5)

जैसे वन में अपने यूथ से बिछुड़ी हुई मृगी भेड़ियों से पीड़ित होकर भय के मारे काँप रही हो, उसी प्रकार सीता ज़ोर–ज़ोर से काँप रहीं थीं और इस तरह सिकुड़ी जा रही थीं मानो अपने अंगों मे ही समा जायेगी।

तरस्विनौ धारयता मृगस्य
सत्तवेन रूपं मनुजेन्द्र पुत्रौ।
नूनं विशस्तौ मम कारणात् तौ
सिंहर्षभौ द्वाविव वैद्युतेन।। (5/28/9)

निश्चय ही उस मृग रूपधारी जीव ने मेरे कारण उन दोनों वेगशाली राजकुमारों को मार डाला होगा। जैसे दो श्रेष्ठ सिंह बिजली से मार दिये जायँ, वही दशा उन दोनों भाइयों की होगी।

गिरिप्रस्थेषु रम्येषु सर्वतः सम्प्रपुष्पिताः।। (6/4/77)
प्रीयमाणैः प्लवंगैस्तु सर्वे पर्याकुलीकृताः।
वाप्यस्तस्मिन् गिरौ रम्याः पल्लवानि तथैव च।। (6/4/82)
चक्रवाकानुचरिताः कारण्डवनिषेविताः।
प्लवैः क्रौंचैश्च संकीर्णा वराहमृगसेविता।। (6/4/83)

प्रसन्नता से भरे हुए वानरों ने उन सब वृक्षों को घेर लिया था। उस पर्वत पर बहुत सी रमणीय बावड़ियाँ तथा छोटे–छोटे जलाशय थे, जहाँ चकवे विचरते और जलकुक्कुट निवास करते थे। जलकाक और क्रौंच भरे हुए थे तथा सुअर और हिरन उनमें पानी पीते थे।

भ्रमराचरिता यत्र सर्वकालफलद्रुमाः।। (6/27/34)
यं सूर्यस्तुल्यवर्णाभमनुपर्येति पर्वतम्।
यस्य भासा सदा भान्ति तद्वर्णा मृगपक्षिणः।। (6/27/35)
यस्य प्रस्थं महात्मानो न त्यजन्ति महर्षयः।
सर्वकामफला वृक्षाः सदा फलसमन्विताः।। (6/27/36)
मधूनि च महार्हाणि यस्मिन् पर्वतसत्तमे।
तत्रैष रमते राजन् रम्ये कांचनपर्वते।। (6/27/37)
मुख्यो वानरमुख्यानां केसरी नाम यूथपः।

जिस पर्वत पर सभी ऋतुओं में फल देने वाले वृक्ष भ्रमरों से सेवित दिखाई देते हैं, सूर्यदेव अपने ही समान वर्णवाले जिस पर्वत की प्रतिदिन परिक्रमा करते हैं, जिसकी कान्ति से वहाँ के मृग और पक्षी सदा सुनहरे रंग के प्रतीत होते हैं, महात्मा महर्षिगण जिसके शिखर का कभी त्याग नहीं करते हैं, जहाँ के सभी वृक्ष सम्पूर्ण मनोवांछित वस्तुओं को फल के रूप में प्रदान करते हैं और उनमें सदा फल लगे रहते हैं, जिस श्रेष्ठ शैल पर बहुमूल्य मधु उपलब्ध होते हैं, उसी रमणीय सुवर्णमय पर्वत महामेरू पर ये प्रमुख वानरों में प्रधान यूथपति केसरी रमण करते हैं।

पक्षिणश्च मृगाः सर्वे प्रत्यादित्यं रुदन्ति ते।
करालो विकटो मुण्डः पुरुषः कृष्णपिङ्ग.लः।। (6/35/33)
कालो गृहाणि सर्वेषां काले कालेऽन्ववेक्षते।

पक्षी और मृग सभी सूर्य की ओर मुँह करके रोते हैं। विकराल, विकट, काले और भूरे रंग के मूँड़ मुड़ाये हुए पुरुष का रूप धारण करके काल समय–समय पर हम सबके घरों की ओर देखता है।

ऋक्षाः सिंहाश्च महिषा वारणाश्च मृगाः खगाः।
तेन शब्देन वित्रस्ता जग्मुर्भीता दिशो दश।। (6/39/16)

वानरों के उस सिंहनाद से त्रस्त एवं भयभीत हुए रीछ, सिंह, भैंसे, हाथी, मृग और पक्षी दसों दिशाओं की ओर भाग गये।

मृगाणां महिषाणां च वराहाणां च संचयान्।
चक्रुर्नैर्ऋतशार्दूला राशिमन्नस्य चाद्भुतम्।। (6/60/32)

उन श्रेष्ठ राक्षसों ने वहाँ मृगों, भैंसों और सुअरों के समूह खड़े कर दिए तथा अन्न की भी अद्भुत राशि एकत्र कर दी।

सर्पैरुष्ट्रैः खरैश्चैव सिंहद्विपमृगद्विजैः।
अनुजग्मुश्च तं घोरं कुम्भकर्णं महाबलम्।। (6/65/35)

कितने ही राक्षस साँप, ऊँट, गधे, सिंह, हाथी, मृग और पक्षियों पर सवार हो–होकर उस भयंकर महाबली कुम्भकर्ण के पीछे–पीछे गये।

तत् सैन्यं हरिवीराणां त्रासयामास राक्षसः।
मृगयूथमिव क्रुद्धो हरिर्यौवनदर्पितः।। (6/71/43)

जैसे जवानी के जोश से भरा हुआ कुपित सिंह मृगों के झुण्ड को भयभीत कर देता है, उसी प्रकार वह राक्षस वानरवीरों की उस सेना को त्रास देने लगा।

रावणं प्रयते देशे स्थाप्य ते भृशदुःखिताः।। (6/111/112)
चितां चन्दनकाष्ठैश्च पद्मकोशीरचन्दनैः।
ब्राह्मया संवर्तयामासू राङ्कवास्तरणावृताम्।। (6/111/113)

आगे जाकर रावण के विमान को एक पवित्र स्थान पर रखकर अत्यन्त दुखी हुए विभीषण आदि राक्षसों ने मलय–चन्दनकाष्ठ, पद्मक, उशीर (खस) तथा अन्य प्रकार के चन्दनों द्वारा वेदोक्त विधि से चिता बनाई और उसके ऊपर रंकु नामक मृग का चर्म बिछाया।

अपयाते त्वयि तदा समुद्भ्रान्तमृगद्विजम्।
परिद्यूनमिवात्यर्थं तद् वनं समपद्यत।। (6/126/10)

तद्धस्तिमृदितं घोरं सिंहव्याघ्रमृगाकुलम्।
प्रविवेशाथ विजनं स महद् दण्डकावनम्।। (6/126/11)

आपके लौट आने पर वह वन सब ओर क्षीण सा हो चला। वहाँ के पशु–पक्षी भय से घबरा उठे थे, तब उस वन को छोड़कर श्रीराम ने विशाल दण्डकारण्य में प्रवेश किया, जो निर्जन था। उस घोर वन को हाथियों ने रौंद डाला था। उसमें सिंह, व्याघ्र और मृग भरे हुए थे।

स्यन्दनैर्वारणैश्चैव हयैश्च करिसंनिभैः।। (7/6/47)
खरैर्गोभिरथोष्ट्रैश्च शिशुमारैर्भुजंगमैः।
मकरैः कच्छपैर्मीनैर्विहंगैर्गरुडोपमैः।। (7/6/48)
सिंहैर्व्याघ्रैर्वराहैश्च सृमरैश्चमरैरपि।
त्यक्त्वा लङ्क.ां गताः सर्वे राक्षसा बलगर्विताः।। (7/6/49)
प्रयाता देवलोकाय योद्धुं दैवतशत्रवः।

अपने बल का घमण्ड रखने वाले वे समस्त देवद्रोही राक्षस रथ, हाथी, घोड़े, गदहे, बैल, ऊँट, शिशुमार, सर्प, मगर, कछुआ, मत्स्य, गरुड़, सिंह, बाघ, सुअर, मृग और नीलगाय आदि वाहनों पर सवार होकर लंका छोड़कर युद्ध के लिए देवलोक की ओर चल पड़े।

तद् दैवतबलं राम हन्यमानं निशाचरैः।। (7/27/33)
प्रणुन्नं सर्वतो दिग्भ्यः सिंहनुन्ना मृगा इव।

श्रीराम! निशाचरों की मार खाकर देवताओं की वह सेना सिंह द्वारा खदेड़े गये मृगों की भाँति सम्पूर्ण दिशाओं में भाग चली।

हत्वा बहुसहस्राणि सिंहव्याघ्रमृगाण्डजान्।
मानुषांश्चैव कुरुते नित्यमाहारमादिकम्।। (7/62/4)

वह प्रतिदिन कई सहस्र सिंह, व्याघ्र, मृग, पक्षी और मनुष्यों को मारकर खा जाता है।

शार्दूलरूपिणौ घोरौ मृगान् बहुसहस्रशः।
भक्षमाणावसंतुष्टौ पर्याप्तिं नैव जग्मतुः।। (7/65/12)

वे दोनों घोर राक्षस बाघ का रूप धारण करके कई हज़ार मृगों को मारकर खा गये। फिर भी सन्तुष्ट नहीं हुए। उनके पेट नहीं भरे।

53. शरभ

वाल्मीकि रामायण की गीता प्रेस की टीका में शरभ का अर्थ कस्तूरी मृग दिया गया है। कस्तूरी मृग के बारे में 'हिरण एवं मृग' शीर्षक में वर्णन किया गया है। परन्तु नीचे के श्लोकों में शरभ ऐसे जीव के लिए आया है जो हाथी और शेर से भी बलवान तथा ख़तरनाक होता है। इसकी अन्य उपमायें हैं–महामृग, महास्कन्धी, अष्टपाद, महासिंह एवं पर्वताश्रय आदि। महाभारत में भी इसका उल्लेख एक ऐसे जानवर के रूप में किया गया है जिससे सिंह आदि जानवर भी डरते हैं। महाभारत के शान्ति पर्व के अध्याय संख्या–117 में शरभ के सम्बन्ध में निम्नानुसार वर्णन है–

कदाचित् कालयोगेन सर्वप्राणिविहिंसकः।
बलवान् क्षतजाहारो नानासत्त्वभयंकरः।। 12

अष्टपादूर्ध्वनयनः शरभो वनगोचरः।
तं सिंहं हन्तुमागच्छन्मुनेस्तस्य निवेशनम्।। 13

तदन्तर कालयोग से वहाँ एक बलवान् वनवासी समस्त प्राणियों का हिंसक शरभ आ पहुँचा, जिसके आठ पैर और ऊपर की ओर नेत्र थे। वह रक्त पीने वाला जानवर नाना प्रकार के वन–जन्तुओं के मन में भय उत्पन्न कर रहा था। वह उस सिंह को मारने के लिए मुनि के आश्रम पर आया।

तं दृष्टवा शरभं यान्तं सिंहः परभयातुरः।
ऋषिं शरणमापेदे वेपमानः कृतांजलिः।।

शरभ को आते देख सिंह अत्यन्त भय से व्याकुल हो काँपता हुआ हाथ जोड़कर मुनि की शरण में आया।

तं मुनिः शरभं चक्रे बलोत्कटमरिंदम।
ततः स शरभो वन्यो मुनेः शरभमग्रतः।। 14
दृष्ट्वा बलिनमत्युग्रं द्रुतं सम्प्रादवद् वनात्।

शत्रुदमन युधिष्ठिर! तब मुनि ने उसे बलोन्मत शरभ बना दिया। जंगली शरभ उस मुनिनिर्मित अत्यन्त भयंकर एवं बलवान शरभ को सामने देखकर भयभीत हो तुरन्त ही उस वन से भाग गया। 14 1/2

स्कन्द पुराण एवं अन्य पौराणिक ग्रन्थों में भी इसका उल्लेख आता है। अब इस जानवर के धरती पर मिलने का प्रमाण नहीं मिलता है।

वाल्मीकि रामायण में इसका उल्लेख निम्नानुसार आता है–

मृगाः सिंहा गजाश्चैव शार्दूलाः शरभास्तथा।
चमराः सृमराश्चैव ये चान्ये वनचारिणः।। (2/29/3)
अदृष्टपर्वरूपत्वात् सर्वे ते तब राघव।
रूपं दृष्द्वपसर्पेयुस्तव सर्वे हि बिभ्यति।। (2/29/4)

रघुनन्दन! मृग, सिंह, हाथी, शेर, शरभ, चमरी गाय, नीलगाय तथा जो अन्य जंगली जीव हैं, वे सब–के–सब आपका रूप देखकर भाग जायेंगे; क्योंकि ऐसा प्रभावशाली स्वरूप उन्होंने पहले कभी नहीं देखा होगा। आपसे तो सभी डरते हैं; फिर वे पशु क्यों नहीं डरेंगे?

शरभेण यथा सिंहाः सिंहेन द्विरदा यथा।
द्विरदेन यथा व्याघ्रा व्याघ्रेण द्वीपिनो यथा।। (7/7/20)
द्वीपिनेव यथा श्वानः शुना मार्जारको यथा।
मार्जारेण यथा सर्पाः सर्पेण च यथाखवः।। (7/7/21)
तथा ते राक्षसाः सर्वे विष्णुना प्रभविष्णुना।
द्रवन्ति द्राविताश्चान्ये शायिताश्च महीतले।। (7/7/22)

जैसे शरभ से सिंह, सिंह से हाथी, हाथी से बाघ, बाघ से चीते, चीते से कुत्ते, कुत्ते से बिलाव, बिलाव से साँप और साँप से चूहे डरकर भागते हैं, उसी प्रकार वे सब राक्षस प्रभावशाली भगवान् विष्णु की मार खाकर भागने लगे। उनके भगाये हुए बहुत से राक्षस धराशायी हो गये।

54. भेंड़

Sheep

वाल्मीकि रामायण में इसके लिए अवि एवं मेषा शब्द आया है। इसका वैज्ञानिक नाम 'Ovis aries' है। प्राचीन काल से ही भेड़ को भोजन एवं वस्त्र के लिए पाला जाता रहा है। भेड़ का ऊन अत्यन्त उपयोगी होता है। खेतों में भेड़ के उत्सर्जन से उपयोगी खाद प्राप्त होती है। विश्व में 200 से अधिक प्रकार की भेड़े पायी जाती हैं जो विभिन्न प्रकार के ऊन हेतु पाली जाती हैं। इनके ऊन से कालीन बनाये जाते हैं।

वाल्मीकि रामायण में इसका उल्लेख निम्न प्रकार आया है–

न कादली न प्रियकी न प्रवेणी न चाविकी।
भवेदेतस्य सदृशी स्पर्शेऽनेनेति मे मतिः।। (3/43/36)

कदली (कोमल ऊँचे चितकबरे और नीलाग्ररोमवाले मृगविशेष), प्रियक (कोमल ऊँचे चिकने और घने रोमवाले मृगविशेष), प्रवेण (विशेष प्रकार के बकरे) और अवि (भेड़) की त्वचा भी स्पर्श करने में इस काञ्चन मृग के छाले के समान कोमल एवं सुखद नहीं हो सकती, ऐसा मेरा विश्वास है।

परमास्तरणास्तीर्णमाविकाजिनसंवृतम्।
दामभिर्वरमाल्यानां समन्तादुपशोभितम्।। (5/10/6)

उस पर उत्तमोत्तम बिछौने बिछे हुए थे। उसमें भेड़ की खाल मढ़ी हुई थी तथा वह सब ओर से उत्तम फूलों की मालाओं से सुशोभित था।

कृकलान् विविधांश्छागांछशकानर्धभक्षितान्।
महिषानेकशल्यांश्च मेषांश्च कृतनिष्ठितान्।। (5/11/17)

कृकल नामक पक्षी भाँति–भाँति के बकरे, खरगोश, आधे खाये हुए भैंसे, एकशल्य नामक मत्स्य और भेड़ें–ये सब–के–सब राँध–पकाकर रखे हुए थे।

क्षौमं च दह्यते तत्र कौशेयं चापि शोभनम्।
आविकं विविधं चौर्णं कांचनं भाण्डमायुधम्।। (6/75/9)

वहाँ क्षौम (अलसी या सन के रेशों से बना हुआ वस्त्र) भी जलता था और सुन्दर रेशमी वस्त्र भी। भेंड़ के रोंएँ का बना कम्बल, नाना प्रकार के ऊनी वस्त्र, सोने के आभूषण और अस्त्र शस्त्र भी जल रहे थे।

अश्वान् यानानि रत्नानि हस्तिनश्च मदोत्कटान्।
चन्दनानि च मुख्यानि दिव्यान्याभरणानि च।। (7/39/9)
मणिमुक्ताप्रवालांस्तु दास्यो रूपसमन्विताः।
अजाविकं च विविधं रथांस्तु विविधान् बहून्।। (7/39/10)

घोड़े, सवारियाँ, रत्न, मतवाले हाथी, उत्तम चन्दन, दिव्य आभूषण, मणि, मोती, मूँगे, रूपवती दासियाँ, नाना प्रकार की बकरियाँ और भेड़ें तथा तरह–तरह के बहुत से रथ भेंट किये।

55. सृमर

प्रमुख संस्कृत ग्रन्थों में सृमर शब्द से किसी जीव विशेष की पहचान नहीं की जा सकी है। वाल्मीकि रामायण की गीता प्रेस की टीका में इसका अर्थ नीलगाय किया गया है।

इसे वनरोज भी कहते हैं। संस्कृत में इसका नाम रोहिताक्ष है। इसका वैज्ञानिक नाम 'Boselaphus tragocamelus' है। यह गाय प्रजाति का न होकर एन्टीलोप प्रजाजि का जीव है। यह घोड़े जैसा भारी, मज़बूत एवं भारी होता है। इसकी लम्बाई 2 मीटर एवं ऊँचाई 1.5 मीटर तक होती है। नर के 8–9 सेमी छोटे सींग होते हैं। मादा बिना सींग के एवं अपेक्षाकृत पतले शरीर की होती है। नर नीलगाय का रंग गहरा कालानीला एवं मादा का रंग भूरा होता है। नर के गले में बालों का एक गुच्छा लटकता रहता है। इसके पिछले पैर अगले से कुछ छोटे होते हैं। इसका मुख्य भोजन घास पात एवं फसलें हैं। यह झुण्ड में दौड़ते हैं तथा एक से 1.5 मीटर की बाड़ को फाँद लेते हैं। यह फसलों को अत्यधिक क्षति पहुँचाते हैं।

वाल्मीकि रामायण में इसका उल्लेख निम्नानुसार आता है–

मृगाः सिंहा गजाश्चैव शार्दूलाः शरभास्तथा।
चमराः सृमराश्चैव ये चान्ये वनचारिणः।। (2/29/3)
अदृष्टपर्वरूपत्वात् सर्वे ते तब राघव।
रूपं दृष्ट्वपसर्पेयुस्तव सर्वे हि बिभ्यति।। (2/29/4)

रघुनन्दन! मृग, सिंह, हाथी, बाघ, शरभ, चमरी गाय, नीलगाय तथा जो अन्य जंगलो जीव हैं, वे सब–के–सब आपका रूप देखकर भाग जायेंगे; क्योंकि ऐसा प्रभावशाली स्वरूप उन्होंने पहले कभी नहीं देखा होगा। आपसे तो सभी डरते हैं; फिर वे पशु क्यों नहीं डरेंगे?

इहाश्रमपदेऽस्माकं बहवः पुण्यदर्शनाः।
मृगाश्चरन्ति सहिताश्चमराः सृमरास्तथा।। (3/43/11)
ऋक्षाः पृषतसंघाश्च वानराः किन्नरास्तथा।
विहरन्ति महाबाहो रूपश्रेष्ठा महाबलाः।। (3/43/12)
न चान्यः सदृशो राजन् दृष्टः पूर्वं मृगो मया।
तेजसा क्षमया दीप्त्या यथाथं मृगसत्तमः।। (3/43/13)

राजन! महाबाहो! यद्यपि हमारे इस आश्रम पर बहुत से पवित्र एवं दर्शनीय मृग एकसाथ आकर चरते हैं तथा सृमर (काली पूँछवाली चवँरी गाय), चमर (सफ़ेद पूँछवाली चँवरी गाय), रीछ, चितकबरे मृगों के झुण्ड, वानर तथा सुन्दर रूप वाले महाबली किन्नर भी विचरण करते हैं, तथापि आज के पहले मैंने दूसरा कोई ऐसा तेजस्वी, सौम्य और दीप्तिमान् मृग नहीं देखा था, जैसाकि यह श्रेष्ठ मृग दिखाई दे रहा है।

स्यन्दनैर्वारणैश्चैव हयैश्च करिसंनिभैः।। (7/6/47)
खरैर्गोभिरथोष्ट्रैश्च शिशुमारैर्भुजंगमैः।
मकरैः कच्छपैर्मीनैर्विहंगैर्गरुडोपमैः।। (7/6/48)
सिंहैर्व्याघ्रैर्वराहैश्च सृमरैश्चमरैरपि।
त्यक्त्वा लंकां गताः सर्वे राक्षसा बलगर्विताः।। (7/6/49)
प्रयाता देवलोकाय योद्धंझ दैवतशत्रवः।

अपने बल का घमण्ड रखने वाले वे समस्त देवद्रोही राक्षस रथ, हाथी, घोड़े, गदहे, बैल, ऊँट, शिशुमार, सर्प, मगर, कछुआ, मत्स्य, गरुड़, सिंह, बाघ, सुअर, मृग और नीलगाय आदि वाहनों पर सवार होकर लंका छोड़कर युद्ध के लिए देवलोक की ओर चल पड़े।

56. जृम्भ, पीलक

Eurasian Golden Oriole

वाल्मीकि रामायण में इसके लिए जृम्भ शब्द आया है। यह एक प्रकार का पक्षी है जिसे पीलक कहा जाता है। इसका वैज्ञानिक नाम 'Oriolus oriolus' है। इसकी प्रजातियाँ यूरोप और पश्चिमी एशिया में तथा अफ्रीका के कुछ भागों में मुख्यतः पायी जाती है। यह नेपाल, भारत, पाकिस्तान इत्यादि देशों में भी पाया जाता है। यह घने जंगलों, पार्क तथा बागों में भी पाया जाता है। नर पक्षी रंगबिरंगा होता है तथा पंख काले रंग के होते हैं। मादा पक्षी हल्के हरी रंग की होती है। यह अत्यन्त शर्मीली चिड़िया है। यह पक्षी 20–24 सेमी की लम्बाई में होता है। इनकी आँख गहरे लाल रंग की तथा चोंच गुलाबी रंग की चौड़ी तथा नीचे की तरफ मुड़ी हुई होती है। यह सर्वभक्षी पक्षी है अतः इनका भोजन फल, फूलों के मकरन्द (nectar) तथा कीट–पतंगे है। इस पक्षी के बारे में एक खास बात यह है कि यूरोप के उत्तरी भाग में रहने वाले लोगों को इस पक्षी के आने से वसन्त ऋतु के आगमन की सूचना मिल जाती है।

वाल्मीकि रामायण में इसका उल्लेख निम्नानुसार आया है–

ततो जृम्भस्य शयने विरुताद् भूरिवर्चसः।
पितुस्ते विदितो भावः स तत्र बहुधाहसत्।। (2/35/20)

एक दिन तुम्हारे महातेजस्वी पिता शय्या पर लेटे हुए थे। उसी जृम्भ नामक पक्षी की आवाज़ उनके कानों में पड़ी। उसकी बोली का अभिप्राय उनकी समझ में आ गया। अतः वे वहाँ कई बार हँसे।

57. जलकाक या देशी पनकौवा

Indian Cormorant

वाल्मीकि रामायण में इसके लिए प्लवै शब्द का प्रयोग किया गया है। इसका वैज्ञानिक नाम 'Phalacrocorax fuscicollis' है। यह छोटे, पतली गर्दन वाले, पतले अण्डाकार सिर युक्त तथा लम्बी पूँछ वाले होते हैं। उड़ान के समय हलके भार वाले प्रतीत होते हैं। प्रजननशील वयस्क चमकीले काले होते हैं जिनके आँख के पीछे सफ़ेद गुच्छ तथा गर्दन पर इधर–उधर फैले हुए सफ़ेद रोमपिच्छ होते हैं। अप्रजन अवस्था में सफ़ेद रोमपिच्छ की कमी होती है। यह समस्त उत्तर भारत में व्यापक रूप से पाये जाते हैं।

वाल्मीकि रामायण में इसका उल्लेख निम्नानुसार आया है–

तत्र हंसाः प्लवाः क्रौंचाः कुरराश्चैव राघव।। (3/73/12)
वल्गुस्वरा निकूजन्ति पम्पासलिलगोचराः।
नोद्विजन्ते नरान् दृष्ट्वा वधस्याकोविदाः शुभाः।। (3/73/13)

रघुनन्दन! वहाँ पम्पा के जल में विचरने वाले हंस, कारण्डव, क्रौंच और कुरर सदा मधुर स्वर में कूजते रहते हैं। वे मनुष्यों को देखकर उद्विग्न नहीं होते हैं। क्योंकि किसी मनुष्य के द्वारा किसी पक्षी का वध भी हो सकता है, ऐसे भय का अनुभव उन्हें नहीं है।

प्रीयमाणैः प्लवंगैस्तु सर्वे पर्याकुलीकृताः।
वाप्यस्तस्मिन् गिरौ रम्याः पल्लवानि तथैव च।। (6/4/82)

चक्रवाकानुचरिताः कारण्डवनिषेविताः।
प्लवैः क्रौंचैश्च संकीर्णा वराहमृगसेविता।। (6/4/83)

प्रसन्नता से भरे हुए वानरों ने उन सब वृक्षों को घेर लिया था। उस पर्वत पर बहुत सी रमणीय बावड़ियाँ तथा छोटे–छोटे जलाशय थे, जहाँ चकवे विचरते और जलकुक्कुट निवास करते थे। जलकाक और क्रौंच भरे हुए थे तथा सुअर और हिरन उनमें पानी पीते थे।

58. पनवा

Snake Bird

वाल्मीकि रामायण में इसके लिए मद्गु शब्द का प्रयोग किया गया है। इसका वैज्ञानिक नाम Anhinga rufa है। यह पनकौवे जैसा जलपक्षी है। इसकी पीठ पर जस्तई रुपहली टूटी धारियाँ होती हैं तथा गर्दन के पर मखमली कत्थई होते हैं। इसकी पूँछ लम्बी तथा तनी हुई होती है। इसकी गर्दन सर्प के समान छरहरी एवं लम्बी होती है। इसकी चोंच लम्बी नुकीली एवं कटार जैसी होती है। यह झीलों या तालाबों में अकेले या झुण्ड में रहता है। यह समस्त भारत, पाकिस्तान, बांग्लादेश एवं श्रीलंका में पाया जाता है। तैरते हुए यह सिर एवं चोंच को ही पानी से ऊपर उठाए फन उठाये साँप की तरह दिखता है, इसलिए इसे स्नेक बर्ड कहा जाता है। मछली इसका मुख्य खाद्य पदार्थ है।

वाल्मीकि रामायण में इसका उल्लेख निम्नानुसार आया है।

यदन्तरं वायसवैनतेययो–
र्यदन्तरं मद्गुमयूरयोरपि।
यदन्तरं हंसकगृध्रयोर्वने
तदन्तरं दाशरथेस्तवैव च।। (3/47/47)

गरुड़ और कौए में, मोर और जलकाक में तथा वनवासी हंस और गीध में जो अन्तर है, वही अन्तर दशरथनन्दन श्रीराम और तुझमें है।

क्रीडन्ती राजहंसेन पद्मषण्डेषु नित्यशः।
हंसी सा तृणमध्यस्थं कथं द्रक्ष्येत मद्गुकम्।। (3/56/20)

जो सदा कमल के समूहों में राजहंस के साथ क्रीड़ा करती है, वह हंसी तृणों में रहने वाले जलकाक की ओर कैसे दृष्टिपात करेगी।

59. हंस, मराल

Flamingo

वाल्मीकि रामायण में इसके लिए हंस शब्द का प्रयोग किया गया है। इसका वैज्ञानिक नाम 'Phoenicopterus roseus' है। लाल रंग की टाँगों तथा सफ़ेद और गुलाबी रंग के कारण हंस जलाशयों में अत्यन्त सुन्दर लगता है। नर का शरीर हलका गुलाबी रंग लिए सफ़ेद होता है। दुम, सिर और गरदन गुलाबी होती है। मादा रूप रंग में लगभग नर की तरह होती है किन्तु कभी–कभी उसकी गरदन, सर, पीठ एवं परों का गुलाबी रंग नर से हलका होता है। हंस मौसमी चिड़िया है जिसका मुख्य निवास दक्षिण यूरोप एवं सम्पूर्ण अफ्रीका है।

भारत में जाड़ों के समय आती है फिर सारे देश में फैल जाती है एवं जाड़ा समाप्त होते होते अपने मूल स्थान पर लौट जाती है। हंस की अनेक अन्य जातियाँ भारत में पायी जाती हैं जिसमें मुख्य हैं–

मूक हंस (Mute Swan: Cygnus olor)

देव हंस (White Winged Wood Duck: Cairina scutulata)

दुपट्टी हंस, सवन (Bar-headed Goose: Anser indicus)

बड़ीबत, कलहंस (Greylag Goose: Anser anser)

नकटा, नकीहंस (Nakta or Comb Duck: Sarkidiornis melanotos)

छोटी सिलही, हंसराली (Whistling Duck: Dendrocygna javanica)

बेर, घर्घर, हंसक (Spot billed Duck: Anas poecilorhyncha)

गिर्री, काणक हंस (Cotton Teal: Nettapus coromandelianus)

वाल्मीकि रामायण में इसका उल्लेख निम्नानुसार आया है–

शुकबर्हिसमायुक्तं क्रौंचहंसरुतायुतम्।। (2/10/12)
वादित्ररवसंघुष्टं कुब्जावामनिकायुतम्।
लतागृहैश्चित्रगृहैश्चम्पकाशोकशोभितैः।। (2/10/13)

उस भवन में तोते, मोर, क्रौंच और हंस आदि पक्षी कलरव कर रहे थे, वहाँ वाद्यों का मधुर घोष गूँज रहा था, बहुत सी कुब्जा और बौनी दासियाँ भरी हुई थीं, चम्पा और अशोक से सुशोभित बहुत से लताभवन और चित्रमन्दिर उस महल की शोभा बढ़ा रहे थे।

हंसकारण्डवाकीर्णाः पद्मिनी साधुपुष्पिताः। (2/27/18)
इच्छेयं सुखिनी द्रष्टुं त्वया वीरेण संगता।

आप मेरे वीर स्वामी हैं। मैं आपके साथ रहकर सुखपूर्वक उन सुन्दर सरोवरों की शोभा देखना चाहती हूँ, जो श्रेष्ठ कमलपुष्पों से सुशोभित हैं तथा जिनमें हंस और कारण्डव आदि पक्षी भरे रहते हैं।

गोमतीं चाप्यतिक्रम्य राघवः शीघ्रगैर्हयैः।
मयूरहंसाभिरुतां ततार स्यन्दिकां नदीम्।। (2/49/12)

शीघ्रगामी घोड़ों द्वारा गोमती नदी को लाँघ करके श्रीरघुनाथ जी ने मोरों और हंसों के कलरवों से व्याप्त स्यन्दिका नामक नदी को भी पार किया।

हंससारससंघुष्टां चक्रवाकोपशोभिताम्।
सदामत्तैश्च विहगैरभिपन्नामनिन्दिताम्।। (2/50/19)

हंसों और सारसों के कलरव वहाँ गूँजते रहते हैं। चकवे उन देवनदी की शोभा बढ़ाते हैं। सदा मदमत्त रहने वाले विहंगम उनके जल पर मँडराते रहते हैं। वे उत्तम शोभा से सम्पन्न हैं।

विचित्रवालुकजलां हंससारसनादिताम्।
रेमे जनकराजस्य सुता प्रेक्ष्य तदा नदीम्।। (2/55/31)

उस समय जनक राजकिशोरी सीता विचित्र वालुका और जलराशि से सुशोभित तथा हंस और सारसों के कलनाद से मुखरित यमुना नदी को देखकर बहुत प्रसन्न होती थीं।

विचित्रपुलिनां रम्यां हंससारस सेविताम्।
कुसुमैरुपसम्पन्नां पश्य मन्दाकिनीं नदीम्।। (2/95/3)

प्रिये! अब मन्दाकिनी नदी की शोभा देखो, हंस और सारसों से सेवित होने के कारण यह कितनी सुन्दर जान पड़ती है। इसका किनारा बड़ा ही विचित्र है। नाना प्रकार के पुष्प इसकी शोभा बढ़ा रहे हैं।

तमङ्के भ्रातरं कृत्वा रामो वचनमब्रवीत्।
श्यामं नलिनपत्राक्षं मत्तहंसस्वरः स्वयम्।। (2/112/15)

तब श्रीरामचन्द्र जी ने श्यामवर्ण कमलनयन भाई भरत को उठाकर गोद में बिठा लिया और मदमत्त हंस के समान मधुर स्वर में स्वयं यह बात कही।

पद्मपुष्करसम्बाधं गजयूथैरलंकृतम्।
सारसैर्हंसकादम्बैः संकुलं जलजातिभिः।। (3/11/6)

वह सरोवर लाल और श्वेत कमलों से भरा हुआ था। उसमें क्रीड़ा करते हुए झुण्ड के झुण्ड हाथी उसकी शोभा बढ़ाते थे तथा सारस, राजहंस और कलहंस आदि पक्षियों एवं जल में उत्पन्न होने वाले मत्स्य आदि जन्तुओं से वह व्याप्त दिखाई देता था।

स्थलीप्रायवनोद्देशे पिप्पलीवनशोभिते।
बहुपुष्पफलेरम्ये नानाविहगनादिते।। (3/11/38)
पद्मिन्यो विविधास्तत्र प्रसन्नसलिलाशयाः।
हंसकारण्डवाकीर्णाश्चक्रवाकोपशोभिता।। (3/11/39)

वहाँ वन की भूमि प्रायः समतल है तथा पिप्पली का वन उस आश्रम की शोभा बढ़ाता है। वहाँ फूलों और फलों की बहुतायत है। नाना प्रकार के पक्षियों के कलरवों से गूँजते हुए उस रमणीय आश्रम के पास भाँति–भाँति के कमलमण्डित सरोवर हैं, जो स्वच्छ जल से भरे हुए हैं। हंस और कारण्डव आदि पक्षी उसमें सब ओर फूले हुए हैं तथा चक्रवाक उनकी शोभा बढ़ाते हैं।

हंसकारण्डवाकीर्णा चक्रवाकोपशोभिता।
नातिदूरे न चासन्ने मृगयूथनिपीडिता।। (3/15/13)

इसमें हंस और कारण्डव आदि जलपक्षी विचर रहे हैं। चकवे इसकी शोभा बढ़ा रहे हैं तथा पानी पीने के लिये आये हुए मृगों के झुण्ड इसके तट पर छाये रहते हैं। यह नदी इस स्थान से न तो अधिक दूर है और न अत्यन्त निकट ही।

हंसक्रौंचप्लवाकीर्णं सारसैः सम्प्रसादितम्।
वैदूर्यप्रस्तरं स्निग्धं सान्द्रं सागरतेजसा।। (3/35/18)

सिन्धु का वह तट समुद्र के तेज से उसकी तरह तरंगमालाओं के स्पर्श से स्निग्ध एवं शीतल था। वहाँ हंस, क्रौंच तथा मेढक सब ओर फैले हुए थे और सारस उसकी शोभा बढ़ा रहे थे। उस तट पर वैदूर्यमणि के सदृश श्याम रंग के प्रस्तर दिखाई देते थे।

यदन्तरं वायसवैनतेययो–
र्यदन्तरं मद्गुमयूरयोरपि।
यदन्तरं हंसकगृध्रयोर्वने
तदन्तरं दाशरथेस्तवैव च।। (3/47/47)

गरुड़ और कौए में, मोर और जलकाक में तथा वनवासी हंस और गीध में जो अन्तर है, वही अन्तर दशरथनन्दन श्रीराम और तुझमें है।

हंससारससंघुष्टां वन्दे गोदावरीं नदीम्।
क्षिप्रं रामाय शंस त्वं सीतां हरति रावणः।। (3/49/31)

हंसों और सारसों के कलरवों से मुखरित हुई गोदावरी नदी को मैं प्रणाम करती हूँ। माँ! तुम श्रीराम से शीघ्र ही कह देना, सीता को रावण हर ले जा रहा है।

तत्र हंसाः प्लवाः क्रौंचाः कुरराश्चैव राघव।। (3/73/12)
वल्गुस्वरा निकूजन्ति पम्पासलिलगोचराः।
नोद्विजन्ते नरान् दृष्ट्वा वधस्याकोविदाः शुभाः।। (3/73/13)

रघुनन्दन! वहाँ पम्पा के जल में विचरने वाले हंस, कारण्डव, क्रौंच और कुरर सदा मधुर स्वर में कूजते रहते हैं। वे मनुष्यों को देखकर उद्विग्न नहीं होते हैं। क्योंकि किसी मनुष्य के द्वारा किसी पक्षी का वध भी हो सकता है, ऐसे भय का अनुभव उन्हें नहीं है।

एषा प्रसन्नसलिला पद्मनीलोत्पलायुता।
हंसकारण्डवाकीर्णा पम्पा सौगन्धिकायुता।। (4/1/63)

पम्पा का जल बड़ा ही स्वच्छ है। इसमें लाल कमल और नीलकमल खिले हुए हैं। हंस और कारण्डव आदि पक्षी सब ओर फैले हुए हैं तथा सौगन्धि के कमल इसकी शोभा बढ़ा रहे हैं।

कारण्डैः सारसैर्हंसैर्वंजुलैर्जलकुक्कुटैः।
चक्रवाकैस्तथा चान्यैः शकुनैः प्रतिनादितान्।। (4/13/8)

कारण्डव, सारस, हंस, वंजुल, जलमुर्ग, चक्रवाक तथा अन्य पक्षी उन सरोवरों में चहचहा रहे थे। उन सबकी प्रतिध्वनि गूँज रही थी।

पुलिनैरतिरम्यैश्च हंससारससेविता।
प्रहसन्त्येव भात्येषा नानारत्नसमन्विता।। (4/27/21)

अत्यन्त रमणीय तटों से अलंकृत, नाना प्रकार के रत्नों से सम्पन्न तथा हंस और सारसों से सेवित यह नदी अपनी हास्यच्छटा बिखेरती हुयी सी जान पड़ती है।

अभ्यागतैश्चारुविशालपक्षैः
स्मरप्रियैः पद्मरजोऽवकीर्णैः।
महानदीनां पुलिनोपयातैः
क्रीडन्ति हंसाः सह चक्रवाकैः।। (4/30/31)

जिनके पंख सुन्दर और विशाल हैं, जिन्हें कामक्रीड़ा अधिक प्रिय है, जिनके ऊपर कमलों के पराग बिखरे हुए हैं, जो बड़ी–बड़ी नदियों के तटों पर उतरे हैं और मानसरोवर से साथ ही आये हैं, उन चक्रवाकों के साथ हंस क्रीड़ा कर रहे हैं।

व्यपेतपङ्कासु सवालुकासु
प्रसन्नतोयासु सगोकुलासु।
ससारसारावविनादितासु
नदीषु हंसा निपतन्ति हृष्टाः।। (4/30/42)

जिनके कीचड़ दूर हो गये हैं। जो बालुकाओं से सुशोभित हैं, जिनका जल बहुत ही स्वच्छ है तथा गौओं के समुदाय जिनके जल का सेवन करते हैं, सारसों के कलरवों से गूँजती हुयी उन सरिताओं में हंस बड़े हर्ष के साथ उतर रहे हैं।

सुप्तैकहंसं कुमुदैरूपेतं
महाह्रदस्थं सलिलं विभाति।
घनैर्विमुक्तं निशि पूर्णचन्द्रं
तारागणाकीर्णमिवान्तरिक्षम्।। (4/30/48)

कुमुद के फूलों से भरा हुआ उस महान् तालाब का जल जिसमें एक हंस सोया हुआ है, ऐसा जान पड़ता है मानो रात के समय बादलों के आवरण से रहित आकाश सब ओर छिटके हुए तारों से व्याप्त होकर पूर्ण चन्द्रमा के साथ शोभा पा रहा हो।

प्रकीर्णहंसाकुलमेखलानां
प्रबुद्धपद्मोत्पलमालिनीनाम्।
वाप्युत्तमानामधिकाद्य लक्ष्मी–
र्वराङ्गनानामिव भूषितानाम्।। (4/30/49)

सब ओर बिखरे हुए हंस ही जिनकी फैली हुई मेखला (करधनी) हैं, जो खिले हुए कमलों और उत्पलों की मालाएँ धारण करती हैं। उन उत्तम बावड़ियों की शोभा आज वस्त्राभूषणों से विभूषित हुई सुन्दरी वनिताओं के समान हो रही है।

अवकीर्णं लतावृक्षैर्ददृशुस्ते महाबिलम्।
तत्र क्रौंचाश्च हंसाश्च सारसाश्चापि निष्क्रमन्।। (4/50/9)
जलार्द्राश्चक्रवाकाश्च रक्ताङ्गाः पद्मरेणुभिः।

अतः लता और वृक्षों से आच्छादित विशाल गुफा की ओर वे देखने लगे। इतने में उसके भीतर से क्रौञ्च, हंस, सारस तथा जल से भीगे हुए चक्रवाक पक्षी, जिनके अंग कमलों के पराग से रक्तवर्ण के हो रहे थे, बाहर निकले।

अस्माच्चापि बिलाद्धंसा क्रौंचाश्च सह सारसैः।। (4/50/15)
जलार्द्राश्चक्रवाकाश्च निष्पतन्ति स्म सर्वशः।
नूनं सलिलवानत्र कूपो वा यदि वा ह्रदः।। (4/50/16)
तथा चेमे बिलद्वारे स्निग्धास्तिष्ठन्ति पादपाः।

सामने की इस गुफा से हंस, क्रौञ्च, सारस और जल से भीगे हुए चकवे सब ओर निकल रहे हैं। अतः निश्चय ही इसमें पानी का कुआँ अथवा और कोई जलाशय होना चाहिए। तभी इस गुफा के द्वारवर्ती वृक्ष हरे–भरे हैं।

अस्माद्धंसा जलक्लिन्नाः पक्षैः सलिलरेणुभिः।
कुरराः सारसाश्चैव निष्पतन्ति पतस्त्रिणः।। (4/52/12)

थोड़ी ही देर में इस गुफा से हंस, कुरर ओर सारस आदि पक्षी निकले जिनके पंख जल से भीगे थे और उनमें कीचड़े लगी हुई थी।

श्येनाश्चतुर्थं गच्छन्ति गृध्रा गच्छन्ति पंचमम्।
बलवीर्योपपन्नानां रूपयौवनशालिनाम्।। (4/58/28)

भाष्ठस्तु पन्था हंसानां वैनतेयगतिः परा।
वैनतेयाच्च नो जन्म सर्वेषां वानरर्षभा।। (4/58/29)

बाज चौथे और गीध पाँचवे मार्ग से उड़ते हैं। रूप, बल और पराक्रम से सम्पन्न तथा यौवन से सुशोभित होने वाले हंसों का छठा मार्ग है। उनसे भी ऊँची उड़ान गरुड़ की है। वानरशिरोमणियों! हम सब का जन्म गरुड़ से ही हुआ है।

हंसकारण्डवाकीर्णा वापीः पद्मोत्पलावृताः।
आक्रीडान् विविधान् रम्यान् विविधांश्च जलाशयान्।। (5/2/12)

हंसों और कारण्डवों से व्याप्त तथा कमल और उत्पल से आच्छादित हुई बहुत सी बावड़ियाँ, भाँति–भाँति के रमणीय क्रीड़ास्थान तथा नाना प्रकार के जलाशय उनके दृष्टिपथ में आये।

हंसो यथा राजतपंजरस्थः
सिंहो यथा मन्दरकन्दरस्थः।
वीरो यथा गर्वितकुंजरस्थ–
श्चन्द्रोऽपि बभ्राज तथाम्बरस्थः।। (5/5/4)

जैसे चाँदी के पिंजरे में हंस, मन्दराचल की कन्दरा में सिंह तथा मदमत्त हाथी की पीठ पर वीर पुरूष शोभा पाते हैं, उसी प्रकार आकाश में चन्द्रदेव सुशोभित हो रहे थे।

हंसकारण्डवोपेताश्चक्रवाकोपशोभिताः।
आपगा इव ता रेजुर्जघनैः पुलिनैरिव।। (5/9/50)

इस प्रकार वे हंस, कारण्डव (जलकाक) तथा चक्रवाकों से सुशोभित नदियों के समान शोभा पाती थीं। उनके जघन प्रदेश उन नदियों के तटों के समान जान पड़ते थे।

बुद्धपद्मोत्पलवनाश्चक्रवाकोपशोभिताः।
नत्यूहरुतसंघुष्टा हंससारसनादिताः।। (5/14/24)

उनमें खिले हुए कमलों के वन और चक्रवाकों के जोड़े शोभा बढ़ा रहे थे तथा पपीहा, हंस और सारसों के कलनाद गूँज रहे थे।

ततः कुमुदखण्डाभो निर्मलं निर्मलोदयः।
प्रजगाम नभश्चन्द्रो हंसो नीलमिवोदकम्।। (5/17/1)

तदन्तर वह दिन बीतने के पश्चात् कुमुद समूह के समान श्वेत वर्णवाले तथा निर्मल रूप से उदित हुए चन्द्रदेव स्वच्छ आकाश में कुछ ऊपर को चढ़ आये। उस समय ऐसा जान पड़ता था, मानों कोई हंस किसी नील जलराशि में तैर रहा हो।

आप्लुत्य च महावेगः पक्षवाविन पर्वतः।
भुजङ्ग.यक्षगन्धर्वप्रबुद्धकमलोत्पलं।। (5/57/1)
स चन्द्रकुमुदं रम्यं सार्ककारण्डवं शुभम्।
तिष्यश्रवणकादम्बमभ्रशैवलशाद्वलम्।। (5/57/2)
पुनर्वसुमहामीनं लोहिताङ्ग.महाग्रहम्।
ऐरावतमहाद्वीपं स्वातीहंसविलासितम्।। (5/57/3)
वातसंघातजालोर्मिचन्द्रांशुशिशिराम्बुमत्।
हनूमानपरिश्रान्तः पुप्लुवे गगनार्वणम्।। (5/57/4)

पंखधारी पर्वत के समान महान् वेगशाली हनुमान् जी बिना थके–माँदे उस सुन्दर एवं रमणीय आकाशरूपी समुद्र को पार करने लगे, जिसमें नाग, यक्ष और गन्धर्व खिले हुए कमल और उत्पल के समान थे। चन्द्रमा, कुमुद और सूर्य जलकुक्कुट के समान थे। पुष्य एवं श्रवण नक्षत्र कलहंस तथा बादल सेवार और घास के तुल्य थे। पुनर्वसु विशाल मत्स्य और मंगल बड़े भारी ग्राह के सदृश थे। ऐरावत हाथी वहाँ महान् द्वीप सा प्रतीत होता था। वह आकाश रूपी समुद्र स्वाती रूप हंस के विलास से सुशोभित था तथा वायुसमूहरूप तरंगों और चन्द्रमा की किरण रूप शीतल जल से भरा था।

यकृत्प्लीहमहापङ्कां विनिकीर्णान्त्रशैवलाम्।
भिन्नकायशिरोमीनामङ्गावयवशाद्वलाम्।। (6/58/30)
गृध्रहंसवराकीर्णां कङ्कसारससेविताम्।
मेदः फेनसमाकीर्णामार्तस्तनितनिःस्वनाम्।। (6/58/31)

सैनिकों के यकृत और प्लीहा (हृदय के दाएँ और बाएँ भाग) जिसके महान पंक थे। निकली हुई आँतें जहाँ सेवार का काम देती थीं। कटे हुए सिर और धड़ जहाँ मत्स्य से प्रतीत होते थे। शरीर के छोटे–छोटे अवयव एवं केश जिसमें घास का भ्रम उत्पन्न करते थे। जहाँ गीध ही हंस बनकर बैठे थे। कंक रूपी सारस जिसका सेवन करते थे। मेदे ही फेन बनकर सब ओर फैले थे।

चक्रवाकैः सकारण्डैः सहंसजलकुक्कुटैः।
सारसैश्च सदा मत्तैः कूजदि्भः सुसमावृताम्।। (7/31/21)

सदा मतवाले होकर कलरव करने वाले चक्रवाक, कारण्डव, हंस, जलकुक्कुट और सारस आदि जलपक्षी नर्मदा की जलराशि पर छा रहे थे।

फुल्लद्रुमकृतोत्तंसां चक्रवाकयुगस्तनीम्।
विस्तीर्णपुलिनश्रोणीं हंसावलिसुमेखलाम्।। (7/31/22)
पुष्परेण्वनुलिप्तांङ्गी जलफेनामलांशुकाम्।
जलावगाहसुस्पर्शा फुल्लोप्तलसुभेक्षणाम्।। (7/31/23)
पुष्पकादवरुह्याशु नर्मदां सरितां वराम्।
इष्टामिव वरां नारीमवगाह्य दशाननः।। (7/31/24)
स तस्याः पुलिने रम्ये नानामुनिनिषेविते।
उपोपविष्टः सचिवैः सार्धं राक्षसपुङ्ग.वः।। (7/31/25)

सरिताओं में श्रेष्ठ नर्मदा परम सुन्दरी प्रियतमा नारी के समान प्रतीत होती थी। खिले हुए तटवर्ती वृक्ष मानों उसके आभूषण थे। चक्रवाक के जोड़े उसके दोनों स्तनों का स्थान ले रहे थे। ऊँचे और विस्तृत पुलिन नितम्ब के समान जान पड़ते थे। हंसों की पंक्ति मोतियों की बनी हुई मेखला (करधनी) के समान शोभा दे रही थी। पुष्पों के पराग ही अंगराग बनकर उसके अंग–अंग में अनुलिप्त हो रहे थे। जल का उज्ज्वल फेन ही उसकी स्वच्छ, श्वेत साड़ी का काम दे रहा था। जल में गोता लगाना ही उसका सुखद संस्पर्श था और खिले हुए कमल ही उसके सुन्दर नेत्र जान पड़ते थे। राक्षस शिरोमणि दशमुख रावण ने शीघ्र ही पुष्पक विमान से उतरकर नर्मदा के जल में डुबकी लगाई और बाहर निकलकर वह नाना मुनियों से सेवित उसके रमणीय तट पर अपने मन्त्रियों के साथ बैठा।

दात्यूहशुकसंघुष्टा हंससारसनादिताः।
तरुभिः पुष्पशबलैस्तीरजैरुपशोभिताः।। (7/42/12)

पपीहे और तोते वहाँ मीठी बोली बोल रहे थे। हंसों और सारसों के कलरव गूँज रहे थे। फूलों से चितकबरे दिखाई देने वाले तटवर्ती वृक्ष उन्हें शोभासम्पन्न बना रहे थे।

तस्यारण्यस्य मध्ये तु सरो योजनमायतम्।
हंसकारण्डवाकीर्णं चक्रवाकोपशोभितम्।। (7/77/4)

उस वन के मध्यभाग में एक सरोवर था, जिसकी लम्बाई–चौड़ाई एक–एक योजन की थी। उसमें हंस और कारण्डव आदि जलपक्षी फैले हुए थे और चक्रवाकों के जोड़े उसकी शोभा बढ़ाते थे।

60. कलहंस

Graylag Goose

वाल्मीकि रामायण में इसके लिए कलहंस शब्द का प्रयोग किया गया है। इसे बड़ी बत, करिया सवन आदि भी कहते हैं। इसका वैज्ञानिक नाम 'Anser anser' है। नर की लम्बाई लगभग 32 इंच होती है। चोंच हलकी नारंगी, आँख गहरी भूरी तथा टाँगें लाल होती है। यह भारत में बड़ी संख्या में पायी जाती है। यह मौसमी चिड़िया है जो अक्टूबर के अन्त में उत्तर (साइबेरिया या मंगोलिया आदि) से हमारे देश में आती हैं और चार या पाँच महीने यहाँ बिताकर फिर अपने पुराने स्थान को लौट जाती हैं। यह मध्य प्रदेश के दक्षिण में नहीं जाती किन्तु पंजाब से असम तक हर क्षेत्र में पायी जाती है। इनका मुख्य भोजन घास–पात या नरम कल्ला है। ये फसल को हानि पहुँचाती हैं। ये अधिकतर झुण्ड में रहती हैं। ये हमारे देश में अण्डे नहीं देतीं।

वाल्मीकि रामायण में इसका उल्लेख निम्नानुसार आया है–

या पुरा कलहंसानां कलेन कलभाषिणी।
बुध्यते चारुसर्वाङ्गी साद्य मे रमते कथम्।। (4/30/9)

जिसके सभी अंग मनोहर हैं तथा जो स्वभाव से ही मधुर भाषण करने वाली है, वह सीता पहले कलहंसों के मधुर शब्द से जागा करती थी; किन्तु आज वह मेरी प्रिया वहाँ कैसे प्रसन्न रहती होगी?

61. राजहंस

Whooper Swan

वाल्मीकि रामायण में इसके लिए राजहंस शब्द का प्रयोग किया गया है। इसका वैज्ञानिक नाम 'Cygnus cygnus' है। यह भारत में 19 शताब्दी में ही देखा गया। इसकी चोंच गुलाबी, गर्दन लम्बी एवं सिर कोणीय होता है। यह झीलों एवं बड़ी नदियों के किनारे पाया जाता है।

वाल्मीकि रामायण में इसका उल्लेख निम्नानुसार आया है–

क्रीडन्ती राजहंसेन पद्मषण्डेषु नित्यशः।
हंसी सा तृणमध्यस्थं कथं द्रक्ष्येत मद्गुकम्।। (3/56/20)

जो सदा कमल के समूहों में राजहंस के साथ क्रीड़ा करती है, वह हंसी तृणों में रहने वाले जलकाक की ओर कैसे दृष्टिपात करेगी।

क्रौंचबर्हिणसंघुष्टै राजहंसनिषेवितैः।
तूर्याभरणनिर्घोषैः सर्वतः परिनादिताम्।। (5/3/11)

वहाँ क्रौंच और मयूरों के कलरव गूँजते रहते थे, उन द्वारों पर राजहंस नामक पक्षी भी निवास करते थे। वहाँ भाँति–भाँति के वाद्यों और आभूषणों की मधुर ध्वनि होती रहती थी, जिससे लंकापुरी सब ओर से प्रतिध्वनित हो रही थी।

62. कादम्ब या पट्टेदार सवन हंस

Bar Heaed Goose

वाल्मीकि रामायण में इसके लिए कादम्ब शब्द का प्रयोग किया गया है। सामान्य भाषा में इसे पट्टेदार सवन हंस कहते हैं। इसका वैज्ञानिक नाम 'Anser indicus' है। इसका रंग स्लेटी भूरा व सफ़ेद होता है। इसके सिर व गर्दन के दोनों ओर सफ़ेदी होती है। यह पक्षी झुण्ड में नदियों व झीलों के समीप पाया जाता है। जाड़े में यह उत्तरी एवं उत्तर पूर्वी भारत में सर्वत्र पाया जाता है तथा मध्य भारत में कहीं–कहीं पर पाया जाता है। इसे खेतों में चरते हुए या दोपहर को बड़ी नदियों के बीच स्थित रेतीले टापुओं पर विश्राम करते हुए बड़े–बड़े झुण्डों में आसानी से देखा जा सकता है। ये कतारों में ट आकार में उड़ान भरती हैं। इनका स्वर अत्यन्त सुरीला होता है।

वाल्मीकि रामायण में इसका उल्लेख निम्नानुसार आया है–

पद्मपुष्करसम्बाधं गजयूथैरलंकृतम्।
सारसैर्हंसकादम्बैः संकुलं जलजातिभिः।। (3/11/6)

वह सरोवर लाल और श्वेत कमलों से भरा हुआ था। उसमें क्रीड़ा करते हुए झुण्ड के झुण्ड हाथी उसकी शोभा बढ़ाते थे तथा सारस, राजहंस और कलहंस आदि पक्षियों एवं जल में उत्पन्न होने वाले मत्स्य आदि जन्तुओं से वह व्याप्त दिखाई देता था।

63. कारण्डव या ठेकरी

Common Coot

वाल्मीकि रामायण में इसके लिए कारण्डव शब्द का प्रयोग किया गया है। सामान्य भाषा में इसे ठेकरी कहते हैं। इसका वैज्ञानिक नाम 'Fulica atra' है। यह पक्षी दूर से देखने में तैरती हुई बतख के समान प्रतीत होता है। इसका रंग सफ़ेद अथवा काला होता है। यह पक्षी आकार में गोल तथा दुम रहित होता है। यह झुण्ड में जलाशयों व झीलों के समीप पाया जाता है। इसकी चोंच हाथी दाँत सी सफ़ेद, नुकीली तथा मस्तक की ओर चोंच का भाग फैला हुआ होता है यही इस पक्षी की पहचान होती है। यह समस्त भारत में पाया जाता है।

वाल्मीकि रामायण में इसका उल्लेख निम्नानुसार आता है–

हंसकारण्डवाकीर्णाः पद्मिनी साधुपुष्पिताः। (2/27/18)
इच्छेयं सुखिनी द्रष्टुं त्वया वीरेण संगता।

आप मेरे वीर स्वामी हैं। मैं आपके साथ रहकर सुखपूर्वक उन सुन्दर सरोवरों की शोभा देखना चाहती हूँ, जो श्रेष्ठ कमलपुष्पों से सुशोभित हैं तथा जिनमें हंस और कारण्डव आदि पक्षी भरे रहते हैं।

फुल्लपङ्कजखण्डानि प्रसन्नसलिलानि च।
कारण्डवविकीर्णानि तटाकानि सरांसि च।। (3/8/14)

आपको बहुत–से–ऐसे तालाब और सरोवर दिखायी देंगे, जिनमें प्रफुल्ल कमलों के समूह शोभा दे रहे होंगे। उनमें स्वच्छ जल से भरे होंगे तथा कारण्डव आदि जलपक्षी सब ओर फैले रहे होंगे।

स्थलीप्रायवनोद्देशे पिप्पलीवनशोभिते।
बहुपुष्पफलेरम्ये नानाविहगनादिते।। (3/11/38)
पद्मिन्यो विविधास्तत्र प्रसन्नसलिलाशयाः।
हंसकारण्डवाकीर्णाश्चक्रवाकोपशोभिता।। (3/11/39)

वहाँ वन की भूमि प्रायः समतल है तथा पिप्पली का वन उस आश्रम की शोभा बढ़ाता है। वहाँ फूलों और फलों की बहुतायत है। नाना प्रकार के पक्षियों के कलरवों से गूँजते हुए उस रमणीय आश्रम के पास भाँति–भाँति के कमलमण्डित सरोवर हैं, जो स्वच्छ जल से भरे हुए हैं। हंस और कारण्डव आदि पक्षी उसमें सब ओर फूले हुए हैं तथा चक्रवाक उनकी शोभा बढ़ाते हैं।

हंसकारण्डवाकीर्णा चक्रवाकोपशोभिता।
नातिदूरे न चासन्ने मृगयूथनिपीडिता।। (3/15/13)

इसमें हंस और कारण्डव आदि जलपक्षी विचर रहे हैं। चकवे इसकी शोभा बढ़ा रहे हैं तथा पानी पीने के लिए आये हुए मृगों के झुण्ड इसके तट पर छाये रहते हैं। यह नदी इस स्थान से न तो अधिक दूर है और न अत्यन्त निकट ही।

एषा प्रसन्नसलिला पद्मनीलोत्पलायुता।
हंसकारण्डवाकीर्णा पम्पा सौगन्धिकायुता।। (4/1/63)

पम्पा का जल बड़ा ही स्वच्छ है। इसमें लाल कमल और नीलकमल खिले हुए हैं। हंस और कारण्डव आदि पक्षी सब ओर फैले हुए हैं तथा सौगन्धि के कमल इसकी शोभा बढ़ा रहे हैं।

एष कारण्डवः पक्षी विगाह्य सलिलं शुभम्।
रमते कान्तया सार्धं काममुद्दीपयन्निव।। (4/1/93)

यह कारण्डव पक्षी पम्पा के स्वच्छ जल में प्रवेश करके अपनी प्रियतमा के साथ रमण करता हुआ काम का उद्यीपन सा कर रहा है।

पश्य शीतजलां चेमां सौमित्रे पुष्करायुताम्।
चक्रवाकानुचरितां कारण्डवनिवेषिताम्।। (4/1/98)
प्लवैः क्रौंचैश्च सम्पूर्णा महामृगनिवेषिताम्।

सुमित्राकुमार! देखो, इस पम्पा का जल कितना शीतल है। इसमें असंख्य कमल खिले हुए हैं। चकवे विचरते हैं और कारण्डव निवास करते है। इतना ही नहीं, जलकुक्कुट तथा क्रौञ्च भरे हुए हैं एवं बड़े–बड़े मृग इसका सेवन करते हैं।

कारण्डैः सारसैर्हंसैर्वंजुलैर्जलकुक्कुटैः।
चक्रवाकैस्तथा चान्यैः शकुनैः प्रतिनादितान्।। (4/13/8)

कारण्डव, सारस, हंस, वंजुल, जलमुर्ग, चक्रवाक तथा अन्य पक्षी उन सरोवरों में चहचहा रहे थे। उन सबकी प्रतिध्वनि गूँज रही थी।

वित्रास्य कारण्डवचक्रवाकान्
महारवैर्भिन्नकटा गजेन्द्राः।
सरस्सुबद्धाम्बुजभूषणेषु
विक्षोभ्य विक्षोभ्य जलं पिबन्ति।। (4/30/41)

जिनके गण्डस्थल से मद की धारा बह रही हैं, वे गजराज अपनी महती गर्जना से कारण्डवों तथा चक्रवाकों को भयभीत करके विकसित कमलों से विभूषित सरोवरों में जल को हिलोर–हिलोरकर पी रहे हैं।

हंसकारण्डवाकीर्णा अप्सरोगणसेविता।। (4/43/22)

उसके पास ही एक बहुत बड़ा सरोवर है, जिसमें कमल और उत्पल प्रचुर मात्रा में पाये जाते हैं। उसमें हंस और कारण्डव आदि जलपक्षी भरे रहते हैं तथा अप्सराएँ उसमें जल–क्रीड़ा करती हैं।

हंसकारण्डवाकीर्णा वापीः पद्मोत्पलावृताः।
आक्रीडान् विविधान् रम्यान् विविधांश्च जलाशयान्।। (5/2/12)

हंसों और कारण्डवों से व्याप्त तथा कमल और उत्पल से आच्छादित हुई बहुत सी बावड़ियाँ, भाँति–भाँति के रमणीय क्रीड़ास्थान तथा नाना प्रकार के जलाशय उनके दृष्टिपथ में आये।

हंसकारण्डवोपेताश्चक्रवाकोपशोभिताः।
आपगा इव ता रेजुर्जघनैः पुलिनैरिव।। (5/9/50)

इस प्रकार वे हंस, कारण्डव (जलकाक) तथा चक्रवाकों से सुशोभित नदियों के समान शोभा पाती थीं। उनके जघन प्रदेश उन नदियों के तटों के समान जान पड़ते थे।

चक्रवाकैः सकारण्डैः सहंसजलकुक्कुटैः।
सारसैश्च सदा मत्तैः कूजद्भिः सुसमावृताम्।। (7/31/21)

सदा मतवाले होकर कलरव करने वाले चक्रवाक, कारण्डव, हंस, जलकुक्कुट और सारस आदि जलपक्षी नर्मदा की जलराशि पर छा रहे थे।

तस्यारण्यस्य मध्ये तु सरो योजनमायतम्।
हंसकारण्डवाकीर्णं चक्रवाकोपशोभितम्।। (7/77/4)

उस वन के मध्यभाग में एक सरोवर था, जिसकी लम्बाई–चौड़ाई एक–एक योजन की थी। उसमें हंस और कारण्डव आदि जलपक्षी फैले हुए थे और चक्रवाकों के जोड़े उसकी शोभा बढ़ाते थे।

64. कठफोरवा

Golden -Backed Wood Pecker

वाल्मीकि रामायण में इसके लिए शतपत्र शब्द का प्रयोग किया गया है। कठफोरवा की

अनेक प्रजातियाँ हमारे देश में पाई जाती हैं जिसमें सोनफिटा कठफोरवा सबसे व्यापक है। इसका वैज्ञानिक नाम 'Brachypternus benghalensis' है। यह नगभग 11 इंच लम्बा पक्षी है जिसके नर के सर का ऊपरी भाग और चोटी चटक लाल रंग की होती है। शरीर के ऊपर के कुछ भाग काले और सफ़ेद तथा पीठ सुनहरी रहती है। गरदन का पिछला भाग और पूँछ काली होती है।

यह भारत का बारहमासी पक्षी है जो पूरे देश में पाया जाता है। खुले मैदान, खेत, बाग–बगीचे, झाड़ी या घास के जंगल इसे अधिक प्रिय हैं। इसे पेड़ से चिपका हुआ या उड़कर एक पेड़ से दूसरे पर जाते समय आसानी से देखा जा सकता है। वृक्ष के तनों पर यह अपने लम्बे पंजों के सहारे चिपक जाता है। अपनी तेज चोंच से यह पेड़ की पपड़ियों को ठोंक–ठोंककर उसके भीतर रहने वाले कीड़ों से अपना पेट भरता है। पेड़ की चीटियाँ इसे विशेष पसन्द हैं। इसके जोड़ा बनाने का समय फरवरी से जुलाई होता है।

वाल्मीकि रामायण में इसका उल्लेख निम्नानुसार आया है–

कोयष्टिभिश्चार्जुनकैः शतपत्रैश्च कीरकैः।
एतैश्चान्यैश्च बहुभिर्नादितं तद् वनं महत्।। (3/75/12)

वह विशाल वन टिट्भिों, मोरों, कठफोड़वों, तोतों तथा अन्य बहुत सी पक्षियों के कलरव से गूँज रहा था।

65. कङ्क या सफ़ेद सिर चील

Brahminy Kite

वाल्मीकि रामायण में इसके लिए कङ्क शब्द का प्रयोग किया गया है। इसे सामान्य भाषा में सफ़ेद–सिर चील कहते हैं। इसका वैज्ञानिक नाम 'Haliastur indus' है। यह शानदार शिकारी पक्षी हैं। इस पक्षी का ऊपरी भाग गेरुए रंग का तथा गर्दन और छाती से लेकर उदर तक सफ़ेद रंग का होता है। इसकी दुम सिरे पर गोलाई लिये होती है। यह चील अकेले, पानी के पास नदी, झील या समुद्र तट पर दिखाई देती है। यह समस्त भारत में पायी जाती है।

वाल्मीकि रामायण में इसका उल्लेख निम्नानुसार आया है–

कङ्कगोमायुगृध्राश्च चुक्रुशुर्भयशंसिनः।
नित्याशिवकरा युद्धे शिवा घोरनिदर्शनाः।। (3/23/10)
नेदुर्बलस्याभिमुखं ज्वालोद्गारिभिराननैः।

भय की सूचना देने वाले कङ्क. (सफ़ेद चील), गीदड़ और गीध खर के सामने चीत्कार करने लगे। युद्ध में सदा अमंगल सूचित करने वाली और भय दिखाने वाली गीदड़ियाँ खर की सेना के सामने आकर आग उगलने वाली मुखों से घोर शब्द करने लगी।

अमोघाः सूर्यसंकाशा ममेमे निशिताः शराः।। (4/5/26)
तस्मिन् वालिनि दुर्वृत्ते निपतिष्यन्ति वेगिताः।
कङ्क पत्रप्रतिच्छन्ना महेन्द्राशनिसंनिभाः।। (4/5/27)
तीक्ष्णाग्रा ऋजुपर्वाणः सरोषा भुजगा इव।

मेरे तूणीर में संगृहीत हुए ये सूर्यतुल्य तेजस्वी बाण अमोघ हैं—इनका वार खाली नहीं जाता। ये बड़े वेगशाली हैं। इनमें कंक पक्षी के परों के पंख लगे हुए हैं, जिनसे ये आच्छादित हैं। इनके अग्रभाग बड़े तीखे हैं और गांठें भी सीधी हैं। ये रोष में भरे हुए सर्पों के समान छूटते हैं और इन्द्र के वज्र की भाँति भयंकर चोट करते हैं। उस दुराचारी वाली पर मेरे ये बाण अवश्य गिरेंगे।

कङ्क पत्रपरिच्छन्ना महेन्द्राशनिसंनिभाः।
सुपर्वाणः सुतीक्ष्णाग्राः सरोषा भुजगा इव।। (4/8/23)

ये कंक पक्षी के परों से युक्त हैं और इन्द्र के वज्र की भाँति अमोघ है। इनकी गाँठें सुन्दर और अग्रभाग तीखे हैं। ये रोष में भरे हुए भुजंगों की भाँति भयंकर हैं।

हरयो राक्षसाश्चैव शेरते गां समाश्रिताः।
कङ्कगृध्रबलाढ्याश्च गोमायुकुलसंकुलाः।। (6/54/9)

वानर और राक्षस दोनों ही धराशायी हो गये। उनपर कंक, कौवे और गीध टूट पड़े। गीदड़ों की जमातें छा गयीं।

यकृत्प्लीहमहापङ्कां विनिकीर्णान्त्रशैवलाम्।
भिन्नकायशिरोमीनामङ्गावयवशाद्वलाम्।। (6/58/30)
गृध्रहंसवराकीर्णां कङ्कसारससेविताम्।
मेदः फेनसमाकीर्णामार्तस्तनितनिःस्वनाम्।। (6/58/31)

सैनिकों के यकृत और प्लीहा (हृदय के दाएँ और बाएँ भाग) जिसके महान पंक थे। निकली हुई आँतें जहाँ सेवार का काम देती थीं। कटे हुए सिर और धड़ जहाँ मत्स्य से प्रतीत होते थे। शरीर के छोटे–छोटे अवयव एवं केश जिसमें घास का भ्रम उत्पन्न करते थे। जहाँ गीध ही हंस बनकर बैठे थे। कंक रूपी सारस जिसका सेवन करते थे। मेदे ही फेन बनकर सब ओर फैले थे।

सिंहव्याघ्रमुखांश्चापि कङ्ककोकमुखानपि।
गृध्रश्येनमुखांश्चापि शृगालवदनांस्तथा।। (6/99/42)
ईहामृगमुखांश्चापि व्यादितास्यान् भयावहान्।
पंचास्यॉंल्लेलिहानांश्च ससर्ज निशितांशरान्।। (6/99/43)
शरान् खरमुखांश्चान्यान् वराहमुखसंश्रितान्।
श्वान कुक्कुटवक्त्रांश्च मकराशीविषाननान्।। (6/99/44)
एतांश्चान्यांश्च मायाभिः ससर्ज निशितांछरान्।
रामं प्रति महातेजाः क्रुद्धः सर्प इव श्वसन्।। (6/99/45)

उससे सिंह, बाघ, कंक, चक्रवाक, गीध, बाज, सियार, भेड़िये, गदहे, सूअर, कुत्ते, मुर्गे, मगर और जहरीले साँपों के समान मुखवाले बाणों की वृष्टि होने लगी। वे बाण मुँह फैलाये, जबड़े चाटते हुए पाँच मुखवाले भयंकर सर्पों के समान जान पड़ते थे। फुफकारते हुए सर्प की भाँति कुपित हुए महातेजस्वी रावण ने इनका तथा अन्य प्रकार के तीखें बाणों का भी श्रीराम के ऊपर प्रयोग किया।

कङ्कगृध्रबकानां च गोमायुगणरक्षराम्।
नित्यभक्षप्रदं युद्धे यमरूपं भयावहम्।। (6/108/11)

युद्ध में वह यमराज का भयावह रूप धारण कर लेता था। समरभूमि में चील, गीध, बगुले, गीदड़ तथा पिशाचों को वह भक्ष्य प्रदान करता था।

66. भास या सफ़ेद गिद्ध

Egyptian Vulture

वाल्मीकि रामायण में इसके लिए भास शब्द का प्रयोग किया गया है। इसे सामान्य भाषा में सफ़ेद गिद्ध कहते हैं। इसका वैज्ञानिक नाम 'Neophron percnopterus' है। यह मटमैले सफ़ेद रंग का चील जैसा पक्षी होता है। इस पक्षी के डैनों के पर काले, सिर पर विहीन व पीले रंग का होता है। इसकी चोंच का रंग भी पीला होता है। यह गाँव, बस्ती के पास, अथवा खुली जगह में अकेले दिखाई देते हैं। यह उत्तर पूर्वी प्रान्तों को छोड़कर समस्त भारत में पाया जाते हैं। यह मृत जानवरों एवं मानव मल आदि का आहार कर गन्दगी साफ़ करता है।

द्वितीयो बलिभोजानां ये च वृक्षफलाशनाः।
भासास्तृतीयं गच्छन्ति क्रौंचाश्च कुररैः सह।। (4/58/27)

उससे ऊपर का दूसरा मार्ग कौओं तथा वृक्षों के फल खाकर रहने वाले दूसरे–दूसरे पक्षियों का है। उससे भी ऊँचा जो आकाश का तीसरा मार्ग है, उससे चील, क्रौंच और कुरर आदि पक्षी जाते हैं।

67. राज गिद्ध

Black or King Vulture

वाल्मीकि रामायण में इसके लिए गृद्ध शब्द का प्रयोग किया गया है। इसका वैज्ञानिक नाम 'Sarcogyps calvus' है। यह काले रंगों वाला मांसाहारी पक्षी है। इसकी लम्बाई लगभग 32 इंच होती है। इसका सिर, गर्दन व टॉगें गहरे लाल रंग की होती हैं। जांघो और गले के निचले भाग में सफ़ेद धब्बे होते हैं। आँखों का रंग पीला होता है। कानों के बगल और गले में पतली खाल लटकती रहती है। इसके सर एवं गर्दन में बाल नहीं होते। ये समुद्रतल से 5,800 फीट तक पाये जाते हैं। भोजन की तलाश में ये 8,000 फीट तक की ऊँचाई तक पहुँच जाते हैं। मैदानों में ये खेतों के आसपास पाये जाते हैं। इसकी लम्बाई लगभग 32 इंच होती है। नर एवं मादा लगभग एक जैसे होते हैं। यह अकेले या झुण्ड में रहता है। किसी भी मरे जानवर के ऊपर अन्य गिद्धों के साथ इसे देखा जा सकता है। अन्य जाति के गिद्ध इसका सम्मान करते हैं और इसके आने पर रास्ते से हट जाते हैं। इसी कारण इसे राजगिद्ध कहा जाता है।

वाल्मीकि रामायण में इसका उल्लेख निम्नानुसार आया है–

अथ पंचवटीं गच्छन्नतरा रघुनन्दनः।
आससाद महाकायं गृध्रं भीमपराक्रमम्।। (3/14/1)

पंचवटी जाते समय बीच में श्रीरामचन्द्रजी को एक विशालकाय गृध्र मिला, जो भयंकर पराक्रम प्रकट करने वाला था।

इदं पुण्यमिदं रम्यमिदं बहुमृगद्विजम्।
इह वत्स्याम सौमित्रे सार्धमेतेन पक्षिणा।। (3/15/19)

सुमित्रानन्दन! यह बहुत ही पवित्र और बड़ा रमणीय स्थान है। यहाँ बहुत से पशु–पक्षी निवास करते हैं। हमलोग भी यहीं इन पक्षिराज जटायु के साथ रहेंगे।

कङ्कगोमायुगृध्राश्च चुक्रुशुर्भयशंसिनः।
नित्याशिवकरा युद्धे शिवा घोरनिदर्शनाः।। (3/23/10)
नेदुर्बलस्याभिमुखं ज्वालोद्गारिभिराननैः।

भय की सूचना देने वाले कङ्क. (सफ़ेद चील), गीदड़ और गीध खर के सामने चीत्कार करने लगे। युद्ध में सदा अमंगल सूचित करने वाली और भय दिखाने वाली गीदड़ियाँ खर की सेना के सामने आकर आग उगलने वाली मुखों से घोर शब्द करने लगी।

यदन्तरं वायसवैनतेययो–
र्यदन्तरं मद्गुमयूरयोरपि।
यदन्तरं हंसकगृध्रयोर्वने
तदन्तरं दाशरथेस्तवैव च।। (3/47/47)

गरुड़ और कौए में, मोर और जलकाक में तथा वनवासी हंस और गीध में जो अन्तर है, वही अन्तर दशरथनन्दन श्रीराम और तुझमें है।

अनेन सीता वैदेही भक्षिता नात्र संशयः।
गृध्ररूपमिदं व्यक्तं रक्षो भ्रमति काननम्।। (3/67/11)

लक्ष्मण! यह गृध्र के रूप में अवश्य ही कोई राक्षस जान पड़ता है, जो इस वन में घूमता रहता है। निःसन्देह इसी ने विदेहराजकुमारी सीता को खा लिया होगा।

श्येनाश्चतुर्थं गच्छन्ति गृध्रा गच्छन्ति पंचमम्।
बलवीर्योपपन्नानां रूपयौवनशालिनाम्।। (4/58/28)
भाष्ठस्तु पन्था हंसानां वैनतेयगतिः परा।
वैनतेयाच्च नो जन्म सर्वेषां वानरर्षभा।। (4/58/29)

बाज चौथे और गीध पाँचवे मार्ग से उड़ते हैं। रूप, बल और पराक्रम से सम्पन्न तथा यौवन से सुशोभित होने वाले हंसों का छठा मार्ग है। उनसे भी ऊँची उड़ान गरुड़ की है। वानरशिरोमणियों! हम सब का जन्म गरुड़ से ही हुआ है।

गृध्राश्च परिलीयन्ते पुरीमुपरि पिण्डिताः।
उपपन्नाश्च संध्ये द्वे व्याहरन्त्यशिवं शिवाः।। (6/10/20)

लंकापुरी के ऊपर झुण्ड–के–झुण्ड गीध उसका स्पर्श करते हुए–से मड़राते हैं। दोनों संध्याओं के समय सियारिनें नगर के समीप आकर अमंगलसूचक शब्द करती हैं।

काकाः श्येनास्तथा नीचा गृध्राः परिपतन्ति च।
शिवाश्चाप्यशुभान् नादान् नदन्ति सुमहाभयान्।। (6/23/11)

कौए, बाज तथा अधम गीध चारों ओर उड़ रहे हैं और सियारिनें अशुभसूचक महाभयंकर बोली बोल रही हैं।

ब्याला गोमायवो गृध्रा वाश्यन्ति च सुभैरवम्।
प्रविश्य लङ्क.ामारामे समवायांश्च कुर्वते।। (6/35/27)

माँसभक्षी हिंसक पशु, गीदड़ और गीध भयंकर बोली बोलते हैं तथा लंका के उपवन में घुसकर झुण्ड बनाकर बैठते हैं।

काकाः श्येनास्तथा गृध्रा नीचैः परिपतन्ति च।
शिवाश्चाप्यशुभा वाचः प्रवदन्ति महास्वनाः।। (6/41/20)

कौए, बाज और गीध नीचे गिरते हैं–भूतल पर आ–आ बैठते हैं और गीदड़ियाँ बड़े ज़ोर–ज़ोर से अमंगलसूचक बोली बोलती हैं।

रथशीर्षे महाभीमो गृध्रश्च निपपात ह।। (6/51/31)
ध्वजाग्रे ग्रथिताश्चैव निपेतुः कुणपाशनाः।
रुधिरार्द्रो महांश्वेतः कबन्धः पतितो भुवि।। (6/51/32)

उसके रथ के ऊपरी भाग पर एक महाभयानक गीध आ गिरा। ध्वज के अग्रभाग पर बहुत से मुर्दाखोर पक्षी परस्पर गुँथे हुए से गिर पड़े। उसी समय एक बहुत बड़ा कबन्ध (धड़) ख़ून से लथपथ होकर पृथ्वी पर गिरा।

हरयो राक्षसाश्चैव शेरते गां समाश्रिताः।
कङ्कगृध्रबलाढ्याश्च गोमायुकुलसंकुलाः।। (6/54/9)

वानर और राक्षस दोनों ही धराशायी हो गये। उनपर कंक, कौवे और गीध टूट पड़े। गीदड़ों की जमातें छा गयीं।

अन्योन्यमभिसंरब्धा ग्रहाश्च न चकाशिरे।
मेघाश्च खरनिर्घोषा रथस्योपरि रक्षसः।। (6/57/36)
ववर्षू रुधिरं चास्य सिषिचुश्च पुरःसरान्।
केतुमूर्धनि गृध्रस्तु विलीनो दक्षिणामुखः।। (6/57/37)
नदन्नुभयतः पार्श्वं समग्रां श्रियमाहरत्।

ग्रह रोषपूर्वक आपस में युद्ध करने लगे, जिससे उनका प्रकाश मन्द पड़ गया तथा मेघ उस राक्षस के ऊपर गधों की सी आवाज़ में गर्जना करने लगे, रक्त बरसाने लगे और आगे चलने वाले सैनिकों को खींचने लगे। उसके ध्वज के ऊपर गीध दक्षिण की ओर मुँह करके आ बैठा। उसने दोनों ओर अपनी अशुभ बोली बोलकर उस राक्षस की सारी शोभा सम्पत्ति हर ली।

यकृत्प्लीहमहापङ्कां विनिकीर्णान्त्रशैवलाम्।
भिन्नकायशिरोमीनामङ्गावयवशाद्वलाम्।। (6/58/30)
गृध्रहंसवराकीर्णां कङ्कसारससेविताम्।
मेदः फेनसमाकीर्णामार्तस्तनितनिःस्वनाम्।। (6/58/31)

सैनिकों के यकृत और प्लीहा (हृदय के दायें और बायें भाग) जिसके महान पंक थे। निकली हुई आँतें जहाँ सेवार का काम देती थीं। कटे हुए सिर और धड़ जहाँ मत्स्य से प्रतीत होते थे। शरीर के छोटे–छोटे अवयव एवं केश जिसमें घास का भ्रम उत्पन्न करते थे। जहाँ गीध ही हंस बनकर बैठे थे। कंक रूपी सारस जिसका सेवन करते थे। मेदे ही फेन बनकर सब ओर फैले थे।

निष्पपात च गृध्रोऽस्य शूलै वै पथि गच्छतः।
प्रास्फुरन्नयनं चास्य सव्यो बाहुरकम्पत।। (6/65/50)

रास्ते में चलते समय कुम्भकर्ण के शूल पर गीध आ बैठा। उसकी बायीं आँख फड़कने लगी और बायीं भुजा कम्पित होने लगी।

अद्य गोमायुसंघाश्च श्येनसंघाश्च लक्ष्मण।
गृध्राश्च निपतन्तु त्वां गतासुं निहतं मया।। (6/88/23)

लक्ष्मण! आज मेरे द्वारा मारे जाने पर जब तुम्हारे प्राण निकल जाएँगे, तब तुम्हारी लाश पर झुण्ड–के–झुण्ड गीदड़, बाज और गीध टूट पड़ेंगे।

अद्य काकाश्च गृध्राश्च ये च मांसाशिनोऽपरे।
सर्वांस्तांस्तर्पयिष्यामि शत्रुमांसैः शराहतैः।। (6/95/20)

आज अपने बाणों द्वारा मारे गये शत्रुओं के मांसों से मैं कौओं, गीधों तथा दूसरे जो मांसभक्षी जन्तु हैं, उन सबको भी तृप्त करूँगा।

ववर्ष रुधिरं देवश्चस्खलुश्च तुरंगमाः।
ध्वजाग्रे न्यपतद् गृध्रो विनेदुश्चाशिवं शिवाः।। (6/95/44)

बादल रक्त की वर्षा करने लगे। घोड़े लड़खड़ाकर गिर पड़े। ध्वज के अग्रभाग पर गीध आकर बैठ गया और गीदड़ियाँ अमंगलसूचक बोली बोलने लगीं।

अन्तरिक्षात् पपातोल्का निर्घातसमनिःस्वना।
विनेदुरशिवा गृध्रा वायसैरभिमिश्रिताः।। (6/95/47)

आकाश से उल्कापात हुआ। उससे वज्रपात के समान गड़गड़ाहट पैदा हुई। अमंगलसूचक पक्षी गीध, कौओं से मिलकर अशुभ बोली बोलने लगे।

रक्षसा तेन बाणौघैर्निकृत्ता सा सहस्रधा।
निपपात तदा भूमौ गृध्रचक्रमिवाकुलम्।। (6/97/14)

उस राक्षस के बाणसमूहों से कटकर सहस्रों टुकड़ों में विभक्त हुई वह शिला उस समय आकुल हुए गृद्धसमुदाय की भाँति पृथ्वी पर गिर पड़ी।

गवाक्षितमिवाकाशं बभूव शरवृष्टिभिः।
महावेगैः सुतीक्ष्णाग्रैर्गृध्रपत्रैः सुवाजितैः।। (6/99/29)

गीध की पाँख के सुन्दर परों से सुशोभित और तेज धार वाले महान् वेगशाली बाणों की अनवरत वर्षा से आकाश ऐसा जान पड़ता था, मानों उसमें बहुत से झरोखे लग गये हों।

सिंहव्याघ्रमुखांश्चापि कङ्ककोकमुखानपि।
गृध्रश्येनमुखांश्चापि श्रृगालवदनांस्तथा।। (6/99/42)
ईहामृगमुखांश्चापि व्यादितास्यान् भयावहान्।
पंचास्याँल्लेलिहानांश्च ससर्ज निशितांशरान्।। (6/99/43)
शरान् खरमुखांश्चान्यान् वराहमुखसंश्रितान्।
श्वान कुक्कुटवक्त्रांश्च मकराशीविषाननान्।। (6/99/44)
एतांश्चान्यांश्च मायाभिः ससर्ज निशितांछरान्।
रामं प्रति महातेजाः क्रुद्धः सर्प इव श्वसन्।। (6/99/45)

उससे सिंह, बाघ, कंक, चक्रवाक, गीध, बाज, सियार, भेड़िये, गदहे, सूअर, कुत्ते, मुर्गे, मगर और जहरीले साँपों के समान मुखवाले बाणों की वृष्टि होने लगी। वे बाण मुँह फैलाये,

जबड़े चाटते हुए पाँच मुखवाले भयंकर सर्पों के समान जान पड़ते थे। फुफकारते हुए सर्प की भाँति कुपित हुए महातेजस्वी रावण ने इनका तथा अन्य प्रकार के तीखे बाणों का भी श्रीराम के ऊपर प्रयोग किया।

निपत्योरसि गृध्रास्ते क्षितौ क्षिप्तस्य रावण।
पिबन्तु रुधिरं तर्षाद् बाणशल्यान्तरोत्थितम्।। (6/103/21)

रावण! तेरी लाश पृथ्वी पर फेंकी पड़ी हो, उसकी छाती पर बहुत से गृध्र टूट पड़ें और बाणों की नोक से किये गये छेद के द्वारा प्रवाहित होने वाले तेरे ख़ून को बड़ी प्यास के साथ पियें।

महद्गृध्रकुलं चास्य भ्रममाणं नभस्थले।
येन–येन रथो याति तेन तेन प्रधावति।। (6/106/22)

जिस–जिस मार्ग से रावण का रथ जाता था, उसी–उसी ओर आकाश से मँडराता हुआ गीधों का महान समुदाय दौड़ा जाता था।

गृध्रैरनुगताश्चास्य वमन्त्यो ज्वलनं मुखैः।
प्रणेदुर्मुखमीक्षन्त्यः संरब्धमशिवं शिवाः।। (6/106/27)

रावण के रोषावेश से पूर्ण मुख की ओर देखती और अपने–अपने मुखों से आग उगलती हुई गीदड़ियाँ अमंगलसूचक बोली बोलती थीं औा उनके पीछे झुण्ड–के झुण्ड गीध मँडराते चलते थे।

कङ्कगृध्रबकानां च गोमायुगणरक्षराम्।
नित्यभक्षप्रदं युद्धे यमरूपं भयावहम्।। (6/108/11)

युद्ध में वह यमराज का भयावह रूप धारण कर लेता था। समरभूमि में कौए, गीध, बगुले, गीदड़ तथा पिशाचों को वह भक्ष्य प्रदान करता था।

सम्पतन्त्यथ भूतानि दृश्यन्ते च यथाक्रमम्।
गृध्रचक्रं महच्चात्र प्रज्वालोग्दारिभिर्मुखैः।। (7/6/56)
रक्षोगणस्योपरिष्टात् परिभ्रमति कालवत्।

पृथ्वी आदि भूत क्रमशः गिरते–विलीन होते से दिखाई देने लगे, गीधों का विशाल समूह मुख से आग की ज्वाला उगलता हुआ राक्षसों के ऊपर काल के समान मँड़राने लगा।

तस्मिंजाते त्तस्तस्मिन् सज्वालकवलाः शिवाः।
क्रव्यादाश्चापसव्यानि मण्डलानि प्रचक्रमुः।। (7/9/30)

उसके पैदा होते ही मुँह में अंगारों के कौर लिए गीदड़ियाँ और मांसभक्षी गृध्र आदि पक्षी दायीं ओर मंडलाकार घूमने लगे।

शोणितोदकनिष्पन्दा काकगृध्रसमाकुला।
प्रवृत्ता संयुगमुखे शस्त्रग्राहवती नदी।। (7/28/43)

युद्ध के मुहाने पर ख़ून की नदी बह चली, जिसके भीतर अनेक प्रकार के शस्त्र ग्राहों का भ्रम उत्पन्न करते थे। उस नदी के तट पर चारों ओर गीध और कौए छा गये थे।

68. गरूड़

Golden Eagle

वाल्मीकि रामायण में इसके लिए गरुड़, ताक्ष्य, सुवर्ण, वैनतैय, विनतासुत, पक्षिराज एवं अण्डजेश्वर शब्द का प्रयोग किया गया है। इसका वैज्ञानिक नाम 'Aquila chrysaetos' है। इसके नर मादा रूप रंग में एक जैसे होते हैं। नर लगभग 27 इंच एवं मादा 30 इंच लम्बी होती है। इसका शरीर सुनहरे भूरे रंग का रहता है। डैने कलछौंह भूरे होते हैं जिन पर सिरे की ओर सफ़ेद बिन्दियाँ और धारियाँ होती हैं। दुम सिलेटी गाढ़ी भूरी होती है जिस पर हलके भूरे रंग की आड़ी पट्टियाँ होती हैं। इसकी टाँगें पीली होती हैं।

यह हिमालय पर 4000 फिट से अधिक ऊँचाई पर पाया जाता है। मैदानी क्षेत्रों में इसके स्थान पर उकाब (Tawny Eagle, Aquila rapax) पाया जाता है। गरुड़ घने जंगलों की अपेक्षा पहाड़ के खुले स्थानों को अधिक पसन्द करता है। इसका मुख्य भोजन चिड़िया, चूहे, गिलहरी, साँप, मेढक, छिपकली आदि हैं। इनका जोड़ा बनाने का समय नवम्बर से जून तक होता है।

वाल्मीकि रामायण में इसका उल्लेख निम्नानुसार आता है–

एषा रामेण नगरी रहिता नातिशोभते।
आपगा गरुडेनेव ह्रवदादुद्धृतपन्नगा।। (2/47/17)

(वे बोले–) जिसके गहरे कुण्ड से वहाँ का नाग गरुड़ के द्वारा निकाल लिया गया हो, वह नदी जैसे शोभाहीन हो जाती है, उसी प्रकार श्रीराम से रहित हुई यह अयोध्यानगरी अब अधिक शोभा नहीं पाती है।'

गतिं खर इवाश्वस्य ताक्ष्र्यस्येव पतत्त्रिणः।
अनुगन्तुं न शक्तिर्मे गतिं तव महीपते।। (2/105/6)

पृथ्वीनाथ! जैसे गदहा घोड़े की और अन्य साधारण पक्षी गरुड़ की चाल नहीं चल सकते, उसी प्रकार मुझमें आपकी गति का–आपकी पालन–पद्धति का अनुसरण करने की शक्ति नहीं है।

अत्यन्तनियताहारैः शोभितं परमर्षिभिः।
नागैः सुपर्णैर्गन्धर्वैः किंनरैश्च सहस्रशः।। (3/35/14)

अत्यन्त नियमित आहार करने वाले बड़े–बड़े महर्षियों, नागों, सुपर्णों (गरुड़ों), गन्धर्वों तथा सहस्त्रों किन्नरों से भी उस स्थान की बड़ी शोभा हो रही थी।

तं महर्षिगणैर्जुष्टं सुपर्णकृतलक्षणम्।
नाम्ना सुभद्रं न्यग्रोधं ददर्श धनदानुजः।। (3/35/36)

गरुड़ के द्वारा तोड़ी हुई डाली का वह चिह्न उस बरगद में उस समय भी मौजूद था। उस वृक्ष का नाम था सुभद्रवट। बहुत से महर्षि उस वृक्ष की छाया में निवास करते थे। कुबेर के छोटे भाई रावण ने उस वटवृक्ष को देखा।

यदन्तरं वायसवैनतेययो–
र्यदन्तरं मद्गुमयूरयोरपि।
यदन्तरं हंसकगृध्रयोर्वने
तदन्तरं दाशरथेस्तवैव च।। (3/47/47)

गरुड़ और कौए में, मोर और जलकाक में तथा वनवासी हंस और गीध में जो अन्तर है, वही अन्तर दशरथनन्दन श्रीराम और तुझमें है।

तौ भीमबलविक्रान्तौ सुपर्णसमवेगितौ।
प्रवृद्धौ घोरवपुषौ चन्द्रसूर्याविवाम्बरे।। (4/16/25)

उन दोनों भाइयों का बल और पराक्रम भयंकर था। दोनों के ही वेग गरुड़ के समान थे। वे दोनों भयंकर रूप धारण करके बड़े ज़ोर से जूझ रहे थे और पूर्णिमा के आकाश में चन्द्रमा और सूर्य के समान दिखाई देते थे।

गृहं च वैनतेयस्य नानारत्नविभूषितम्।
तत्र कैलाससंकाशं विहितं विश्वकर्मणा।। (4/40/40)

उसके पास ही विश्वकर्मा का बनाया हुआ विनतानन्दन गरुड़ का एक सुन्दर भवन है, जो नाना प्रकार के रत्नों से विभूषित तथा कैलास पर्वत के समान उज्ज्वल एवं विशाल है।

इहस्थोऽहं प्रपश्यामि रावणं जानकीं तथा।
अस्माकमपि सौपर्णं दिव्यं चक्षुर्बलं तथा।। (4/58/31)

मैं यहीं से रावण और जानकी को देखता हूँ। हम लोगों में भी गरुड़ की भाँति दूर तक देखने की दिव्य शक्ति है।

तस्य लाङ्गूलमाविद्धमतिवेगस्य पृष्ठतः।
ददृशे गरुडेनेव ह्रियमाणो महोरगः।। (5/1/34)

अत्यन्त वेगशाली हनुमानजी के पीछे आकाश में फैली हुई उनकी कुछ–कुछ मुड़ी हुई पूँछ गरुड़ के द्वारा ले जाये जाते हुए महान् सर्प के समान दिखाई देती थी।

आपाते पक्षिसंघानां पक्षिराज इव व्रजन्।
हनुमान् मेघजलानि प्रकर्षन् मारुतो यथा।। (5/1/80)

पक्षी–समूहों के उड़ने के मार्ग में पक्षिराज गरुड़ की भाँति जाते हुए हनुमान् वायु के समान मेघमालाओं को अपनी ओर खींच लेते थे।

चारुस्मिते चारुदति चारुनेत्रे विलासनि।
मनो हरसि मे भीरु सुपर्णः पन्नगं यथा।। (5/20/29)

मनोहर मुस्कान, सुन्दर दन्तावलि तथा रमणीय नेत्रोंवाली विलासिनि! भीरु! जैसे गरुड़ सर्प को उठा ले जाते हैं, उसी प्रकार तुम मेरे मन को हर लेती हो।

स तं परिघमादाय जघान रजनीचरान्।
सपन्नगमिवादाय स्फुरन्तं विनतासुतः।। (5/42/40)

जैसे विनतानन्दन गरुड़ ने छटपटाते हुए सर्प को पंजों में दाब रखा हो, उसी प्रकार उस परिघ को हाथ में लेकर हनुमान् जी ने उन निशाचरों का संहार आरम्भ किया।

स तं समाविध्य सहस्रशः कपि–
र्महोरगं गृह्य इवाण्डजेश्वरः।
मुमोच वेगात् पितृतुल्यविक्रमो
महीतले संयति वानरोत्तमः।। (5/47/35)

फिर तो अपने पिता वायु देवता के तुल्य पराक्रमी वानर शिरोमणि हनुमान ने जिस प्रकार गरुड़ बड़े–बड़े सर्पों को घुमाते हैं, उसी तरह उसे हज़ारों बार घुमाकर बड़े वेग से उसे युद्ध भूमि में पटक दिया।

स पक्षिराजोपमतुल्यवेगै–
र्व्याघ्रैश्चतुर्भिः स तु तीक्ष्णदंष्ट्रैः।
रथं समायुक्तमसह्यवेगः
समारुरोहेन्द्रजिदिन्द्रकल्पः।। (5/48/18)

जिसका वेग शत्रुओं के लिए असह्य था, वह इन्द्र के समान पराक्रमी मेघनाद पक्षिराज गरुड़ के समान तीव्र गति तथा तीखे दाढ़ों वाले चार सिंहो से जुते हुए उत्तम रथ पर आरूढ़ हुआ।

सा पुरी परमाकीर्णा रथकुंजरवाजिभिः।
संपतद्भिर्विरुरुचे गरुत्मद्भिरिवाम्बरम्।। (6/11/21)

उस समय दोनों दौड़ते हुए रथों, हाथियों और घोड़ों से व्याप्त हुई वह पुरी बहुसंख्यक गरुड़ों से आच्छादित हुए आकाश की भाँति शोभा पा रही थी।

गरुणाधिष्ठितावेतावुभौ राघवलक्ष्मणौ।
त्यक्त्वा मोहं वधिष्येते सगणं रावणं रणे।। (6/50/22)

ये दोनों भाई श्रीराम और लक्ष्मण मूर्छा त्यागने के पश्चात् गरुड़ की पीठ पर बैठकर रणभूमि में राक्षसगणों सहित रावण का विनाश करेंगे।

ततो मुहूर्ताद् गरुणं वैनतेयं महाबलम्।
वानरा ददृशुः सर्वे ज्वलन्तमिव पावकम्।। (6/50/36)

तदनन्तर दो ही घड़ी में समस्त वानरों ने प्रज्वलित अग्नि के समान तेजस्वी महाबली विनतानन्दन गरुड़ को वहाँ उपस्थित देखा।

मातंग इव सिंहेन गरुडेनेव पन्नगः।
अभिभूतोऽभवद् राजा राघवेण महात्मना।। (6/60/2)

जैसे सिंह गजराज को और गरुड़ विशाल नाग को पीड़ित एवं पराजित कर देता है, उसी प्रकार महात्मा रघुनाथ जी ने राजा रावण को अभिभूत कर दिया था।

भाोडशाष्टौ च दश च विंशत्त्रिंशत्तथैव च।
परिक्षिप्य च बाहुभ्यां स्वादन् स परिधावति।
भक्षयन् भृशसंक्रुद्धो गरुडः पन्नगानिव।। (6/67/7)

वह सोलह, आठ, दस, बीस और तीस–तीस वानरों को अपनी दोनों भुजाओं में समेट लेता और गरुड़ जैसे सर्पों को खाता है, उसी प्रकार अत्यन्त क्रोधपूर्वक उनका भक्षण करता हुआ सब ओर दौड़ता फिरता था।

बाहुभ्यां वानरान् सर्वान् प्रगृह्य स महाबलः।
भक्षयामास संक्रुद्धो गरुडः पन्नगानिव।। (6/67/34)

जैसे गरुड़ सर्पों को अपना आहार बनाते हैं, उसी तरह अत्यन्त कुपित हुआ वह महाबली राक्षस समस्त वानरों को दोनों हाथों से पकड़–पकड़कर खाने लगा।

कामं तिष्ठ महाराज निर्गमिष्याम्यहं रणे।
उद्धरिष्यामि ते शत्रून् गरुडः पन्नगानिव।। (6/69/6)

अथवा महाराज! आपकी इच्छा हो तो यहीं रहें। मैं स्वयं युद्ध के लिए जाऊँगा और जैसे गरुड़ सर्पों का संहार करते हैं, उसी तरह मैं आपके शत्रुओं को जड़ से उखाड़ फेंकूँगा।

तं प्रासमालोक्य तदा विभग्नं
सुपर्णकृत्तोरगभोगकल्पम्।
तलं समुद्यम्य स वालिपुत्र–
स्तुरंगमस्याभिजघान मूर्ध्नि।। (6/69/89)

उस भाले को गरुड़ के द्वारा खण्डित किये गये सर्प के शरीर की भाँति टूक–टूक होकर पड़ा देख बालीपुत्र अंगद ने हथेली ऊँची करके नरान्तक के घोड़े के मस्तक पर बड़े ज़ोर से थप्पड़ मारा।

दृष्टिं दृष्टिविषस्येव सर्पस्य मम रावणः।
यथा वा वैनतेयस्य दृष्टिं प्राप्तो भुजंगमः।। (6/100/53)

दृष्टिमात्र से संहारकारी विष का प्रसार करने वाले सर्प की आँखों के सामने आकर जैसे कोई मनुष्य जीवित नहीं बच सकता अथवा जैसे विनतानन्दन गरुड़ की दृष्टि में पड़कर कोई महान सर्प जीवित नहीं बच सकता, उसी प्रकार आज रावण मेरे सामने आकर जीवित तथा सकुशल नहीं लौट सकता।

अद्य मद्‌बाणभिन्नस्य गतासोः पतितस्य ते।
कर्षन् त्वन्त्राणि पतगा गरुन्मत्त इवोरगान्।। (6/103/22)

आज मेरे बाणों से विदीर्ण और प्राणशून्य होकर पड़े हुए तेरे शरीर की आँतों को पक्षी उसी तरह खीचें, जैसे गरुड़ सर्पों को खींचते हैं।

स्यन्दनैर्वारणैश्चैव हयैश्च करिसंनिभैः।। (7/6/47)
खरैर्गोभिरथोष्ट्रैश्च शिशुमारैर्भुजंगमैः।
मकरैः कच्छपैर्मीनैर्विहंगैर्गरुडोपमैः।। (7/6/48)
सिंहैर्व्याघ्रैर्वराहैश्च सृमरैश्चमरैरपि।
त्यक्त्वा लङ्‌क.ां गताः सर्वे राक्षसा बलगर्विताः।। (7/6/49)
प्रयाता देवलोकाय योद्धुं दैवतशत्रवः।

अपने बल का घमण्ड रखने वाले वे समस्त देवद्रोही राक्षस रथ, हाथी, घोड़े, गदहे, बैल, ऊँट, शिशुमार, सर्प, मगर, कछुआ, मत्स्य, गरुड़, सिंह, बाघ, सुअर, मृग और नीलगाय आदि वाहनों पर सवार होकर लंका छोड़कर युद्ध के लिए देवलोक की ओर चल पड़े।

वैनतेयस्ततः क्रुद्धः पक्षवातेन राक्षसम्।
व्यपोहद् बलवान् वायुः शुष्कपर्णचयं यथा।। (7/8/18)

यह देख विनतानन्दन गरुड़ कुपित हो उठे और उन्होंने अपने पंखों की हवा से उस राक्षस को उसी तरह उड़ा दिया, जैसे प्रबल हाथी सूखे पत्ते के ढेर को उड़ा देती है।

स विह्वलं तदालक्ष्य दशग्रीवं ततोऽर्जुनः।
सहसोत्पत्य जग्राह गरुत्मानिव पन्नगम्।। (7/32/63)

दशग्रीव को व्याकुल देख अर्जुन ने सहसा उछलकर उसे पकड़ लिया, मानो गरुड़ ने झपट्टा मारकर किसी सर्प को धर दबाया हो।

शशमालक्ष्य सिंहो वा पन्नगं गरुडो यथा।
न चिन्तयति तं वाली रावणं पापनिश्चयम्।। (7/34/15)

जैसे सिंह खरगोश को और गरुड़ सर्प को देखकर भी उसकी परवाह नहीं करता, उसी प्रकार वाली ने पापपूर्ण विचार रखनेवाले रावण को देखकर भी चिन्ता नहीं की।

हस्तग्राहं तु तं मत्वा पादशब्देन रावणम्।
पराङ्मुखोऽपि जग्राह वाली सर्पमिवाण्डजः।। (7/34/20)

रावण के पैरों की हलकी–सी आहट से वाली यह समझ गये कि अब रावण का हाथ बढ़ाकर मुझे पकड़ना चाहता है। फिर तो दूसरी ओर मुँह किये होने पर भी वाली ने उसे उसी तरह सहसा पकड़ लिया, जैसे गरुड़ सर्प को दबोच लेता है।

69. भुजंगारि या डोगरा चील

Crested Serpent Eagle

वाल्मीकि रामायण में इसके लिए भुजंगारि शब्द का प्रयोग किया गया है। सामान्य भाषा में इसे डोगरा चील कहते हैं। इसका वैज्ञानिक नाम 'Spilornis cheela' है। यह गाढ़े भूरे रंग का शिकारी पक्षी है। इसके पीलापन लिए निचले भाग पर काली सफ़ेद रेखाएँ होती हैं। ऊँचा उड़ते समय इसकी पूँछ के निचले भाग का सफ़ेद पट्टा स्पष्ट दिखता है। यह अकेले या जोड़ों में जंगल के ऊपर उड़ते समय चीख़ती–सी आवाज़ लगाता है। यह 2000 मीटर की ऊँचाई तक जंगलों में पाया जाता है। यह मेढक, गिरगिट, चूहे तथा साँप आदि का शिकार करता है।

वाल्मीकि रामायण में इसका उल्लेख निम्नानुसार आता है–

क्रममाणं समीक्ष्याथ भुजगाः सागरंगमाः।
व्योम्नि तं कपिशार्दूलं सुपर्णमिव मेनिरे।। (5/1/75)

समुद्र में विचरने वाले सर्प आकाश में जाते हुए कपिश्रेष्ठ हनुमान जी को देखकर उन्हें गरुड़ के ही समान समझने लगे।

स तौ प्रसार्योरगभोगकल्पौ
भुजौ भुजंगारिनिकाशवीर्यः।
जगाम शैलं नगराजग्रयं
दिशः प्रकर्षन्निव वायुसूनः।। (6/74/51)

सर्प के शरीर की भाँति दिखाई देने वाली अपनी दोनों भुजाओं को फैलाकर गरुड़ के समान पराक्रमी पवनपुत्र हनुमान्जी सम्पूर्ण दिशाओं को खींचते हुए से श्रेष्ठ पर्वत गिरिराज हिमालय की ओर चले।

70. श्येन या शाहबाज

Hawk Eagle

वाल्मीकि रामायण में इसके लिए श्येन शब्द का प्रयोग किया गया है। इसे सामान्य भाषा में बाज कहते हैं। इसका वैज्ञानिक नाम 'Spizaetus cirrhatus' है। यह छरहरा जंगली बाज है जिसके पर अनेक रंगों के होते हैं। इसका ऊपरी भाग भूरा तथा निचला भाग सफ़ेद होता है। इसके कंठ पर काली तथा छाती पर खड़ी चाकलेटी धारियाँ होती हैं। इसकी कल्गी

लम्बी, पतली तथा सिर से पीछे की ओर बढ़ती हुई होती है। डैनों की नोक ऊपर की ओर मुड़ी हुई होती है। यह लगभग समस्त भारत में पाया जाता है।

वाल्मीकि रामायण में इसका उल्लेख निम्नानुसार आया है—

शैब्यः श्येनकपोतीये स्वमांसं पक्षिणे ददौ।
अलर्कश्चक्षुषी दत्त्वा जगाम गतिमुत्तमाम्।। (2/12/43)

राजा शैब्य ने बाज और कबूतर के झगड़े में (कबूतर के प्राण बचाने की प्रतिज्ञा को पूर्ण करने के लिए) बाज नामक पक्षी को अपने शरीर का माँस काटकर दे दिया था। इसी तरह राजा अलर्क ने (एक अंधे ब्राह्मण को) अपने दोनों नेत्रों का दान करके परम उत्तम गति प्राप्त की थी।

श्येनाश्चतुर्थं गच्छन्ति गृध्रा गच्छन्ति पंचमम्।
बलवीर्योपपन्नानां रूपयौवनशालिनाम्।। (4/58/28)
भाष्ठस्तु पन्था हंसानां वैनतेयगतिः परा।
वैनतेयाच्च नो जन्म सर्वेषां वानरर्षभा।। (4/58/29)

बाज चौथे और गीध पाँचवे मार्ग से उड़ते हैं। रूप, बल और पराक्रम से सम्पन्न तथा यौवन से सुशोभित होने वाले हंसों का छठा मार्ग है। उनसे भी ऊँची उड़ान गरुड़ की है। वानरशिरोमणियों! हम सब का जन्म गरुड़ से ही हुआ है।

काकाः श्येनास्तथा गृध्रा नीचैः परिपतन्ति च।
शिवाश्चाप्यशुभा वाचः प्रवदन्ति महास्वनाः।। (6/41/20)

कौए, बाज और गीध नीचे गिरते हैं—भूतल पर आ—आ बैठते हैं और गीदड़ियाँ बड़े ज़ोर—ज़ोर से अमंगलसूचक बोली बोलती हैं।

अद्य गोमायुसंघाश्च श्येनसंघाश्च लक्ष्मण।
गृध्राश्च निपतन्तु त्वां गतासुं निहतं मया।। (6/88/23)

लक्ष्मण! आज मेरे द्वारा मारे जाने पर जब तुम्हारे प्राण निकल जाएँगे, तब तुम्हारी लाश पर झुण्ड के झुण्ड गीदड़, बाज और गीध टूट पड़ेंगे।

सिंहव्याघ्रमुखांश्चापि कङ्ककोकमुखानपि।
गृध्रश्येनमुखांश्चापि शृगालवदनांस्तथा।। (6/99/42)
ईहामृगमुखांश्चापि व्यादितास्यान् भयावहान्।
पंचास्याँल्लेलिहानांश्च ससर्ज निशितांशरान्।। (6/99/43)
शरान् खरमुखांश्चान्यान् वराहमुखसंश्रितान्।
श्वान कुक्कुटवक्त्रांश्च मकराशीविषाननान्।। (6/99/44)
एतांश्चान्यांश्च मायाभिः ससर्ज निशितांछरान्।
रामं प्रति महातेजाः क्रुद्धः सर्प इव श्वसन्।। (6/99/45)

उससे सिंह, बाघ, कंक, चक्रवाक, गीध, बाज, सियार, भेड़िये, गदहे, सूअर, कुत्ते, मुर्गे, मगर और जहरीले साँपों के समान मुखवाले बाणों की वृष्टि होने लगी। वे बाण मुँह फैलाये, जबड़े चाटते हुए पाँच मुखवाले भयंकर सर्पों के समान जान पड़ते थे। फुफकारते हुए सर्प की भाँति कुपित हुए महातेजस्वी रावण ने इनका तथा अन्य प्रकार के तीखे बाणों का भी श्रीराम के ऊपर प्रयोग किया।

71. कोकिल (कोयल)

Asian Koel

वाल्मीकि रामायण में इसके लिए कोकिल एवं परभृत शब्द का प्रयोग किया गया है। इसका वैज्ञानिक नाम 'Eudynamys scolopacea' है। कोयल हमारे देश की प्रसिद्ध चिड़िया है, जिसका नर और मादा एकदम भूरे और सफ़ेद बिन्दियों एवं धारियों से भरी होती है। यह लगभग 17 इंच लम्बी चिड़िया है जिसके नर का शरीर काला रहता है तथा उसमें नीली झलक रहती है। मादा एकदम चितली होती है। इसका सारा शरीर हलका भूरा रहता है जिस पर सफ़ेद चित्तियाँ पड़ी रहती हैं। डैने, दुम, पेट और सीने पर चित्तियों के स्थान पर सफ़ेद पट्टियाँ पड़ी रहती हैं। यह घनी अमराइयों तथा बाग में रहने वाली चिड़िया है जो पेड़ों पर ही रहती है। वसन्त ऋतु के आने के साथ ही इसकी सुरीली कुऊऊ, कुऊऊ जैसी बोली सुनाई पड़ने लगती है। यदि कोई इसकी बोली की नक़ल करता है तो यह और ज़ोर से बोलने लगती है।

कोयल प्रायः कौवे के घोंसले में अपने अण्डे देती है। नर पक्षी जो काले रंग का होता है, जब उसे कौवे का जोड़ा खदेड़ता है तब मादा कोयल मौक़ा पाकर कौवे के घोसले में अण्डे दे आती है तथा कौवे के अण्डों को गिरा देती है।

वाल्मीकि रामायण में इसका उल्लेख निम्नानुसार आता है–

कोकिलो हृदयग्राही माधवे रुचिरद्रुमे।
अहं कन्दर्पसहितः स्थास्यामि तव पार्श्वतः।। (1/64/6)

वैशाख मास में जबकि प्रत्येक वृक्ष नवपल्लवों से परम सुन्दर शोभा धारण कर लेता है, अपनी मधुर काकली से सबके हृदय को खींचने वाले कोकिल और कामदेव के साथ मैं भी तेरे पास रहूँगा।

अथ तस्य च शब्देन गीतेनाप्रतिमेन च।
दर्शनेन च रम्भाया मुनिः संदेहमागतः।। (1/64/10)

कोकिल के कलरव, रम्भा के अनुपम गीत और अप्रत्याशित दर्शन से मुनि के मन में सन्देह हो गया।

भास्करोदयकालौऽसौ गता भगवती निशा।
असौ सुकृष्णो विहगः कोकिलस्तात कूजति। (2/52/2)

तात! भगवती रात्रि व्यतीत हो गयी। अब सूर्योदय का समय आ पहुँचा है। वह अत्यन्त काले रंग का पक्षी कोकिल कुहू–कुहू बोल रहा है।

प्रहृभटकोयष्टिभकोकिलस्वनै–
र्विनोदयन्तं च सुखं परं शिवम्।
मृगैश्च मत्तैर्बहुभिश्च कुंजरैः
सुरम्यमासाद्य समावसाश्रयम्।। (2/54/43)

हर्ष में भरे हुए टिट्टिभ और कोकिलों के कलरवों द्वारा वह पर्वत यात्रियों का मनोरंजन–सा करता है। वह परम सुखद एवं कल्याणकारी है, मदमत्त मृगों और बहुसंख्यक मतवाले हाथियों ने उसकी रमणीयता को और बढ़ा दिया है। तुम उसी पर्वत पर जाकर डेरा डालो और उसमें निवास करो।

उद्यानानि पुरा भान्ति मत्तप्रमुदितानि च।
जनानां रतिसंयोगेष्वत्यन्तगुणवन्ति च।। (2/71/25)
तान्येतान्यद्य पश्यामि निरानन्दानि सर्वशः।
स्रस्तपर्णैरनुपथं विक्रोशद्भिरिव द्रुमैः।। (2/71/26)

जो उद्यान पहले मदमत्त एवं आनन्द मग्न भ्रमरों, कोकिलों और नर–नारियों से भरे प्रतीत होते थे तथा लोगों के प्रेम–मिलन के लिए अत्यन्त गुणकारी (अनुकूल सुविधाओं से सम्पन्न) थे, उन्हीं को आज मैं सर्वथा आनन्दशून्य देख रहा हूँ। वहाँ मार्ग पर वृक्षों के जो पत्ते गिर रहे हैं, उनके द्वारा मानो वे वृक्ष करुण क्रन्द्रन कर रहे हैं (और उनसे उपलक्षित होने के कारण वे उद्यान आनन्दहीन प्रतीत होते हैं)।

मत्तकोकिलसंनादैर्नर्तयन्निव पादपान्।
शैलकंदर निष्क्रान्तः प्रगीत इव चानिलः।। (4/1/15)

पर्वत की कन्दरा से विशेष ध्वनि के साथ निकली हुयी वायु मानो उच्च स्वर से गीत गा रही हैं। मतवाले कोकिलों के कलनाद वाद्य का काम देते हैं और उन वाद्यों की ध्वनि के साथ वह वायु इन झूमते हुए वृक्षों को मानो नृत्य की शिक्षा सी दे रही है।

मां हि शोकसमाक्रान्तं संतापयति मन्मथः।
हृभटं प्रवदमानश्च समाह्वयति कोकिलः।। (4/1/23)

वियोग के शोक से तो मैं पीड़ित हूँ ही, यह कामदेव (सीता विषयक अनुराग) मुझे और भी संताप दे रहा है। कोकिल बड़े हर्ष के साथ कलनाद करता हुआ मानो मुझे ललकार रहा है।

अस्याः कूले प्रमुदिताः संघशः शकुनास्त्विह।
दात्यूहरतिविक्रन्दैः पुंस्कोकिलरुतैरपि।। (4/1/28)
स्वनन्ति पादपाश्चेमे ममानङ्गप्रदीपकाः।

इस पम्पा के तट पर यहाँ झुण्ड–के–झुण्ड पक्षी आनन्दमग्न होकर चहक रहे हैं। जलकुक्कटों के रतिसम्बन्धी कूजन तथा नर कोकिलों के कलनाद से मानो ये वृक्ष ही मधुर बोली बोलते हैं और मेरी अनंग वेदना को उद्दीप्त कर रहे हैं।

अयं हि रुचिरस्तस्याः कालो रुचिरकाननः।। (4/1/31)
कोकिलाकुलसीमान्तो दयिताया ममानघ।

निष्पाप लक्ष्मण! वसन्त ऋतु में वन की शोभा बड़ी मनोहर हो जाती है, इसकी सीमा में सब ओर कोयल की मधुर कूक सुनाई पड़ती है। मेरी प्रिया सीता को यह समय बड़ा ही प्रिय लगता था।

अङ्गारचूर्णोत्करसंनिकाशैः
फलैः सुपर्याप्तरसैः समृद्धैः।
जम्बूद्रुमाणां प्रविभान्ति शाखा
निपीयमाना इव भाट्पदोघैः।। (4/28/30)

कोयलों की चूर्णराशि के समान काले और प्रचुर रस से भरे हुए बड़े–बड़े फलों से लदी हुई जामुन वृक्ष की शाखाएँ ऐसी जान पड़ती हैं, मानो भ्रमरों के समुदाय उनमें सटकर उनके रस पी रहे हैं।

वृतां नानाविधैर्वृक्षैः पुष्पोपगफलोपगैः।
कोकिलैर्भृङ्गराजैश्च मत्तैर्नित्यनिषेविताम्।। (5/14/7)

फूलों और फलों से लदे हुए नाना प्रकार के वृक्षों से व्याप्त हुई उस अशोकवाटिका का मतवाले कोकिल और भ्रमर सेवन करते थे।

पश्य मत्तविहंगानि प्रलीनभ्रमराणि च।
कोकिलाकुलखण्डानि दोधवीति शिवोऽनिलः।। (6/24/12)

देखो, यह शीतल सुखद वायु इन वनों को, जिनमें मतवाले पक्षी चहचहा रहे हैं, भौंरे पत्तों और फूलों में लीन हो रहे हैं तथा जिनके प्रत्येक खण्ड कोकिलों के समूह एवं संगीत से व्याप्त हैं, बारम्बार कम्पित कर रहा है।

दात्यूहकोयष्टिबकैर्नृत्यमानैश्च बर्हिणैः।
रुतं परभृतानां च शुश्रुवे वननिर्झरे।। (6/39/9)

दात्यूह, कोयष्टि, बक और नाचते हुए मोर उस वन को सुशोभित करते थे। वन में झरनों के आसपास कोकिल की कूक सुनाई पड़ती थी।

नित्यमत्तविहंगानि भ्रमराचरितानि च।
कोकिलाकुलखण्डानि विहंगाभिरुतानि च।। (6/39/10)
भृङ्गराजाधिगीतानि कुररस्वनितानि च।
कोणालकविघुष्टानि सारसाभिरुतानि च।
विविशुस्ते ततस्तानि वनान्युपवनानि च।। (6/39/11)

लंका के वन और उपवन नित्य मतवाले विहंगमों से विभूषित थे। वहाँ वृक्षों की डालियों पर भौंरे मँडराते रहते थे। उनके प्रत्येक खण्ड में कोकिलाएँ कुहू–कुहू बोला करती थीं। पक्षी चहचहाते रहते थे। भृंगराज के गीत मुखरित होते थे। कुरर के शब्द गूँजा करते थे। कोणालक के कलरव होते रहते थे तथा सारसों की स्वरलहरी सब ओर छायी रहती थी। कुछ वानरवीर उन वनों और उपवनों में घुस गये।

कोकिलैर्भृङ्ग.राजैश्च नानावर्णैश्च पक्षिभिः।
शोभितां शतशश्चित्रां चूतवृक्षावतंसकैः।। (7/42/8)

कोकिल, भृंगराज आदि रंग–विरंगे पक्षी उस वाटिका की शोभा थे, जो आम्र की डालियों के अग्रभाग पर बैठकर वहाँ विचित्र सुषमा की सृष्टि कर रहे थे।

72. काला कौआ

Crow

वाल्मीकि रामायण में इसके लिए वायस, बलिभोजाना एवं काक शब्द का प्रयोग किया गया है। इसका वैज्ञानिक नाम 'Corvus splendens' है। यह काले रंग का पक्षी है। इसकी चोंच बड़ी होती है तथा आवाज कर्कश होती है। इसकी लम्बाई लगभग 19 इंच होती है और इसके नर मादा एक जैसे रूप रंग के होते हैं। इनका सारा शरीर धुर काला होता है जिसमें नीली या बैगनी चमक रहती है। यह गिरोह में रहने वाला पक्षी है। गाँव, बस्तियों एवं घोर जंगलों में ये काफ़ी संख्या में पाये जाते हैं। इनके डैने बहुत मज़बूत एवं उड़ान तेज होती है। यह सभी प्रकार की गन्दी चीजों से अपना पेट भरता है। कूड़े करकट के ढेरों को कुरेदकर

यह अपना भोजन तलाश करता है। इनका घोंसला बनाने का समय दिसम्बर से मार्च होता है जिसमें बैठकर मादा 4–5 अंडे देती है। इसके घोसले किसी बड़े पेड़ की चोटी के पास दुफंकी शाखा पर बने होते हैं।

वाल्मीकि रामायण में इसका उल्लेख निम्नानुसार आता है–

यदन्तरं वायसवैनतेययो–
र्यदन्तरं मद्गुमयूरयोरपि।
यदन्तरं हंसकगृध्रयोर्वने
तदन्तरं दाशरथेस्तवैव च।। (3/47/47)

गरुड़ और कौए में, मोर और जलकाक में तथा वनवासी हंस और गीध में जो अन्तर है, वही अन्तर दशरथनन्दन श्रीराम और तुझमें है।

द्वितीयो बलिभोजानां ये च वृक्षफलाशनाः।
भासास्तृतीयं गच्छन्ति क्रौंचाश्च कुररैः सह।। (4/58/27)

उससे ऊपर का दूसरा मार्ग कौओं तथा वृक्षों के फल खाकर रहने वाले दूसरे–दूसरे पक्षियों का है। उससे भी ऊँचा जो आकाश का तीसरा मार्ग है, उससे चील, क्रौंच और कुरर आदि पक्षी जाते हैं।

उपविष्टस्य वा सम्यग् लिङ्गिनं साधयिष्यतः।
शरीरं भक्षयिष्यन्ति वायसाः श्वापदानि च।। (5/13/42)

अथवा आमरण उपवास के लिए बैठकर लिंग शरीरधारी जीवात्मा का शरीर से वियोग कराने के प्रयत्न में लगे हुए मेरे शरीर को कौवे तथा हिंसक जन्तु अपना आहार बना लेंगे।

ततो मांससमायुक्तो वायसः पर्यतुण्डयत्।
तमहं लोष्टमुद्यम्य वारयामि स्म वायसम्।। (5/38/15)
दारयन् स च मां काकस्तत्रैव परिलीयते।
न चाप्युपारमन्मांसाद् भक्षार्थी बलिभोजनः।। (5/38/16)

तदनन्तर (किसी दूसरे समय) एक मांस लोलुप कौआ आकर मुझपर चोंच मारने लगा। मैंने ढेला उठाकर उसे हटाने की चेष्टा की, परन्तु मुझे बार–बार चोंच मारकर वह कौआ वहीं कहीं छिप जाता था। उस बलिभोजी कौए को खाने की इच्छा थी, इसलिए वह मेरा मांस नोचने से निवृत्त नहीं होता था।

वीक्षमाणस्ततस्तं वै वायसं समवैक्षत।
नखैः सरुधिरैस्तीक्ष्णैर्मामेवाभिमुखं स्थितम्।। (5/38/26)

इतना कहकर जब उन्होंने इधर–उधर दृष्टि डाली, तब उस कौए को देखा, जो मेरी ओर ही मुँह किये बैठा था। उनके तीखे पंजे ख़ून से रँग गये थे।

निरीक्षमाणः सहसा वायसं समुदैक्षथाः।
नखैः सरुधिरैस्तीक्ष्णैस्तामेवाभिमुखं स्थितम्।। (5/67/9)

ऐसा कहकर आपने जब सहसा इधर–उधर दृष्टि डाली, तब उस कौए को देखा। उसके तीखे पंजे ख़ून में रँगे हुए थे और वह देवी सीता की ओर मुँह करके ही कहीं बैठा था।

वायसाः संघशः क्रूरा व्याहरन्ति समन्ततः।
समवेताश्च दृश्यन्ते विमानाग्रेषु संघशः।। (6/10/19)

क्रूर कौए झुण्ड–के–झुण्ड एकत्र होकर कर्कश स्वर में काँव–काँव करने लगते हैं तथा वे सतमहल के मकानों पर समूह–के–समूह इकट्ठे हुए देखे जाते हैं।

प्रविष्टः शत्रुसैन्यं हि प्राप्तः शत्रुरतर्कितः।
निहन्यादन्तरं लब्ध्वा उलूको वायसानिव।। (6/17/19)

प्रभो! आज कोई वैरी, जो राक्षस होने के कारण पहले हमारे शत्रु रावण की सेना में सम्मिलित हुआ था, अब अकस्मात् हमारी सेना में प्रवेश पाने के लिये आ गया है। वह मौक़ा पाकर हमें उसी तरह मार डालेगा, जैसे उल्लू कौओं का काम तमाम कर देता है।

काकाः श्येनास्तथा नीचा गृध्राः परिपतन्ति च।
शिवाश्चाप्यशुभान् नादान् नदन्ति सुमहाभयान्।। (6/23/11)

कौए, बाज तथा अधम गीध चारों ओर उड़ रहे हैं और सियारिनें अशुभसूचक महाभयंकर बोली बोल रही हैं।

काकाः श्येनास्तथा गृध्रा नीचैः परिपतन्ति च।
शिवाश्चाप्यशुभा वाचः प्रवदन्ति महास्वनाः।। (6/41/20)

कौए, बाज और गीध नीचे गिरते हैं–भूतल पर आ–आ बैठते हैं और गीदड़ियाँ बड़े ज़ोर–ज़ोर से अमंगलसूचक बोली बोलती हैं।

हरयो राक्षसाश्चैव शेरते गां समाश्रिताः।
कङ्कगृध्रबलाढ्याश्च गोमायुकुलसंकुलाः।। (6/54/9)

वानर और राक्षस दोनों ही धराशायी हो गये। उनपर कंक, कौवे और गीध टूट पड़े। गीदड़ों की जमातें छा गयीं।

गजस्कन्धगताः केचित् केचित् परमवाजिभिः।
व्याघ्रवृश्चिकमार्जारखरोष्ट्रैश्च भुजङ्गमै।। (6/73/11)
वराहैः श्वापदैः सिंहैर्जम्बुकैः पर्वतोपमैः।
काकहंसमयूरैश्च राक्षसा भीमविक्रमाः।। (6/73/12)

कोई हाथी पर बैठकर चले तो कोई उत्तम घोड़ों पर। इनके सिवा बाघ, बिच्छू, बिलाव, गदहे, ऊँट, सर्प, सूअर, अन्य हिंसक जन्तु, सिंह, पर्वताकार गीदड़, कौआ, हंस और मोर आदि की सवारियों पर चढ़े हुए भयंकर पराक्रमी राक्षस वहाँ युद्ध के लिए आये।

अद्य काकाश्च गृध्राश्च ये च मांसाशिनोऽपरे।
सर्वांस्तांस्तर्पयिष्यामि शत्रुमांसैः शराहतैः।। (6/95/20)

आज अपने बाणों द्वारा मारे गये शत्रुओं के मांसों से मैं कौओं, गीधों तथा दूसरे जो मांसभक्षी जन्तु हैं, उन सबको भी तृप्त करूँगा।

अन्तरिक्षात् पपातोल्का निर्घातसमनिःस्वना।
विनेदुरशिवा गृध्रा वायसैरभिमिश्रिताः।। (6/95/47)

आकाश से उल्कापात हुआ। उससे वज्रपात के समान गड़गड़ाहट पैदा हुई। अमंगलसूचक पक्षी गीध, कौओं से मिलकर अशुभ बोली बोलने लगे।

गतिं खर इवाश्वस्य हंसस्येव च वायसः।
नान्वेतुमुत्सहे वीर तव मार्गमरिंदम।। (6/128/5)

शत्रुदमन वीर! जैसे गदहा घोड़े की और कौआ हंस की गति का अनुसरण नहीं कर सकता, उसी तरह मैं आपके मार्ग का—रक्षणरूपी कौशल का अनुसरण नहीं कर सकता।

कपोता रक्तपादाश्च सारिका विद्रुता ययुः।। (7/6/57)
काका वाश्यन्ति तत्रैव विडाला वै द्विपादयः।

कबूतर, तोते और मैना लंका छोड़कर भाग चले। कौए वहीं काँव—काँव करने लगे। बिल्लियाँ भी वहीं गुर्राने लगीं तथा हाथी आदि पशु आर्तनाद करने लगे।

इन्द्रो मयूरः संवृत्तो धर्मराजस्तु वायसः।
कृकलासो धनाध्यक्षो हंसश्च वरुणोऽभवत्।। (7/18/5)

इन्द्र मोर, धर्मराज कौआ, कुबेर गिरगिट और वरुण हंस हो गये।

शोणितोदकनिष्यन्दा काकगृध्रसमाकुला।
प्रवृत्ता संयुगमुखे शस्त्रग्राहवती नदी।। (7/28/43)

युद्ध के मुहाने पर ख़ून की नदी बह चली, जिसके भीतर अनेक प्रकार के शस्त्र ग्राहों का भ्रम उत्पन्न करते थे। उस नदी के तट पर चारों ओर गीध और कौए छा गये थे।

73. पपीहा

Common Hawk-Cuckoo

वाल्मीकि रामायण में इसके लिए विहंग, नत्यूहस्त एवं दात्यूह शब्द का प्रयोग किया गया है। इसका वैज्ञानिक नाम 'Hierococcyx varius' है। इसकी लम्बाई लगभग 13 इंच होती है। नर तथा मादा देखने में एक जैसे होते हैं। ऊपरी हिस्से का रंग हलका सिलेटी तथा उड़ान के पंख भूरे होते हैं जिसके भीतरी हिस्से पर सफ़ेद पट्टियाँ पड़ी रहती हैं। दुम ललछौंह भूरी होती है जिस पर इसी रंग की गाढ़ी पट्टियाँ पड़ी होती हैं। ठोढ़ी और गला सफ़ेद होता है जिस पर राखी झलक होती है। यह केवल भारत एवं श्री लंका में पाया जाता है। भारत में यह हिमालय से लेकर पूरे दक्षिण भारत में पाया जाता है। यह घने जंगलों या पेड़ों पर रहना पसन्द करता है। अपनी पी—कहाँ, पी—कहाँ की आवाज के कारण यह प्रसिद्ध है। यह लगातार घंटों बोलता रहता है—चाहे दिन हो या रात। इसके भोजन में सभी तरह के कीड़े शामिल हैं। इसका जोड़ा बाँधने का समय अप्रैल से जून है।

वाल्मीकि रामायण में इसका उल्लेख निम्न प्रकार है—

एष क्रोशति नत्यूहस्तं शिखी प्रतिकूजति।
रमणीये वनोद्देशे पुष्पसंस्तरसंकटे।। (2/56/9)

वन का यह भाग बड़ा ही रमणीय है, यहाँ फूलों की वर्षा—सी हो रही है और सारी भूमि पुष्पों से आच्छादित दिखायी देती है। इस वन प्रान्त में यह चातक 'पी कहाँ' 'पी कहाँ' की रट लगा रहा है। उधर वह मोर बोल रहा है, मानों पपीहे की बात का उत्तर दे रहा हो।

उष्णमन्तर्दधे सद्यः स्निग्धा ददृशिरे घनाः।
ततो जॉषिरे सर्वे भेकसारङ्ग.बर्हिणः।। (2/63/16)

सब ओर सजल मेघ दृष्टिगोचर होने लगे और गरमी तत्काल शान्त हो गयी; इससे समस्त मेढकों, चातकों और मयूरों में हर्ष छा गया।

एष दात्यूहको ह्रष्टो रम्ये मां वननिर्झरे।
प्रणदन्मन्मथाविष्टं शोचयिष्यति लक्ष्मण।। (4/1/24)

लक्ष्मण! वन के रमणीय झरने के निकट बड़े हर्ष के साथ बोलता हुआ यह जलकुक्कट सीता से मिलने की इच्छा वाले मुझ राम को शोकमग्न किये देता है।

अस्याः कूले प्रमुदिताः संघशः शकुनास्त्विह।
दात्यूहरतिविक्रन्दैः पुंस्कोकिलरुतैरपि।। (4/1/28)
स्वनन्ति पादपाश्चेमे ममानङ्गप्रदीपकाः।

इस पम्पा के तट पर यहाँ झुण्ड–के–झुण्ड पक्षी आनन्दमग्न होकर चहक रहे हैं। जलकुक्कटों के रतिसम्बन्धी कूजन तथा नर कोकिलों के कलनाद से मानो ये वृक्ष ही मधुर बोली बोलते हैं और मेरी अनंग वेदना को उद्दीप्त कर रहे हैं।

मुक्तासमाभं सलिलं पदत् वै
सुनिर्मलं पत्रपुटेषु लग्नम्।
ह्रष्टा विवर्णच्छदना विहंगाः
सुरेन्द्रदत्तं तृषिताः पिबन्ति।। (4/28/35)

आकाश से गिरता हुआ मोती के समान स्वच्छ एवं निर्मल जल पत्तों के दोनों में संचित हुआ देख प्यासे पक्षी पपीहे हर्ष से भरकर देवराज इन्द्र के दिये हुए उस जल को पीते हैं। वर्षा से भीग जाने के कारण उनकी आँखें विविध रंग की दिखाई देती हैं।

एवमादि नरश्रेष्ठो विललाप नृपात्मजः।
विहंग इव सारङ्गः सलिलं त्रिदशेश्वरात्।। (4/30/13)

इन्द्र से पानी की याचना करने वाले प्यासे पपीहे की भाँति नरश्रेष्ठ नरेन्द्रकुमार श्रीराम ने इस तरह की बहुत–सी बातें कहकर विलाप किया।

बुद्धपद्मोत्पलवनाश्चक्रवाकोपशोभिताः।
नत्यूहरुतसंघुष्टा हंससारसनादिताः।। (5/14/24)

उनमें खिले हुए कमलों के वन और चक्रवाकों के जोड़े शोभा बढ़ा रहे थे तथा पपीहा, हंस और सारसों के कलनाद गूँज रहे थे।

दात्यूहकोयष्टिबकैर्नृत्यमानैश्च बर्हिणैः।
रुतं परभृतानां च शुश्रुवे वननिर्झरे।। (6/39/9)

दात्यूह, कोयष्टि, बक और नाचते हुए मोर उस वन को सुशोभित करते थे। वन में झरनों के आसपास कोकिल की कूक सुनाई पड़ती थी।

पापात्मायं दशग्रीवो वध्यतां पापनिश्चयः।
काङ्क्षितं चातकस्येव घर्मान्ते मेघदर्शनम्।। (6/100/47)

इस पापात्मा एवं पापपमर्ण विचार रखनेवाले दशमुख रावण को अब मार डाला जाय, यही उचित है। जैसे पपीहे को ग्रीष्मऋतु के अन्त में मेघ के दर्शन की इच्छा रहती है, उसी प्रकार मैं भी इसका वध करने के लिए चिरकाल से इसे देखना चाहता हूँ।

दात्यूहशुकसंघुष्टा हंससारसनादिताः।
तरुभिः पुष्पशबलैस्तीरजैरुपशोभिताः।। (7/42/12)

पपीहे और तोते वहाँ मीठी बोली बोल रहे थे। हंसों और सारसों के कलरव गूँज रहे थे। फूलों से चितकबरे दिखाई देने वाले तटवर्ती वृक्ष उन्हें शोभासम्पन्न बना रहे थे।

74. कुलिंग या काला भुजंगा

Black Drongo

वाल्मीकि रामायण में इसके लिए कुलिङ्ग शब्द का प्रयोग किया गया है। इसे सामान्य भाषा में काला भुजंगा या कोतवाल कहते हैं। इसका वैज्ञानिक नाम 'Dicrurus macrocercus' है। यह चमकते काले रंग का फुर्तीला पक्षी है। इसकी पूँछ द्विभाजित होती है। यह देहाती क्षेत्र में खेतों के आस पास घूमता रहता है। यह समस्त भारत में पाया जाता है।

वाल्मीकि रामायण की गीता प्रेस की टीका में कुलिङ्ग शब्द का अर्थ गौरैया किया गया है। इसका वैज्ञानिक नाम 'Passer domesticus' है। इसकी लम्बाई लगभग 6 इंच होती है। नर के सिर का ऊपरी भाग सिलेटी होता है और उसके किनारे–किनारे आँखों के ऊपर अखरोटी रंग होता है। पीठ, गरदन का पिछला भाग तथा बाजू अखरोटी होता है और उसपर काली धारियाँ होती हैं। डैने अखरोटी तथा राखी भूरे होते हैं तथा उस पर दो स्पष्ट पीली धारियाँ होती हैं। पूँछ गहरी भूरी होती है तथा उसका किनारा हलका पीला होता है। यह घरेलू चिड़िया है जो वनों में रहना पसन्द नहीं करती। यह पकी फसलों एवं फलों को खाकर हानि पहुँचाती है किन्तु कीड़े खाकर किसानों को मदत भी पहुँचाती है। इसका जोड़ा बनाने का समय अप्रैल से जून तक होता है।

वाल्मीकि रामायण में इसका उल्लेख निम्नानुसार आया है–

ज्ञानेन खलु पश्यामि दृष्ट्वा प्रत्यागमिष्यथ।
आद्यः पन्थाः कुलिङ्गनां ये चान्ये धान्यजीविनः।। (4/58/26)

निश्चय ही मैं ज्ञानदृष्टि से देखता हूँ। तुम लोग सीता का दर्शन करके लौट आओगे। आकाश का पहला मार्ग गौरैयों तथा अन्न खाने वाले कबूतर आदि पक्षियों का है।

75. चकवा

वाल्मीकि रामायण में इसके लिए चक्रवाक एवं कोक शब्द का प्रयोग किया गया है। चकवा की दो जातियाँ पायी जाती हैं जो निम्नप्रकार हैं–

शाह चकवा–इसे अंग्रेजी में Shelduck कहते हैं। इसका वैज्ञानिक नाम 'Tadorna tadrona' है। इसकी लम्बाई लगभग दो फिट होती है तथा नर मादा देखने में एक जैसे होते हैं। मादा का रंग नर की तरह चटकीला नहीं होता। इसका सर और गरदन चमकीले हरे रंग का होता है तथा सीने तक का भाग सफ़ेद होता है। इस सफ़ेदी के बाद एक चौड़ी खैरे रंग की पट्टी पीठ के ऊपरी भाग से चलकर पूरा सीना घेर लेती है। यह हमारे देश में बहुत कम आते हैं तथा आकर भी उत्तर पश्चिमी भाग तक ही रह जाते हैं। इसका मुख्य आहार पानी का घास–पात, मछली, मेढक आदि है। इसका अण्डा देने का समय अप्रैल से जून है।

सुरखाब–इसे अंग्रेजी में Ruddy Shelduck कहते हैं। इसका वैज्ञानिक नाम 'Tadorna ferruginea' है। इसे कोक, कोकनद आदि भी कहते हैं। यह हमारे देश का प्रसिद्ध पक्षी है।

देहात में चकवा एवं शिक्षित समाज में सुरखाब अधिक लोकप्रिय है। नर का माथा और गाल हलका मटमैला पीला होता है। आँख के पास से चोटी और गुद्दी तक का भाग राखीपन लिए सफ़ेद, बाकी गरदन नारंगीपन लिए मटमैली पीली होती है। नर की औसत लम्बाई 25 इंच होती है। मादा नर से कुछ छोटी होती है। यह जाड़े के प्रारम्भ में उत्तर की ओर से आकर गरमी के प्रारम्भ में फिर उसी ओर लौट जाता है। बड़ी–बड़ी नदियों के रेतीले किनारे इसे बहुत पसन्द हैं। यह घास–फूस, जडें, कीड़े–मकोड़े, मेढक एवं मछलियों को खाते हैं। मादा मई जून के महीने में अण्डे देती है।

वाल्मीकि रामायण में इसका उल्लेख निम्नानुसार आया है–

हंससारससंघुष्टां चक्रवाकोपशोभिताम्।
सदामत्तैश्च विहगैरभिपन्नामनिन्दिताम्।। (2/50/19)

हंसों और सारसों के कलरव वहाँ गूँजते रहते हैं। चकवे उन देवनदी की शोभा बढ़ाते हैं। सदा मदमत्त रहने वाले विहंगम उनके जल पर मँडराते रहते हैं। वे उत्तम शोभा से सम्पन्न हैं।

सारसांश्चक्रवाकांश्च नदीपुलिनचारिणः।
सरांसि च सपद्मानि युतानि जलजैः खगैः।। (3/11/3)

उन्होंने देखा, कहीं नदियों के तटों पर सारस और चक्रवाक विचर रहे हैं और कहीं खिले हुए कमलों और जलचर पक्षियों से युक्त सरोवर शोभा पाते हैं।

स्थलीप्रायवनोद्देशे पिप्पलीवनशोभिते।
बहुपुष्पफलेरम्ये नानाविहगनादिते।। (3/11/38)
पद्मिन्यो विविधास्तत्र प्रसन्नसलिलाशयाः।
हंसकारण्डवाकीर्णाश्चक्रवाकोपशोभिता।।(3/11/39)

वहाँ वन की भूमि प्रायः समतल है तथा पिप्पली का वन उस आश्रम की शोभा बढ़ाता है। वहाँ फूलों और फलों की बहुतायत है। नाना प्रकार के पक्षियों के कलरवों से गूँजते हुए उस रमणीय आश्रम के पास भाँति–भाँति के कमलमण्डित सरोवर हैं, जो स्वच्छ जल से भरे हुए हैं। हंस और कारण्डव आदि पक्षी उसमें सब ओर फूले हुए हैं तथा चक्रवाक उनकी शोभा बढ़ाते हैं।

हंसकारण्डवाकीर्णा चक्रवाकोपशोभिता।
नातिदूरे न चासन्ने मृगयूथनिपीडिता।। (3/15/13)

इसमें हंस और कारण्डव आदि जलपक्षी विचर रहे हैं। चकवे इसकी शोभा बढ़ा रहे हैं तथा पानी पीने के लिये आये हुए मृगों के झुंड इसके तट पर छाये रहते हैं। यह नदी इस स्थान से न तो अधिक दूर है और न अत्यन्त निकट ही।

पश्य शीतजलां चेमां सौमित्रे पुष्करायुताम्।
चक्रवाकयुता नित्यं चित्रप्रस्थवनान्तरा।
मातङ्गमृगयूथैश्च शोभते सलिलार्थिभिः।। (4/1/65)

इसमें चक्रवाक सदा निवास करते हैं। यहाँ के वनों में विचित्र–विचित्र स्थान हैं तथा पानी पीने के लिये आये हुए हाथियों और मृगों के समूहों से इस पम्पा की शोभा और भी बढ़ जाती है।

चक्रवाकानुचरितां कारण्डवनिवेषिताम्।। (4/1/98)

प्लवैः क्रौंचैश्च सम्पूर्णा महामृगनिवेषिताम्।

सुमित्राकुमार! देखो, इस पम्पा का जल कितना शीतल है। इसमें असंख्य कमल खिले हुए हैं। चकवे विचरते हैं और कारण्डव निवास करते है। इतना ही नहीं, जलकुक्कुट तथा क्रौंच भरे हुए हैं एवं बड़े–बड़े मृग इसका सेवन करते हैं।

कारण्डैः सारसैर्हंसैर्वंजुलैर्जलकुक्कुटैः।

चक्रवाकैस्तथा चान्यैः शकुनैः प्रतिनादितान्।। (4/13/8)

कारण्डव, सारस, हंस, वंजुल, जलमुर्ग, चक्रवाक तथा अन्य पक्षी उन सरोवरों में चहचहा रहे थे। उन सबकी प्रतिध्वनि गूँज रही थी।

शतशः पक्षिसंघैश्च नानानादविनादिता।

एकैकमनुरक्तैश्च चक्रवाकैरलंकृताः।। (4/27/20)

सैकड़ों पक्षिसमूहों से संयुक्त हुई यह नदी उनके नाना प्रकार के कलरवों से गूँजती रहती है। परस्पर अनुरक्त हुए चक्रवाक इस सरिता की शोभा बढ़ाते हैं।

सम्प्रस्थिता मानसवासलुब्धाः

प्रियान्विताः सम्प्रति चक्रवाकाः।

अभीक्ष्णवर्षोदकविक्षतेषु

यानानि मार्गेषु न सम्पतन्ति।। (4/28/16)

मानसरोवर में निवास के लोभी हंस वहाँ के लिए प्रस्थित हो गये। इस समय तक वे अपनी प्रियाओं से मिल रहे हैं। निरन्तर होने वाली वर्षा के जल से मार्ग टूट–फूट गये हैं, इसलिए उन पर रथ आदि नहीं चल रहे हैं।

निःस्वनं चक्रवाकानां निशम्य सहचारिणाम्।

पुण्डरीकविशालाक्षी कथमेषा भविष्यति।। (4/30/10)

जिसके विशाल नेत्र प्रफुल्ल कमलदल के समान शोभा पाते हैं, वह मेरी प्रिया जब साथ विचरने वाले चकवों की बोली सुनती होगी, तब उसकी कैसी दशा हो जाती होगी?

अभ्यागतैश्चारुविशालपक्षैः

स्मरप्रियैः पद्मरजोऽवकीर्णैः।

महानदीनां पुलिनोपयातैः

क्रीडन्ति हंसाः सह चक्रवाकैः।। (4/30/31)

जिनके पंख सुन्दर और विशाल हैं, जिन्हें कामक्रीड़ा अधिक प्रिय है, जिनके ऊपर कमलों के पराग बिखरे हुए हैं, जो बड़ी–बड़ी नदियों के तटों पर उतरे हैं और मानसरोवर से साथ ही आये हैं, उन चक्रवाकों के साथ हंस क्रीड़ा कर रहे हैं।

वित्रास्य कारण्डवचक्रवाकान्

महारवैर्भिन्नकटा गजेन्द्राः।

सरस्सुबद्धाम्बुजभूषणेषु

विक्षोभ्य विक्षोभ्य जलं पिबन्ति।। (4/30/41)

जिनके गण्डस्थल से मद की धारा बह रही हैं, वे गजराज अपनी महती गर्जना से

कारण्डवों तथा चक्रवाकों को भयभीत करके विकसित कमलों से विभूषित सरोवरों में जल को हिलोर–हिलोर कर पी रहे हैं।

प्रसन्नसलिलाः सौम्य कुरराभिविनादिताः।
चक्रवाकगणाकीर्णा विभान्ति सलिलाशयाः।। (4/30/59)

सौम्य! सभी जलाशयों के जल स्वच्छ हो गये हैं। वहाँ कुरर पक्षियों के कलनाद गूँज रहे हैं और चक्रवाकों के समुदाय चारों ओर बिखरे हुए हैं। इस प्रकार उन जलाशयों की बड़ी शोभा हो रही है।

हंससारसचक्राह्वैः कुररैश्च समन्ततः।
पुलिनान्यवकीर्णानि नदीनां पश्य लक्ष्मण।। (4/30/63)

लक्ष्मण! देखो तो सही, नदियों के तटों पर सब ओर हंस, सारस, चक्रवाक और कुरर नामक पक्षी फैले हुए हैं।

अवकीर्णं लतावृक्षैर्ददृशुस्ते महाबिलम्।
तत्र क्रौंचाश्च हंसाश्च सारसाश्चापि निष्क्रमन्।। (4/50/9)
जलार्द्राश्चक्रवाकाश्च रक्ताङ्गाः पद्मरेणुभिः।

अतः लता और वृक्षों से आच्छादित विशाल गुफा की ओर वे देखने लगे। इतने में उसके भीतर से क्रौंच, हंस, सारस तथा जल से भीगे हुए चक्रवाक पक्षी, जिनके अंग कमलों के पराग से रक्तवर्ण के हो रहे थे, बाहर निकले।

अस्माच्चापि बिलाद्धंसा क्रौंचाश्च सह सारसैः।। (4/50/15)
जलार्द्राश्चक्रवाकाश्च निष्पतन्ति स्म सर्वशः।
नूनं सलिलवानत्र कूपो वा यदि वा ह्रदः।। (4/50/16)
तथा चेमे बिलद्वारे स्निग्धास्तिष्ठन्ति पादपाः।

सामने की इस गुफा से हंस, क्रौंच, सारस और जल से भीगे हुए चकवे सब ओर निकल रहे हैं। अतः निश्चय ही इसमें पानी का कुआँ अथवा और कोई जलाशय होना चाहिए। तभी इस गुफा के द्वारवर्ती वृक्ष हरे–भरे हैं।

अपरासां च वैदूर्याः कादम्बा इव पक्षिणः।
हेमसूत्राणि चान्यासां चक्रवाका इवाभवन्।। (5/9/49)

दूसरी स्त्रियों के स्तनों पर नीलम के हार पड़े थे, जो कादम्ब (जलकाक) नामक पक्षी के समान शोभा पाते थे तथा अन्य स्त्रियों के उरोज़ों पर जो सोने के हार थे, वे चक्रवाक (पुरखाव) नामक पक्षियों के समान जान पड़ते थे।

हंसकारण्डवोपेताश्चक्रवाकोपशोभिताः।
आपगा इव ता रेजुर्जघनैः पुलिनैरिव।। (5/9/50)

इस प्रकार वे हंस, कारण्डव (जलकाक) तथा चक्रवाकों से सुशोभित नदियों के समान शोभा पाती थीं। उनके जघन प्रदेश उन नदियों के तटों के समान जान पड़ते थे।

बुद्धपद्मोत्पलवनाश्चक्रवाकोपशोभिताः।
नत्यूहरुतसंघुष्टा हंससारसनादिताः।। (5/14/24)

उनमें खिले हुए कमलों के वन और चक्रवाकों के जोड़े शोभा बढ़ा रहे थे तथा पपीहा, हंस और सारसों के कलनाद गूँज रहे थे।

हिमहतनलिनीव नष्टशोभा
व्यसनपरम्परया निपीड्यमाना।
सहचररहितेव चक्रवाकी
जनकसुता कृपणां दशां प्रपन्ना।। (5/16/30)

हिम की मारी हुई कमलिनी के समान इनकी शोभा नष्ट हो गयी है, दुःख–पर–दुःख उठाने के कारण अत्यन्त पीड़ित हो रही हैं तथा अपने सहचर से बिछुड़ी हुई चकवी के समान पति–वियोग का कष्ट सहन करती हुई ये जनककिशोरी सीता बड़ी दयनीय दशा को पहुँच गयी है।

गिरिप्रस्थेषु रम्येषु सर्वतः सम्प्रपुष्पिताः।। (6/4/77)
प्रीयमाणैः प्लवंगैस्तु सर्वे पर्याकुलीकृताः।
वाप्यस्तस्मिन् गिरौ रम्याः पल्लवानि तथैव च।। (6/4/82)
चक्रवाकानुचरिताः कारण्डवनिषेविताः।
प्लवैः क्रौंचैश्च संकीर्णा वराहमृगसेविता।। (6/4/83)

प्रसन्नता से भरे हुए वानरों ने उन सब वृक्षों को घेर लिया था। उस पर्वत पर बहुत सी रमणीय बावड़ियाँ तथा छोटे–छोटे जलाशय थे, जहाँ चकवे विचरते और जलकुक्कुट निवास करते थे। जलकाक और क्रौंच भरे हुए थे तथा सुअर और हिरन उनमें पानी पीते थे।

सिंहव्याघ्रमुखांश्चापि कङ्ककोकमुखानपि।
गृध्रश्येनमुखांश्चापि शृगालवदनांस्तथा।। (6/99/42)
ईहामृगमुखांश्चापि व्यादितास्यान् भयावहान्।
पंचास्याँल्लेलिहानांश्च ससर्ज निशितांशरान्।। (6/99/43)
शरान् खरमुखांश्चान्यान् वराहमुखसंश्रितान्।
श्वान कुक्कुटवक्त्रांश्च मकराशीविषाननान्।। (6/99/44)
एतांश्चान्यांश्च मायाभिः ससर्ज निशितांछरान्।
रामं प्रति महातेजाः क्रुद्धः सर्प इव श्वसन्।। (6/99/45)

उससे सिंह, बाघ, कंक, चक्रवाक, गीध, बाज, सियार, भेड़िये, गदहे, सूअर, कुत्ते, मुर्गे, मगर और ज़हरीले साँपों के समान मुखवाले बाणों की वृष्टि होने लगी। वे बाण मुँह फैलाये, जबड़े चाटते हुए पाँच मुखवाले भयंकर सर्पों के समान जान पड़ते थे। फुफकारते हुए सर्प की भाँति कुपित हुए महातेजस्वी रावण ने इनका तथा अन्य प्रकार के तीखे बाणों का भी श्रीराम के ऊपर प्रयोग किया।

चक्रवाकैः सकारण्डैः सहंसजलकुक्कुटैः।
सारसैश्च सदा मत्तैः कूजद्भिः सुसमावृताम्।। (7/31/21)

सदा मतवाले होकर कलरव करने वाले चक्रवाक, कारण्डव, हंस, जलकुक्कुट और सारस आदि जलपक्षी नर्मदा की जलराशि पर छा रहे थे।

फुल्लद्रुमकृतोत्तंसां चक्रवाकयुगस्तनीम्।
विस्तीर्णपुलिनश्रोणीं हंसावलिसुमेखलाम्।। (7/31/22)
पुष्परेण्वनुलिप्ताङ्गी जलफेनामलांशुकाम्।
जलावगाहसुस्पर्शां फुल्लोप्तलसुभेक्षणाम्।। (7/31/23)

पुष्पकादवरुह्याशु नर्मदां सरितां वराम्।
इष्टामिव वरां नारीमवगाह्य दशाननः।। (7/31/24)
स तस्याः पुलिने रम्ये नानामुनिनिषेविते।
उपोपविष्टः सचिवैः सार्धं राक्षसपुङ्ग.वः।। (7/31/25)

सरिताओं में श्रेष्ठ नर्मदा परम सुन्दरी प्रियतमा नारी के समान प्रतीत होती थी। खिले हुए तटवर्ती वृक्ष मानों उसके आभूषण थे। चक्रवाक के जोड़े उसके दोनों स्तनों का स्थान ले रहे थे। ऊँचे और विस्तृत पुलिन नितम्ब के समान जान पड़ते थे। हंसों की पंक्ति मोतियों की बनी हुई मेखला (करधनी) के समान शोभा दे रही थी। पुष्पों के पराग ही अंगराग बनकर उसके अंग–अंग में अनुलिप्त हो रहे थे। जल का उज्ज्वल फेन ही उसकी स्वच्छ, श्वेत साड़ी का काम दे रहा था। जल में गोता लगाना ही उसका सुखद संस्पर्श था और खिले हुए कमल ही उसके सुन्दर नेत्र जान पड़ते थे। राक्षस शिरोमणि दशमुख रावण ने शीघ्र ही पुष्पक विमान से उतरकर नर्मदा के जल में डुबकी लगाई और बाहर निकलकर वह नाना मुनियों से सेवित उसके रमणीय तट पर अपने मन्त्रियों के साथ बैठा।

माणिक्यकृतसोपानाः स्फाटिकान्तरकुट्टिमाः।
फुल्लपद्मोत्पलवनाश्चक्रवाकोपशोभिताः।। (7/42/11)

जिनमें माणिक्य की सीढ़ियाँ बनी थीं। सीढ़ियों के बाद कुछ दूरतक जल के भीतर की भूमि स्फटिक मणि से बँधी हुई थी। उन बावड़ियों के भीतर खिले हुए कमल और कुमुदों के समूह शोभा पा रहे थे, चक्रवाक भी उसकी शोभा बढ़ा रहके थे।

तस्यारण्यस्य मध्ये तु सरो योजनमायतम्।
हंसकारण्डवाकीर्णं चक्रवाकोपशोभितम्।। (7/77/4)

उस वन के मध्यभाग में एक सरोवर था, जिसकी लम्बाई–चौड़ाई एक–एक योजन की थी। उसमें हंस और कारण्डव आदि जलपक्षी फैले हुए थे और चक्रवाकों के जोड़े उसकी शोभा बढ़ाते थे।

नोट–श्लोक संख्या 4/28/16 में चक्रवाक का अर्थ हंस दिया गया है किन्तु इसे चकवा में ही सम्मिलित किया गया है क्योंकि हंस अलग प्रजाति है।

76. बक या आँजन बगुला

Grey Heron

वाल्मीकि रामायण में इसके लिए बक शब्द का प्रयोग किया गया है। इसका वैज्ञानिक नाम 'Ardea cinerea' है। बगुले की प्रजातियों जैसे–आँजन बगुला, नरी बगुला, करछिया बगुला, मलंग बगुला, गाय बगुला, चमर बगुला आदि में आँजन बगुला को सामान्य रूप से बगुला समझा जाता है। यह लगभग 40 इंच लम्बा पक्षी है जिसके नर और मादा एक जैसे होते हैं। इसके सर का ऊपरी भाग, चोटी और आँख के पीछे की पट्टी बैगनी काली होती है। सर का बाक़ी हिस्सा सफ़ेद होता है। गरदन श्वेत होती है जिसके निचले भाग पर काली रेखाएँ होती हैं।

ऑजन बगुला जोड़ा बनाने के समय (मार्च से अगस्त) को छोड़कर प्रायः अकेले दिखाई पड़ता है। यह झीलों, नदियों एवं अन्य जलाशयों के किनारे चुपचाप शिकार की घात में

खड़ा रहता है। जैसे ही कोई मेढक या मछली दिखती है, यह अपनी नुकीली गर्दन उसमें छेद देता है।

वाल्मीकि रामायण में इसका उल्लेख निम्नानुसार आया है–

कङ्कगृध्रबकानां च गोमायुगणरक्षराम्।
नित्यभक्षप्रदं युद्धे यमरूपं भयावहम्।। (6/108/11)

युद्ध में वह यमराज का भयावह रूप धारण कर लेता था। समरभूमि में कौए, गीध, बगुले, गीदड़ तथा पिशाचों को वह भक्ष्य प्रदान करता था।

दात्यूहकोयष्टिबकैर्नृत्यमानैश्च बर्हिणैः।
रुतं परभृतानां च शुश्रुवे वननिर्झरे।। (6/39/9)

दात्यूह, कोयष्टि, बक और नाचते हुए मोर उस वन को सुशोभित करते थे। वन में झरनों के आसपास कोकिल की कूक सुनाई पड़ती थी।

77. बलाक

Greater Flamingo

यद्यपि वाल्मीकि रामायण की गीता प्रेस की टीका में बक तथा बलाक दोनों का अर्थ बगुला किया गया है किन्तु बलाक एक अन्य पक्षी है जिसे सामान्य भाषा में बड़ा हंसावर कहते हैं। इसका वैज्ञानिक नाम 'Phoenicopterus ruber' है। यह लम्बी तथा पतली बर्दन वाला पक्षी है। इसकी चोंच बड़ी तथा ऐंठी हुई एवं गुलाबी होती है। यह झीलों के किनारे या दलदल स्थानों पर पाया जाता है। यह समस्त भारत में पाया जाता है। यह ऊँचे स्वर में काँ काँ जैसी आवाज करता है। यह झुण्ड में ट के आकार में उड़ता है।

वाल्मीकि रामायण में इसका उल्लेख निम्नानुसार आया है–

नहि वैदेहि रामस्त्वां द्रष्टुं वाप्युपलभ्यते।
पुरोबलाकैरसितैर्मेघैर्ज्योत्स्नामिवावृताम्।। (5/20/27)

विदेहनन्दिनि! जिनके आगे बगुलों की पंक्तियाँ चलती हैं, उन काले बादलों से छिपी हुई चन्द्रिका के समान तुमको अब राम पाना तो दूर रहा, देख भी नहीं सकते हैं।

78. करपेंची उल्लू

Mottled Wood Owl

वाल्मीकि रामायण में इसके लिए उलूक शब्द का प्रयोग किया गया है। इसका वैज्ञानिक नाम 'Strix ocellata' है। इसका लम्बाई लगभग 18 इंच तथा नर मादा एक जैसे होते हैं। सर के ऊपरी हिस्से और गरदन का रंग पीला भूरा होता है। परों के किनारे काले तथा उनपर सफ़ेद धब्बे होते हैं एवं निचला भाग पीला भूरा होते है। चेहरे पर सफ़ेद एवं काले धब्बे और धारियाँ होती हैं।

उल्लू की अनेक जातियाँ हैं जिसमें करपेंची उल्लू, मुआ, घुघ्घू आदि मुख्य हैं। सभी का सिर बड़ा, आँखें बाहर निकली हुई, चपटी तथा गोल आँखों के चारों ओर गोलाई में परों की सुन्दर घनी झालर होती है। इसकी चोंच छोटी तथा हुकदार तथा नाक एवं कान के छेद

परों से ढके होते हैं। यह पुराने पेड़ों के खोथों में रहना पसन्द करता है जिसमें यह दिन भर सोता रहता है। रात में यह बस्तियों की ओर शिकार की तलाश में निकलता है। यह गिलहरी, चूहे आदि खाता है तथा इस प्रकार फसल की रक्षा में सहायक होता है। इसकी बोली तेज और कठोर होती है। इसका जोड़ा बनाने का समय नवम्बर से अप्रैल तक होता है।

वाल्मीकि रामायण में इसका उल्लेख निम्नानुसार आया है–

बिडालोलूकचरितामालीननरवारणाम्।
तिमिराभ्याहतां कालीमप्रकाशां निशामिव।। (2/114/2)

उस समय वहाँ बिलाव और उल्लू विचर रहे थे। घरों के किवाड़ बन्द थे। सारे नगर में अन्धकार छा रहा था। प्रकाश न होने के कारण वह पुरी कृष्ण–पक्ष की काली रात के समान जान पड़ती थी।

प्रविष्टः शत्रुसैन्यं हि प्राप्तः शत्रुरतर्कितः।
निहन्यादन्तरं लब्ध्वा उलूको वायसानिव।। (6/17/19)

प्रभो! आज कोई वैरी, जो राक्षस होने के कारण पहले हमारे शत्रु रावण की सेना में सम्मिलित हुआ था, अब अकस्मात् हमारी सेना में प्रवेश पाने के लिए आ गया है। वह मौक़ा पाकर हमें उसी तरह मार डालेगा, जैसे उल्लू कौओं का काम तमाम कर देता है।

79. तोता

Rose-ringed Parakeet

वाल्मीकि रामायण में इसके लिए शुक एवं कीरक शब्द का प्रयोग किया गया है। इसका वैज्ञानिक नाम 'Psittacula krameri' है। यह मैदानी क्षेत्रों का जाना–पहचाना पक्षी है। इसकी लम्बाई लगभग 16 इंच होती है। नर का ऊपरी भाग चमकीला हरा तथा सर के पीछे हलका नीलापन लिए भूरा होता है। दुम के बीच के पर हरे, इसके बाद निलछौंह भूरे एवं किनारे पर हरे रहते हैं। गरदन के चारों ओर एक गुलाबी पट्टी होती है जिसके नीचे की पट्टी का रंग काला और और नीचे का रंग पीलापन लिए हरा होता है। मादा के गले पर गुलाबी और काली पट्टी के स्थान पर एक घेरा रहता है। यह 4000 फीट से नीचे पूरे देश में पाया जाता है। यह प्रायः वृक्षों पर रहता है और हर प्रकार के वृक्षों पर बैठने में कुशल होता है। इसकी उड़ान तेज़ और सीधी होती है। रैन बसेरे के पूर्व सन्ध्याकाल में इनके झुण्ड के झुण्ड एक के बाद एक अपने बसेरों की ओर उड़ते दिखाई देते हैं। इसे अपने देश में लोग पालते हैं एवं पिजड़े में रखते हैं। कुछ तोते शीघ्र ही आदमी की बोली की नक़ल करने लगते हैं। इनका जोड़ा बनाने का समय फरवरी से मई तक है। तोते घोसला नहीं बनाते। मादा अपने अण्डे दीवारों तथा पेड़ों के खाथों में रख देती है। जहाँ ऐसा नहीं हो पाता वहाँ अपनी नुकीली चोंच से पेड़ के तने में छेद बनाकर उसमें अपने अण्डे रखती है।

वाल्मीकि रामायण में इसका उल्लेख निम्नानुसार आया है–

शुकबर्हिसमायुक्तं क्रौंचहंसरुतायुतम्।। (2/10/12)
वादित्ररवसंघुष्टं कुब्जावामनिकायुतम्।
लतागृहैश्चित्रगृहैश्चम्पकाशोकशोभितैः।। (2/10/13)

उस भवन में तोते, मोर, क्रौंच और हंस आदि पक्षी कलरव कर रहे थे, वहाँ वाद्यों का मधुर घोष गूँज रहा था, बहुत सी कुब्जा और बौनी दासियाँ भरी हुई थीं, चम्पा और अशोक से सुशोभित बहुत से लताभवन और चित्रमन्दिर उस महल की शोभा बढ़ा रहे थे।

सौमित्रे शृणु वन्यानां वल्गु व्याहरतां स्वनम्।
सम्प्रतिष्ठामहे कालः प्रस्थानस्य परंतप।। (2/56/2)

शत्रुओं को संताप देने वाले सुमित्राकुमार! मीठी बोली बोलने वाले शुक–पिक आदि जंगली पक्षियों का कलरव सुनो। अब हमलोग यहाँ से प्रस्थान करें; क्योंकि प्रस्थान के योग्य समय आ गया है।

कोयष्टिभिश्चार्जुनकैः शतपत्रैश्च कीरकैः।
एतैश्चान्यैश्च बहुभिर्नादितं तद् वनं महत्।। (3/75/12)

वह विशाल वन टिट्टिभों, मोरों, कठफोड़वों, तोतों तथा अन्य बहुत–सी पक्षियों के कलरव से गूँज रहा था।

बालेन्द्रगोपान्तरचित्रितेन
विभाति भूमिर्नवशाद्वलेन।
गात्रानुपृक्तेन शुकप्रभेण
नारीव लाक्षोक्षितकम्बलेन।। (4/28/24)

छोटे–छोटे इन्द्रगोप (वीरबहूटी) नामक कीड़ों से बीच–बीच में चित्रित हुई नूतन घास से आच्छादित भूमि उस नारी के समान शोभा पाती है, जिसने अपने अंगों पर तोते के समान रंगवाला एक ऐसा कम्बल ओढ़ रखा हो, जिसको बीच–बीच में महावर के रँगने से रँगकर विचित्र शोभा से सम्पन्न कर दिया गया हो।

स तदा राक्षसेन्द्रेण संदिष्टो रजनीचरः।
शुको विहंगमो भूत्वा तूर्णमाप्लुत्यचाम्बरम्।। (6/20/13)

राक्षसराज रावण के इस प्रकार संदेश देने पर उस समय निशाचर शुक तोता नामक पक्षी का रूप धारण करके तुरन्त आकाश में उड़ चला।

दात्यूहशुकसंघुष्टा हंससारसनादिताः।
तरुभिः पुष्पशबलैस्तीरजैरुपशोभिताः।। (7/42/12)

पपीहे और तोते वहाँ मीठी बोली बोल रहे थे। हंसों और सारसों के कलरव गूँज रहे थे। फूलों से चितकबरे दिखाई देने वाले तटवर्ती वृक्ष उन्हें शोभासम्पन्न बना रहे थे।

80. रक्तपादा या बड़ा सफ़ेद लकलक

White Stork

यद्यपि वाल्मीकि रामायण की गीता प्रेस की टीका में रक्तपादा का अर्थ तोता किया गया है किन्तु रक्तपादा एक अन्य पक्षी है जिसे सामान्य भाषा में उजला लकलक कहते हैं। इसका वैज्ञानिक नाम 'Ciconia ciconia' है। यह सफ़ेद रंग का पक्षी है जिसके पंख काले होते हैं। इसकी चोंच व पैर लाल रंग के होते हैं। यह दलदल या उसके आस पास अकेले या झुण्ड में पायी जाती है। इसका आहार मेढक, गिरगिट या बड़े कीट हैं।

वाल्मीकि रामायण में इसका उल्लेख निम्नानुसार आया है–

कपोता रक्तपादाश्च सारिका विद्रुता ययुः।। (7/6/57)
काका वाश्यन्ति तत्रैव विडाला वै द्विपादयः।

कबूतर, तोते और मैना लंका छोड़कर भाग चले। कौए वहीं काँव–काँव करने लगे। बिल्लियाँ भी वहीं गुर्राने लगीं तथा हाथी आदि पशु आर्तनाद करने लगे।

81. मोर

Indian Peafowl

वाल्मीकि रामायण में इसके लिए बर्हिण, मयूर एवं शिखी शब्द का प्रयोग किया गया है। इसका वैज्ञानिक नाम 'Pavo cristatus' है। यह भारत का राष्ट्रीय पक्षी है। नर की लम्बाई लगभग 45 इंच होती है जो पूँछ समेत 90 इंच हो जाती है। मादा की लम्बाई लगभग 34 इंच होती है। मोर तथा मोरनी के रंग रूप में काफ़ी भेद होता है। नर का सर और गरदन गाढ़ा चमकीला नीला होता है जिस पर चारों ओर छोटे–छोटे हरे रंग के घुँघराले पर रहते हैं। माथे के ऊपर एक सुन्दर कलँगी होती है जिसके सिरे पर छोटे–छोटे चमकीले हरे और नीले पर होते हैं। दुम भूरी होती है जिसके ऊपर लम्बे, आकर्षक ओर बहुरंगी पर होते हैं, जिसे मोरपंख कहते हैं।

मादा भूरे रंग की तथा माथे पर नर की तरह चोटी तो होती है किन्तु नर की तरह चमकीला रंग नहीं होता। ऊपर का रंग भूरा और नीचे का बादामी रंग लिए सफ़ेद होता है। गरदन का निचला भाग हरा और ऊपर कत्थई होता है। मोर सर्वभक्षी है जिसका भोजन मुख्यतया घास फूस, नरम कल्ले, दाना, बीज, कीड़े–मकोड़े, छिपकली, मेढक तथा साँप हैं। ये बसेरे के लिए वन का सबसे ऊँचा पेड़ तलाशते हैं लेकिन बसेरा प्रायः निचली डाल पर ही लेते हैं। यह बहुपत्नीक पक्षी है। नर मोर बहुत सी मादाओं के साथ रहता है। इसका जोड़ा बनाने का समय गरमी के शुरू में आता है। मोरनी जुलाई से सितम्बर तक अण्डे देती है। नर मोर का नृत्य अत्यन्त आकर्षक होता है।

वाल्मीकि रामायण में इसका उल्लेख निम्नानुसार आया है–

इति ब्रुवन्तं मुदिताः प्रत्यनन्दन् नृपा नृपम्।
वृष्टिमन्तं महामेघं नर्दन्त इव बर्हिणः।। (2/2/17)

राजा दशरथ जब ऐसी बात कह रहे थे, उस समय वहाँ उपस्थित नरेशों ने अत्यन्त प्रसन्न होकर उन महाराज का उसी प्रकार अभिनन्दन किया, जैसे मोर मधुर केकारव फैलाते हुए वर्षा करने वाले महामेध का अभिनन्दन करते हैं।

शुकबर्हिसमायुक्तं क्रौंचहंसरुतायुतम्।। (2/10/12)
वादित्ररवसंघुष्टं कुब्जावामनिकायुतम्।
लतागृहैश्चित्रगृहैश्चम्पकाशोकशोभितैः।। (2/10/13)

उस भवन में तोते, मोर, क्रौंच और हंस आदि पक्षी कलरव कर रहे थे, वहाँ वाद्यों का मधुर घोष गूँज रहा था, बहुत सी कुब्जा और बौनी दासियाँ भरी हुई थीं, चम्पा और अशोक से सुशोभित बहुत से लताभवन और चित्रमन्दिर उस महल की शोभा बढ़ा रहे थे।

गन्धान् मनोज्ञान् विसृजद् दार्दुरं शिखरं यथा ।
सारसैश्च मयूरैश्च विनदद्भिर्विराजितम्।। (2/15/34)

वह भवन मलयाचल के समीपवर्ती दुर्दर नामक चन्दनगिरि के शिखर की भाँति सब ओर मनोहर सुगन्ध बिखेर रहा था। कलरव करते हुए सारस और मयूर आदि पक्षी उसकी शोभावृद्धि कर रहे थे।

ततः समासाद्य महाधनं महत्
प्रहृष्टरोमा स बभूव सारथिः।
मृगैर्मयूरैश्च समाकुलोल्बणं
गृहं वरार्हस्य शचीपतेरिव।। (2/15/41)

उत्तम वस्तु को प्राप्त करने के अधिकारी श्रीराम का वह महान् समृद्धिशाली विशाल भवन शचीपति इन्द्र के भवन की भाँति सुशोभित होता था। इधर–उधर फैले हुए मृगों और मयूरों से उसकी शोभा और भी बढ़ गयी थी। वहाँ पहुँचकर सारथि सुमन्त्र के शरीर में अधिक हर्ष के कारण रोमांच हो आया।

गोमतीं चाप्यतिक्रम्य राघवः शीघ्रगैर्हयैः।
मयूरहंसाभिरुतां ततार स्यन्दिकां नदीम्।। (2/49/12)

शीघ्रगामी घोड़ों द्वारा गोमती नदी को लाँघ करके श्रीरघुनाथ जी ने मोरों और हंसों के कलरवों से व्याप्त स्यन्दिका नामक नदी को भी पार किया।

बर्हिणानां च निर्घोषः श्रूयते नदतां वने।
तराम जाह्नवीं सौम्य शीघ्रगां सागरङ्ग.माम।। (2/50/3)

वन में अव्यक्त शब्द करने वाले मयूरों की केका वाणी भी सुनायी देती है; अतः सौम्य! अब हमें तीव्र गति से बहने वाली समुद्रगामिनी गंगाजी के पार उतरना चाहिए।

नानानगगणोपेतः किन्नरोरगसेवितः।। (2/55/39)
मयूरनादाभिरतो गजराजनिषेवितः।
गम्यतां भवता शैलश्चित्रकूटः स विश्रुतः।। (2/54/40)

वह सुविख्यात चित्रकूट पर्वत नाना प्रकार के वृक्षों से हरा–भरा है। वहाँ बहुत से किन्नर और सर्प निवास करते हैं। मोरों के कलरवों से वह और भी रमणीय प्रतीत होता है। बहुत से गजराज उस पर्वत का सेवन करते हैं। तुम वहीं चले जाओ।

विॉत्य ते बर्हिणपूगनादिते
शुभे वने वारणवानरायुते।
समं नदीवप्रमुपेत्य सत्वरं
निवासमाजग्मुरदीनदर्शनाः।। (2/55/33)

उदार दृष्टि वाले वे सीता, लक्ष्मण और श्रीराम मोरों के झुण्डों की मीठी बोली से गूँजते तथा हाथियों और वानरों से भरे हुए उस सुन्दर वन में घूम–फिरकर शीघ्र ही यमुना नदी के समतल तट पर आ गये और रात में उन्होंने वहीं निवास किया।

एष क्रोशति नत्यूहस्तं शिखी प्रतिकूजति।
रमणीये वनोद्देशे पुष्पसंस्तरसंकटे।। (2/56/9)

'वन का यह भाग बड़ा ही रमणीय है, यहाँ फूलों की वर्षा–सी हो रही है और सारी भूमि पुष्पों से आच्छादित दिखाई देती है। इस वन प्रान्त में यह चातक 'पी कहाँ' 'पी कहाँ' की रट लगा रहा है। उधर वह मोर बोल रहा है, मानों पपीहे की बात का उत्तर दे रहा हो।

उष्णमन्तर्दधे सद्यः स्निग्धा ददृशिरे घनाः।
ततो जॉषिरे सर्वे भेकसारङ्ग.बर्हिणः।। (2/63/16)

सब ओर सजल मेघ दृष्टिगोचर होने लगे और गरमी तत्काल शान्त हो गयी; इससे समस्त मेढकों, चातकों और मयूरों में हर्ष छा गया।

एतान् वित्रासितान् पश्य बर्हिणः प्रियदर्शनान्।
एवमापततः शैलमधिवासं पतत्रिणः।। (2/93/17)

जो देखने में बड़े प्यारे लगते हैं उन मोरों को तो देखो। ये हमारे सैनिकों के भय से कितने डरे हुए हैं। इसी प्रकार अपने आवास–स्थान पर्वत की ओर उड़ते हुए अन्य पक्षियों पर भी दृष्टिपात करो।

द्रक्ष्यसे दृष्टिरम्याणि गिरिप्रस्रवणानि च।
रमणीयान्यरण्यानि मयूराभिरुतानि च।। (3/8/15)

नेत्रों को रमणीय प्रतीत होने वाले पहाड़ी झरनों और मोरों की मीठी बोली से गूँजती हुई सुरम्य वनस्थलियों को भी आप देखेंगे।

मयूरनादिता रम्याः प्रांशवो बहुकन्दराः।
दृश्यन्ते गिरयः सौम्य फुल्लैस्तरुभिरावृताः।। (3/15/14)

सौम्य! यहाँ बहुत सी कन्दराओं से युक्त ऊँचे–ऊँचे पर्वत दिखाई दे रहे हैं, जहाँ मयूरों की मीठी बोली गूँज रही है। ये रमणीय पर्वत खिले हुए वृक्षों से व्याप्त है।

यदन्तरं वायसवैनतेययो–
र्यदन्तरं मद्गुमयूरयोरपि।
यदन्तरं हंसकगृध्रयोर्वने
तदन्तरं दाशरथेस्तवैव च।। (3/47/47)

गरुड़ और कौए में, मोर और जलकाक में तथा वनवासी हंस और गीध में जो अन्तर है, वही अन्तर दशरथनन्दन श्रीराम और तुझमें है।

अरविन्दोत्पलवतीं पद्मसौगन्धिकायुताम्।
पुष्पिताम्रवणोपेतां बर्हिणोद्घुष्टनादिताम्।। (3/75/21)

उस पुष्करिणी में अरविन्द और उत्पल खिले थे। पद्म और सौगन्धिक जाति के पुष्प शोभा पाते थे। बौर लगी हुई अमराइयों से वह घिरी हुई थी तथा मयूरों के केकानाद वहाँ गूँज रहे थे।

शिखिनीभिः परिवृतास्त एते मदमूर्छिताः।। (4/1/37)
मन्मथाभिपरीतस्य मम मन्मथवर्धनाः।

मयूरियों से घिरे हुए ये मदमत्त मयूर अनंग वेदना से संतप्त हुए मेरी इस कामपीड़ा को और भी बढ़ा रहे हैं।

पश्य लक्ष्मण नृत्यन्तं मयूरमुपनृत्यति।। (4/1/38)
शिखिनी मन्मथार्तैषा भर्तारं गिरिसानुनि।

लक्ष्मण! वह देखो, पर्वतशिखर पर नाचते हुए अपने स्वामी मयूर के साथ–साथ वह मोरनी भी कामपीड़ित होकर नाच रही है।

तामेव मनसा रामां मयूरोऽप्यनुधावति।। (4/1/39)
वितत्य रुचिरौ पक्षौ रुतैरुपहसन्निव।

मयूर भी अपने दोनों सुन्दर पंखों को फैलाकर मन–ही–मन अपनी उसी रामा (प्रिया) का अनुसरण कर रहा है तथा अपने मधुर स्वरों से मेरा उपहास करता–सा जान पड़ता है।

पश्य लक्ष्मण संरागस्तिर्यग्योनिगतेष्वपि।
यदेषा शिखिनी कामाद् भर्तारमभिवर्तते।। (4/1/42)

फूलों से भरे हुए इस चैत्रमास में सीता के बिना यहाँ निवास करना मेरे लिए अत्यन्त दुःसह है। लक्ष्मण! देखो तो सही, तिर्यग्योनि में पड़े हुए प्राणियों में भी परस्पर कितना अधिक अनुराग है। इस समय यह मोरनी कामभाव से अपने स्वामी के सामने उपस्थित हुई है।

विविधैर्वृक्षषण्डैश्च चारुचित्रलतायुतम्।
नानाविहगसंघुष्टं मयूरवरनादितम्।। (4/27/9)

उसमें रहने वाले मेढक यहाँ भी उछलते–कूदते चले आते हैं। नाना प्रकार के वृक्ष–समूह इसकी शोभा बढ़ाते हैं। सुन्दर और विचित्र लताओं से यह शैल–शिखर हरा–भरा दिखाई देता है। भाँति–भाँति के पक्षी यहाँ चहक रहे हैं तथा सुन्दर मोरों की मीठी बोली गूँज रही है।

पारिप्लवशतैर्जुष्टा बर्हिक्रौंचविनादिता।
रमणीया नदी सौम्य मुनिसंघनिषेविता।। (4/27/23)

सैकड़ों जल–पक्षियों से सेवित तथा मोर एवं क्रौंच के कलरवों से मुखरित हुई यह सौम्य नदी बड़ी रमणीय प्रतीत होती है। मुनियों के समुदाय इसके जल का सेवन करते हैं।

व्यामिश्रितं सर्जकदम्बपुष्पै–
र्नवं जलं पर्वतधातुताम्रम्।
मयूरकेकाभिरनुप्रयातं
शैलापगाः शीघ्रतरं वहन्ति।। (4/28/18)

इस समय पहाड़ी नदियाँ वर्षा के नूतन जल को बड़े वेग से बहा रही है। वह जल सर्ज और कदम्ब के फूलों से मिश्रित है, पर्वत के गेरु आदि धातुओं से लाल रंग का हो गया है तथा मयूरों की केकाध्वनि उस जल के कलकलनाद का अनुसरण कर रही है।

वर्षोदकाप्यायितशाद्वलानि
प्रवृत्तनृत्तोत्सवबर्हिणानि।
वनानि निर्वृष्टबलाहकानि
पश्यापराण्हेष्वधिकं विभान्ति।। (4/28/21)

देखो अपराह्नकाल में इन वनों की शोभा अधिक बढ़ जाती है। वर्षा के जल से इनमें हरी–हरी घासें बढ़ गयी हैं। झुण्ड–के–झुण्ड मोरों ने अपना नृत्योत्सव आरम्भ कर दिया है और मेघों ने इनमें निरन्तर जल बरसाया है।

जाता वनान्ताः शिखिसुप्रनृत्ता
जाताः कदम्बाः सकदम्बशाखाः।
जाता वृषा गोषु समानकामा
जाता मही सस्यवनाभिरामा।। (4/28/26)

वन प्रान्त मोरों के सुन्दर नृत्य से सुशोभित हो गये हैं। कदम्ब वृक्ष फूलों और शाखाओं से सम्पन्न हो गये हैं। साँड़ गौओं के प्रति उन्हीं के समान कामभाव से आसक्त हैं और पृथ्वी हरी–हरी खेती तथा हरे–भरे वनों से अत्यन्त रमणीय प्रतीत होने लगी है।

प्रहर्षिताः केतकिपुष्पगन्ध–
माघ्राय मत्ता वननिर्झरेषु।
प्रपातशब्दाकुलिता गजेन्द्राः
सार्धं मयूरैः समदा नदन्ति।। (4 / 28 / 28)

वन के झरनों के समीप क्रीड़ा से उल्लसित हुए मदवर्षी गजराज केवड़े के फूल की सुगन्धी को सूँघकर मतवाले हो उठे हैं और झरने के जल के गिरने से जो शब्द होता है, उससे आकुल हो ये मोरों के बोलने के साथ–साथ स्वयं भी गर्जना करते हैं।

क्वचित् प्रगीता इव भाट्पदोघैः
क्वचित् प्रनृत्ता इव नीलकण्ठैः।
क्वचित् प्रमत्ता इव वारणेन्द्रै–
र्विभान्त्यनेकाश्रयिणो वनान्ताः।। (4 / 28 / 33)

कहीं भ्रमरों के समूह गीत गा रहे हैं, कहीं मोर नाच रहे हैं और कहीं गजराज मदमत्त होकर विचर रहे हैं। इस प्रकार ये वनप्रान्त अनेक भावों के आश्रय बनकर शोभा पा रहे हैं।

कदम्बसर्जार्जुनकन्दलाढ्या
वनान्तभूमिर्मधुवारिपूर्णा।
मयूरमत्ताभिरुतप्रनृत्तै–
रापानभूमिप्रतिमा विभाति।। (4 / 28 / 34)

कदम्ब, सर्ज, अर्जुन और स्थल–कमल से सम्पन्न वन के भीतर भूमि मधु–जल से परिपूर्ण हो मोरों के मदयुक्त कलरवों और नृत्यों से उपलक्षित होकर आपानभूमि (मधुशाला) के समान प्रतीत होती है।

क्वचित् प्रनृत्तैः क्वचिदुन्नदद्भिः
क्वचिच्च वृक्षाग्रनिषण्णकायैः।
व्यालम्बबर्हाभरणैर्मयूरै–
र्वनेषु संगीतमिव प्रवृत्तम्।। (4 / 28 / 37)

विशाल पंखरूपी आभूषणों से विभूषित मोर वनों में कहीं नाच रहे हैं, कहीं ज़ोर–ज़ोर से मीठी बोली बोल रहे हैं और कहीं वृक्षों की शाखाओं पर अपने सारे शरीर का बोझ डालकर बैठे हुए हैं। इस प्रकार उन्होंने संगीत (नाच–गान) का आयोजन–सा कर रखा है।

प्रमत्तसंनादितबर्हिणानि
सशक्रगोपाकुलशाद्वलानि।
चरन्ति नीपार्जुनवासितानि
गजाः सुरम्याणि वनान्तराणि।। (4 / 28 / 41)

जहाँ मतवाले मोर कलनाद कर रहे हैं, जहाँ की हरी–हरी घासें वीरबहूटियों के समुदाय से व्याप्त हो रही हैं तथा जो नीप और अर्जुन–वृक्षों के फूलों की सुगन्ध से सुवासित हैं, उन परम रमणीय वन प्रान्तों में बहुत से हाथी विचरा करते हैं।

शैलोपलप्रस्खलमानवेगाः
शैलोत्तमानां विपुलाः प्रपाताः।
गुहासु संनादितबर्हिणासु
हारा विकीर्यन्त इवावभान्ति।। (4/28/49)

पर्वतीय प्रस्तरखण्डों पर गिरने से जिनका वेग टूट गया है, वे श्रेष्ठ पर्वतों के बहुतेरे झरने मयूरों की बोली से गूँजती हुई गुफाओं में टूटकर बिखरते हुए मोतियों के हारों के समान प्रतीत होते हैं।

नभः समीक्ष्याम्बुधरैर्विमुक्तं
विमुक्तबर्हाभरणा वनेषु।
प्रियास्वरक्ता विनिवृत्तशोभा
गतोत्सवा ध्यानपरा मयूराः।। (4/30/33)

आकाश को बादलों से शून्य हुआ देख वनों में पंखरूपी आभूषणों का परित्याग करने वाले मोर अपनी प्रियतमाओं से विरक्त हो गये हैं। उनकी शोभा नष्ट हो गयी है और वे आनन्दशून्य हो ध्यानमग्न होकर बैठे हैं।

त्यक्त्वा वराण्यात्मविभूषितानि
बर्हाणि तीरोपगता नदीनाम्।
निर्भर्त्स्यमाना इव सारसोघैः
प्रयान्ति दीना वितना मयूराः।। (4/30/40)

अपने आभूषणरूप श्रेष्ठ पंखों को त्यागकर नदियों के तटों पर आये हुए मोर मानो सारस–समूहों की फटकार सुनकर दुःखी और खिन्नचित्त हो पीछे लौट जाते हैं।

नदीघनप्रस्रवणोदकाना
मतिप्रवृद्धानिलबर्हिणानाम्।
प्लवंगमानां च गतोत्सवानां
ध्रुवं रवाः सम्प्रति सम्प्रणष्टाः।। (4/30/43)

नदी, मेघ, झरनों के जल, प्रचण्ड वायु, मोर और हर्ष–रहित मेढकों के शब्द निश्चय ही इस समय शान्त हो गये हैं।

क्रौंचबर्हिणसंघुष्टै राजहंसनिषेवितैः।
तूर्याभरणनिर्घोषैः सर्वतः परिनादिताम्।। (5/3/11)

वहाँ क्रौंच और मयूरों के कलरव गूँजते रहते थे, उन द्वारों पर राजहंस नामक पक्षी भी निवास करते थे। वहाँ भाँति–भाँति के वाद्यों और आभूषणों की मधुर ध्वनि होती रहती थी, जिससे लंकापुरी सब ओर से प्रतिध्वनित हो रही थी।

वराहवाध्रीणसकान् दधिसौवर्चलायुतान्।
शल्यान् मृगमयूरांश्च हनुमानन्ववैक्षत।। (5/11/16)

वानरसिंह हनुमान् ने वहाँ सोने के बड़े–बड़े पात्रों में मोर, मुर्गे, सूअर, गेंडा, साही, हरिण तथा मयूरों के माँस देखे, जो दही और नमक मिलाकर रखे गये थे। वे अभी खाये नहीं गये थे।

प्रहृष्टमनुजां काले मृगपक्षिमदाकुलाम्।
मत्तबर्हिणसंघुष्टां नानाद्विजगणायुताम्।। (5/14/8)

वह वाटिका ऐसी थी, जहाँ जाने से हर समय लोगों के मन में प्रसन्नता होती थी। मृग और पक्षी मदमत्त हो उठते थे। मतवाले मोरों का कलनाद वहाँ निरन्तर गूँजता रहता था और नाना प्रकार के पक्षी वहाँ निवास करते थे।

दात्यूहकोयष्टिबकैर्नृत्यमानैश्च बर्हिणैः।
रुतं परभृतानां च शुश्रुवे वननिर्झरे।। (6/39/9)

दात्यूह, कोयष्टि, बक और नाचते हुए मोर उस वन को सुशोभित करते थे। वन में झरनों के आसपास कोकिल की कूक सुनाई पड़ती थी।

गजस्कन्धगताः केचित् केचित् परमवाजिभिः।
व्याघ्रवृश्चिकमार्जारखरोष्ट्रैश्च भुजङ्गमै।। (6/73/11)
वराहैः श्वापदैः सिंहैर्जम्बुकैः पर्वतोपमैः।
काकहंसमयूरैश्च राक्षसा भीमविक्रमाः।। (6/73/12)

कोई हाथी पर बैठकर चले तो कोई उत्तम घोड़ों पर। इनके सिवा बाघ, बिच्छू, बिलाव, गदहे, ऊँट, सर्प, सूअर, अन्य हिंसक जन्तु, सिंह, पर्वताकार गीदड़, कौआ, हंस और मोर आदि की सवारियों पर चढ़े हुए भयंकर पराक्रमी राक्षस वहाँ युद्ध के लिए आये।

इन्द्रो मयूरः संवृत्तो धर्मराजस्तु वायसः।
कृकलासो धनाध्यक्षो हंसश्च वरुणोऽभवत्।। (7/18/5)

इन्द्र मोर, धर्मराज कौआ, कुबेर गिरगिट और वरुण हंस हो गये।

हर्षात् तदाब्रवीदिन्द्रो मयूरं नीलबर्हिणम्।
प्रीतोऽस्मि तव धर्मज्ञ भुजङ्गाद्धि न ते भयम्।। (7/18/22)

सबसे पहले इन्द्र ने हर्षपूर्वक नीले पंख वाले मोर से कहा–धर्मज्ञ! मैं तुमपर बहुत प्रसन्न हूँ। तुम्हें सर्प से भय नहीं होगा।

सा दुःखभारावनता यशस्विनी
यशोधरा नाथमपश्यती सती।
रुरोद सा बर्हिणनादिते वने
महास्वनं दुःखपरायणा सती।। (7/48/26)

अब उन्हें कोई भी अपना रक्षक दिखाई नहीं दिया। अतः यश को धारण करने वाली वे यशस्विनी सती सीता दुःख के भारी भार से दबकर चिन्तामग्न हो मयूरों के कलनाद से गूँजते हुए उस वन में ज़ोर–ज़ोर से रोने लगीं।

82. अर्जुनक

Asian Paradise- flycatcher

यद्यपि वाल्मीकि रामायण की गीता प्रेस की टीका में अर्जुनक का अर्थ मोर किया गया है किन्तु अर्जुनक एक अन्य पक्षी है जिसे सामान्य भाषा में दूधराज या सुलतान बुलबुल कहते हैं। इसका वैज्ञानिक नाम 'Terpsiphone paradisi' है। वयस्क नर का रंग रुपहरी सफ़ेद होता है जिसका सिर व कल्गी काले होते हैं। मादा तथा अवयस्क का ऊपरी भाग लाल

भूरा तथा निचला भाग स्लेटी सफ़ेद होता है। अवयस्क नर का पूँछ में लाल भूरे फीतों जैसे पर होते हैं जो मादा में नहीं होते। यह वृक्षाच्छादित क्षेत्रों में अकेले या जोड़ों में पाया जाता है। यह 2000 मीटर की ऊँचाई तक समस्त भारत में पाया जाता है।

वाल्मीकि रामायण में इसका उल्लेख निम्नानुसार आता है–

कोयष्टिभिश्चार्जुनकैः शतपत्रैश्च कीरकैः।
एतैश्चान्यैश्च बहुभिर्नादितं तद् वनं महत्।। (3/75/12)

वह विशाल वन टिट्भिों, मोरों, कठफोड़वों, तोतों तथा अन्य बहुत सी पक्षियों के कलरव से गूँज रहा था।

83. कबूतर

Rock Pigeon

वाल्मीकि रामायण में इसके लिए कपोत शब्द का प्रयोग किया गया है। इसका वैज्ञानिक नाम 'Columba livia' है। यह हमारा चिर परिचित पक्षी है। इसकी लम्बाई लगभग 13 इंच होती है। नर मादा देखने में एक जैसे होते हैं। इनका लगभग पूरा शरीर सिलेटी तथा गरदन के पास हरी बैगनी चमक होती है। सीना, पीठ तथा डैनों का रंग गाढ़ा होता है। बड़ी पखनियों और छोटे पंखों के सिरे काले होते हैं जिसके कारण डैने पर दो स्पष्ट काली धारियाँ होती हैं। चोंच काली, आँख भूरापन लिए नारंगी तथा टाँगें गाढ़ी गुलाबी होती हैं। ये पुराने मकानों की कारनिशों में, घने बागों एवं जंगलों में, कच्चे कुओं और मिट्टी के भीटों पर बहुतायत से मिलते हैं। इनको सुबह शाम खेतों में आसानी से देखा जा सकता है। इनकी उड़ान बहुत तेज़ एवं फुर्तीली होती है। कबूतर के अण्डा देने का समय जनवरी से मई तक कहा जा सकता है किन्तु ये साल में कई बार अण्डे देते हैं। इनके घोंसले किसी मकान की कारनिश, मिट्टी के भीटे या कुओं में खोदे गये सुराखों में मिलते हैं।

वाल्मीकि रामायण में इसका उल्लेख निम्नानुसार आता है–

शैब्यः श्येनकपोतीये स्वमांसं पक्षिणे ददौ।
अलर्कश्चक्षुषी दत्त्वा जगाम गतिमुत्तमाम्।। (2/12/43)

राजा शैब्य ने बाज और कबूतर के झगड़े में (कबूतर के प्राण बचाने की प्रतिज्ञा को पूर्ण करने के लिए) बाज नामक पक्षी को अपने शरीर का माँस काटकर दे दिया था। इसी तरह राजा अलर्क ने (एक अंधे ब्राह्मण को) अपने दोनों नेत्रों का दान करके परम उत्तम गति प्राप्त की थी।

अग्निहोत्रे च ऋषिणा हुते च विधिपूर्वकम्।
कपोताङ्गारूणो धूमो दृश्यते पवनोद्धतः।। (2/119/6)

महर्षि (अत्रि) ने विधिपूर्वक अग्निहोत्र सम्बन्धी होमकर्म सम्पन्न कर लिया है, अतः वायु के वेग से ऊपर को उठा हुआ यह कबूतर के कण्ठ की भाँति श्यामवर्ण का धूम दिखाई दे रहा है।

श्रूयते हि कपोतेन शत्रुः शरणमागतः।
अर्चितश्च यथान्यायं स्वैश्च मांसैर्निमन्त्रितः।। (6/18/24)

सुना जाता है कि एक कबूतर ने अपनी शरण में आये हुए अपने ही शत्रु एक व्याध का यथोचित आतिथ्य–सत्कार किया था और उसे निमन्त्रण दे अपने शरीर के माँस का भोजन कराया था।

स हि तं प्रतिजग्राह भार्याहर्तारमागतम्।
कपोतो वानरश्रेष्ठ किं पुनर्मद्विधो जनः।। (6/18/25)

उस व्याध ने उस कबूतर की भार्या कबूतरी को पकड़ लिया था तो भी अपने घर आने पर कबूतर ने उसका आदर किया; फिर मेरे—जैसा मनुष्य शरणागत पर अनुग्रह करे, इसके लिए तो कहना ही क्या है?

पाण्डुरा रक्तपादाश्च विहगाः कालचोदिताः।
राक्षसानां विनाशाय कपोता विचरन्ति च।। (6/35/31)

जिनके पाँखे सफ़ेद और पंजे लाल हैं, वे कबूतर पक्षी दैव से प्रेरित हो राक्षसों का भावी विनाश सूचित करने के लिए यहाँ सब ओर विचरते हैं।

कपोता रक्तपादाश्च सारिका विद्रुता ययुः।। (7/6/57)
काका वाश्यन्ति तत्रैव विडाला वै द्विपादयः।

कबूतर, तोते और मैना लंका छोड़कर भाग चले। कौए वहीं काँव—काँव करने लगे। बिल्लियाँ भी वहीं गुर्राने लगीं तथा हाथी आदि पशु आर्तनाद करने लगे।

84. सारस

Indian Sarus Crane

वाल्मीकि रामायण में इसके लिए सारस शब्द का प्रयोग किया गया है। इसका वैज्ञानिक नाम 'Grus antigone' है। इसकी लम्बाई लगभग 60 इंच होती है। इसके सारे शरीर का रंग सिलेटी होता है। सर गहरे लाल रंग का होता है किन्तु यह सुर्खी कुछ दिनों बाद आती है। इसका माथा राख के रंग का, डैने के सिरे कलछौंह भूरे, आँख नारंगी रंग की तथा टाँगे गुलाबी होती हैं। यह हमारे देश की सबसे बड़ी चिड़िया है। इसे पानी अधिक पसन्द है। वर्षाकाल में जब चारों ओर पानी भर जाता है तब इसके जोड़े 6—7 के गिरोह में छिछले जलाशयों के पास मेढक—मछली के तलाश में घूमते दिखाई देते हैं।

सारस का प्रजनन काल जुलाई से दिसम्बर तक है। इस काल में नर सारस मादा को रिझाने के लिए ख़ूब नाचता है और फिर जोड़ा बनाकर जीवन भर साथ निभाता है। जोड़े में से एक के मर जाने पर दूसरा प्रायः खाना पीना छोड़कर अपनी जान दे देता है।

वाल्मीकि रामायण में इसका उल्लेख निम्नानुसार है—

गन्धान् मनोज्ञान् विसृजद् दार्दुरं शिखरं यथा ।
सारसैश्च मयूरैश्च विनदद्भिर्विराजितम्।। (2/15/34)

वह भवन मलयाचल के समीपवर्ती दुर्दर नामक चन्दनगिरि के शिखर की भाँति सब ओर मनोहर सुगन्ध बिखेर रहा था। कलरव करते हुए सारस और मयूर आदि पक्षी उसकी शोभावृद्धि कर रहे थे।

हंससारससंघुष्टां चक्रवाकोपशोभिताम्।
सदामत्तैश्च विहगैरभिपन्नामनिन्दिताम्।। (2/50/19)

हंसों और सारसों के कलरव वहाँ गूँजते रहते हैं। चकवे उन देवनदी की शोभा बढ़ाते हैं। सदा मदमत्त रहने वाले विहंगम उनके जल पर मँडराते रहते हैं। वे उत्तम शोभा से सम्पन्न हैं।

शिंशुमारैश्च नक्रैश्च भुजंगैश्च समन्विताम्।
शंकरस्य जटाजूटाद् भ्रष्टां सागरतेजसा।। (2/50/25)
समुद्रमहिषीं गंङ्ग.ा सारसक्रौंचनादिताम्।
आससाद महाबाहुः श्रृङ्ग.वेरपुरं प्रति।। (2/50/26)

उनके जल में सूँस, घड़ियाल और सर्प निवास करते हैं। सगरवंशी राजा भगीरथ के तपोमय तेज से जिनका शंकर जी के जटाजूट से अवतरण हुआ था, जो समुद्र की रानी हैं तथा जिनके निकट सारस और क्रौंच पक्षी कलवर करते रहते हैं, उन्हीं देवनदी गङ्गा के पास महाबाहु श्रीरामजी पहुँचे। गङ्गाकी की वह धारा शृंगवेरपुर में बह रही थी।

विचित्रवालुकजलां हंससारसनादिताम्।
रेमे जनकराजस्य सुता प्रेक्ष्य तदा नदीम्।। (2/55/31)

उस समय जनकाराजकिशोरी सीता विचित्र वालुका और जलराशि से सुशोभित तथा हंस और सारसों के कलनाद से मुखरित यमुना नदी को देखकर बहुत प्रसन्न होती थीं।

विचित्रपुलिनां रम्यां हंससारस सेविताम्।
कुसुमैरुपसम्पन्नां पश्य मन्दाकिनीं नदीम्।। (2/95/3)

प्रिये! अब मन्दाकिनी नदी की शोभा देखो, हंस और सारसों से सेवित होने के कारण यह कितनी सुन्दर जान पड़ती है। इसका किनारा बड़ा ही विचित्र है। नाना प्रकार के पुष्प इसकी शोभा बढ़ा रहे हैं।

सारसांश्चक्रवाकांश्च नदीपुलिनचारिणः।
सरांसि च सपद्मानि युतानि जलजैः खगैः।। (3/11/3)

उन्होंने देखा, कहीं नदियों के तंटों पर सारस और चक्रवाक विचर रहे हैं और कहीं खिले हुए कमलों और जलचर पक्षियों से युक्त सरोवर शोभा पाते हैं।

पद्मपुष्करसम्बाधं गजयूथैरलंकृतम्।
सारसैर्हंसकादम्बैः संकुलं जलजातिभिः।। (3/11/6)

वह सरोवर लाल और श्वेत कमलों से भरा हुआ था। उसमें क्रीड़ा करते हुए झुण्ड के झुण्ड हाथी उसकी शोभा बढ़ाते थे तथा सारस, राजहंस और कलहंस आदि पक्षियों एवं जल में उत्पन्न होने वाले मत्स्य आदि जन्तुओं से वह व्याप्त दिखाई देता था।

बाष्पच्छन्नान्यरण्यानि यवगोधूमवन्ति च।
शोभन्तेऽभ्युदिते सूर्ये नदद्भिः क्रौंचसारसैः।। (3/16/16)

जौ और गेहूँ के खेतों से युक्त ये बहुसंख्यक वन भाप से ढँके हुए हैं तथा क्रौंच और सारस इनमें कलरव कर रहे हैं। सूर्योदय काल में इन वनों की बड़ी शोभा हो रही है।

बाष्पसंछन्नसलिला रुतविज्ञेयसारसाः।
हिमार्द्रवालुकैस्तीरैः सरितो भान्ति साम्प्रतम्।। (3/16/24)

इस समय नदियों के जल भाप से ढके हुए हैं। इनमें विचरने वाले सारस केवल अपने कलरवों से पहचाने जाते हैं, तथा ये सरिताएँ भी ओस से भीगी हुई बालू वाले अपने तटों से ही प्रकाश में आती है (जल से नहीं)।

अद्याहं मार्गणैः प्राणानादास्ये जीवितान्तगैः।
सलिले क्षीरमासक्तं निष्पिबन्निव सारसः।। (3/19/8)

जैसे हंस जल में मिले हुए दूध को पी लेता है उसी प्रकार मैं आज इन प्राणान्तकारी बाणों से तुम्हारे अपराधी के शरीर से उसके प्राण ले लूँगा।

हंसक्रौंचप्लवाकीर्णं सारसैः सम्प्रसादितम्।
वैदूर्यप्रस्तरं स्निग्धं सान्द्रं सागरतेजसा।। (3/35/18)

सिन्धु का वह तट समुद्र के तेज से उसकी तरह तरंगमालाओं के स्पर्श से स्निग्ध एवं शीतल था। वहाँ हंस, क्रौञ्च तथा मेढक सब ओर फैले हुए थे और सारस उसकी शोभा बढ़ा रहे थे। उस तट पर वैदूर्यमणि के सदृश श्याम रंग के प्रस्तर दिखाई देते थे।

हंससारससंघुष्टां वन्दे गोदावरीं नदीम्।
क्षिप्रं रामाय शंस त्वं सीतां हरति रावणः।। (3/49/31)

हंसों और सारसों के कलरवों से मुखरित हुई गोदावरी नदी को मैं प्रणाम करती हूँ। माँ! तुम श्रीराम से शीघ्र ही कह देना, सीता को रावण हर ले जा रहा है।

कारण्डैः सारसैर्हंसैर्वंजुलैर्जलकुक्कुटैः।
चक्रवाकैस्तथा चान्यैः शकुनैः प्रतिनादितान्।। (4/13/8)

कारण्डव, सारस, हंस, वंजुल, जलमुर्ग, चक्रवाक तथा अन्य पक्षी उन सरोवरों में चहचहा रहे थे। उन सबकी प्रतिध्वनि गूँज रही थी।

पुलिनैरतिरम्यैश्च हंससारससेविता।
प्रहसन्त्येव भात्येषा नानारत्नसमन्विता।। (4/27/21)

अत्यन्त रमणीय तटों से अलंकृत, नाना प्रकार के रत्नों से सम्पन्न तथा हंस और सारसों से सेवित यह नदी अपनी हास्यच्छटा बिखेरती हुई–सी जान पड़ती है।

समीक्ष्य विमलं व्योम गतविद्युद्बलाहकम्।
सारसाकुलसंघुष्टं रम्यज्योत्स्नानुलेपनम्।। (4/29/1)

पवन कुमार हनुमान शास्त्र के निश्चित सिद्धान्त को जानने वाले थे। क्या करना चाहिए और क्या नहीं–इन सभी बातों का उन्हें यथार्थ ज्ञान था। किस समय किस विशेष धर्म का पालन करना चाहिए–इसको भी वे ठीक–ठीक समझते थे। उन्हें बातचीत करने की कला का भी अच्छा ज्ञान था। उन्होंने देखा, आकाश निर्मल हो गया है। अब उसमें न तो बिजली चमकती है और न बादल ही दिखाई देते हैं। अन्तरिक्ष में सब ओर सारस उड़ रहे हैं और उनकी बोली सुनाई देती हैं। (चन्द्रोदय होने पर) आकाश ऐसा जान पड़ता है, मानो उस पर श्वेत चन्दनसदृश रमणीय चाँदनी का लेप चढ़ा दिया गया हो।

सारसारावसंनादैः सारसारावनादिनी।
याऽऽश्रमे रमते बाला साद्य मे रमते कथम्।। (4/30/7)

वे बोले–जिसकी बोली सारसों की आवाज के समान मीठी थी तथा जो मेरे आश्रम पर सारसों द्वारा परस्पर एक–दूसरे को बुलाने के लिये किये गये मधुर शब्दों से मन बहलाती थी, वह मेरी भोली–भाली स्त्री सीता आज किस तरह मनोरंजन करती होगी?

त्यक्त्वा वराण्यात्मविभूषितानि
बर्हाणि तीरोपगता नदीनाम्।
निर्भर्त्स्यमाना इव सारसोघैः
प्रयान्ति दीना वितना मयूराः।। (4/30/40)

अपने आभूषणरूप श्रेष्ठ पंखों को त्यागकर नदियों के तटों पर आये हुए मोर मानो सारस–समूहों की फटकार सुनकर दुःखी और खिन्नचित्त हो पीछे लौट जाते हैं।

व्यपेतपङ्कासु सवालुकासु
प्रसन्नतोयासु सगोकुलासु।
ससारसाराववि‍नादितासु
नदीषु हंसा निपतन्ति हृष्टाः।। (4/30/42)

जिनके कीचड़ दूर हो गये हैं। जो बालुकाओं से सुशोभित हैं, जिनका जल बहुत ही स्वच्छ है तथा गौओं के समुदाय जिनके जल का सेवन करते हैं, सारसों के कलरवों से गूँजती हुई उन सरिताओं में हंस बड़े हर्ष के साथ उतर रहे हैं।

विपक्वशालिप्रसवानि भुक्त्वा
प्रहर्षिता सारसचारुपङ्क्तिः।
नभः समाक्रामति शीघ्रवेगा
वातावधूता ग्रथितेव माला।। (4/30/47)

पके हुए धान की बालों को खाकर हर्ष से भरी हुई और तीव्र वेग से चलने वाली सारसों की वह सुन्दर पंक्ति वायुकम्पित गुँथी हुई पुष्पमाला की भाँति आकाश में उड़ रही है।

हंससारसचक्राह्वैः कुररैश्च समन्ततः।
पुलिनान्यवकीर्णानि नदीनां पश्य लक्ष्मण।। (4/30/63)

लक्ष्मण! देखो तो सही, नदियों के तटों पर सब ओर हंस, सारस, चक्रवाक और कुरर नामक पक्षी फैले हुए हैं।

अवकीर्णं लतावृक्षैर्ददृशुस्ते महाबिलम्।
तत्र क्रौंचाश्च हंसाश्च सारसाश्चापि निष्क्रमन्।। (4/50/9)
जलार्द्राश्चक्रवाकाश्च रक्ताङ्गाः पद्मरेणुभिः।

अतः लता और वृक्षों से आच्छादित विशाल गुफा की ओर वे देखने लगे। इतने में उसके भीतर से क्रौञ्च, हंस, सारस तथा जल से भीगे हुए चक्रवाक पक्षी, जिनके अंग कमलों के पराग से रक्तवर्ण के हो रहे थे, बाहर निकले।

अस्माच्चापि बिलाद्धंसा क्रौंचाश्च सह सारसैः।। (4/50/15)
जलार्द्राश्चक्रवाकाश्च निष्पतन्ति स्म सर्वशः।
नूनं सलिलवानत्र कूपो वा यदि वा ह्रदः।। (4/50/16)
तथा चेमे बिलद्वारे स्निग्धास्तिष्ठन्ति पादपाः।

सामने की इस गुफा से हंस, क्रौञ्च सारस और जल से भीगे हुए चकवे सब ओर निकल रहे हैं। अतः निश्चय ही इसमें पानी का कुआँ अथवा और कोई जलाशय होना चाहिए। तभी इस गुफा के द्वारवर्ती वृक्ष हरे–भरे हैं।

अस्माद्धंसा जलक्लिन्नाः पक्षैः सलिलरेणुभिः।
कुरराः सारसाश्चैव निष्पतन्ति पतत्रिणः।। (4/52/12)

थोड़ी ही देर में इस गुफा से हंस, कुरर ओर सारस आदि पक्षी निकले जिनके पंख जल से भीगे थे और उनमें कीचड़े लगी हुई थी।

बुद्धपद्मोत्पलवनाश्चक्रवाकोपशोभिताः।
नत्यूहरुतसंघुष्टा हंससारसनादिताः।। (5/14/24)

उनमें खिले हुए कमलों के वन और चक्रवाकों के जोड़े शोभा बढ़ा रहे थे तथा पपीहा, हंस और सारसों के कलनाद गूँज रहे थे।

नित्यमत्तविहंगानि भ्रमराचरितानि च।
कोकिलाकुलखण्डानि विहंगाभिरुतानि च।। (6/39/10)
भृङ्गराजाधिगीतानि कुररस्वनितानि च।
कोणालकविघुष्टानि सारसाभिरुतानि च।
विविशुस्ते ततस्तानि वनान्युपवनानि च।। (6/39/11)

लंका के वन और उपवन नित्य मतवाले विहंगमों से विभूषित थे। वहाँ वृक्षों की डालियों पर भौंरे मँडराते रहते थे। उनके प्रत्येक खण्ड में कोकिलाएँ कुहू–कुहू बोला करती थीं। पक्षी चहचहाते रहते थे। भृंगराज के गीत मुखरित होते थे। कुरर के शब्द गूँजा करते थे। कोणालक के कलरव होते रहते थे तथा सारसों की स्वरलहरी सब ओर छायी रहती थी। कुछ वानरवीर उन वनों और उपवनों में घुस गये।

यकृत्प्लीहमहापङ्कां विनिकीर्णान्त्रशैवलाम्।
भिन्नकायशिरोमीनामङ्गावयवशाद्वलाम्।। (6/58/30)
गृध्रहंसवराकीर्णां कङ्कसारससेविताम्।
मेदः फेनसमाकीर्णामार्तस्तनितनिःस्वनाम्।। (6/58/31)

सैनिकों के यकृत और प्लीहा (हृदय के दायें और बायें भाग) जिसके महान पंक थे। निकली हुई आँतें जहाँ सेवार का काम देती थीं। कटे हुए सिर और धड़ जहाँ मत्स्य से प्रतीत होते थे। शरीर के छोटे–छोटे अवयव एवं केश जिसमें घास का भ्रम उत्पन्न करते थे। जहाँ गीध ही हंस बनकर बैठे थे। कंक रूपी सारस जिसका सेवन करते थे। मेदे ही फेन बनकर सब ओर फैले थे।

चक्रवाकैः सकारण्डैः सहंसजलकुक्कुटैः।
सारसैश्च सदा मत्तैः कूजद्भिः सुसमावृताम्।। (7/31/21)

सदा मतवाले होकर कलरव करने वाले चक्रवाक, कारण्डव, हंस, जलकुक्कुट और सारस आदि जलपक्षी नर्मदा की जलराशि पर छा रहे थे।

दात्यूहशुकसंघुष्टा हंससारसनादिताः।
तरुभिः पुष्पशबलैस्तीरजैरुपशोभिताः।। (7/42/12)

पपीहे और तोते वहाँ मीठी बोली बोल रहे थे। हंसों और सारसों के कलरव गूँज रहे थे। फूलों से चितकबरे दिखाई देने वाले तटवर्ती वृक्ष उन्हें शोभासम्पन्न बना रहे थे।

नोट–श्लोक संख्या 3/19/8 में सारस का अर्थ हंस दिया गया है किन्तु सारस सम्बन्धी श्लोक को सारस के अन्तर्गत ही दिया जा रहा है क्योंकि हंस की अलग प्रजाति है।

85. देशी मैना (सारिका)

Common Myna

वाल्मीकि रामायण में इसके लिए सारिका शब्द का प्रयोग किया गया है। इसका वैज्ञानिक नाम 'Acridotheres tristis' है। यह बहुत सामान्य पक्षी है जो मैदानों में सर्वत्र अपने जो

के साथ पाया जाता है। इसे किलहँटा भी कहते हैं। इसकी लम्बाई लगभग 8 इंच होती है तथा नर मादा एक जैसे दिखते हैं। इसका सर, गरदन तथा छाती का ऊपरी भाग काला होता है। डैनों के बाहरी पर गहरे भूरे होते हैं जिनकी जड़ पर सफ़ेदी होती है। पूँछ काली होती है जिसके बीच के दो परों के सिरे सफ़ेद होते हैं। पुतलियाँ ललछौंह भूरी तथा चोंच पीली होती है। चोंच के नीचे की खाल उभरी होती है। आँख के नीचे और पीछे की खाल का रंग चटक चमकदार पीला होता है।

किलहँटा भारत की प्रसिद्ध चिड़िया है जो बहुत झगड़ालू होती है और अपने प्रतिद्वन्द्वी से झगड़ा करने को सदा उद्यत रहती है। जब यह किसी साँप, नेवले या शिकारी चिड़िया को देखती है तो शोर मचाकर अपने साथियों को इकट्ठा करती है। यह सर्वभक्षी चिड़िया है। इसका जोड़ा बनाने का समय जून से अगस्त तक होता है। यह काँटेदार बिखरी हुई डाली पर अपना घोंसला बनाती है। कभी–कभी यह गिलहरियों एवं कौओं के पुराने घोंसलों को प्रयोग में ले लेती है।

वाल्मीकि रामायण में इसका उल्लेख निम्नानुसार आया है–

सौमित्रे शृणु वन्यानां वल्गु व्याहरतां स्वनम्।
सम्प्रतिष्ठामहे कालः प्रस्थानस्य परंतप।। (2/56/2)

शत्रुओं को संताप देने वाले सुमित्राकुमार! मीठी बोली बोलने वाले शुक–पिक आदि जंगली पक्षियों का कलरव सुनो। अब हमलोग यहाँ से प्रस्थान करें; क्योंकि प्रस्थान के योग्य समय आ गया है।

चीचीकूचीति वाश्यन्त्यो बभूवुस्तत्र सारिकाः।
उल्काश्चापि सनिर्घोषा निपेतुर्घोरदर्शनाः।। (3/23/15)

वहाँ वन की सारिकाएँ चें–चें करने लगी। भारी आवाज़ के साथ भयानक उल्काएँ आकाश से पृथ्वी पर गिरने लगी।

स तदा राक्षसेन्द्रेण संदिष्टो रजनीचरः।
शुको विहंगमो भूत्वा तूर्णमाप्लुत्यचाम्बरम्।। (6/20/13)

राक्षसराज रावण के इस प्रकार संदेश देने पर उस समय निशाचर शुक तोता नामक पक्षी का रूप धारण करके तुरन्त आकाश में उड़ चला।

कपोता रक्तपादाश्च सारिका विद्रुता ययुः।। (7/6/57)
काका वाश्यन्ति तत्रैव विडाला वै द्विपादयः।

कबूतर, तोते और मैना लंका छोड़कर भाग चले। कौए वहीं काँव–काँव करने लगे। बिल्लियाँ भी वहीं गुर्राने लगीं तथा हाथी आदि पशु आर्तनाद करने लगे।

86. टिट्टिभि

वाल्मीकि रामायण में इसके लिए कोयिष्टि शब्द का प्रयोग किया गया है। टिटिहरी या टिट्भि की कई जातियाँ हमारे देश में पायी जाती हैं जिसमें मुख्य निम्न प्रकार हैं–

1. टिट्टिभ (Red- wattled Lapwing: Vanellus indicus)–यह चिड़िया नदी एवं तालाबों के किनारे पायी जाती है। इसके पैर अपेक्षाकृत अधिक लम्बे एवं पतले होते हैं। इसका रंग ऊपर भूरा एवं नीचे सफ़ेद होता है। इसकी छाती, सिर एवं गर्दन काला होता है।